各界好評推薦

這本壯闊鉅著不僅詮釋了一段形塑歐洲樣貌的重要關係，更是一場趣味橫生、迂迴曲折的文化之旅。

——**華盛頓郵報**（*The Washington Post*）

結合機智與學問之作。《甜蜜的世仇》捕捉到了英、法關係之間那微妙且持久的矛盾心態：一股深層的情感暗流。

——**泰晤士報**（*The Times*）

寫得好、插圖恰當、有趣且充滿魅力。

——**英國廣播公司歷史雜誌**（*BBC History Magazine*）

精心編寫與細緻研究，俯拾皆是歷史細節與掌故。

——**金融時報**（*The Financial Times*）

兩位作者對流亡、體育、美食、文學與其他不同領域的兩相交流上，有許多驚人且洞見觀瞻的故事要說，即便是那些自認已熟悉英、法兩國一切的讀者也能享受其中。閱讀本書宛如一場智識饗宴。

——**泰晤士報文學增刊**（*The Times Literary Supplement*）

史詩般深具啟發與引人入勝的著作，足供楷模。《甜蜜的敵人》是英法關係史中的《戰爭與和平》。

——**獨立報**（*The Independent*）

新意非凡、深具格調、直言大膽之作，也是近年來最迷人新鮮的國際關係史作品。

——**大西洋月刊**（*The Atlantic*）

敘事宏大與細節詳盡相互輝映之作。

——**紐約書評**（*The New York Review of Books*）

在兩位作者（一位英國人與一位法國人）合力下，才能寫出這本簡明扼要與不偏不倚的著作。兩人皆有絕佳幽默感，十分明智。

——**洛杉磯時報**（*Los Angeles Times*）

妙趣橫生的豐富研究。

——**觀察家報**（*The Observer*）

卓越研究與優美文筆的結合，兼具學術與可讀性。

——**星期日泰晤士報**（*The Sunday Times*）

寫作精良且研究透徹，本書是你能找到描寫十八世紀英法敵對關係與十九世紀拿破崙戰爭的最佳著作。

——**每日電訊報**（*The Daily Telegraph*）

這本宏偉之書理當擠滿了戰爭、外交、政治、條約、革命和叛亂，加上十足的生命力和豐富的事件。

——**新政治家雜誌**（*New Statesman*）

本書內容包羅萬象……其所描繪的景象如此遼闊，包含數不勝數的論論起源……細節和博學令人印象深刻，破解許許多多的陳詞濫調和誤解。

——**倫敦石板週刊**（*The Tablet*）

清晰明瞭且沉著鎮靜的闡述模範……既精巧又明智……細節豐富……令人著迷。

——**英國文學評論**（*Literary Review*）

絕對精采且富有啟示性！

——**衛報**（*The Guardian*）

這是一本非常有趣的英、法關係史。筆法簡明扼要，載滿豐富史實，還配有諷刺畫插圖……兩位作者……成功地呈現英法關係如何塑造了現代世界。

——**格拉斯哥先驅報**（*Glasgow Herald*）

甜蜜的世仇

〔上〕

英法愛恨史三百年

從路易十四、邱吉爾到歐盟

That Sweet Enemy

The French and the British from the Sun King to the Present

羅伯特・圖姆斯 Robert Tombs、伊莎貝爾・圖姆斯 Isabelle Tombs —— 著

馮奕達 —— 譯

上冊目次

第六章 令世界改頭換面

出版緣起

◎衛城出版編輯部

英國與法國是歐洲的代表國家，也是今天許多臺灣讀者認識歐洲歷史、歐洲文化的重要起點。兩國各自都有著令人著迷的悠久歷史：聖女貞德、法國大革命與拿破崙征服歐洲的野望、盧梭與伏爾泰等啟蒙哲士、莎士比亞與狄更斯的曠世鉅作、維多利亞女王治下的日不落帝國，乃至邱吉爾、戴高樂與兩次世界大戰的種種事蹟，更不用提兩國豐富的美食、藝術、體育、時尚，文化上的軟實力影響至今。單看任何一國，都已有說不完的傳奇故事；若能把兩國歷史巧妙結合，不知又會呈現一幅怎麼樣的精采光景？

這正是本書作者羅伯特・圖姆斯（Robert Tombs）與伊莎貝爾・圖姆斯（Isabelle Tombs）的大膽嘗試。他們注意到在英、法兩國長遠的歷史中，幾乎總是少不了對方的參與：要談法國史，就不得不談英國史；反之亦然。兩國相異又相鄰，彼此密不可分。於是，在這對史家夫妻檔筆下，首次將兩國歷史上的恩怨情仇串連在一塊，以脈絡清楚、清晰易懂的敘事，既描繪兩國歷史上最引人入勝的故事，也梳理兩國最千絲萬縷的互動關係，勾勒出兩國建構自我認同、獨特文化的軌跡。讀者將會看到，兩國是如何扮演彼此歷史與自我定位中最不可或缺、卻又最愛恨交織的角色。

英國與法國如何看待自己，又如何思量對方？俗話說得好，不打不相識，兩國關係的確是從長達數百年的競爭與對抗開始。從本書起點的一六八八年，英國被迫捲入對抗法王路易十四的戰爭，到本書終點的歐洲聯盟，雙方時常代表彼此價值的反面。雖然兩國偶爾攜手合作，兩國人民有時會相互表露愛慕與敬意，但彼此仍總是把對方當成比較的對象，即使合作時也不忘競爭。王位、領土、霸權、語言、足球，無一不較量的兩國，爭的是彼此在世界的位置。

從十七世紀到二十一世紀，兩國關係幾經翻轉，從兵戎相見到共同陣線，再到對歐盟願景的歧見。但無論關係如何改變，兩國以彼此為座標來確定自我的方式，從未改變，這是英、法關係的變與不變。英、法既是世交，也是勁敵，它們是甜蜜的世仇。

談世仇的故事聽起來很沉重，但這並不是一本需要正襟危坐才能閱讀的書。正好相反，兩位作者將各自的英式幽默與法式瀟灑融入本書，不時加上夫妻間拌嘴般的爭論，讓本書無論是美食、服裝與運動，還是政治、社會與軍事外交，讀來每每都能讓人會心一笑。這是一本知性與樂趣兼具的豐富作品，讀者不只能認識一段海洋島國與大陸強國的糾葛關係，理解這段關係所牽動的世界局勢，也能用全新角度看待仍在寫下歷史新頁的英國與法國。相信讀者都能在這段近代史上最獨一無二的關係中，找到新的收穫。就像作者在本書中所寫的：「歷史的根本教訓是，未來永遠會超乎我們預料。」

獻給我倆的父親——丹尼斯與約瑟夫，
昔為戰友卻無從知之。
獻給我倆的母親——凱瑟琳與伊馮娜，
跨越海峽形同無物。

今日我策馬揮臂舉矛
皆盡如己意而收穫獎賞，
英格蘭人眼中之評判，
與若干法蘭西冤家皆同；
眾騎士歌頌我馬上技藝
城裡人讚賞我的力量；
講究的裁判誇我藝精於勤
幾位才人歸諸於運氣；
其餘則論之為我從雙親處
得來的血緣確實善於此道，
自然認為我天生精武。
但他們大錯特錯！真正的原因是，
美若天仙的斯黛拉一旁觀戰
投來她的微笑，使我有如神助。

——菲利浦・西德尼爵士（Sir Philip Sidney），《愛星者與星》（*Astrophel and Stella*），
十四行詩第四十一首，一五九一年

引言

這是一樁緊繃、動盪關係的故事，講述近代史上最有張力、最問題重重，也最重要的一段關係。

就在我們講述故事的當下，法國人與英國人之間已經有著一段漫長且曲折的歷史，各種神話充斥其間。諾曼征服英倫三島，開啟一段與歐洲大陸緊緊相連卻又令人憂心的關係。其間，王侯貴冑或爭權奪利，或為榮譽而戰，足跡遍布整個不列顛群島與歐洲大陸，替民族情感、仇恨與認同打下早期基礎。兩國鬥爭在百年戰爭（傳統斷代為一三二八年至一四五三年）達到高峰，雙方都創造了不少殘酷無情與英雄氣概的傳說：黑太子（Black Prince）[1]、加萊義民（burghers of Calais）[2]、亨利國王與阿

1【譯註】指伍德斯托克的愛德華（Edward of Woodstock），英王愛德華三世之子，百年戰爭初期名將。據說愛德華在克雷西會戰（Battle of Crécy）身著黑鎧甲，因而人稱「黑太子」。

2【譯註】典出十四世紀史家尚・傅華薩（Jean Froissart）的《百年戰爭紀年》（*Chronicles*）——一三四六年，英格蘭的愛德華三世挾克雷西會戰之餘威，圍困加萊。愛德華向加萊居民表示，只要有六人脖子上綁著繩索、帶著城門與城堡鑰匙自願赴死，他就放過全城人民。以城中領袖為首的六人按照要求出降，以挽救眾人性命，人稱「加萊義民」。最後愛德華的王后埃諾的菲莉帕（Philippa of Hainault）為之求情，愛德華因此饒過六人。

金庫爾（Agincourt）的長弓兵[3]、奧爾良之圍（siege of Orleans）[4]，以及最重要的聖女貞德：一四三一年被英格蘭人燒死的烈士。她那道最有名的命令：「將英格蘭人逐出法蘭西」（bouter les Anglais hors de France），在一四五三年獲得實現。英格蘭王室自此失去寶貴的領地波爾多（只是依舊跟當地買進葡萄酒），但在加萊、敦克爾克、科西嘉島等今天屬於法國的領土，英格蘭統治仍來來去去。歷代英格蘭與不列顛君主始終自稱法蘭西國王，直到拿破崙在一八〇二年將法國改制共和，才使他們無王位可宣稱。法國人一直懷疑對方覬覦自己的土地，猜疑之情直到第一次世界大戰才消停。縱使是現在，海峽中的幾塊礁岩還是能激起法國人的強烈情緒。當然，蘇格蘭人、愛爾蘭人則不同於英格蘭，他們與法國有著大不相同的關係：「敵人的敵人就是朋友」是他們據以行事的危險準則。法蘇「古老同盟」（Auld Alliance，一二九五年首度締結）遲至十六世紀、有著一半法國血統的瑪麗女王統治蘇格蘭時，才終於開花結果。法國與蘇格蘭的宗教差異雖然讓情勢更加複雜，但法國仍不斷鼓動蘇格蘭和愛爾蘭抵抗英格蘭宰制。我們會在本書第一部看到這樣的情事一再上演。

百年戰爭結束後的兩個世紀裡，英法關係對雙方來說都沒那麼吃重。宗教改革帶來信仰上的動盪，因此產生國內外衝突，並在意識形態與政治上創造出新的世界：法國與英國有了新敵人，從西班牙、奧地利到荷蘭共和國，不一而足。兩國也因此同樣飽受宗教戰爭的慘烈折磨。一六六〇年，查理二世不流血復辟之後，法國宮廷的文化格調開始傳到倫敦。不列顛群島上三個幅員相對狹窄、君主新立、經濟孱弱的斯圖亞特王國（Stuart kingdoms）[5]，彷彿成為路易十四轄下強大法國的衛星國，尤其是他們有著共通的敵人：荷蘭共和國。然而，世事在一六八八年發生戲劇性轉折，創造英國與法國歷史的新時代，也揭開世界史新頁。我們的故事就從這裡開始。

但，且慢，讓我們暫停片刻，來談談「法國人」與「英國人」。「法國人」的概念似乎不成問題，他們知道自己是誰，別人也知道他們是誰；但法國疆界，「法國特質」（Frenchness），其實是不斷變動的。為什麼史特拉斯堡是法國城市，布魯塞爾和日內瓦則否？為何科西嘉人操法語，而非英語？為什麼一般總認為法國人既嫻於世故又親近土地，既反抗成性又尊重權威？法國西南部的盧德鎮（Lourdes）跟英國維甘鎮（Wigan），兩地打橄欖球的人口怎麼會不分上下？肋眼牛排（*steack-frites*）何以是一道能引發愛國情操的民族菜色？上述所有特質，多半都得歸功於法國人和我們所謂「英國人」之間的互動（本書後面會再提到）。「英國人」是個比法國人更容易產生問題的稱呼。有些歷史學家認為「英國人」這個概念，是為了與法國人對抗而發明的。過去所說的「三王國」（Three Kingdoms，英格蘭暨威爾斯、蘇格蘭、愛爾蘭）之所以一步步成為「聯合王國」（The United Kingdom），就是對法戰爭的直接結果；而北美洲大片的「英屬」領地，以及愛爾蘭海對面多數的聯合王國國土（指北愛爾

3【譯註】英王亨利五世在阿金庫爾戰役中，率領長弓兵對抗兵力三倍於己的法軍，並大獲全勝。由於英軍以弓兵為主，法軍主力則為騎兵，此役咸認是騎兵戰衰落、遠距離武器興起的轉捩點。

4【譯註】一四二八年十二月至一四二九年五月，英軍圍困奧爾良。原本戰局不利的法軍，在貞德率領下大勝英軍，為奧爾良解圍。此役使貞德成為名聞遐邇的人物。

5【編註】指英格蘭、蘇格蘭、愛爾蘭三國當時都是由斯圖亞特王朝的查理二世統治。

蘭），如今都認為自己並非英國人，這同樣是與法國對抗所造成的直接或間接後果。這下可好，哪一個詞才能準確稱呼海峽以北的土地及人群呢？有些作者提議用「大西洋群島」（Atlantic archipelago），或者含糊其詞，管叫「這些島嶼」。時人多半使用各式各樣的稱呼，包括用「英格蘭人」來指稱所有人，像過去的法國人一般就是這麼叫，至今依舊如此。我倆一方面迫於現實，一方面也因為贊成某位美國歷史學家近來所說的，「經常沒有機會選擇確切的形容詞，（因為）經常缺乏確切的形容詞可供選擇」，[1] 因此經常使用「英國」與「法國」，但也不會忘記這兩個實體在一七〇〇年、一八〇〇年、一九〇〇年與二〇〇〇年時疆界不同，涵蓋的人群也不同（其中有許多人寧可不要成為一分子）。不過，情勢之複雜，也是法國與英國關係牽一髮動全身的寫照。

這不是一本把法國與英國歷史並排呈現的書，也不是兩國的比較史。只有從雙方互動中產生，或是影響雙方接觸的人事物，才會寫進本書。可寫的還真不少：戰爭、結盟、仇恨、共存、嫉妒、欽羨、模仿，有時候甚至是愛情。我們這本書網羅所有我倆相信該寫進來的重大歷史事件。但我們也寫了些覺得饒富興味、啟迪人心，或者純屬好玩的事。畢竟這不僅是國家的故事，也是人的故事。我倆不見得總意見一致，書裡也寫到兩人一些不同的看法。如果讀這本書，能不時出乎你意料，逗笑你、惹火你、感動你，一如我倆寫書時的感受，此則幸甚。

第一部

鬥爭

PART I: STRUGGLE

一六八八年的蓋・福克斯日（Guy Fawkes Day）[1]這一天，歐洲入侵英格蘭。荷蘭人、日耳曼人、丹麥人、法蘭西人、瑞典人、披著熊皮的芬蘭人、波蘭人、希臘人與瑞士人組成兩萬大軍，分乘五百艘船襲來。這隻艦隊的規模，是一世紀前入侵失敗的西班牙無敵艦隊兩倍以上，也是直到一九四四年諾曼第登陸之前，歐洲水域上最大的一場海路進攻。英國環境之骯髒嚇到了在托貝（Torbay）上岸的荷蘭人，但他們受到蘋果、蘋果酒和「願神保佑你」的歡呼迎接，心裡卻也直樂。部隊以緩慢但堅定的步伐進軍倫敦，此行即將成為一〇六六年諾曼征服以來，影響最為深遠的入侵行動：半是征服，半是解放。入侵者的目標，是把英格蘭、愛爾蘭與蘇格蘭三王國，拉進歐洲人阻止法國擴張的鬥爭之中。這場鬥爭產生了一個破天荒的結果：將這座積弱不振、動盪不安的島嶼從「歐洲人的笑柄轉變為全球強權」。[1]「英國」的概念能夠成形，不只是靠英格蘭與蘇格蘭在一七〇七年共組聯合王國，還得讓「英國特質」這個概念在島民腦中產生意義。造成如此徹底轉變的主因與結果，就是後人所稱的「第二次百年戰爭」：法國與英國在一六八九年至一八一五年間爆發六場對決大戰，不僅讓全球淪為焦土，也讓兩個主要參戰國面目全非。法蘭西倏然發現自己的歐洲獨霸地位遭到挑戰與削弱，歐陸之外的角色則受到堅定抵抗後被摧毀，其政府與社會更是以革命告終。小英格蘭（Little England）[2]不復存在，人們將在接下來三百年間，看到大英帝國夙夜匪懈，努力「揮出超乎其分量的拳頭」，使其意志稱霸歐洲，甚至稱霸世界。

1【譯註】福克斯為十六世紀末、十七世紀初英格蘭天主教徒。一六〇四年起，他加入羅伯特・凱茨比（Robert Catesby）領導的天主教團體，計畫炸毀國會，暗殺信奉新教的國王與議員，卻在一六〇五年事發被捕。此後十一月五日逐漸出現各種慶祝活動，演變為蓋伊・福克斯日。

2【譯註】指以英格蘭本土或聯合王國為國家範圍，反對向外擴張、排斥海外帝國領土的一種英格蘭民族主義思維。

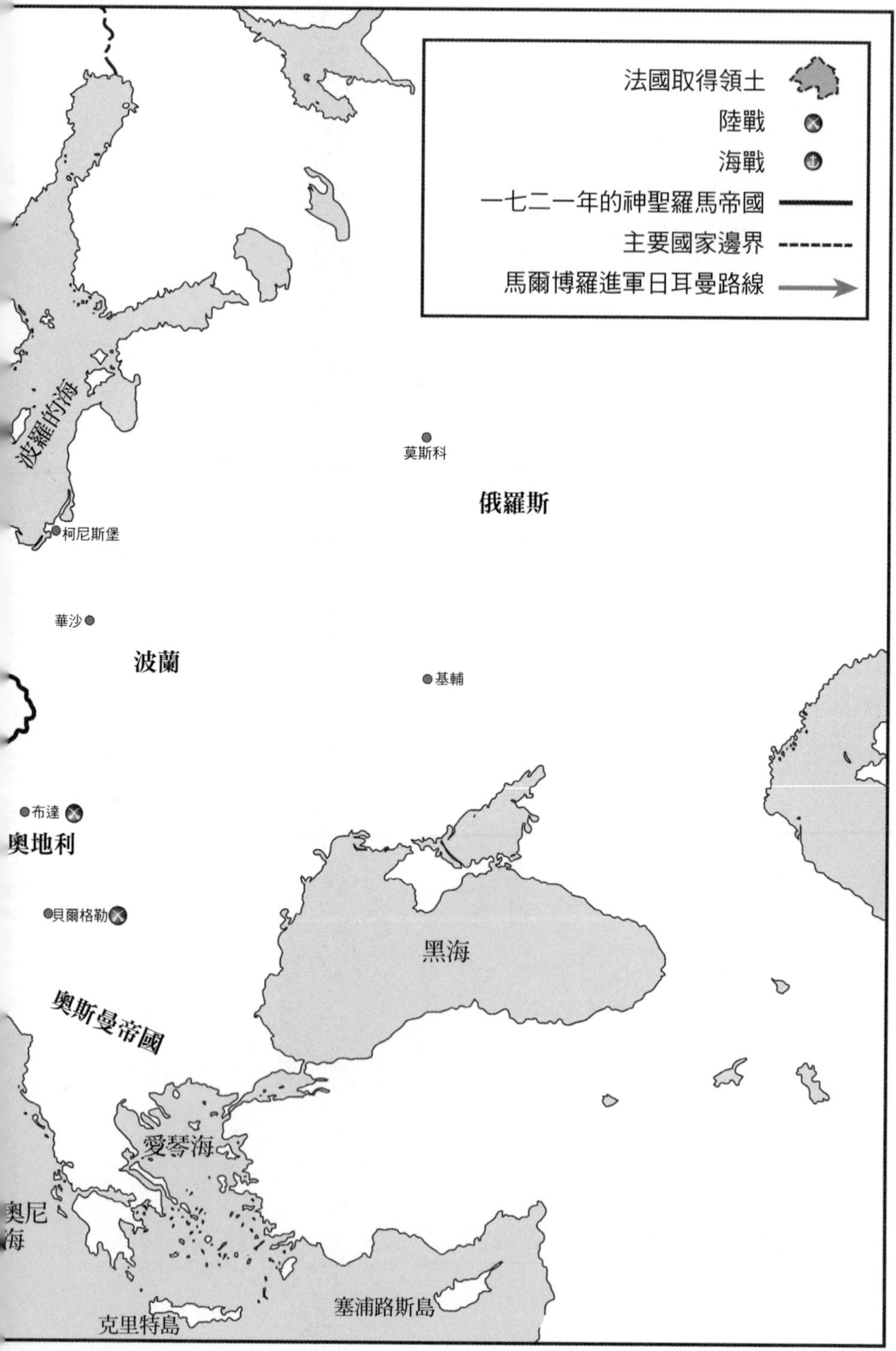

法國取得領土
陸戰
海戰
一七二一年的神聖羅馬帝國
主要國家邊界
馬爾博羅進軍日耳曼路線
波羅的海
莫斯科
俄羅斯
柯尼斯堡
華沙
波蘭
基輔
布達
奧地利
貝爾格勒
黑海
奧斯曼帝國
愛琴海
奧尼
海
塞浦路斯島
克里特島

第二次百年戰爭：第一階段

大西洋
庫洛登
格林芬南
德里
恩尼斯基林
博因
奧格林
利默里克
都柏林
愛爾蘭
班特里灣
大不列顛
普雷斯頓潘斯
愛丁堡
北海
德比
倫敦
比奇角
敦克爾克
阿姆斯特丹
烏特列支
漢諾威
托貝
樸次茅斯
加萊
里爾
布魯塞爾
拉米伊
奧德納爾德
聖卡
布雷斯特
馬普拉克
巴黎
聖馬洛
巴拉丁
德廷根
布倫亨
基伯龍灣
海牙
洛林
康卡爾
羅什福爾
比斯開灣
法國
伯恩
里昂
奧蘭治
葡萄牙
里斯本
馬德里
西班牙
馬賽
土倫
科西嘉島
梅諾卡島
馬翁港
薩丁尼亞島
第勒尼亞海
直布羅陀
地中海
西西里島
0 100 200 300 400 500 英里
0 200 400 600 800 公里

第一章 英倫入歐

英格蘭值得征服。只要一有機會，肯定會有人這麼打算。一旦英格蘭人民衰敗、懦弱、沒有紀律、貧困、不滿，就很容易被擊敗。這就是如今的局面……對外人而言，他們是手到擒來的獵物。要是還有一絲悲慘的感受與自怨自艾，他們還會盼著任何入侵者，視之為救星。

——政論作家亞哲儂・西德尼（Algernon Sidney）[1]

這個國家曾屹立不搖，保有其特權與自由長達數百年，卻在不到三分之一世紀中頹傾，期間揮霍金額達一億六千萬之數，使**英國**生靈淪為祭品，股市操作（或在炮口下）違逆其營生，先是顛倒其榮譽、法律與正義，而後取笑之。

——一七一九年的政治宣傳冊[2]

一世紀以上的慘烈宗教衝突在三十年戰爭（Thirty Years War, 1618-1648）達到巔峰，造成數百萬人喪命。法蘭西就是在歐洲飽受如此折磨之際，擺脫該國一六五〇年代的內部衝突，憑藉其人口、武力、財富與文化影響力嶄露頭角，成為首屈一指的強國。這股力量的化身就是路易十四：他在一六四三年即位時年僅四歲，治世卻達七十二年。他親政的四十四年間，有三十三年都在打仗。路易十四一生致力於確保國王能在文化與政治上統治法蘭西，而法蘭西則宰制歐洲。在這個視戰爭與狩獵為常態的時代，君主的「職責」（法文稱之為 *Métier de roi*），就在於引導這些衝突，擦亮自己、王朝與王國的「榮光」（*gloire*）。這一切的繁榮與安定，都是他力量與智謀的成果。

路易十四掌握歐洲，憑藉的不是過人智力或人格魅力（他雖勤勞，但稱不上聰明），而是靠其治世之長久，並孜孜矻矻於提升王權形象。他招徠畫家、作家、建築師、音樂家與教士，創造路易本人所謂「極端有效的宏大、有能、財富與莊嚴意象」。一六八八年竣工的凡爾賽宮，提供他驚豔全歐洲的舞臺。人們長久以來相信，路易的動機出於對榮耀需索無度的渴望，他本人的看法也支持這點。此說不能算全錯，但我們必須明白，所謂「榮耀」（*la gloire*）在當時還包含「聲望」甚或「職責所在」的意義。不同於某些英國史家，法國史家主張路易之所以對外擴張，無論是攫取西班牙帝國，或是開疆拓土到庇里牛斯山、阿爾卑斯山與萊茵河等日後人們所說的「法國天然疆界」，都不是在遵循什麼大戰略，而是因為路易和大臣們堅信，他既然身為歐洲最偉大的君主，自然有權擴充其王國與王朝，比肩甚或超越歷史上的偉人。人們尊路易為「奧古斯都」、「君士坦丁再世」或「查里曼再世」。路易這股無形、潛在的無盡野心，展現在專橫字句與好戰舉動上，導致大半個歐洲聯合起來反對他。就英國歷史而言，路易就是讓英倫三島陷入這股洪流之中的要角；而對於路易來說，英國扮演的角色則是克服種種不利因素、成為反路易聯盟的領袖。他個人對斯圖亞特王朝的支持部分出於騎士精神，部分出於信仰，還有部分出於現實政治。這不僅導致三王國內部紛爭不斷，彼此之間征戰不停，也讓英國與法國的衝突無可避免。

✣ ✣ ✣

【延伸】太陽王

是否成為有史以來最耀眼的君王，由陛下自己定奪。

——馬薩林樞機（Cardinal Mazarin）致路易十四[3]

路易十四是歐洲的詛咒與危害……這個穿高跟鞋、戴假髮的花花公子，在情婦與告解神父的躬身與窸窣間趾高氣昂……用五十年以上的浮誇排場困擾著全人類。

——溫斯頓．邱吉爾（Winston Churchill）[4]

路易十四，一七〇一年。

到了一六八〇年代早期，路易和大臣已經能心滿意足看著歐洲。

法蘭西……已幾乎包圍在大海、高山或深河所形成的天然疆界之間，足以抵禦外敵入侵。她擁有人民所需要的豐饒物產……。其政府之完善超乎尋常……其居民近乎於無數，強健而大度，是天生的戰士，既坦率又有紀律。[5]

法國擁有傲視全歐、達兩千萬人且仍在增加的人口，成了身處一群小矮人之間的巨漢。西班牙只有八百五十萬人；日耳曼地區共有一千兩百萬人，但卻是由無數城市國家、主教領與公國組成，且與法國東疆比鄰處盡是一片毫不設防的迷你國家；尼德蘭聯省共和國（United Provinces of the Netherlands）將近兩百萬人口；斯堪地那維亞諸王國加起來則介於二至三百萬人。按人口數往下排，不列顛島上的「三王國」總人口有八百萬，但人數正在下降，被法蘭西外交部會列為歐洲第六等國家，其政府歲入只有法國的五分之一，軍隊更只有瑞典的四分之一。

法國努力不懈地鞏固其自然優勢。一六七〇年代，國務大臣尚．巴普蒂斯特．柯爾貝爾（Jean-Baptiste Colbert）打造了一支比荷蘭或英格蘭都要龐大的海軍；陸軍則超越二十萬人，睥睨群雄。軍事工程師賽巴斯蒂安．勒普雷斯特雷．德．沃邦（Sébastien Le Prestre de Vauban）元帥蓋了一大串要塞，保衛法蘭西王國的國土，也讓法國成為世界上最固若金湯的國家（現存許多城堡可供佐證），幾乎所有戰鬥都發生在外國領土上。天分與努力似乎得到「神聖天命」（Divine Providence）認可，讓法國在戰場與外交場合好運不斷，慷慨創造出路易得以踏入的權力真空。老對手哈布斯堡曾一度同時統治西班牙與神聖羅馬帝國，如今馬德里與維也納卻分庭抗禮。西班牙雖然握有令人垂涎的富裕殖民地，但國勢正走下坡；神聖羅馬帝國飽受戰爭與宗教衝突蹂躪，支離破碎，而且深為土耳其人而苦，維也納甚至在一六八三年被圍。路易似乎代表未來：絕對的王權，專業的行政機構，以及一致的宗教信仰。法國官員與文宣作家習慣用「托大」與「狂妄」等詞彙形容任何反對他們的國家，法蘭西人的優越顯得多麼理所當然。

自從聯合歐陸與蘇格蘭的斯圖亞特王朝在一六六〇年復辟以來，不列顛島上的三王國一直深受波旁這顆太陽的重力吸引。全歐洲此前深陷宗教與軍事動盪，三王國亦尚未從此間脫離，不僅害查理一世掉了腦袋，更使二十五萬英格蘭與蘇格蘭子民失去性命，愛爾蘭犧牲者更是多到不計其數。[6]領教過清教徒共和國的「狂徒」（Fanatic，他們的敵人通常這麼稱呼）[1]之後，從法國流亡歸來的查理二世一開始頗受人愛戴。查理二世和其弟約克公爵詹姆斯二世（James, Duke of York）著手鞏固復辟成果：朝近代專制政權發展，繞過「國會」這個古老麻煩。此舉需要法國支持，包括撥款（有時甚至是由查理二世的貼身侍從轉交）。[7]法國擔心英格蘭萌芽中的商業與海軍成就，因此自然希望英國王座上是自己的盟友。透過查理二世的法國舊情婦，樸次茅斯女大公路易絲・德・佩農奎・克魯瓦伊（Louise de

1【編註】指一六四九至一六六〇年採共和制的英格蘭聯邦（Commonwealth of England），由克倫威爾掌權，又稱為護國公時期。

Penancouët de Kéroualle, Duchess of Portsmouth），法國得以影響英國。流亡海外的法國作家夏爾・德・聖埃弗赫蒙（Charles de Saint-Evremond）就宣稱「圍在她腰上的絲綢緞帶將法蘭西與英格蘭繫在一塊兒」。但查理二世不需要這類聲色之樂的引誘，因為在他「腦海的地圖裡，歐洲中心根本不是英格蘭，而是法蘭西」。[8] 一六七二年，他協助路易十四侵略荷蘭（也是英格蘭的敵國）；但這一仗不僅未能鞏固英法同盟，反而更像是對英國人的當頭棒喝，證明真正的威脅來自法國。法國陸軍的聲威令人緊張，人們更是相信法國海軍刻意避開戰場，好讓英國與荷蘭自相殘殺。據說法國海軍「吹噓說在打下荷蘭之後，下一個就輪到英格蘭」。[9] 英格蘭輿論感覺自己人上了當，在親法宮廷的縱容下成了路易侵略企圖的幫兇。有位國會議員如是說：「不讓法國染指英格蘭，是我們的重責大任。」[10] 儘管查理二世向路易保證，自己會「為法蘭西利益挺身而出，對抗自己的整個王國」，[11] 但路易卻出人意料，把自己與查理二世暗通款曲的細節，透露給反對查理二世的國會，可見路易也在勾結英格蘭國會。路易的策略（與對付荷蘭的方式類似）正是撩撥不列顛內戰的餘燼，確保三王國積弱不振。

在三王國內外，許多人都認為斯圖亞特王朝的勢力全賴凡爾賽支持；但英格蘭王詹姆斯二世暨蘇格蘭王詹姆斯七世（他在一六八五年繼承查理二世而成為英格蘭國王）卻體認到，路易將會為了自身利益而犧牲斯圖亞特王朝，於是他開始讓英格蘭脫離法國勢力範圍。從詹姆斯二世的最終下場來看，造化實在弄人。縱使詹姆斯二世任命法國密友布朗屈埃福爾侯爵〔Marquis de Blanquefort，亦稱費弗薩姆伯爵（Earl of Feversham），其兄曾於一六八八年指揮法國陸軍〕掌管國內傭兵部隊，還給一名派駐在荷蘭海牙的愛爾蘭天主教外交官安上法文頭銜（阿伯維侯爵Marquis d'Albeville）以彰顯其職位之特殊性，但他不打算和自己的長兄查理二世一樣徹底淪為法國附庸。他的策略是避開所費不貲的歐陸戰事，同時利用海上力量在北美洲與法國抗衡，將自己在該地的領土化為廣大私人領地（例如已屬於他的紐約），憑藉其收入獨立於國會之外。蘇格蘭與愛爾蘭的國會大可忽略不計，但英格蘭的國會卻性喜犯上。

宗教是影響英格蘭對法態度的關鍵。自從路德與喀爾文出世以來，動搖全歐的宗教對抗似乎正往天主教的勝利發展，許多人認為這意味著君主的勝利。路易十四視天主教為其權力支柱，也是神恩的泉源。法國仍有一百五十萬新教徒，他們身上的壓力在一六八〇年代達到巔峰——此前法國宗教相對寬容，英格蘭宗教異議人士（長老教會、貴格會、浸禮宗）因此高舉法國，對比自身在英格蘭遭受的迫害；局勢如今逆轉。士兵住進新教徒家庭，讓生活變得難以忍受，此即惡名昭彰的龍騎兵迫害（*dragonnades*）。一六八五年十月，路易這位「君士坦丁再世」撤銷了一五九八年的《南特詔書》（Edict of Nantes，根據《南特詔書》，新教徒的信仰、民事與政治權力得到永久承認），並宣布從此戰勝了人數日益減少的「胡格諾派」（Huguenots，揶揄新教徒的名稱）。路易表示法國國土再也不存在「所謂的改革宗」，此後不能公開或私下進行新教信仰儀式，新教婚禮或繼承亦然。所有新教學校、教堂一律拆毀。此舉成為路易治下最受歡迎的施政，在天主教子民之間帶來「遽增的喜樂」：御用作家尚・德・拉布魯耶（Jean de La Bruyère）、尚・德・拉封丹（Jean de La Fontaine）與尚・拉辛

（Jean Racine）便是其中的成員。群眾拆毀新教教堂，褻瀆新教墓地。雖然有武裝抵抗，但戰爭大臣盧福瓦侯爵（Marquis Louvois）下令：「別留下太多俘虜……女人也別饒過。」[12]新教徒難民於是湧向荷蘭與英國，帶去恐怖的迫害情事。英格蘭當局更在法國大使要求下，將其中一部最有影響力的出版品沒收燒毀。

這道劃過海峽的創傷，為詹姆斯二世統治的第一個月蒙上陰影。一六八五年二月，他才剛成為歐洲尚存最大新教國度裡的天主教國王。查理二世、詹姆斯二世兩人之所以與其他幾位謹慎的北歐公王一樣倒向天主教，部分是出於個人與家庭因素（受到兩人的法裔母親影響），部分則出於他們也一致認為天主教是王權支柱。查理二世的態度主要跟政治有關，但詹姆斯二世的確是虔誠的天主教徒。無論如何，兩人政教合一的做法被反對者烙上「教皇走狗」的印記。當法國宗教迫害露現端倪時，詹姆斯二世宗教上贊同法方的態度更是令英國人擔憂。用某位貴族的話來說，你只能在「奴隸兼教宗一黨」與「新教徒兼自由人」中二選一。[13]反詹姆斯二世的暴動在蘇格蘭與西鄉（West Country）爆發，查理一世信奉新教的私生子、蒙茅斯公爵（Duke of Monmouth）就在此地自立為王。叛亂旋即遭到殘酷鎮壓。一名婦女因窩藏逆賊而被送上火刑柱，另有約三百人遭絞刑後五馬分屍，行刑場鮮血如洗。詹姆斯二世旨在讓天主教成為其治下三王國的合法宗教。他威脅利誘雙管齊下，試圖讓英格蘭國教信徒與天主教徒結盟對抗反國教的鬧事新教徒，甚至個別約見每一位國會議員。一旦此舉不成，他便又孤注一擲，採取相反的策略：為天主教徒與新教徒提供宗教寬容，藉此讓雙方聯手對抗當權的國教徒。他不敢喊停天主教徒不得擔任國會議員的禁令，而是採取策略，一步步讓反國教的新教徒包辦下議院。他免職三分之二的國教治安官與郡長，任命數量多得不成比例的新教徒與天主教徒擔任軍事與政治要職。天主教徒掌握國務大臣（Secretary of State）、愛爾蘭代理總督（acting Lord Lieutenant of Ireland）、大法官（Lord Chancellor）以及海軍艦隊司令。耶穌會士愛德華・彼得（Edward Petre）神父成為樞密院（Privy Council）一員。詹姆斯二世打算讓天主教獲得跟「國教」教會平起平坐的地位，自有其主教、牧區、什一稅與學院。這等於取國教徒而代之，例如牛津大學抹大拉學院（Magdalen College）便接獲命令選出信仰天主教的院長，等到教員拒絕時，他們便全數遭到免職。[14]皇家教堂（Chapel Royal）公開舉行彌撒，並接待教廷大使。有些人喜聞樂見，但更多人卻擔心有朝一日整個國家再度信仰天主教，就像法國一樣。一六八八年，詹姆斯二世的男性繼承人（繼承順位高於信奉國教的異母姐姐瑪麗與安妮）出生、受洗成為天主教徒，詹姆斯二世的安排霎時變得明確起來。謠言滿天飛，說這孩子並非親生，而是有人把嬰兒擺在鍋裡，偷偷帶進王后寢室。

經常有人以為詹姆斯二世的野心尚有分寸，因為民眾對「教皇派」（Popery）的擔憂充滿偏見、歇斯底里，縱使他真有心追求絕對王權，也絕無可能成功。不過，近年若干重量級研究卻有相反的結論：詹姆斯二世追求絕對王權的大膽目標「不僅切實可行，而且差點就能達成」。[15]歐洲似乎正走上這條絕對王權的道路，就像丹麥與瑞典不久前才失去該國的代議組織。詹姆斯二世的政策等於用宗教亂世與內戰再次爆發來威脅英國。倘若他再得到法國的支持，威脅的力度甚將加倍。用某位下議院議員的話說：「我國對教皇派，或者說專制政府的豔羡，並非出自本地少數無足輕重的教皇走狗，而是我們有法蘭西這般的惡例。」[16]

路易十四正踏上自封天主教捍衛者的征途，他的新教鄰居們因此神經緊繃。天主教王侯同樣擔心，包括其中的正宗，也就是教宗英諾森十一世（Innocent XI），他在法國的宗教權威遭到公然藐視。英諾森對於路易和土耳其人聯手之舉極為震怒，於是在一六八七年對路易施以絕罰[2]。新教徒和他們的天主教對手一同控訴路易志在建立「普世君主國」（universal monarchy），這個概念暗示路易將獨占宗教與世俗權威。當法方暗示路易以獲選為神聖羅馬帝國皇帝為夙願時，這類指控就變得更有所本。英國新教徒樂得與反對路易的天主教國家聯手。包括近年來的若干史家在內，為路易辯護的人向來斥這類恐懼為偏執妄想；他們主張亨利的目標完全是為了防禦，只是堅定行使其世襲權利，確立法國疆界而已。

當然，這種「防禦」觀點是否有理，端視論者身在沃邦元帥新蓋的森嚴防禦工事哪一邊而定。法國的政策，是以武裝力量為其不可靠的法律主張撐腰，藉此確保所有通往其領土的「門路」盡入囊中：如里爾（Lille，從西屬尼德蘭割來）、梅斯（Metz）、史特拉斯堡（Strasbourg，此前是神聖羅馬帝國自由市）與法蘭什—孔泰（Franche-Comté）；這也等於讓鄰國愈來愈不設防，因為這些「門路」雙向互通。這些年來，薩伏依（Savoy）、西屬尼德蘭、幾個日耳曼國家、的黎波里、阿爾及爾和熱那亞皆受法國入侵所苦。法蘭西覬覦西屬尼德蘭（今天比利時的大部分）、洛林與萊茵河邊疆已不是祕密。在某些瑣事上，法國人的意圖不光是控制，還要羞辱人。法國不僅不准名義上獨立的薩伏依公爵前往威尼斯度假，甚至囚禁另一位以遊客身分造訪巴黎的獨立統治者梅克倫堡公爵（Duke of Mecklenburg）。一六七二年，法國與荷蘭和談，條件中居然要求荷蘭每年派使節帶一面金牌給路易，謙卑感謝他為荷蘭人帶來和平。此條件遭到荷蘭人拒絕。法國當局行徑不受任何人節制，「有時威脅恐嚇鄰國，有時強行實施法方意願」（這是一位現代法國史專家的原話）。[17] 沒有人知道，法國野心未來會發展到什麼樣的地步。

獨立公國歐杭治（Orange）是路易飛揚跋扈的小小受害者。歐杭治位於法國南部隆格多克（Languedoc），宛如新教孤島。該國在一六八二年遭到法方占領，過程伴隨著常見的姦淫擄掠，犯下暴行的正是路易的龍騎兵，他們可是反新教徒的低強度軍事行動專家。英格蘭新教徒對此大為緊張、憤慨。不出路易所料，小公國的青年大公、歐杭治的紀堯姆（Guillaume d'Orange）盛怒至極。當紀堯姆派使節前去法國抗議時，路易的大臣便威脅將其關入巴士底監獄。從事後來看，法國此舉雖然大錯特錯，但其邏輯原是想懲罰紀堯姆另一個比較著名的身分：奧蘭治的威廉三世（Willem III van Oranje），法國對他領導荷蘭對抗法軍一事非常感冒。紀堯姆的家族是日耳曼的拿騷伯爵家（Counts of Nassau）與法蘭西的歐杭治大公家（Princes of Orange），此家之所以具有影響力，是因為荷蘭共和國奇特的省督（*stadhouder*）一職。省督身分是半選舉、半世襲而來，總是不討共和寡頭政體喜歡。聯省共

2【譯註】即驅逐出教。

和國會在緊急時任命省督，指導政府方向，並指揮武裝部隊。威廉一世（Willem I，又號「沉默者威廉」）曾在一五七九年領頭對抗西班牙。共和國成立後，歐杭治—拿騷家自此數度出任省督。一六五〇年至一六七二年間並未設置省督，但在一六七二年，路易在查理二世唆使下入侵荷蘭共和國，青年威廉三世銜命擔任終身省督，指揮軍隊反抗法軍入侵。直到荷蘭人湧向逼近阿姆斯特丹的法軍時，後者才停下腳步。阿姆斯特丹是布爾喬亞們最大的市場，他們出於貿易前景，選擇向法國談條件。一六七七年，英王查理二世將親弟詹姆斯二世的長女瑪麗許配給威廉三世（威廉三世是查理一世的孫輩），希望藉此影響他，讓他從另一場跟法國的衝突中抽身。但這場聯姻卻起了反效果：讓威廉三世得到英國外交政策的合法發言權。

到了一六八七年，路易不再紆尊降貴，宣撫荷蘭的「乳酪小販」和「鯡魚漁夫」，特別是因為購買荷蘭產品會浪費法國金子。他傲慢輕蔑地取消貿易協定，荷蘭人遭逢滅國的要挾，而且不限於國內親法的商人寡頭政權。荷蘭一抗議，一百艘荷蘭船隻便遭法國港口扣留。荷蘭共和國的存續再度受到威脅。法國與荷蘭之間免不了大戰一場，說不定還會牽連大半個歐洲。不過，荷蘭人情急之下的反應雖然冒險，卻帶來決定性的影響，堪稱是荷蘭史上最大的冒險之舉。[18]他們得阻止英國及其海軍（一六八〇年代歐洲規模最大的海軍）再次加入法國陣營，可能的話，還要將該國海軍連同其他任何能糾集起來的人力、財力資源拉到自己陣營。當英王詹姆斯二世在一六八八年與法國簽訂海事協議時，荷蘭人的恐懼似乎得到證明。威廉三世於是安排，讓詹姆斯在英國國內的對手邀請自己以武力干預英格蘭政局。平時爭吵不休的荷蘭各省與城市同意提供金錢、人力與船隻，供威廉入侵英格蘭，強迫詹姆斯「做個對威廉之友人與盟邦有用的人，尤其是對這個國家來說」。[19]路易的天主教敵人，包括教宗、神聖羅馬帝國皇帝與西班牙國王在內，皆默許這項行動，前提是不能傷害英國的天主教徒。荷蘭人表面上假裝只是想對北非的柏柏海盜（Barbary pirates）發動懲罰性掠奪，但法國大使仍在一六八八年九月九日嚴正警告，表示任何違抗詹姆斯的行動，都會被路易視為「對其王國的戰爭行為」。[20]此舉不啻火上澆油，讓荷蘭人相信法國與英國同盟確實存在。

法國未能成功阻止荷蘭人入侵英格蘭，這對歷史帶來深遠的影響，而且其失敗的原因始終令人費解。詹姆斯疏遠路易是原因之一：假使他接受附庸地位，原本應能得到法國陸、海兩軍相助，可他不願意仰賴路易。詹姆斯對法國大使表示，「他對路易的友誼很有信心，相信路易絕對不會嫉妒自己的成就，也希望路易去征服整個日耳曼」，話中不免讓人嗅到一絲不滿。[21]另一個原因是，路易的注意力在這個關鍵時刻，被東南方遙遠處看來更嚴重的事件吸走了，歐洲版圖因此永久改寫。路易的對手——神聖羅馬帝國開始在對抗土耳其人的漫長戰事中取得勝利。不久前，奧斯曼陸軍才在一六八三年包圍維也納，法方對此曾暗自竊喜：讓人興奮不已的可能性出現了，哈布斯堡家或許會丟掉皇冠，讓路易得以成為中歐，甚或是神聖羅馬帝國皇帝的「保護者」。但土耳其人遭到擊退，帝國陸軍繼而在一六八六年奪取布達（Buda）這座「伊斯蘭的橋頭堡」。日耳曼上上下下的新教徒與天主教徒拍手叫好，但法國人則開心不起來。威尼斯人攻擊土耳其人的希臘省分（無意間點著了藏在帕德嫩神廟裡的火藥，結果炸毀了神廟），基督徒軍隊開始反攻整個巴爾幹地區的各處土耳其據點。而在奧斯曼土耳其的首都伊斯坦堡，臉上無光的蘇丹遭人罷黜。土耳其人的強大要塞貝爾格勒在一六八八年九月六日陷落，此後土耳其人再也不成威脅。這回漂亮的勝利意味著帝國部隊有餘裕西進，防守萊茵河沿岸的脆弱小國。法國人決心要先發制人，強化自家在日耳曼的軍事地位，並鼓勵土耳其人繼續戰鬥。路易手下的一位大將清楚表示：

> 宮裡很難決定把寶押哪一邊才好。是支持正面臨攻擊的詹姆斯，還是阻止土耳其人求和呢……否則接著皇帝便會傾力對付我們……。盧福瓦閣下（說話頗具分量的陸軍大臣）決定在後者身上下注……對我者而言，沒有甚麼比引導土耳其人繼續戰爭還來得重要。[22]

於是，法蘭西艦隊將注意力擺在地中海，陸軍則移防萊茵蘭，發起「大氣的嚇阻攻勢」，而非攻擊荷蘭人、保護斯圖亞特王朝的詹姆斯二世。[23]法國部隊在路易的直接訓令下，一步步破壞帝國境內的帕拉丁（Palatinate）地區，以警告潛在敵人，同時創造焦土屏障以抵禦進攻。海德堡、曼海姆（Mannheim）、斯拜爾（Spire）、沃姆斯（Worms）與其他城鎮皆遭到劫掠與焚毀。此舉雖然說動了土耳其人繼續戰鬥，卻造成日耳曼地區群情激憤，全歐洲攜手對付法國。

等到路易、詹姆斯和他們的策士意識到威廉三世的威脅有多嚴重時，已經太遲了。他們原本以為英格蘭海軍能抵擋任何人入侵。[24]法方估計，即便英格蘭確實遭到入侵（法國大使認為近期內不會），也會造成相當慘烈而混亂的情勢，使威廉短期內分身乏術。路易甚至可能是故意讓荷蘭人走進這個危險的陷阱裡，藉此懲罰詹姆斯在北美洲的敵對舉動。詹姆斯最後還是請求法國派一支艦隊到布雷斯特（Brest）以防萬一，但這支艦隊卻沒有採取任何能實際派上用場的舉動。根據西屬尼德蘭總督身邊的法國間諜所言，法方已經將船隻調往地中海，陸軍派到萊茵河，「實無餘裕提供多少協助」；但法國人卻告知倫敦方面，說除非詹姆斯照章辦事，與法國簽訂盟約，否則法國不會提供協助。[25]結果詹姆斯全盤皆輸：法國未來將提供援助的暗示刺激荷蘭與英格蘭的敵人採取行動，但法國的支援卻從未化作現實。

路易與詹姆斯的想法沒錯，入侵英格蘭要冒很大的風險。威廉是在「豪賭」，軍事行動的謠言更是讓阿姆斯特丹股票交易資金流失。群眾以歡呼、祈禱和眼淚目送威廉的艦隊，這支艦隊不僅容易遭到海上攻擊，也難以防範冬天的強風，此行「完全違背常識與專業經驗」。[26]在強風吹拂下，荷蘭艦隊總算在第二次嘗試時成功橫越海峽、抵達托貝，這股強風也把詹姆斯的海軍困在泰晤士河口。登陸之後，英格蘭貴族猶豫了好幾天，至於蘇格蘭則毫無反應。但沒多久，英格蘭中部與北部便有部隊集結宣布揭竿起事。諾丁罕宣稱「若反抗依法而治的國王，我們會認為是叛亂，但……反抗〔暴君〕，我們沒有理由視之為造反，而是必要的自保。」[27]反詹姆斯與教皇黨的動亂紛紛爆發，倫敦情況尤其嚴重，教廷使節及其禮拜堂皆遭到攻擊，騷動持續好幾週。謠傳愛爾蘭的天主教軍隊已經燒了伯明罕，大肆屠殺新教徒。混亂導致情況變得更加激進。一開始的武裝起義，在十二月時已經化為「光榮革命」。經歷精神崩潰、導致其部隊指揮官棄他而去的詹姆斯，此時將妻子與兒子送到法國，把國璽丟進泰晤士河，接著在荷蘭人嚴密的「護送」下，向路易十四尋求庇護。

太陽王的敵人們鬆了口氣。一位義大利新教徒寫道：「荷蘭人此一險著，對歐洲民眾福祉與自由有莫大貢獻。」[28]威廉把部隊開往倫敦，策略性地以荷蘭軍隊中的英格蘭與蘇格蘭兵團為前鋒。他威脅若不把王位交給他，他就要返回荷蘭。所謂的臨時國會（Convention Parliament）於是請他登上「空缺」的王座，成為威廉三世，他的妻子則是女王瑪麗二世。威廉則禮尚往來，接受《權利宣言》（Declaration of Rights）。這份後來成為《權利法案》（Bill of Rights）的文件一方面限制王室權力，一方面則確立國會權力。威廉相信自己身負保衛歐洲自由不受法國「普世君主國」侵犯的神聖使命，相信入侵英倫是為了徵召英國加入鬥爭。為了這個當務之急，他希望讓自己的新王國達成最大程度的團結，否則法方希望他身陷另一場英國內戰的期待恐怕就會成真。如果與本地人合作，意味著要接受國會對政治活動的永久干涉，那就干涉吧，他會像處理荷蘭國會一般面對。對威廉來說，戰爭經費的來源才是關鍵問題，他率先為自己的入侵行動開了張六十六萬三千七百五十二英鎊的帳單給國會。然而，與過去君主統治時不同，英格蘭國會如今只願意將財政與軍事大權短期交給王室一事進行表決，且今後每一年都需要獲得下議院首肯，國會從此成為「一個機構，而非一起事件」。[29]由此可見，真正讓英格蘭政局改頭換面的，並不是某種進步史觀的意識形態，而是戰爭。

【延伸】奧蘭治的威廉

我瞭解，這些人民並非為我而設，而我亦非為這些人民而存在。[30]

奧蘭治親王威廉三世（一六五〇年至一七〇二年）。

事實證明，威廉三世稱得上是最有能、最重要，但也最不討喜、最無人緬懷的英國君主之一。他確確實實改變了英國歷史，或許不討喜的原因正在於此，因為英國人在乎那些象徵延續的事物。威廉的母親讓他得到一半斯圖亞特王朝血統，英語則是他不輪轉的母語。自始自終，他都有登上英國王位的可能。由於體弱多病，他很早就接受細心的教育，以擔當重責大任的期望來養成。一六七二年，二十歲出頭的他指揮荷蘭軍隊抵抗路易十四入侵。儘管久經戰陣，但這位「省督國王」向來不是傑出軍人，毋寧是毫不鬆懈的決心，才讓他成為可畏的政治與外交人物。他不受歡迎，是因為個性不苟言笑，又偏袒有能而值得信任的荷蘭軍隊與幕僚（這可以理解）。但最主要的原因，還是他為英國帶來前所未見的戰爭苦難。

許多人一開始歡迎威廉介入，後來卻發現他的即位帶來許多麻煩，形同公然藐視神聖王權世代相襲的原則。當年查理一世雖在內戰中遭到斬首，但至少王位還是由他的兒子繼承。此回詹姆斯與其子仍然在世，卻就這麼被人取代，這是否意味國會、人民，甚或是武裝勢力得以隨意廢立君主？是否代表根據合法、安定的君權神授原則所建立的合法政府就此終結？至於互不相屬的王國，像是蘇格蘭與愛爾蘭，又該如何處理？是否打開無止境衝突的大門，繼而引發一六四〇與五〇年代那樣的內戰夢魘？不出幾星期，原本反對詹姆斯的一致意見，便換成形形色色、爭吵不休的派系，從支持神聖王權的保王黨「托利」（Tory）到失望的激進派不一而足。縱使一六八八年的意義在一個世紀以後會因為法國大革命而獲得全新面目，卻仍然能造成嚴重分歧。將近半個世紀的時間裡，支持斯圖亞特王朝的英格蘭詹姆斯黨（Jacobite）都反對新王及其繼承人；蘇格蘭的反對比英格蘭更久，而愛爾蘭又比蘇格蘭更久。還有更多血得流，「派系怒火」（rage of party）[3]仍將延續，留下的傷疤就連三個世紀後都還在汩汩滲血。

雖然英國民眾只依稀記得，但一六八八年確實是新時代的開端。再也不會有哪位君主試圖以斯圖亞特王朝的方式統治。國會、代議制與立法同意原則，成為政府的永久基礎。國會的確得到事實主權，理論上至今也仍然擁有。審查言論的法律失效，威廉也更支持宗教寬容，期能增進團結，有助於即將來臨的戰爭，並安撫西班牙與神聖羅馬帝國等天主教盟友。若以哲學家兼政治人物約翰・洛克（John Locke，斯圖亞特王朝的反對者，如今結束流亡歸國）的原話來說，這種寬容的結果，「終於在我國有了穩固的法律基礎。程度雖不盡如人意……，但如今的情況還是有所進步」。[31]以宗教統一為基礎的專制政府（無論是國教、清教或天主教），再也不會出現了。[32]這是英格蘭政治與文化認同進化的里程碑，強調溫和、妥協與中庸，人們逐漸確信不列顛，精確來說是英格蘭，已不可同日而語。

不過，一六八八年發生在英格蘭境內的事情不僅稱不上故事全貌，甚至不算故事主線。就像劍橋大學達爾文學院研究員克雷格・羅斯（Craig Rose）所說：「這次革命最革命性的一面，〔在於〕英格蘭

3【編註】在英國史上，派系怒火（rage of party）專指「光榮革命」後的政治震盪期，輝格派與托利派在此期間內出現嚴重的派系爭鬥。從一六八八年到一七一五年間，國會共輪替過十一次。

外交政策的劇烈轉向。」[33]浮現於大不列顛的政治妥協與政府結構（以及愛爾蘭，只是造成不同的悲劇性結果），不全是國內方面選擇所造成的。威廉對蘇格蘭與英格蘭做了妥協，也準備對愛爾蘭讓步。信仰天主教的愛爾蘭原有可能達成「與威廉和解，〔並〕獲得某種形式的政治與宗教獨立」。[34]假使如此，不列顛群島的歷史會有非常不同的發展。然而，慢了半拍的法國，最終仍決定以船隻、人力與金錢支援斯圖亞特的反革命行動，結果也引燃他們滿心期待的英國內戰。一六八九年三月，一支法國海軍分艦隊載著金援、武裝和與八千名士兵抵達愛爾蘭金塞爾（Kinsale）和班特里灣（Bantry Bay）。路易打發詹姆斯隨軍前去，而非留他在聖日耳曼（Saint-Germain）的流亡王宮裡自怨自艾。英格蘭與蘇格蘭國會都同意威廉對法宣戰的要求。「第二次百年戰爭」就此展開。

愛爾蘭是詹姆斯克復大不列顛島的跳板，一六八〇年代的親天主教政策讓他在天主教貴族間頗受愛戴，都柏林也夾道歡迎他。但這不只是一場愛爾蘭人，甚或是英國人的戰爭；發生在愛爾蘭的戰事如同法蘭德斯（Flanders）或萊茵地區一般，成為歐洲戰場的一部分，三王國的未來也受外部勢力所影響。詹姆斯深知自己唯一的指望，就是集結愛爾蘭部隊，然後跨海前往蘇格蘭，他在那兒也有強大的奧援。荷蘭入侵一事，在蘇格蘭引發遠比英格蘭更極端、更激烈的革命。愛丁堡國會直言不諱，宣布詹姆斯已「放棄」（forfaulted）王位，而非拐彎抹角地使用「空缺」（vacancy）一詞；蘇格蘭低地的長老會眾也動手粗魯地（通常還很暴力）拆毀聖公會教堂，驅除教士與主教，並肅清大學。威廉沒什麼選擇，只能接受長老教會（跟他本人的喀爾文觀點大相逕庭）為蘇格蘭的新國教。但這種照顧都市、重視蘇格蘭低地的措施，卻疏遠了信奉聖公會，甚至是忠於天主教、家族優先、尚屬封建的蘇格蘭高地。聖公會神職人員與蘇格蘭地主於是倒向唯一能保護他們不受長老教會極端信仰傷害的詹姆斯國王。一六八九年七月，一小支由詹姆斯黨高地人組成的軍隊在丹地子爵〔Viscount Dundee，一位驍勇善戰的傭兵，後人神化之，號為「好丹地」（Bonnie Dundee）〕率領下，於基利克蘭基（Killiecrankie）慘勝蘇格蘭與荷蘭聯軍，子爵在是役中陣亡。這一仗也催生了最後一首寫於蘇格蘭的拉丁文重要史詩。[35]進一步攻勢在不久後的八月遭到長老派部隊擋下，止步於鄧凱爾德（Dunkeld）。這些蘇格蘭高地氏族收到歸順於威廉政權的最後通牒，格倫科的麥當勞氏族（Macdonalds of Glencoe）錯過了期限，結果導致三十八個氏族在一六九二年遭到蘇格蘭長老派政治家羅伯特·坎貝爾（Robert Campbell）派兵屠殺。不過就像之後會再看到的，蘇格蘭的詹姆斯黨人遠未覆滅。

由於詹姆斯正在愛爾蘭圍攻德里（Derry）與恩尼斯基林（Eniskillen），這麼一耽擱，便錯過了與丹地子爵合流的契機。德里〔後改名為倫敦德里（Londonderry）〕圍城戰寫下了阿爾斯特（Ulster）新教徒的傳奇故事：當十三名新教徒為對抗詹姆斯軍隊而關起城門後，圍城戰於焉展開。德里抵抗法國主導的圍城軍隊，從一六八九年四月持續到七月，成了「英國王位繼承戰爭的轉捩點」。[36]阿沃伯爵（Comte d'Avaux，經驗豐富的法國外交家，路易派他盯著詹姆斯）放棄入侵蘇格蘭的想法，決心延長在愛爾蘭的戰事。無論是波旁王朝、一七九〇年代的革命政府，抑或是拿破崙統治時，法國在愛爾蘭或蘇格蘭的政策指導綱領，都奉行以最小代價創造最嚴重破壞的原則，以達到聲東擊西的效果。結果屢試不爽。威廉三世不得不將最優秀的部隊調離法蘭德斯，甚至御駕親征愛爾蘭，從而讓法軍在一六九〇年六月二十一日，於西屬尼德蘭的弗勒呂斯打了場大勝仗。

七月一日，敵對的兩位國王在博因河（River Boyne，與都柏林北方的道路平行）對陣，戰爭成敗可說在此一舉。博因河戰役是愛爾蘭史上最知名的戰役，也是不列顛群島上發生過最具歐陸性色彩的一仗，支線戰場在法蘭德斯、加泰隆尼亞與萊茵蘭等地同步打響。威廉軍以荷蘭人、丹麥人與胡格諾派為主，勉強以英格蘭新兵補其不足。有許多新兵害了病，「死狀如腐爛的羊屍」。[37]詹姆斯黨的軍隊有二至三萬人，核心為七千名效力於法軍的法國人、日耳曼人與瓦隆人（Walloons）。指揮兩軍的都是曾經效力於路易十四的軍人：威廉軍主將為前法蘭西元帥弗里德里希・馮・紹姆貝格（Friedrich von Schomberg，他是威廉參將裡唯一通英文者），詹姆斯黨人則由法國廷臣洛贊伯爵（Comte de Lauzun）領軍。[38]正當威廉勘查戰場地形時，一顆炮彈蹭過威廉的肩膀，刮破他大衣與襯衣（他省言一如往常：「幸好沒有蹭得更用力」）。謠言四起，說威廉已經戰死沙場。傳聞一抵達法國，人們馬上在街上喝酒、跳舞慶祝，凡爾賽當地民眾甚至強行進入王宮庭院，在路易的窗戶底下點起營火。博因河的戰況並不慘烈，雙方都只損失幾百人（包括率領胡格諾派衝鋒，一面高喊：「衝啊，諸君，就是這些人迫害你們！」（Allons, messieurs, voici vos persécuteurs!）的紹姆貝格元帥），但結果卻頗具決定性。威廉軍渡河推進，詹姆斯黨潰逃，法國軍官後來將之怪罪於麾下的愛爾蘭步卒。

情勢原本有機會在七月十日扭轉。是日，法國海軍在「貝濟耶角」（Cap Bézeviers，即法語的比奇角（Beachy Head）」取得對英荷聯合艦隊最大的一次勝利。英荷方面輸得匪夷所思，英國海軍沒能支援到荷蘭人，甚至因此低聲下氣對荷蘭國會道歉，付費修繕荷蘭船隻，賠償那些失去男丁的家庭。[39]路易非常高興，「幾世紀以來，英格蘭人自誇為海峽霸主。擊敗他們之後，我看我才是海峽的主人」，接著唱起了讚美詩。[40]這場大勝不僅讓法方保持與愛爾蘭的聯繫，而且還將威廉孤立於愛爾蘭、創造出趁機入侵英格蘭的可能。但路易手下的海軍將領卻不打算如此冒險，路易為此大為光火。但艦隊蒙受損失，許多船員也生了病。法國海軍嘴上表現強過海上，指揮官似乎完全沒有策略。據說，詹姆斯的愛爾蘭總督提康內爾伯爵（Earl of Tyrconnel）曾感嘆：「聖喬治海峽（St George's Channel）少了一支法國戰艦艦隊，結果就成了我軍的末日……。〔威廉〕的部隊與給養原本不該運到這兒，他的部隊本該挨餓啊。」[41]威廉迅速返抵荷蘭，詹姆斯則倉皇逃往法國，尋求援軍，並促請入侵英格蘭。但經歷博因河一戰，路易已經不打算像過去那樣在愛爾蘭投注重兵，何況洛贊伯爵的部隊業已歸國。至於對英格蘭的攻勢，法軍只限於在泰格茅斯（Teignmouth）安營紮寨，等到一六九二年終於決定發起入侵時，也為時已晚。

世世代代內心苦澀的詹姆斯黨人，都把詹姆斯離開愛爾蘭視為臨陣脫逃。他的部隊逃往西邊的口岸，獲得法國海軍接應。隔年，新指揮官聖盧特侯爵（Marquis de Saint-Ruth，原本在南法鎮壓新教徒起事）決定背水一戰，破壞麾下部隊身後的橋樑，在哥爾威（Galway）附近的奧格林（Aughrim）挖掘壕溝。慘烈的戰鬥在一六九一年開打。聖盧特被炮彈削去腦袋，詹姆斯黨於是潰逃，七千人命喪荷蘭將領金克爾男爵〔Baron van Ginckel，後立為亞斯隆伯爵（Earl of Athlone）〕與胡格諾信徒呂維尼侯爵〔Marquis de Ruvigny，後封為哥爾威伯爵（Earl of Galway）〕先後率領的威廉軍之手。儘管利默里克（Limerick）圍城戰在博瓦瑟盧侯爵（Marquis de Boisseleau）指揮下堅持了一陣，但多數愛爾蘭領袖如今已願意接受荷蘭人開出來的任何條件。一六九一年十月，愛爾蘭領袖與威廉方面（由金克爾代表）簽訂了《利默里克條約》（Treaty of Limerick），帶來特赦與宗教自由。法軍的海上支援遲至三週後才抵達。法方試圖撤回自己的士兵，同時盡可能招攬愛爾蘭新兵到歐陸作戰。條約容許一萬五千名愛爾蘭士兵乘船前往法國〔他們從此以「野天鵝」（Wild Geese）之名而為後人所知〕，他們在此接受詹姆斯二世檢閱，以其之名為法國效力，深信馬上便能凱旋而歸。威廉亟欲平定愛爾蘭，好專注歐洲，對於穩健的條約也樂觀其成；但詹姆斯黨仍持續在部分鄉里發動游擊戰（出於對法方再度支持入侵行動的期望），讓《利默里克條約》形同具文，導致愛爾蘭國會立法斷絕天主教貴族經濟與社會力量。這些「懲戒法」（Penal Laws）戕害了世世代代愛爾蘭與英國之間的關係。

❖ ❖ ❖

【延伸】流亡：胡格諾派與詹姆斯黨

法國廢止《南特詔書》，導致約四至五萬胡格諾信徒前往不列顛群島；光榮革命則造成許多詹姆斯黨人去國前往歐洲，以法國為主，多數是陸、海軍官兵。將近兩萬五千人的部隊（主要是愛爾蘭人）跟著詹姆斯去了法國。沃邦元帥則估計有兩萬名新教陸、海軍士兵離開法國。難民及其後代世世代代在對立陣營作戰，不時面對彼此。尚．路易．利哥聶（Jean-Louis Ligonier）在一七五七年成為英國陸軍司令。愛爾蘭與蘇格蘭的詹姆斯黨則為法蘭西提供兩名元帥和十八位將軍，而且幾乎壟斷了法國殖民地的指揮權，就像他們在英國的同鄉。詹姆斯黨在聖日耳曼（巴黎西部）、西法的海港，以及巴黎等地建立斯圖亞特王朝行宮。愛爾蘭天主教徒在造船、奴隸貿易、葡萄酒與烈酒領域都占有崇高的地位（高品質、供出口倫敦與都柏林的蒸餾酒「干邑白蘭地」，其實是他們的發明）。[42]倫敦則成了胡格諾派最大的僑居地，他們聚集在斯比鐸區（Spitalfields）與蘇活（Soho）。有些人還當上新成立的英格蘭銀行股東或董事。有名的斯比鐸區絲綢工廠便用了來自土爾（Tours）與里昂的新技術。難民對各行各業都有重大貢獻，尤其是金銀匠、鐘錶匠、槍炮業、家具製造業、印刷業、翻譯、出版業、雕版匠、雕塑家與帽匠。羅馬樞機主教的紅帽子，就是旺茲沃思（Wandsworth）的胡格諾難民製作的。[43]

歐洲心臟英國：一六八八年至一七四八年

這場戰爭是為了捍衛與保護法律、自由、習慣與宗教，不分教宗信徒或新教徒，免於法蘭西國王野蠻、邪惡之暴政與入侵所荼毒。

——理查・考克斯爵士（Sir Richard Cocks），一六九五年[44]

我們以戰爭為手段，意欲堅持歐洲之自由。我們有古今各民族為楷模，他們曾抵抗強大的君主，以耐心、智慧與勇氣爭取自由，並鼓勵我們堅持下去。

——查爾斯・達弗南特（Charles Davenant），一六九五年[45]

不列顛群島上的三王國倏地參加九年戰爭〔Nine Years War, 1688-1697，亦稱奧格斯堡同盟戰爭（War of the League of Augsburg）〕，並在經過短暫和平後，又參與西班牙王位繼承戰爭（War of the Spanish Succession, 1701-1714）：這兩場戰爭是它們歷來對歐洲政局為時最久的干預。英國軍隊冒險深入歐洲的程度前所未有，直到一九四五年才再度為之。戰爭花費與傷亡讓人重新支持起斯圖亞特王朝，但光榮革命所創造的鏈結卻不容易毀棄：抵抗法國與斯圖亞特王朝就是「反對教皇黨和奴役」以及為「歐洲的自由」而戰（路易十四一再證實了這點）。法國傷亡也很慘重，對該國而言，與英國的衝突本只是整場戰爭的一環，但卻益發重要。一六八八年，路易曾期待戰事多延長幾個月，誰知竟持續將近二十五年。結果，所有參戰國皆筋疲力竭，路易自不例外。當他行將就木時，心裡不得不相信戰爭是神降臨於他、他的王朝與法蘭西的懲罰。

兩場戰爭都演變為消耗戰。大軍（規模為拿破崙時代前所僅見）不僅集結大費周章，移動與給養都很困難；隨著冬天來臨，軍隊還得解散。漫長防線（堪稱一九一四年至一八年壕溝戰的先例）與大量堡壘（尤其法蘭德斯地區）讓調度大受限制，一整年的戰事也因此著重於圍困一兩座城堡，或單純占領土地以攫取食物與財物。軍隊刻意破壞大片地區，使其無法為敵軍所用。戰鬥有時極其血腥，但鮮少能一槌定音，統治者與將軍們對此能免則免。發生在法蘭德斯、萊茵蘭與西班牙的艱苦戰鬥鮮少持久，各民族對此的記憶自然也留不久。九年戰爭是一連串複雜糾葛的起點，有人認為這才是「真正的第一次世界大戰」，但僅有少數出自九年戰爭的紀念碑或軍旗留存至今，也難以令人想到大型近身殺人比賽有多麼駭人聽聞。法國這一側只有少數曾捋英王虎鬚的海上英雄，例如尚．巴爾（Jean Bart），仍成為戰艦、街道或酒館之名以示尊崇。對英國而言，最關鍵、最重要的戰事，就只有威廉三世在愛爾蘭的勝仗，是役確立了英荷同盟作為反法聯盟政治、財政與軍事核心的地位。

法國採取一連串舉措，試圖扭轉光榮革命，以入侵行動作為開始（未來仍多次嘗試，在拿破崙統治時達到高峰），只是為時已晚。一六九二年，三萬兩千名法國與愛爾蘭部隊（名義上由詹姆斯二世指揮）集結於諾曼第。但到了五月，法國海軍在巴爾夫勒（Barfleur）外海的拉烏蓋戰役〔Battle of La Hougue，英國人稱之為拉豪格（La Hogue）〕中，遭遇陣仗將近兩倍的英荷聯合艦隊。法軍以技巧與勇氣應戰，成功趁夜色與濃霧掩護撤退。偏偏風向與地形從中作梗，大多數船隻受困於瑟堡（Cherbourg）半島的另一側，缺乏設防的基地能暫時庇護。來到聖瓦阿斯（Saint-Vaast）港內，英國人以小船進攻，雙方在水邊進行白刃戰，一名英國水兵甚至用小船的錨鉤將法國騎兵拉下馬。儘管詹姆斯王的部隊從岸上用滑膛槍齊射，但仍有數十艘法國戰列艦連同幾乎所有入侵用的運兵船遭到焚毀。[46]英國計畫發動以牙還牙的反入侵，包括出動愛爾蘭新教徒部隊，旨在激起法國新教徒起事，但海軍認為此舉並不可行。既然相應的入侵行動業已放棄，倫敦當局便將愛爾蘭部隊挪到萊茵河對岸與法蘭德斯。陰謀與叛變持續在雙方陣營上演，但雙方皆無法擊中對方要害，只能在未來一百年內重複同樣模式。

戰爭花費大量金錢，也中斷雙方海上貿易。英國為低地國部隊買帳，法國則同時在四條戰線開戰。英國提高稅額，設立借款新名目，但也碰上怨言與抵抗。許多納稅人〔「鄉黨」（Country party）為他們的苦痛喉舌〕認為自己拔毛資助威廉那一小撮自行其是的荷蘭跟班與統治階級的輝格黨「小團體」（junto）[4]，富了倫敦市中心那些「勢利眼」，「讓他們能給太太穿上天鵝絨……反觀可憐的鄉紳幾乎連給自己太太一襲棉麻罩衫都付不起」。[47]「托利黨」的怒意更盛，他們質疑威廉統治正當性，抑或認為威廉是在將英格蘭推向遠非其真正利益所在的戰爭[5]。

即便不是真正的詹姆斯黨人，也有可能希望詹姆斯或其子能經由協商歸國，或者認為這事不可避免，畢竟威廉與瑪麗（一六九四年死於天花）膝下無子。下一位新教繼承人安妮只有一個兒子順利成長，但也在一七〇〇年過世。情勢使然，不光鄉間心懷不滿的托利黨、軍事要人如約翰・邱吉爾（John Churchill）、部會首長，甚至連威廉和安妮公主都或多或少和聖日耳曼的流亡宮廷祕密保持聯繫。在這場機巧狡詐的遊戲中，制肘詹姆斯的就是他自己的個性：他愈來愈固執己見，也益發不問俗事（他泰半待在拉特拉普（La Trappe）的修道院）。此外他和家人已成路易十四魁儡的事實，也使鮮少有托利黨人會考慮讓法國在英國國內扶植天主教君主。

戰爭同樣嚴重傷害法蘭西。法國在一六九三年至九四年遭到饑荒打擊。雖然造成饑荒的並非戰爭，但軍隊消耗食物、波羅的海穀物的海上進口遭到中斷，也讓情況更形嚴重，恐怕有百分之十的人口（意即將近兩百萬人）餓死。饑荒還帶來一項更殘酷的影響：迫使吃不飽的人加入法國未曾言敗的軍隊。整場戰爭中，法國從未輸過一場重要的陸戰。君主國的專制（一六一四年之後未曾召開過三級會議（Estates General））更剝奪了不滿人士的政治發言權。

到了一六九六年，雙方皆已瀕臨極限。更有甚者，兩國也注意到長久擔心的地緣政治危機正森然逼臨：西班牙王位繼承問題。西班牙國王卡洛斯二世（Carlos II）自幼多病，人們從來不期待他能活多久，甚或是生下繼承人，醫生過度奢靡的照料也幫助人們實現這份預言。一六九〇年代中期，卡洛

4【譯註】指一六九三年至一七一七年間輝格黨內的一批領導人物，由於他們影響黨意，從而在輝格黨主政時影響政府決策。

5【作者註】「輝格黨」（通常是富有的貴族）由反對斯圖亞特王朝、擁抱光榮革命、支持威廉與其新教繼承人的人所組成。「托利黨」（通常是地位較低的鄉紳）則對斯圖亞特王朝維持些許忠誠，支持英格蘭國教會，對輝格寡頭政權及其所費不貲的政策感到憤怒。

斯顯然已離死期不遠。首要的合法繼承人是法國王子（路易之孫）和奧地利大公。這意味著不光伊比利半島的西班牙本國，連同其義大利、尼德蘭與美洲領土都會一口氣倒向波旁或哈布斯堡陣營。出身與駕崩所造成的紛亂局勢，甚至有可能讓所有地方化為單一的「法蘭西─西班牙」或「奧地利─西班牙」君主國。倘若如此，更為慘烈、影響更為深遠的歐洲戰爭也就難以避免。無論是避戰或備戰，都勢在必行。

早已呈現僵局的九年戰爭以一六九七年的《雷斯威克條約》（Treaty of Rijswijk）告終，談判主要發生在法國與英荷同盟間，顯示英國對歐洲事務有不同以往的重要性。版圖方面變化不多。政治上，路易承認威廉與瑪麗的君主地位，同時承諾不再進一步協助流亡的斯圖亞特王朝。詹姆斯在法國的愛爾蘭部隊隨之解散，導致上千人一貧如洗。詹姆斯黨雖然震怒，但表面上仍承認威廉。聖日耳曼的斯圖亞特宮廷依舊，四處離散的詹姆斯黨仍然活躍，愛爾蘭部隊則併入法國陸軍。法國以煙火表演和「路易十四賜與歐洲和平」的口號慶祝，[48]但宮中卻把條約當成戰敗，畢竟過去曾經歷這麼多輝煌的勝仗與凱旋讚美詩。沃邦元帥覺得談和「實不名譽」，[49]路易自己則作結道：「我為了世人和平（的需要）……而犧牲了我在戰爭中獲得的優勢。」[50]無論如何，一切都要在另一場戰爭，在那場同樣人稱「真正的第一次世界大戰」的西班牙王位繼承戰爭裡再戰一回。

威廉與路易都想當歐洲的公親，起先同意瓜分西班牙領土，以避免進一步戰爭。誰知病榻上的卡洛斯堅持不想看見其帝國分裂，於是在一七〇〇年十月將整個國家傳給十六歲的安茹公爵——也就是路易的孫子之後，便撒手人寰。威廉寫道：「要是這遺囑成立，英格蘭和荷蘭共和國便得面臨最大的滅國危機」，[51]法國將宰制低地國、地中海和南北美洲。路易與大臣密集討論後，得出「此乃天意」的結論：安茹公爵不只該當上西班牙國王，而且也該在法國王位繼承順序中留下一席之地。英國與荷蘭領教了這種「大膽、唐突、傲慢的挑戰」，[52]或許是認為兩國過於弱小、難以應對，於是迅速採取行動。一七〇〇年十一月，安茹的腓力〔Philippe d'Anjou，如今已成為西班牙國王腓力五世（Felipe V）〕離開凡爾賽，緊握著路易寫給他的治國術提點。法國士兵與幕僚隨他前往馬德里，眼看就要讓西班牙及其海外帝國成為法蘭西保護國。法軍包圍西屬法蘭德斯的「屏障堡壘」（barrier fortresses，這些堡壘根據條約為荷蘭所有，用以保護共和國的安全），並將駐衛軍捉拿下獄。路易已做好準備，為確保波旁王朝萬世一系的凱旋而戰。

西班牙王位繼承戰爭影響整個西歐與南歐，喚醒法蘭西「普世君主國」幽靈遠甚以往。由於英國托利黨與荷蘭共和黨傾向與路易達成協議，威廉擔心他奮鬥二十年的果實將會「不開一槍，湮滅在一夕之間」。[53]經過《雷斯威克條約》後，吝嗇的反戰國會將英國陸軍裁減到七千人，威廉對此非常灰心。然而，此時法國在處理形勢上卻犯下大錯，結合挑釁與拖延手段，既讓對手有了口實，又給他們時間準備反抗。最糟的例子是，當詹姆斯二世在一七〇一年九月過世時，路易不顧大臣的反對，公開承認其子詹姆斯三世暨八世（James III and VIII）的合法地位，形同撕毀《雷斯威克條約》。英國人立刻與法國斷絕外交關係。就連一七〇二年威廉猝死（原因是落馬），也無法暫停往戰爭前進的腳步。安妮女王繼位後，在五月對法宣戰。一如既往，英國成為荷蘭、神聖羅馬帝國、丹麥、布蘭登堡及其他幾個小國的盟主。

從某些角度切入，這一仗顯然是九年戰爭的延續，戰事主要發生在低地國與萊茵河上游，以及其他在西班牙與義大利地區的戰場。最大的差異是，英國貿易與繁榮之所繫的西屬美洲如今處於危急關頭，所以大西洋彼岸也加入戰場。此外還有一點不同：九年戰爭期間，法國贏了每一回戰役，卻無法贏下整場戰爭；這一回，換聯軍贏下重要戰役，卻無法打倒法國。發生在布倫亨（Blenheim）、拉米伊（Ramillies）、奧德納爾德（Oudenarde）、馬普拉克（Malplaquet）的大場面血戰，是整個世紀裡最恐怖的景象，而這全部都跟馬爾博羅公爵（Duke of Marlborough）約翰．邱吉爾令人不寒而慄的軍事頭腦有關。

布倫亨〔這是巴伐利亞村落布林特海姆（Blindheim）的英文名〕之戰於一七〇四年八月十三日打響，馬爾博羅公爵在當天開拔進日耳曼南部，拯救神聖羅馬帝國於危亡之中。他行軍既迅速又深遠，同時還能保持軍隊在作戰狀態。他費盡心思組織補給，加上有能力以現金（一車車由倫敦金融城提供的錢）購買食物與草料，才讓這一切成為可能。布倫亨一役，法軍在將近半世紀中首度潰敗，半數將士陣亡、負傷、被俘或逃亡，大炮錙重、軍旗及指揮官盡皆遭到捕獲。不過一個下午，法國不僅在日耳曼地區失勢，也失去在歐洲大陸的軍事優勢。[54]凡爾賽宮對於發生的事情毫無知悉，傳令都沒有回音。消息一點一滴，從被俘軍官匆匆寫給家人的信件中流出，但幾天來都無人敢告訴路易。據伏爾泰說，人們最後把重擔交給曼特農女侯爵（Marquise de Maintenon）這位跟路易門不當、戶不對的妻子，讓她講出「他已不再無敵」的消息。[55]兩年後於低地國，馬爾博羅公爵在拉米伊贏得一場不算壓倒性的勝利，將法國逐出西屬尼德蘭，然後又在奧德納爾德打了勝仗，導致里爾要塞陷落，開闢出行進巴黎的大道。一七〇九的馬普拉克戰役震驚所有參戰方，人們益發質疑馬爾博羅公爵的戰略：是役死亡人數，堪比一九一六年索姆河（Somme）戰役第一天的恐怖傷亡[6]。

【延伸】馬爾博羅出發打仗啦

馬爾博羅……對法蘭西霸業是最致命的人物，幾世紀來僅見……。他在……混戰中仍保有冷靜與勇氣……英格蘭人喚他作「一頭冷」。

——伏爾泰[56]

在拿破崙橫空出世前，歐洲還沒有哪位將領能運用如此廣被的影響力。他本人就是將近

6【譯註】索姆河戰役為第一次世界大戰中傷亡最慘重的壕溝戰，歷時四月餘，雙方傷亡合計超過一百萬人。

二十個同盟國家集結的中心。他以不遜於軍事勝利的外交手腕，維繫整個大軍事同盟。他掌握四分之三個歐洲的結合，策馬躍入戰場。

——溫斯頓・邱吉爾[57]

馬爾博羅伯爵約翰・邱吉爾（後來晉秩公爵）不僅是英格蘭最有才幹的將領，更是英格蘭唯一有才幹的將領。他最傑出的幾位後輩多半出身蘇格蘭或愛爾蘭，其中最了不起的就屬威靈頓，但這些有能之人卻多流露出陰鬱、職責優先、沉默寡言的特質，不顯山水的個性就是他們的縮影。可是馬爾博羅與此大相逕庭：他首先是為廷臣，然後才是軍人與政治人物，而且向來瀟灑迷人。馬爾博羅野心勃勃，大膽欺瞞：他拋棄詹姆斯二世，後來又在效力於威廉時與詹姆斯黨策畫陰謀（害他在倫敦塔待了段時間），但這不妨礙他廣受眾人喜愛。儘管他曾在法蘭德斯時，從法國人身邊得到一些軍事經驗，但他的勝利與專業知識無關，而是來自他大膽的構想、無情的攻勢、高效的備戰、創新的戰術，以及迅速的反應。馬爾博羅率領英國陸軍（成員以日耳曼士兵為主）深入歐陸的程度遠甚以往，在該世紀四場最大的戰役中都取得勝利。然而，上述戰事的花費與血腥場面（傷亡高達四分之一）也在本國與荷蘭敲響了警鐘。馬爾博羅的貪婪幾乎和他的軍事才華同樣傳奇，他被控貪腐，被控為一己之私而拉長戰事。他那入侵法國本土、行軍巴黎的希望，也因為這次指控而無從實現。我們再也無從知曉他原先的計畫究竟會釀成大禍，或是成就決定性的勝利。

他成了當時最有名的英格蘭人，在法國也是傳奇人物。至今仍廣為人知的歌曲〈馬爾博羅出發打仗啦〉（曲調大致跟〈快樂老好人〉（For He's a Jolly Good Fellow）一樣）就是證明。人們出於相同道理，用他的大名（有時拼做「Malbougre」）嚇唬調皮的孩童。這位多塞特（Dorset）鄉紳之子也成為歷來最富裕的英國子民：他身兼公爵與神聖羅馬帝國親王，還擁有布倫亨宮這座當時最壯闊的宮殿；他的子孫仍年年向君主獻上一面象徵其勝利的百合花徽旗[7]，代替租用伍德斯托克（Woodstock）皇家莊園的費用。

✣ ✣ ✣

戰爭強度如此之大，肯定會影響國內。蘇格蘭和法國中部偏南、以新教為主的塞文（Cevennes）山區都爆發叛亂，而且都得到另一個陣營的鼓勵與資助，但沒有實際出手。對英國來說，這次衝突最重要的結果，就是一七〇七年英格蘭與蘇格蘭的《聯合法案》（Act of Union）。蘇格蘭人得選擇在面對危險世局時當個雖低於英格蘭但受到特別照顧的夥伴，或是泛歐同盟中人微言輕、可以犧牲的幫手。英格蘭方面威脅將待蘇格蘭為外國的做法，以及來自倫敦的賄賂都影響了選擇的過程。蘇格蘭國會最

7【譯註】百合花徽雖然出現在眾多歐洲紋章中，但經常令人聯想到法蘭西王國。波旁王室、西班牙王室的波旁分支皆大量使用百合花徽，幾乎已成為法國的代表標誌之一。

終選了兩國聯合。

法國和上一場戰爭時一樣，深受饑荒打擊。氣溫在一七〇八年至〇九年間急遽下降，以「大寒冬」（*le grand hiver*）之名為人長久所記憶。寒冬摧毀幼苗、花苞、藤蔓與樹木，來年的收成免不了慘況。法國戰爭食物價格騰貴，導致全面經濟不景氣。里昂市破產。無人納稅，連酒稅、鹽稅都徵收不了。法國戰爭機器因此停擺。饑民暴動，攻擊市集、女修道院與莊園。路易採取前所未見的舉動，直接懇求其子民。他的信在每一間教堂中受到朗讀，向人民保證「吾待吾民之慈愛不亞於待吾子」，但仍堅稱反法聯軍提出不可能的要求，導致法國暴露在入侵與羞辱之下，因而仍須人民共體時艱。廷臣多少也出於善意，把更多自家的銀器送往鑄幣廠，當局也開徵新稅。許多外國人因此相信法國將繼續作戰，其專制王權在戰爭中比英國這類喋喋不休的國會體系更有適應力。

下議院雖然是動員全國的有效手段，但在表現不滿時也一樣有效。稅賦、財政不穩定、貿易中斷，加上人們感覺英國的真正利益遭到漠視，都讓托利黨與潛伏的詹姆斯黨對輝格派大臣和馬爾博羅批評不遺餘力。這對安妮女王改變立場同樣有所影響。羅伯特·哈雷〔Robert Harley，未來的牛津伯爵（Earl of Oxford）〕與亨利·聖約翰〔Henry St John，未來的布林布魯克子爵（Viscount Bolingbroke）〕領導的托利新內閣開始祕密議和。最早的祕密接觸是在一七一一年，透過生活在倫敦的法籍天主教教士富蘭索瓦·高提耶（François Gaultier），以及冒險犯難的劍橋詩人、宣傳家兼外交官馬修·普瑞爾（Matthew Prior，此前他在斯圖亞特流亡宮廷經營相當高效的間諜網）所展開的。哈雷在一七一一年三月八日參加內閣會議時，遭到一名鬼鬼祟祟的法國「難民」刺殺，但他大難不死，此事在法國與英國歷史上實屬罕見。法國與英國之間的掮客已經很不尋常，而「小馬」（Matt）普瑞爾更是其中之最。安妮女王並不情願任用某個「需索無度至極」之人為信使（打從普瑞爾孩提時，就有人發現他在叔叔位於倫敦的酒吧吧檯後讀拉丁文，他的平步青雲於焉開始），但他的才幹實在不容忽視。正是他居中搓和，才讓後來人稱「小馬和約」（Matt's peace）的協議得以達成。祕密磋商在他倫敦的公館裡展開。而當他到巴黎時，也有人張開雙臂歡迎他：一位貴族出身的浪蕩修女克勞汀・德・唐森（Claudine de Tencin），兩人共赴雲雨。人們說克勞汀是「美麗而墮落的修女」，後來成為該世紀最傑出的女性知識分子，也是法國哲學家尚・勒朗・達冷伯（Jean le Rond d'Alembert）的母親。協議的結果是馬爾博羅失去職位，麾下部隊則受命不得進一步發動攻勢，而且法軍比聯軍還早得知這個決定。倫敦方面堅持議和，使法國免於可能的入侵，讓路易以不敗之姿入土。

一七一三年四月，雙方簽訂《烏特列支條約》（Treaty of Utrecht）。該條約終結了一段以宗教衝突、領土易變、王權繼承爭議與漫長戰事為特色的歐洲事務極端動盪期。自一六八八年來，已有將近兩百萬士兵陣亡。如今法蘭西霸權的危險已然消退。條約禁止法蘭西與西班牙兩王室結合，但腓力五世仍然保有西班牙王位，西班牙也隨之成為法國將來對英國作戰時的主要盟友。西屬尼德蘭割予奧地利，以保護荷蘭。英國確實成為歐陸主導力量之一。法國再度承認英國的新教王權傳承，這一回更排除了斯圖亞特王朝的繼承權。英國得到位於北美洲、直布羅陀、梅諾卡（Minorca）的大片土地，同時可望獲西班牙王室「奴隸專營權」（asiento）的貿易讓利：即向西屬南美洲供應奴隸、每年派遣一艘貿易船隻的許可。法國拆除武裝私掠船的老巢——敦克爾克的防禦工事與港口，並接受英國派駐「特使與監察官」，以確保相關設施不再重建。這成了長年敵意的來源。

法國與英國國內的政治風向都有轉變，顯見《烏特列支條約》實為分水嶺。安妮女王在一七一四年駕崩，王位隨後順利傳予他的新教徒姪兒，漢諾威選帝侯格奧爾格（Elector Georg of Hanover），是為喬治一世（George I）。他視托利黨為潛伏的詹姆斯黨敵人。哈雷與普瑞爾遭到逮捕，布林布洛克則逃往法國，為斯圖亞特王朝的僭主當了一段時間的重要策士，獲吹捧為政治思想家。一七一五年九月，路易十四駕崩，長期受苦的民眾並不感念他。人們說，他把法國變成一所大型濟貧院。路易十五以兩歲之齡繼承其祖父，他的表親奧爾良公爵（Duc d’Orléans）攝政時必然得長期小心翼翼；加上無論《烏特列支條約》條約如何規定，西班牙國王都有可能索要法國王位，攝政王只能加倍警惕。由於領導法國與英國的統治者都有潛在的弱點，不難理解雙方會避免衝突、同意不去鼓動彼此的敵人。這回重修舊好來得太晚，來不及阻止馬爾伯爵（Earl of Mar）所帶頭、在一七一五年的那場失敗政變，但此後確實帶來一段和平，兩國甚至還當了二十年的盟友。同盟一事起於一七一六年，並得到法蘭西攝政王的幕僚杜布瓦樞機（Cardinal Dubois）支持。在他安排下，英國軍人兼政治人物史坦霍普勳爵（Lord Stanhope）在海牙買書時來了場不期而遇。史坦霍普的英法結盟願景，是一次鞏固和平的大膽嘗試。兩國間的相互諒解一路延續到一七二〇年代、由法蘭西弗勒里樞機（Cardinal Fleury）和英國首相羅伯特・沃波爾爵士（Sir Robert Walpole）主政時，但雙方沒有太恢弘的目標。沃波爾希望繼續遠離歐陸戰事，弗勒里則想先等法蘭西恢復自己的國力，再來推動更遠大的政策。

這回法國與英國「同盟」肯定有益於歐洲。雙方避免戰爭的渴望，也感染了彼此的盟國、被保護國與鄰國，締造了史家呂西安・貝利（Lucien Bély）所說的「歐洲新秩序」。然而，這個新秩序卻遭到東歐地區強權向外擴張而動搖：俄羅斯與普魯士益發向外侵略，而瑞典、波蘭、土耳其，甚至連神聖羅馬帝國都開始搖搖欲墜。事實證明，每一起政治事件，尤其是王位繼承中斷所造成的事件，都成了侵略的託詞。弗勒里樞機知道，跟英國的良好關係並不受宮廷與軍方所喜。此時法國仍然是歐洲巨人，其君主體制似乎更強大、更穩定，不像英國君主受制於層出不窮的黨派爭端與繼承爭議。法國有能力比英國更快糾集其力量，而且沒有輿論反對。法國對外貿易迅速成長，海軍也積極擴充，英國卻停滯不前。弗勒里一覺得法國已足夠強大，便馬上中斷這種互相諒解。一七三一年，倫敦方面接獲告知，表示兩國利益相差太遠，難以「在歐洲事務上刻意協調」。[58]到了一七三〇年代晚期，法國再度成為「歐羅巴之仲裁」（普魯士王如此宣稱），人們對於法國稱雄的野心，以及對其支持斯圖亞特反革命的擔憂於是捲土重來。

英國首相沃波爾決心避免涉入波蘭王位繼承戰爭（War of the Polish Succession, 1733-1735）。「夫人，」他對王后說的話相當有名，「歐洲今年有五萬人在戰爭中遭到殘殺，其中一個英格蘭人都沒有。」[59]但與貿易、殖民地有關的摩擦卻沒那麼容易避免。英國非法貿易商船與西班牙「海巡」（說穿了，就是有牌海盜）在西屬美洲發生衝突。等到一位英國船長的耳朵被人割下來，好教訓他尊重西班牙規矩時，「詹金斯之耳戰爭」（War of Jenkins's Ear）便在一七三九年爆發。法國雖身為西班牙盟友，但不願捲入事件。然而情勢卻在一七四〇年轉變：這年，普魯士趁敵對的繼承人爭奪奧地利王位時入侵西里西亞（Silesia），奧地利王位繼承戰爭（War of Austrian Succession）於焉展開。英國與法國原本只是作為「助拳」角色，卻捲入這場不受控制的戰爭，將部隊借給各自的奧地利與巴伐利亞盟友。因此，儘管一七四三年的德廷根戰役（Battle of Dettingen）是英國君主（此時為喬治二世）最後一次在戰場上指揮軍隊（對手當然是法國），但他卻是以漢諾威選帝侯的身分參戰，其麾下英國兵團掛著漢諾威旗幟作戰一事，還激起了國內怨言。戰爭旋即在中歐、低地國與義大利地區化為無比熟悉，卻又毫無記憶點的一連串軍事行動。等到硝煙終於在一七四八年結束，唯一的重大變化就只有普魯士保住了西里西亞。

然而對法國與英國來說，這場戰爭還讓兩國其他爭議浮上檯面，將普魯士與奧地利這場西里西亞爭端化為另一場法國與英國的對決。兩國間的衝突超越歐洲範圍的程度遠比以往明顯。英國最重要的戰爭發生在北美洲：一七四五年六月拿下臨海的路易堡要塞（fortress of Louisbourg），控制聖勞倫斯河（River St Lawrence）河口，但最後又在和談桌上用來交換法國打下的馬德拉斯（Madras，今天的印度清奈）。來到歐洲，法軍在低地的豐特努瓦（Fontenoy）取得對英國的大勝。最後同時也最重要的一點是，這場戰爭，讓詹姆斯黨有機會發動最後一次、同時也最難處理的叛變：「四五之亂」（Forty Five）。這也是法國扭轉一六八八年局勢的最好機會。

✣ ✣ ✣

【延伸】豐特努瓦：一七四五年五月十一日

英格蘭諸君，讓你們先開槍吧！

——法蘭西御林軍（Garde Française）指揮官昂特羅什伯爵（Comte d'Anterroches）

勿忘利默里克與英格蘭的背叛！

——愛爾蘭旅團在戰場上的呼號

就像法國鮮少有人強調布倫亨戰役，豐特努瓦（位於今比利時）的戰事如今在英格蘭同樣多為人所遺忘。坎伯蘭公爵（Duke of Cumberland）指揮的英國、荷蘭與日耳曼部隊敗給薩克森伯爵莫里斯（Maurice of Saxony）元帥指揮的法軍。這場戰役在十八世紀慘烈戰事的冗長記述中別具意義，原因有三：一、豐特努瓦戰役是法王最後一次象徵性在戰場上親征。路易十五因此成了一段時間的「萬人迷」(le Bien Aimé)，拿破崙更斷定這給波旁君主國帶來新生。二、豐特努瓦一役，也是擁護詹姆斯的愛爾蘭人對英國最引以為傲的勝仗，「愛爾蘭人最輝煌的戰場榮耀」，直到二十世紀都還為愛爾蘭與愛爾蘭裔美國人所銘記。[60] 三、禮讓英格蘭人先開槍這事，堪稱法國戰爭故事中最有名的橋段。

豐特努瓦戰役（Battle of Fontenoy），一七四五年五月十一日。這是法國與愛爾蘭聯軍對英國人取得的最輝煌勝利。

法軍中的愛爾蘭「野天鵝」旅團相當獨樹一幟。理論上，他們是流亡的英國軍隊，軍旗上繡了聖喬治十字（Cross of St George），身著紅大衣，以英語為指揮用語。所有軍隊都會從歐洲較貧困、但有多餘男丁的地方招募外籍部隊：瑞士人、日耳曼人、蘇格蘭人、愛爾蘭人與克羅埃西亞人都是名聲響亮的士兵。愛爾蘭人就和英國軍隊裡的胡格諾信徒一樣特別，政治、宗教兩方面都是流亡分子。歐洲各地都有詹姆斯黨，如西班牙、奧地利與俄羅斯。他們在法國人數最多，而且扮演一個特別的角色：入侵與反革命預備軍。地產遭沒收的愛爾蘭貴族覓得為法王效力的體面事業。克萊爾子爵查爾斯．歐布萊恩（Charles

O'Brien, Viscount Clare）當上法國陸軍元帥，並以隆格多克總督身分，對叛變的新教徒痛下殺手。許多家族代代效力法王，有幾家〔例如迪隆家（Dillons）、西厄家（Shees）、克拉克家（Clarkes）、拉利家（Lallys）與麥克馬洪家（MacMahons）〕甚至甚至躋身為法國貴族成員。豐特努瓦是愛爾蘭旅團扭轉乾坤的地點：旅上的六個團對上了英國分隊（包括愛爾蘭與蘇格蘭新教徒在內），並替法國扭轉了戰況。至於英國一側，黑衛士兵團（Black Watch）同樣創造了一起英勇且富有「英國」色彩的神話。據說領導黑衛士兵團攻勢的，是隨軍牧師亞當．弗格森（Adam Ferguson，後來成為愛丁堡大學教授，是蘇格蘭啟蒙運動的領導人物）。傳說中，在炮彈削掉陸軍中將詹姆斯．坎貝爾（James Campbell）的手臂以前，弗格森已用自己的闊劍殺了九個人。要知道，這個為維持蘇格蘭治安而糾集，被人用計騙往海外，爾後還發生兵變的兵團，原本恐怕是不會有人記得的。[61]

法蘭西御林軍和英國步兵衛隊（Foot Guards）在戰場相遇，催生了禮讓對方先開槍的知名故事。這種英勇的舉動，體現了十八世紀將戰爭看作「身著蕾絲的戰爭」（*la guerre en dentelle*）的想像，更點出時人抱持戰爭就是精緻軍服、貴族風範，以及死傷不會太嚴重的錯誤觀念。故事還暗示法國與英格蘭紳士之間有著客氣的禮貌，暗示雙方在打上多場硬仗之後，已經變得能夠互相尊重，甚至惺惺相惜。然而，這種禮貌也可能具有譏諷意味。當年的滑膛槍不容易命中，子彈的殺傷距離也很短。第一發齊射是最有效的，甚至可能左右戰局，但必須在齊射前預先上膛。也因此，先開槍的一方由於距離較遠，等於浪費預先上膛的優勢，暴露在危險面前；忍住不開槍的一方，則能趁敵方重新上膛時縮短距離，施以更致命的齊射。如此說來，這種表面上的禮讓，也是雙方都聽得懂的殘酷揶揄。典型的法式騎士風範與輕率的綜合。

✣ ✣ ✣

法蘭西與小騎士：一七四四年至四六年

雖說吾王無須涉入年輕的查爾斯．愛德華親王所做的計畫……但只要親王有膽識與決心去執行，那麼……每一回能羞辱敵方，都是得當之舉。

——諾瓦耶元帥（Marshal de Noailles），一七四五年[62]

倘若法蘭西能及時再投入十萬兵力……他們很快就能讓整個西方世界盡入囊中。

——一七四五年十月分的《老英格蘭報》（*Old England*）[63]

《聯合法案》生效後的蘇格蘭稱不上是個心滿意足的國家。國教會與長老教會之間的劍拔弩張，大致反映出蘇格蘭高地與低地間的文化差異，以及詹姆斯黨與輝格黨間的政治分歧。對法戰爭導致增稅，關稅與消費稅則是兩國聯合造成的不快影響。由於走私與其他非法行動與日俱增，有利可圖的對歐陸貿易，尤其是對法貿易，被私掠船與海軍行動打斷。蘇格蘭人不願為了英國君主而承受艱難生活，不滿之情於是在一七三六年激烈爆發：愛丁堡城衛隊的陸軍上尉約翰．波提厄斯（John Porteus）在處死走私客時，對難以控制的群眾開槍，結果波提厄斯遭人私刑打死，暴動一連持續好幾天。

追求權力的野心家，必須決定是要在更寬廣的英國政壇中搶得先機，抑或把目光投向可能的恩主：流亡的斯圖亞特王朝與法國人。最早輸誠倫敦的，就屬志向遠大、頗具才幹的達林普家（Dalrymples），當中有政治人物、軍人和外交官。他們先是協助詹姆斯二世，後來則輔佐威廉治理蘇格蘭。接著，他們改幫漢諾威家統治英格蘭。第二代斯泰爾伯爵約翰．達林普（John Dalrymple, 2nd Earl of Stair）是位成功而「傲慢」[64]的駐巴黎大使，他在當地主持後烏特列支時代的兩國修好，同時緊盯著詹姆斯黨人。幾個大氏族也跟漢諾威家結盟，包括知名的坎貝爾家，以及格拉斯哥等城鎮的市法團（city corporation）。信仰蘇格蘭聖公會的大地主最不願妥協，為之撐腰的則是其宗派失去國教地位的教士。氏族的封建權威、尚武精神與蓋爾（Gaelic）文化，都跟低地城鎮追求平等的長老宗信仰、重商精神格格不入。在活躍的蘇格蘭詹姆斯黨中，大都是聖公會信徒。[65]

異議分子唯有憑藉斯圖亞特王朝與法國人，才能成為難以阻擋的政治力量。但兩者鮮少展現出足夠的能力或膽識。流產的陰謀、喊停的入侵與失敗的起事，成了他們的正字標記。在《烏特列支條約》簽訂後、法國與英國修好的期間，斯圖亞特王朝必須將自己一度光鮮亮麗的宮廷，先從宏偉的聖日耳曼搬到獨立的洛林公國，接著又搬到教廷的亞維農、西班牙，最後落腳義大利，大業日益黯淡。甚至有一場陰謀遭到法國當局背叛，被透露給倫敦方面。但他們在法國仍舊能得到同情，而且可能也還有用處。法國人提供資金，安排婚姻，以持續供應王位爭奪者。奧地利王位繼承戰爭重振了斯圖亞特王朝的前景。早在公開宣戰前，凡爾賽方面便已計畫好入侵：「不光英格蘭，甚至全歐洲的命運都仰賴這場冒險」。[66]王室告諭已預先寫好，向「英格蘭國」保證法國人並非以敵人身分而來，而是接獲「良善信實的英格蘭人」之邀，前來「拿掉異國枷鎖」，讓正統國王復位。[67]

計畫最初是要突襲倫敦，但英國人接獲線報。他們在法國地位最高的間諜富蘭索瓦・德・布西（François de Bussy），以兩千英鎊的代價將計畫細節賣給英國。他是法國小廷臣與貴族小姐的私生子，母親的人脈使他得以享有成功的外交生涯，但卻因為出身之故而不得晉升大使。憤怒之情或許在他叛國時發揮了一點影響，但瓦爾德格雷夫勳爵（Lord Waldegrave）在維也納吸收他時，金錢才是最直接的動機。布西的揮霍引起人們懷疑，但他從未曝光，甚至還在一七六〇年代派駐倫敦。他的密告讓當局急忙做好海上防禦措施。這一切連同惡劣的天氣，讓法國入侵部隊在一七四四年三月、靠近肯迪什

（Kentish）海岸時中止計畫。

詹姆斯二世有個年方二十五的孫子：查爾斯・愛德華・斯圖亞特親王〔Prince Charles Edward Stuart，人稱小騎士（the Young Chevalier）〕，他個性迷人、堅決，但經常喝醉酒，且喝醉時會發酒瘋。查爾斯決心強迫法國再試一次。他受到大膽的愛爾蘭與蘇格蘭策士鼓舞，其中最突出的一位，是來自聖馬洛的安東尼・沃許（Anthony Walsh，法國人稱呼他Gouelsch），他是愛爾蘭船東與奴隸販子遊說團體中的首腦，負責提供船隻與金錢。看到引開英國海軍、讓自己的武裝私掠船不受阻礙的可能性，激發了這些人的愛國心。沃許還得到提升為貴族的承諾。一七四五年六月，查爾斯與少數追隨者搭上了沃許提供的戰艦，凡爾賽方面對醞釀中的事情一無所知。在一封給路易的道別信上，查爾斯用大大的童稚筆跡證實自己的衝動之舉，並承諾「若〔陛下〕使我成功，您將會發現我是位忠實的盟友」。[68]他跟英格蘭戰艦錯身而過，登上西部群島（Western Isles），接著在八月十九日於英格蘭本島的格林芬南（Glenfinnan）舉起斯圖亞特王朝的旗幟。[69]他向憂心忡忡的同情人士保證這次起事必然成功，因為法國的援軍即將到來。據喬治・莫瑞勳爵（Lord George Murray，他當上查爾斯的軍事指揮官）後來的觀察，「這四、五百個蘇格蘭人肯定從未想過自己得動手讓國王登上英格蘭王位」。[70]查爾斯以訴諸榮譽與利己的滔滔雄辯做出承諾，同時要求其貴族支持者負起封建義務，糾集一支大約一千八百人的小軍隊。到該年年末時，人數已達到五千人的高峰。[71]

路易與幕僚群考慮良久。[72]反對意見認為，付出時間、大力協助斯圖亞特王朝復辟的價值不甚明確，他們許諾的回報恐怕永遠不會實現。在英國恢復天主教信仰，恐怕會在日耳曼地區的法國新教盟友間（包括普魯士）再度引發往日的恐懼。復辟，而且是三個王國都復辟，這真有可能嗎？詹姆斯黨冒進、不可靠、沒有策略，而且整體來說過度樂觀。反對意見指出：「一六八八年革命的原則，至今仍是大多數英人眼中的權利基礎與根本，人們絕不能以為整個國家會迅速、輕易放棄這些原則。」但贊同意見則認為，這可是聲東擊西的誘人機會，能迫使倫敦方面召回在法蘭德斯的部隊與海上的船艦以協防本土，讓倫敦驚慌失措。如果接著發生曠日廢時的內戰，英國就不再是威脅，其歐陸盟友也會頓失依靠。看來，提供武器、金錢甚至是軍隊仍然有價值。但要送往何處？謹慎的意見則反對再度試圖入侵英格蘭：除非投入大軍，否則不可能成功，但調動大軍的風險很高，而且會削弱法國在歐陸的力量。間諜布西是其中一位（收了鉅款）的悲觀論者，他宣稱在倫敦附近登陸註定失敗。最安全的選擇是愛爾蘭，部隊在當地能得到廣泛支持，西班牙海軍也能加入法國陣營。但較為大膽的意見占了上風，因其頗得路易十五歡心。看來，雖然查爾斯親王用法方援助為承諾誤導其追隨者，因此長久受人指謫，但他認為法國不會袖手旁觀的看法並沒有錯。埃吉萊侯爵（Marquis d'Eguilles）獲命擔任路易的使者，前往蘇格蘭。法國船隻運來金錢與物資。受到詹姆斯黨九月二十一日於普雷斯頓潘斯（Prestonpans）大捷的消息所鼓勵，十月十四日的御前會議於是同意派軍登陸英格蘭，以復辟斯圖亞特王朝為目標。十月二十四日的《楓丹白露條約》（Treaty of Fontainebleau）白紙黑字寫下這一切，但條文並未保證英國有多少地方能重歸斯圖亞特王朝統治。錢和兵源則從西班牙、瑞典、教宗領地、熱那亞與瑞士等地徵集。

英國閣員曉得入侵行動迫在眉睫。查爾斯在蘇格蘭的大膽行動並未嚇著多少人，甚至他在普雷斯頓潘斯取勝後亦然。對於詹姆斯黨在英格蘭發動革命的想法，內閣也沒有認真以對。他們擔心的，倒是法軍會在不設防的郡縣登陸：「只要他們朝倫敦進軍，這座城就是他們的了」，這是陸軍元帥喬治・韋德（George Wade）的看法。[73]倫敦當局「執迷於當個好歐洲人」，[74]不希望將部隊從歐陸「為歐洲自由的抗爭」中撤出。直到九月，內閣才終於命令坎伯蘭公爵帶麾下大部分部隊從低地返國，但他們需要幾星期才能抵達。查理催促底下不情不願的追隨者朝英格蘭進軍。他想在當地發動詹姆斯黨人起事，以確保法國入侵。他向部下保證，法軍會在十二月初登陸（他已經從自己在巴黎的弟弟那兒得到消息）。埃吉萊侯爵證實法方已決心入侵，但要等到詹姆斯黨起事蔓延到英格蘭，他們才會出手。蘇格蘭人於是在十一月時往南進軍。

法方在十一月與十二月初迅速備戰。沃許衛命負責備辦所需船艦。法國最傑出將領之一的利希留公爵（Duc de Richelieu）獲派為指揮官，證明這項計畫的重要性。人員與火炮在敦克爾克、加萊與布洛涅（Boulogne）集結。法國首屈一指的英國專家伏爾泰則受託起草傳單，解釋路易十五的入侵，只是為了「協助」英格蘭民族同時享有應得的君王與「最有益的特色」，以「恢復英格蘭與歐洲之和平」並「團結兩民族」，團結「應當互相敬重」的英格蘭人與法國人。[75]十二月七日，法軍的蘇格蘭裔軍官約翰・德羅蒙勳爵（Lord John Drummond）率領一千人在蒙特羅斯（Montrose）登陸，作為此次協助的第一步。部隊成員以皇家蘇格蘭兵團（Royal Écossais）為主，由愛爾蘭旅團中的蘇格蘭士兵補充（上級決定不找愛爾蘭士兵，因為蘇格蘭人討厭他們）。埃吉萊打包票，表示法軍已經登陸英格蘭，不日就會抵達。[76]與此同時，軍官們則在巴黎與家人道別，承諾會和查爾斯親王一同在倫敦慶祝聖誕節。再不濟，也能歡度新年。

然而，查爾斯的軍隊〔幾乎沒有遭遇任何抵抗便抵達德比（Derby）〕早已在十二月五日掉頭北返。他把麾下的蘇格蘭人，當成帶動英格蘭詹姆斯黨、引入法軍、讓家族重返聖詹姆斯宮（St James's Palace）這場豪賭的犧牲品。但蘇格蘭裔的指揮官和部下當然有不同優先順序，他們希望能活著回到蘇格蘭，擇日再戰。一旦有了法國支援，他們便能在蘇格蘭發動游擊戰，保護家園。此時，他們領悟到查爾斯親王對於英格蘭詹姆斯黨將會響應的保證〔樂天派預測將會有大批來自牛津這座失落志向之鄉（Home of lost causes）[8]的學生加入〕不過只是一場空。這些蘇格蘭人並不曉得，迎擊他們的漢諾威軍才剛接獲南下守衛倫敦的命令（此時倫敦全城驚慌失措，英格蘭銀行發生擠兌），士兵的注意力轉移到英格蘭海岸的防務，等著點燃烽火傳遞法軍登陸消息，馬匹牛隻都被拉走，以防入侵者作為運輸或食物之用。

再去爭辯回撤北方究竟是必要的審慎，還是勇氣盡失之舉，都已不重要，因為決定性的事件並非發生在德比，而在敦克爾克。發動入侵顯然比任何人的預期都要複雜，得沿海峽徵用三百艘船隻。這不僅需要時間，也無法祕密進行。軍官與大炮數量同樣不足，利希留公爵表示這使他無法在十二月初抵達當地後便下令出發。接著又是壞天氣和壞消息：詹姆斯黨從德比撤出，英國海軍與私掠船則航向法國近海，破壞集結中的入侵船隊。這些消息導致利希留對此行疑慮叢生。但十二月二十日至二十四日卻是好天：南風至少能將部分入侵部隊從加萊與布洛涅吹向肯特（Kent），同時阻止英國海軍採取行動。事後看來，這是最好的機會。不過，這不是第一回，也不是最後一回有準備入侵的法軍指揮官對涉險感到躊躇。利希留痛失良機。[77]

等到他在一月五日舉行戰情會議，計畫下一回的嘗試時，整件事情已成一齣黑色喜劇。法方將集結行動從敦克爾克轉移到布洛涅，卻發現潮汐只允許幾艘船及時出港，這意味著當艦隊集結好出航時，英國人能好整以暇對付它們。法國人只好再度轉移陣地到加萊與奧斯滕德（Ostend）。最後兩次嘗試（原訂於一月十三日與二月六至八日）也取消了，因為英國海軍已傾力而出。這時，每個人都只想敷衍了事以保存顏面。伏爾泰去信安慰好友利希留：「無論發生什麼，〔你〕都擁有發動世上最輝煌遠征行動的榮譽……。無論我是要快點去安慰你，或是前往倫敦巴結你，我都會看到你為國王加冕，使〔路易十五〕再度成為歐洲的仲裁者。」但他意味深遠補了一句，「要是能在〔十二月〕二十五日出發，這一切早就成了。帝國居然命繫於此！」[78]

從這段挺有哲理的話來看，詹姆斯黨的命運已經註定，其餘不過是垂死掙扎。蘇格蘭裔的指揮官

8【譯註】典出十九世紀英格蘭詩人馬修・阿諾德（Matthew Arnold），他稱讚牛津大學對失落的志向、受人摒棄的信念、不受歡迎的名號與難以置信的忠誠來說，彷彿家園一般。

們希望撤回遙遠的北方，但查爾斯拒絕，理由再熟悉不過：

> 法國人和西班牙人會怎麼看我們？對準備進攻已久的法國人，或對替我們雪中送炭的西班牙人來說，這是哪門子鼓勵？[79]

幾乎就在這幾個字出口之際，利希留放棄了入侵行動，返回巴黎；其麾下部隊開拔，返回法蘭德斯。法國外交官甚至暗示，如果英國開價夠高，他們或許願意放棄詹姆斯黨。[80]與此同時，法軍仍設法讓一艘載著少數下馬騎兵（dismounted cavalryman）[9]的船穿越封鎖，抵達蘇格蘭亞伯丁（Aberdeen）；但其餘突破的嘗試，連同運錢去維持查爾斯軍隊所需的船隻，都遭到攔截。這加速終幕的到來，由於沒錢支付飢餓、開小差的士兵，查爾斯於是堅持在一七四六年四月十六日這天於庫洛登（Culloden）放手一搏。埃吉萊寧願不要見證屠殺：「我急忙撤至印威內斯（Inverness），在那裡焚毀我所有的書信，思索有什麼方法，能為陛下您保存部分有機會活過此次行動的〔法國與蘇格蘭〕部隊。」[81]法國人一直擔心，如果此次冒險失敗，那些在法軍效力、派往蘇格蘭的蘇格蘭裔或愛爾蘭裔軍官，將會因叛國罪而遭處死。德羅蒙勳爵的部隊在庫洛登投降、逃過死劫，但他們的未來，還有埃吉萊的前途，看來都很黯淡。若要確保這些人最後能夠獲釋，便需要強硬的聲明：以逮捕（實際上是作為人質）所有身在法國但無護照的英國人作為支持。法國最後的動作，是派船營救查爾斯。他能傳奇般逃到斯開島（Skye），得歸功於芙蘿拉・麥當勞（Flora MacDonald）；但從斯開島到法國，就得靠法國水師的勇氣。其餘詹姆斯軍則難逃此劫，悉數遭到追捕。凡爾賽方面敦請開恩，英國則允諾會赦免所有人，但先前參加過一七一五年起事者例外。

這場「四五之亂」對詹姆斯黨的復國大業是場災難，但對法國來說絕對不乏好處。投資些許的武裝、人力與金錢〔不到五百萬里弗爾（livre）[10]〕，便能迫使英國、荷蘭與日耳曼部隊急忙乘船前往英國，削弱反法聯盟在法蘭德斯戰場的力量。法軍趁查爾斯的小規模軍隊艱辛走向末日時，拿下布魯塞爾（淨賺兩千萬里弗爾），同時進一步威脅荷蘭；[82]此役也制肘英國海軍，讓法國私掠船荷包滿滿，並使英國人無法增援北美，還讓全歐洲都看到英國有多麼不設防。法方得以在一七四八年協商《拉沙佩勒艾克斯和約》（Peace of Aix-la-Chapelle，終結奧地利王位繼承戰爭）時，採取比較強勢的立場。

但這些補償無法掩飾法國的歷史性失敗：這本來會是扭轉光榮革命、在歐洲內外削弱英國力量的最佳機會。雖然潮汐與天氣（一如往常）有影響，但法方思慮亦有不周。法國統治者對於國家利益的優先順序沒有統一看法。有人認為重點是低地國，其他人則重視日耳曼或地中海，甚或是加拿大。他們因此無法決定如何對付英國。思路清晰的諾瓦耶點出最大的問題：假使法國真復辟斯圖亞特王朝，他們同樣有可能受國會或人民所迫採取反法政策，那又何必多此一舉？或者，凡爾賽當局應改以分裂

9【譯註】步兵的一種，騎馬移動以提升機動性，趕赴戰場後改為下馬作戰。

10【譯註】八世紀末至十八世紀末的法國貨幣，相當於二十蘇（sous），每蘇則相當於十二第納爾（deniers）。三者的關係大致與英鎊、先令、便士相仿。

三王國為目標，讓蘇格蘭或愛爾蘭成為法國附庸國？若干詹姆斯黨人鼓吹這種做法，視之為解決法國全球問題的萬靈丹；但要在不列顛群島維持如此規模的駐軍，需要無盡的軍事、海事與財政投入。其餘歐洲國家對於勢力平衡的變化，又會如何反應？

因此，一七四五年的凡爾賽方面猶豫不決，等同於將詹姆斯黨當成牽制用的棋子。利希留與沃許費盡心思，讓幾個兵團乘坐漁船與私掠船渡過海峽；至於在布雷斯特作壁上觀的法國海軍，則完全專注於另一項冒險計畫：準備一支七十艘船、三千五百名士兵的艦隊，試圖橫渡大西洋、收復北美洲的路易堡，顯見他們把鱈魚看得比征服更重要。這，就是四五之亂的悲痛收場：這支艦隊在庫洛登之役後的兩個月出發，卻飽受疾病所苦，指揮官過世，繼位者試圖自殺，更有兩千三百人因壞血病死於加拿大海岸，比庫洛登的傷亡更慘重。要是當時派他們去愛爾蘭或蘇格蘭，那歷史會不會改寫？

✣ ✣ ✣

【延伸】象徵

兩國的愛國象徵，都是從「第二次百年戰爭」中浮現的。法國人經常表示，英國國歌〈天佑吾王〉（God Save the King）原本是尚．巴蒂斯特．盧利（Jean-Baptiste Lully）為路易十四所寫的〈神佑國王〉（Dieu protège le Roi）；但此說沒什麼證據，而且其歌詞與曲調似乎早已出現。〈天佑吾王〉近代的樣貌，是出自托馬斯．昂恩（Thomas Arne）的編曲，一七四五年九月於倫敦德盧里巷（Drury Lane）的劇場首演，藉此在詹姆斯黨之亂最嚴重時提振士氣。詹姆斯．湯姆森（James Thomson）的〈統治吧，不列顛尼亞〉（Rule Britannia）寫於一七四〇年，大衛．蓋瑞克（David Garrick）的〈橡樹之心〉（Hearts of Oak）則是一七五九年，也就是七年戰爭（Seven Years War）的「凱旋之年」（Year of Victories）。〈馬賽曲〉（Marseillaise）是在一七九二年的史特拉斯堡，由青年軍官魯日．德．李爾（Rouget de Lisle）譜寫為目前的樣貌，但最有名的幾句歌詞，例如激動人心的副歌歌詞：「拿起武器，公民們！排好你們的隊伍！」（Aux Armes, Citoyens! Formez vos bataillons），卻是摘自七年戰爭時反英格蘭作品大爆發期間問世的詩句。歌詞中用來「灌溉我們的溝渠」（abreuver nos sillons）的「不潔之血」（sang impur），原本並不屬於一七九二年的奧地利人與普魯士人，而是流淌自一七五七年那支「發假誓的民族」：英格蘭人。[83]兩國國旗顏色大致相同，這恐怕也不是巧合。聯合王國旗（Union Flag）無疑是隨著與法國的鬥爭將三王國鞏固為一的過程，將聖喬治旗、聖安德魯旗與聖派翠克旗一步步組合而成。但拉法葉（La Fayette）在一七八九年發明的三色旗，可能有部分靈感出自美國國旗的紅、白、藍，而美國國旗則是從英國旗幟發想而來。

✣ ✣ ✣

終末之始

光榮革命至《拉沙佩勒艾克斯和約》的六十年間，三王國已經因為參與對抗超級強權法蘭西的聯盟（最終還成為其領導者）而改頭換面。英國成為大國，其陸軍（不時）贏得重大勝利，海軍則堪稱駕馭波濤（但偶有差池）。它創造出用來籌措金錢，用以挹注這些昂貴目標的制度。貿易與殖民地在這股新力量的滋養下擴張，整體經濟旋即發生變革。王室、國會與教會構成的政治體系，以及三王國中兩王國的聯合，皆得以鞏固。政治文化，以及長期發展下來的民族認同感，都在這些年有大幅發展，與此前極端、暴力與動盪的歷史形成鮮明對比。三個世紀後，官方會將此政治文化定調為「權利與責任、寬容、公平競爭、言論與出版自由等觀念」。[84]

縱使法蘭西與反法聯盟都消耗如此多的鮮血與財富來互相對抗，但在《拉沙佩勒艾克斯和約》簽訂時，法國仍然是歐陸首屈一指的國家。普魯士態度友好，西班牙由波旁一員統治，奧地利再也不成威脅。伏爾泰告訴普魯士國王腓特烈二世（Frederick II），說法國像「受到一群人圍繞的鉅富，周圍的人一點一滴走向破產，他則低價買進其產業」。[85]法蘭西併吞魯西隆（Roussillon）、法蘭什—孔泰、亞爾薩斯（Alsace）與一半的法蘭德斯，而且馬上就要拿下洛林與科西嘉。既然已經強大許多，法國君主制度自然沒有必要改變其基本結構。儘管從凡爾賽的角度來看，英國正在成為威脅，逐漸涉足歐洲以外的世界。但英國不僅不是唯一，甚至不是凡爾賽主要的注意力焦點。對多數法國人而言，奧地利與神聖羅馬帝國才是世仇，荷蘭和此前的西班牙也幾乎一樣可恨。法國人瞭解到英國發生大事之後，他們一方面對此產生興趣，一方面也不表贊同。史家馬克・弗馬洛里（Marc Fumaroli）寫道，自一六八八年以來，法國與英國之間的爭端始終存在某種「形而上的方面」（metaphysical dimension）。[86]但雙方的衝突還需要一個世紀才會達到高峰。

✣ ✣ ✣

【延伸】為最符合基督精神之陛下效勞

路易十五個人對於結束戰爭、與英國恢復外交關係感到非常滿意；他的情婦龐巴度夫人（Madame de Pompadour）也大大鬆了口氣。駐英國大使館書記在一七四九年四月二十六日解釋道：

陛下似乎非常討厭讓自己的情婦懷上孩子……閣下請允我如此說，這種情勢非常微妙，假使陛下據信對某位小姐相當著迷，這位小姐得運用各種靈巧的手法應對；儘管她出於對懷孕的極端憂慮，因而非常小心加以預防，她也無法長久保持警覺，說起來，這會讓陛下大為難堪……。我身負要務，要一口氣……從英格蘭取得三百個以上的這種預防機制——

> 畢竟本國不生產此物，近來裝扮入時但審慎的年輕紳士皆使用之；我唯恐這些東西遭搜索，甚或視作違禁品沒官，因而非常希望直接將之交予最符合基督精神之陛下；我可是等這些等得不耐煩，但我的買辦對數量感到大吃一驚，懇求多寬限幾天來備辦；我幾乎忍不住想請求將之進口法蘭西的特許，想必這會是致富的體面方法。[87]

隨後的百年間，法國人常用詼諧語「英式騎馬裝」（*redingote anglaise*，情聖卡薩諾瓦（Casanova）尤其愛用），隱晦的代稱保險套；到了十九世紀，則改用意思相仿的「英式厚大衣」（*capote anglaise*）。後者的稱呼至今仍很常見。

✣ ✣ ✣

錢啊：拿黃金打仗

> 這幾回戰爭不是用鐵在打，而是拿黃金在打。
>
> ——英格蘭銀行創辦人威廉·帕特森（William Paterson）[88]

皮特找英格蘭銀行出手的做法，具體而微表現了英國世界性的影響力是透過什麼樣的關係得到挹注的。此圖題為「政治強姦，針線街的老小姐危險了！」

誰有最長的錢包，誰就能配最長的劍。

——《箴言報》（*The Monitor*），一七六五年九月六日[89]

一六八八年至一八一五年間，英國在史上規模最大的十二場戰爭中六度勇敢對抗法國。法國不僅版圖是英國的兩倍，一七八八年的國民生產總值也是英國的兩倍，人口更是三倍之多。如果想知道這怎麼可能，我們就得先瞭解錢。當時英國與法國都是富有的國家，人均國內生產總值遠高於今日許多第三世界國家。兩國都在與彼此的衝突上花費了前所未見的金額。但從一七〇〇年代初以降，英國便設法在必要時讓支出多於法國，投入比例上五倍於敵人的國民生產總值，[90]因此才有能力一方面維持本國武力（尤其是海軍），同時又雇用外籍部隊（經常占「英國」陸軍一半的人力），反制法國勢力並支援盟國。

軍事支出，一六八八年至一七九〇年

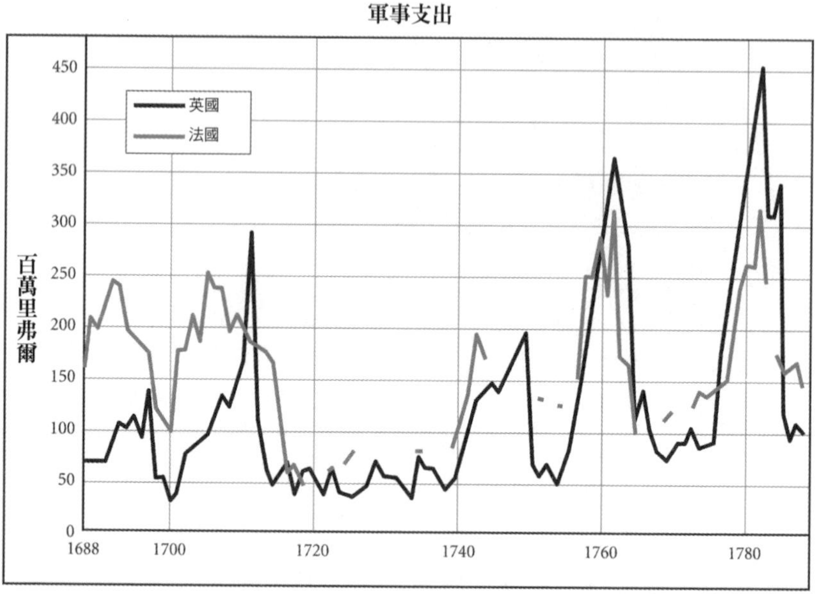

儘管英國承平時期開支一般較低，但發揮全力時，卻總是能支出較法國為多（Sargent and Velde (1995) p. 486）

以十八世紀的物價來看，英國在「第二次百年戰爭」的總花費遠高於二十億英鎊。[91]若通盤來看這個金額，英格蘭在一六八〇年代的年度全國總收入據估計為六千萬英鎊，一八一〇年代的大不列顛國民總收入則是三億英鎊[11]。一六八〇年代的英國王室歲入為四百萬英鎊，一七六〇年提高到八百萬英鎊，一七九五年則達到一千六百萬英鎊。法蘭西王室歲入也出現類似的逐步增加：在一七二六年為一億八千一百萬里弗爾（折合七百九十萬英鎊），一七八八年則是四億七千一百萬里弗爾（折合兩千萬英鎊）。兩國皆將四分之三左右的政府歲入直接或間接用於戰爭。國內外的觀察家對此相當震驚，一再警告緊繃的財政——尤其是債務成長——將承受不住，釀成災難。情況確實如此：

財政問題同時在美洲與法國（在七十年內六度拒不償還其公債）激起了革命。

英國：「拿金幣破窗」[92]

稅收乃國家重要職責。不，何止，稅收**即**國家。

——埃德蒙・伯克（Edmund Burke）[93]

英國能跟法國從一六八九年打到一八一五年，靠的是增稅達百分之一千六百，舉債則增加百分之兩萬四千。[94] 增稅飛速。稅收與債務在九年戰爭期間翻倍，等到西班牙王位繼承戰爭在一七一三年結束時，稅收在全國收入所占比例，已較一六八八年時成長將近三倍。[95] 整個「第二次百年戰爭」期間，稅收增加速度是經濟成長的五倍。稅，始終是激辯、週期性暴動與常見避稅手段（尤其是透過走私）

11【作者註】沒有簡明的方式能將十八世紀的物價換算為二十一世紀的數字，畢竟商品運費不同，消費模式也有改變。若要以當今的數值來感受十八世紀的物價，就得乘以範圍不同的數字：從乘以五十（粗略等於十八世紀以來純金價格上漲的幅度）、乘以三百至四百（基本日用品），到乘以五百至一千（租金與收入）。兩國匯兌比較穩定。從一七二〇年代晚期到法國貨幣在革命初期崩潰時，每一英鎊（等於二十先令，每先令等於十二便士）價值都接近二十三圖爾里弗爾（*livres tournois*）。十進制的芽月法郎（*franc germinal*，一七九五年啟用）回到接近革命前的匯率：每二十四法郎對一英鎊，並一直維持到第一次世界大戰時。

的原由。伯克說過：「想一邊收稅一邊討好人，就跟想要愛人又想放聰明一樣不符合人性。」。但英國國內的政治問題還算能處理。根據歷史來看，增稅結果並非大規模造反（只是發生的暴動不算少），而是王室對國會的完全依附。國會的同意與監督，成為收稅正當性的來源。英格蘭是單一的政治、司法與行政單位，不能有區域性或團體性的優待稅率，這和歐洲多數地區不同。人們普遍同意各種稅收既公平又正當。一旦戰爭似乎已成應對法國或西班牙威脅的方式，或是與國家利益相符（例如保衛、擴張殖民地與貿易），大家就會相信戰爭花費有其必要、甚至於眾有益，遵守要求的程度「相當顯著」，尤其是跟法國或其他國家相比。[96]

在一七一三年以前，土地稅都是歲入主要來源，達總稅收的百分之二十。此後則被一系列消費稅取代：酒、菸草、茶、玻璃、法律文件、髮粉（hair powder）、紙牌，甚至連單身都要收稅，由手握大權的專業機構收受。這些稅目完全不受歡迎。口齒伶俐的西德尼．史密斯（Sidney Smith）大加撻伐這套體系，說它意味著「垂死的英格蘭人把自個兒的藥（已經付了百分之七的稅）倒進一支稅率百分之十五的湯匙，吃完藥、倒在他那棉罩的床上（又付百分之二十二的稅），接著死在一位花一百鎊買執照的藥劑師懷裡」。然而，這類間接稅已算相對避人耳目，而且國會也足夠公平審慎，將大部分的負擔擺在相對富有的人身上。食物不徵稅（但啤酒要抽稅）。這是稅收最多的單一商品種類），而且凱爾特偏遠區（Celtic fringe）不收稅。經濟成長（尤其是海外貿易與製造商品）讓人民更能承受關稅與消費稅，也讓收稅變得容易。全國性的濟貧制度（範圍是當時歐洲最廣）為最岌岌可危的人提供緩衝。

儘管一般人對十八世紀的看法，已經有剝削與官僚無能的巴洛克故事添油加醋；但實情是，納稅人相對守法、稅收制度有效率、政府施政花費不高，而且「相當清廉」。[97]

然而，稅收總是無法追上戰時激增的開銷。政府得靠借貸，才能達到戰費的四分之三。[98]國債從一六八〇年代的三百萬英鎊，成長為一七六〇年的一億英鎊，一七九六年的三億英鎊，以及一八一五年的七億四千五百萬英鎊。一七一五年，有半數的稅入用於支付利息，到了一八一五年則是百分之六十。這需要前所未見的成熟財政體系才能為之，用長期、低利公債取代短期債務（實務上為政府部門的借據）。一六九〇年代時，部會首長、國會議員與商人研究起荷蘭人與威尼斯人的方法。當局訴諸民眾對怡情小賭的愛好和儲蓄傾向，開始拿獎券與年金做實驗，當然也有失敗。一六九四年，「執拗的蘇格蘭人」（persistent Scot）[99]威廉．帕特森與英格蘭人麥可．哥弗瑞（Michael Godfrey）推動讓國會通過他們設立英格蘭銀行的相關規劃〔以阿姆斯特丹銀行（Bank of Amsterdam）為榜樣〕，這起事件確實有劃時代的重要性。英格蘭銀行旋即在隔年證明其價值，拯救政府免於信用破產，更讓政府在兩年後的和平到來之前，皆有能力持續支付戰費。英格蘭銀行不只借錢給政府，更成為英格蘭整體財政架構的脊樑與調節器。透過販售穩定支付利息的政府債券，注資對法戰爭一事改變了整個倫敦金融界。控制國會是維持信用不可或缺的支柱。政府因此不大可能不履行債務（特別是許多國會議員本身就是債務持有人），國會也通過為支付經常性利息所需的稅目。由於信用成長，政府必須支付的稅率從一六九三年的百分之十四，降到一七三一年的百分之三。[100]儘管期間也曾發生危機與恐慌，但

「只要土地還在，啤酒還喝」，英國絕對不會不履行債務——這是新堡公爵（Duke of Newcastle）的原話。[101]下議院與倫敦金融城兩相結合，即將創造出世界強權。

縱使悲觀預測從未停止，英國卻沒有因此失血而亡。正好相反。政府公債可以自由轉讓，投資免稅公債成為安全的儲蓄手段。政府借貸成長，加上處理借貸的金融機構，一同刺激了財政的現代化。倫敦金融城成為世界金融中心，到了三百年後仍然是英國經濟的基石，二〇〇五年時還號稱是這顆行星上腦力與運算能力最集中的地方。對抗法國及其西班牙盟友的一次次戰爭，讓英國獲得歐洲對外貿易最大的份額，倫敦金融城則為之提供信用額度與保險服務。歐洲對外貿易成為工業革命的發電機（見第三章的「占領全球」）。滑鐵盧一役後，英國擁有歐洲歷來最高的人均收入，高於法國將近百分之三十。就跟二十世紀的美國一樣，戰爭是能賺錢的。

❖ ❖ ❖

【延伸】吹泡泡

〔羅〕假裝自己能讓法蘭西達到前所未有的高度，讓法國處於能對全歐洲下令的地位；他假裝自己只要願意，便能隨時摧垮英格蘭與荷蘭的貿易跟信用；他還假裝自己只要有心思，便能隨時毀我們的銀行與東印度公司。

——英國大使斯泰爾伯爵，一七一九年[102]

勞理斯頓的約翰．羅（John Law of Lauriston）身兼職業賭徒與經濟理想家。他擅長打法老牌（Faro）和步傭兵牌（Lansquenet）——兩種仰賴記憶力、心算與心理素質的小遊戲。一七〇一年，他在一場內情不單純的決鬥之後被迫逃離倫敦，遊歷了整個歐洲大陸，最後落腳巴黎，在當地用精湛的牌技打開了貴族家的大門。他讓攝政王相信自己有一套解決法國債務問題的「方法」。近年來的戰爭，讓法國與英國背負前所未有的債務。路易十四留下六億里弗爾的短期債務與二十億的長期債，國庫空虛。一般相信這些債務將導致災難，讓國家無法與戰。因此能減債的國家，就能得到政治與戰略上的優勢。羅的減債提議比法國常用的權宜之計巧妙得多，他不像法國一樣把債主關起來、拒絕付錢（儘管此舉實際上會讓將來更難借貸），而是在一七一六年成立普通銀行（Banque Générale），和英格蘭銀行一樣能發行紙幣。接著，他在一七一七年成立泰西公司（Compagnie d'Occident），一間海外貿易公司，其前景令人垂涎三尺，吸引王室的債權人紛紛以手上的債券交換股份，藉此將公債私有化，刺激整體經濟。他還以前所未見的努力，誘使一技在身的英國工人前來法國。

成功有賴於創造能吸引人的公司股價上漲，而且確實也適時上漲了，民眾既而爭相購買其股份，成了循環。政府允許羅執掌印度公司（Compagnie des Indes），用收稅權獎勵其銀行，強制規定使用銀行紙幣。簡言之，羅現在主持一間龐大的私有機構，獨占政府財政與海外貿易大權。他成了法國頭等要人之一的財政總理大臣（controller-general of finance），也是巴黎好幾處莊園與地產的所有人：富麗堂皇的芳登廣場（Place Vendôme），他自己就擁有三分之一，人也住在這裡。法語出現「百萬富翁」（*millionnaire*）這個新字，用來描述從他這套「方法」裡獲益最多的人。

羅的大膽事蹟在英格蘭引起人們的嫉妒與警覺：法國似乎正在減債，有可能趁英國衰弱時開啟另一場戰爭。人們開始模仿勞的計畫。南海公司（South Sea Company）於焉成立，意在從為南美洲供應奴隸與商品中獲利（《烏特列支條約》贏得的成果），並於一七一九年開始鼓勵公債持有人用政府債券交換其股份。這個計畫在倫敦的發展就和在巴黎一樣美妙，股價在六個月裡上漲百分之七百，百分之八十五的公債私有化。

巴黎與倫敦這兩間公司競爭著同一種國際投機資本，然而各自的貿易前景皆不足以支持其票面價值。真相在一七二〇年初開始曝光，敏銳的荷蘭投資人開始賣掉持股。羅奮力維持股價上漲，假造預期利潤，印更多錢買回股份。此舉雖讓災難延後，卻讓災難在夏天爆發時更為猛烈。成群憤怒的貴婦人與前百萬富翁衝向欽坎波瓦大道（Rue Quincampoix）的辦公室。他的馬車被人砸成碎片，自己則勉強脫身。而此時在倫敦，南海公司的股價也在民眾恐慌下崩盤。自殺率成長百分之四十。英國財政大臣被關進了倫敦塔，羅的生意夥伴則被關到巴士底監獄。

預期的崩盤影響有些成真，有些沒有發生。兩國的財政與經濟並未因此走向末路。英國首相羅伯特．沃波爾爵士與法國攝政王各自都有能力，以不同的方式恢復金融平穩。輕信的投資人犧牲之後，兩國政府債務皆大幅縮減，這也是內閣之所以保護羅，允許他從法國逃回英國的其中一個原因，他的家人後來還成了法國貴族。兩國的金融機構都恢復了正常，但有個關鍵的差異：倫敦的英格蘭銀行體質比較強健，能夠接管並搶救南海公司。這是倫敦金融城首度發生「大爆炸」，有關方面於是引入規範，使投資行為更為安全，結果讓英格蘭公共財政變得「更可靠也更有效率，甚於歐洲所有國家」。[103]但在法國，國家銀行的概念成了幾代人眼中的過街老鼠，人們排斥紙幣，金融現代化隨之停頓。專制君主國顯然總會欺瞞。民眾囤積錢幣，一再導致金、銀短缺。法國真成了個藏寶國，情況甚至延續到二十世紀。這次崩盤毀了法國信貸市場「至少長達一個世紀」。[104]王室重回專制政體粗糙的老方法：堅決不償還上千萬、上億里弗爾的債務。財經要人（*financiers*，由商人、公務人員與捐官廷臣組成的一類人）的主導地位，連同他們複雜、效率低下的方法一起恢復了。法國的軍事動員力成殘，經濟成長亦然。長期而論，君主制本身也受到削弱。約翰．羅因此在法國與英國史上擁有特殊的地位。

✣　✣　✣

法蘭西：破產地主

有兩個地主，一個每年收入一萬，另一個超過四萬；前者債比較多，卻籌到更多錢，這怎麼可能？

——財政總理大臣亨利・雷昂納德・貝爾丹（Henri-Leonard Bertin），一七五九年[105]

英國的財經力量，令貝爾丹等法國官員和獨立評論家目瞪口呆，目不轉睛。[106]他們認為這是魔術師的把戲，認為財產是紙上創造出來的，沒有土地或黃金等實物支持。他們希望找到方法，揭開這個騙局，讓整個英國勢力結構土崩瓦解。

法國財政特色是複雜與不平等。[107]稅制是人頭稅、財產稅與貨物稅的綜合體，被地方團體根深柢固的歷史特權搞得千瘡百孔。稅額評估不彰，不考慮支付能力，因而不可能完整收齊。人無論貧富，皆公然逃稅。法國最有錢的奧爾良公爵便宣稱自己跟有關官員「總會把事情安排好」，[108]收入不錯的佃農假裝自己是勞工。成千上萬的窮人跟稅吏打起游擊戰，設法走私免稅鹽。據銀行家兼財政大臣雅克・內克爾（Jacques Necker）所言，稅制複雜到每一代人裡只有一兩人能弄懂。結果，雖然有苛稅重壓的傳說，但法國其實稅收不足：當一七八九年爆發革命時，稅收水準只有英國的三分之一。人們普遍認為法國稅制既不公正也不可靠，這種不信任意味著提高稅率或改進效率都是政治難題。因稅收而起的政治衝突起於一七五〇年代（七年戰爭花費使然），時起時落，直到君主制崩壞為止。

王室歲入由財經要人處理，他們以攬稅官（farmers-general）與出納官（receivers-general）的身分代替王室收稅，以各部會與地方司庫的身分制定預算，並提供借款。他們的利潤來自佣金，用屬於政府的錢投資私人商業活動，並且讓王室以未來的歲入為抵押，提供高利息預借款給王室。通常這就等於拿國王的錢借國王。一旦王室在戰時金、銀需求孔急，他們的地位就更為穩固。後來，內閣試圖讓損益恢復的傳統做法，就是逮捕重要債務人，控告他們詐欺，以囚犯船或鐐銬撐腰，施以鉅額罰鍰，或者直接拒不付款、註銷其欠款。法國在一七五九年、一七六〇年和一七七〇年就是這麼做的。這意味著未來借款得付可觀的保險費。到了一七八〇年代，法國王室得支付雙倍於英國的利息。[109]易言之，以同樣支出來看，他們只能籌到一半的錢。

對內部人士而言，不透明制度就是力量來源。他們遊走迷宮，尋找信貸來源，使自己變得不可或缺。人們對於金融世家又愛又恨，例如出身巴黎微寒的克羅札家（Crozat）四兄弟。他們家的大城堡配有遼闊的英式花園，在巴黎亦有別墅，足見其富裕與野心。安東萬・克羅札（Antoine Crozat）為其中一位女兒蓋了艾麗榭宮（Elysée Palace），家人們也是音樂、文學與科學的贊助人。克羅札家還打造了世界上最龐大的私人收藏之一：超過四百幅畫與一萬九千件手稿。十八世紀的英國鮮少有投機商人能與之比肩。

財經要人在宮廷裡必然有權有勢，他們是王侯、廷臣與政治人物的朋友兼付錢的大爺，甚至是岳父。克羅札將自己的孫女之一許配給路易十五的左右手舒瓦瑟爾伯爵（Comte de Choiseul，後為公爵），舒瓦瑟爾則投桃報李，安排法國與哈布斯堡財經要人之間的一系列聯姻。這幾位巴黎弟兄們，也為路易十五接二連三的情婦慷慨支付開銷。一七四五年，他們為國王提供一位新愛人，這位聰慧優雅的女子不僅能占據國王的腦袋，也占據了他的床。簡・安東萬內・波瓦松（Jeanne-Antoinette Poisson）是克羅札家下級雇員的女兒，也是克羅札兄弟之一的教女，說不定其實是他的私生女。[110]她被安排下嫁給克羅札所依附的一位貴公子，藉此得到名望。她接受教育、添上衣妝，接著在二十四歲時刻意讓人在化妝舞會上引介給國王認識。國王吞了餌，她就成了龐巴度夫人，采邑與頭銜則出自巴黎兄弟的手筆。此一財經、軍事、性愛複合體以龐巴度夫人為支柱，宰制政局長達十九年，包括整個七年戰爭期間。接替她成為國王情婦的要角杜巴利伯爵夫人（Comtesse du Barry），則跟海軍承包商關係匪淺。說得委婉些，要改革這個體系並不容易，有太多要人從中得利。最終得靠革命讓二十八位這種財經鉅子上了斷頭臺，才能有所改變。[111]

偏偏從某個角度來說，這套體系還真的管用。將歲入收取承包出去（例如交給惡名昭彰的承包官或地方要人）為凡爾賽宮省下龐大行政負擔，也能以體面的方式迫使許多特權團體（教會、主教轄區、市政府，甚至是財經鉅子本身）提供借款與額外捐獻。然而，全球戰爭卻創造出前所未有的需求。一七五九年和一七七〇年，當局把拒不付款、強迫減少利息等傳統補救方法都用上了，但缺錢仍迫使王室把目光投向國內以外的財源，向阿姆斯特丹、日內瓦、日耳曼，甚至（暗中）是倫敦銀行家借錢。

而這些債務是他們無法以傳統方式加以威脅的，若不償還恐怕會導致災難。有鑑於法國過往紀錄，借款人要求相當可觀的風險溢價。日耳曼富裕城市審慎的司庫甚至避免法國人「有如瘟疫」的借款要求，但他們反而拼命買入英國公債。凡爾賽方面就只剩下非常昂貴的權宜之計：開賣年金險。我們並不曉得此舉究竟是出於必要或無能，根據推測，凡爾賽方面是受到「欠款將漸漸自然消逝」的想法吸引。但精明的日內瓦銀行家卻精心挑選年僅四歲左右的小女孩，讓她們接受特別醫療照顧，再用她們的名義投入上千萬資金。這使法國即便到大革命期間，都仍在支付大筆金額。假使這套制度沒有隨革命瓦解，法國還得付總額達百分之四百至五百的利息，一路付到十九世紀。[112]

到了一七八〇年代，波旁君主國已經步入財政絕境。因為無法令人信任，法國政府得比英國付出更多才能借款，而且政府已經失去不履行債務的權威與自信。事實上，路易十六登基時還曾發誓不會不履行債務。公部門預算出現赤字，這多半是因為支付戰費利息使然。王室無法在不激起政治憤怒反抗的情況下增稅。其中意涵既迫切又根本。[113]誰該為國債負責？是該拒絕償還（苦了債主）還是尊重合約（加重納稅人負擔）？若拒絕償還，會讓法國在對英國關係中更有力，或是更衰弱？此舉是否將造成國內外衝突？解決國債是需要專制權威，或是更高的權責歸屬，例如按照英國或美國的做法，選出議會？誰有權力徵稅？誰能代表國家？法國跟英國鬥法的開銷，創造出難以克服的政治與意識形態問題（我們會在第四章提到），最後以革命告終。用某位政治人物的話來說：「我們不過是讓革命成了收稅的主。」[114]

第二章 所思、所悅、所見

取悅人的技藝似乎屬於法國人，思考的技藝似乎屬於你們（英國人）。

——伏爾泰[1]

幾乎每一位法國廚師的教養，都高於大多數英格蘭廚師。舉止更安適，穿著也更體面。

——切斯特菲爾德伯爵（Earl of Chesterfield）[2]

一七一三年的《烏特列支條約》帶來長達八十年的跨海峽深入理解。在這段時間裡，法國人與英國人對彼此思維方式與舉止的興趣堪稱前無古人、後無來者，影響之重大亦宛如一場思想變革。這種興趣對法國人來說相當新鮮。十七世紀——特別是斯圖亞特王朝復辟之後，英國在文化上向來依附法國：從文學、戲劇、繪畫與時尚，皆自凡爾賽輸入或模仿而來。路易十四有次還問駐英國大使，想知道英格蘭是否有任何作家或飽學之士。[3]

科學思想扮演「英格蘭霸權的開路先鋒」。[4] 培根與牛頓帶來理解宇宙的新方法：觀察與推理。力量與政局同樣能改變人的觀點。英國在戰場上的勝利及其基礎——光榮革命的成就，讓英國一瞬之間成了嫉妒、興趣，甚至是讚賞的對象。浴血內戰催生內部和平，無論這和平有多麼脆弱。「科學、知識、理性、自由與自主以某種方式全部結合在一起，顯見英國的形成本身就是啟蒙的結果。」[5] 十七世紀的英格蘭政治與哲學著作（其中又以約翰．洛克為最）在十八世紀初主宰了歐洲哲學界：其中的思想似乎表現出一種已經證明其價值的政治制度，而制度也回頭支撐這種思想。洛克的《人類理解論》（*Essay on Human Understanding*，原書名為 *Un Essai sur l'entendement humain* 的節譯本於一六八八年發表，全譯本則是一七〇〇年問世）或許是歐洲最廣為人閱讀的哲學著作，內容主張所有知識都是感官經驗的產物，而非由原罪或天賦觀念（innate truths）所預先決定的。英文著作即將影響法國的政治、宗教與哲學思想，也為「文字策略、文類與風格」提供模範——例如強納森．斯威夫特（Jonathan Swift）的諷刺文和亞歷山大．波普（Alexander Pope）音韻鏗鏘的論說文。[6]

另一個層面上，約瑟夫．愛迪生（Joseph Addison）受沙夫茨伯里伯爵（Earl of Shaftesbury）著作的影響，以日報《旁觀者》（*Spectator*, 1711-1714）為媒介，有意提倡一種有「禮貌」的文化：合群、溫和、中庸的思考、行為、甚至是感受方式，試圖抹去上個世紀的宗教仇恨與激烈派系鬥爭。《旁觀者》別開生面，融合新聞、道德訓誡、文學、流行與交流，影響無遠弗屆。舊刊號以書籍形式再版，也有翻譯版。從十八世紀中葉巴黎地區私人藏書來看，《旁觀者》是最受歡迎的散文類作品，在所有類型的藏書中排名第五。[7]《旁觀者》讓英式生活與文學成為歐陸讀者群的現代典範，同時也是皮耶・德・馬里沃（Pierre de Marivaux）的仿作《法蘭西旁觀者》（*Le Spectateur Français*）靈感所在。因衝突而四處漂泊的難民，包括英國的胡格諾派、法國的詹姆斯黨、異地作戰的軍人、流亡的政客、出逃的貴族，都扮演了中介的角色。胡格諾派並未停止當法國人，他們提供法國思想與風俗，以翻譯、出版英語和法語著作，包括法文本的洛克、波普、斯威夫特與丹尼爾・笛福（Daniel Defoe）作品。詹姆斯黨奠定愛爾蘭人、蘇格蘭人與英格蘭人在法國商界、[8]文化界與政界的地位，還引進了共濟會。十八世紀末，共濟會已經成為文化與政治革新的重要管道，成員達五至十萬人，全法國作家恐怕有十分之一都是會員。[9]許多已遭今人遺忘的流亡者，幫助法國與英國形塑相互的認知。何謂英格蘭特色？何謂法蘭西特色？在這個問題上，沒有人比托亞閣下保羅・德・拉邦（Paul de Rapin, seigneur de Thoyras, 1661-1725），以及安東尼・漢彌爾頓（Anthony Hamilton, 1646-1719）替後世帶來更多理解：拉邦寫了當時第一部重要的英格蘭史著作，而漢彌爾頓則創造了歷久不衰的法國男子氣概理想。

✣ ✣ ✣

【延伸】為彼此做肖像：拉邦與漢彌爾頓

拉邦是個出身隆格多克、信奉新教的小貴族，他跟奧蘭治的威廉一起登陸英格蘭，一六八九年也隨他一起在愛爾蘭作戰。他在利默里克負傷，養傷時發展出對歷史的興趣，並且在戰後開始撰寫十卷《英格蘭史》（*Histoire d'Angleterre*, 1723-1727），占據了他餘下的人生。他是第一位撰寫前後連貫的英格蘭全史，寫到自己身處時代的史家；書中談及薩克森人、阿弗列大帝（Alfred the Great）、大憲章、國會發展與對抗斯圖亞特王朝的歷史，以光榮革命做收。簡言之，拉邦是輝格派史學家先驅：對輝格派來說，英格蘭歷史是一段終獲勝利的漫長自由抗爭。自由是根深柢固的民族性，從日耳曼先祖繼承而來：「人們向來最是羨慕英格蘭人的自由。」[10]拉邦的《英格蘭史》（以法文寫就）在歐陸廣為人閱讀，因為書中講述了英格蘭人成功的祕密，歐洲人迫切想知道箇中巧妙；伏爾泰與孟德斯鳩的著作也呼應了書中的主題。《英格蘭史》也有英譯本，成為十八世紀上半葉的標準讀物。雖然《英格蘭史》最後隱沒於蘇格蘭史家大衛．休謨（David Hume）的《英格蘭史》（*History of England*, 1754-1762）之下，但該書形塑英格蘭民眾對重大事件及其民族歷史意義的認知，繼而形塑了人們的自我認同。

安東尼（法文名安東萬）．漢彌爾頓是天主教徒，他和拉邦走上相反的發展方向，在愛爾蘭為詹姆斯二世而戰，後來加入聖日耳曼的流亡宮廷。身為軍人、廷臣與亞伯孔伯爵（Earl of Abercorn）的親戚，他輕鬆打進法國貴族圈，寫著因其「純粹」、優雅、機鋒而受人稱許的法文。他的傑作——《格拉蒙伯爵生平》（*Mémoires de la vie du comte de Gramont*, 1713），講的是其連襟年輕時在法國與復辟時期英格蘭的冒險譚，是一部遊歷四海、半虛構的故事。他筆下的格拉蒙是軍人、多情種、賭徒、廷臣，也是機智幽默的弄臣；覺得誰好騙就整誰，而且通常都是他贏；他深受夥伴和部下喜愛，對上位者則毫無敬意，隨時準備惹麻煩，然後全身而退。總之，漢彌爾頓在格拉蒙身上創造了法式男子氣概的典型，不虔誠也不拘謹，而是風趣、隨性、無畏而性感。格拉蒙風靡海峽彼岸：何瑞修．沃波爾（Horace Walpole）在一七七二年出版《格拉蒙伯爵生平》的英譯本，還用漢彌爾頓書中角色的插畫，裝飾自己位於莓丘（Strawberry Hill）上新哥德風公館的一個房間。據十九世紀文學評論家沙爾．奧古斯丁．聖伯夫（Charles Augustin Sainte-Beuve）所言，這本書成了「年輕法國貴族的日課」。漢彌爾頓是一代代冒險小說主角的文學教父。

探索知性之旅

英格蘭人充滿思想，法蘭西人則滿是風采、讚美與甜言蜜語。

——伏爾泰的筆記，一七二〇年代[11]

君不見此三紳士甫自倫敦返國？他們已離開數月餘，期間必定表現必得莊嚴肅穆，染上思想家之氣息與神態。

——《法蘭西信使報》（*Mercure de France*），一七六六年[12]

第一代布林布魯克子爵亨利・聖約翰是一七〇〇年代首位非自願渡過海峽的知名旅人。他身兼托利派思想家、頗具影響力的政治流亡人士，也是少數在法國比在英格蘭更受人尊敬的英格蘭政治人物。躲避牢獄之災的他，在流亡時尋得了慰藉。布林布魯克被時人公認為是法蘭西之友，也是英國政治智慧的泉源，凡爾賽方面因此給予他撫恤金，還讓他娶了富孀維萊特伯爵夫人（Marquise de La Villette，他在這位夫人位於羅亞爾河（Loire）河畔拉索斯（La Source）的城堡，打造了法國諸多英式花園裡最早的一座」，布林布魯克從此成了一位同時能吸引流亡與本地知識分子的人物。他是夾層俱樂部（Club de l'Entresol，不對外開放）成員，該俱樂部是第一個致力於自由談論政治，也是第一個使用外來英語詞彙「俱樂部」的社團。一七二〇年代的夾層俱樂部集結了一小撮巴黎激進思想菁英，最後因出格而遭查禁。布林布魯克照顧、影響了兩個人：伏爾泰與孟德斯鳩，而這兩人也最致力於讓英格蘭成為法國改革人士的楷模。聖約翰透過自己寫的《愛國王者之理念》（*Idea of a Patriot King*，一七五〇年譯為法語），將新詞彙「愛國精神」（*le patriotisme*）引入法國，這也是該詞首度出現在法國，[13]讓人們能夠談論政治上的忠誠與義務，而非單純服膺於神選君主。一位反對輝格政府的托利派前閣員便以這種方式引進思想，影響了未來的法國革命。

其中一位布林布魯克的崇拜者，是名氣冉冉上升的詩人富蘭索瓦・瑪利・阿魯埃（François Marie Arouet），自稱「伏爾泰」。兩人的關係影響了伏爾泰，讓他在一七二六年，也就是二十二歲那年時，決定前往英格蘭旅行。一起發生在巴黎的事件（有好幾個版本的說法）加速了他的腳步，也讓此行重要性大增。某個重要廷臣家的子孫羅昂・夏柏騎士（Chevalier de Rohan-Chabot），在劇院命令伏爾泰這個平民讓出自己的位子。雙方接著一陣唇齒相譏，羅昂隨後則派僕從在大街上毆打伏爾泰。伏爾泰要求決鬥，結果卻進了巴士底監獄一段時間，繼而從巴黎遭到流放，於是他前往倫敦，箇中的心情不難理解。倫敦在他眼裡則是另一片天地，是個思想家能自由自在、受人尊重，最終出人頭地（他本人就是實例）的地方。伏爾泰與文學界、戲劇界頻繁接觸，和政界與宮廷圈也有聯繫。他在一七二六年寫信給朋友，說在英格蘭「所有的藝術皆備受尊崇、褒獎……不同藝術情況雖有不同，但人們不吝讚美……每個人都能自由、自重地思考，不受位卑之恐懼所拘束」。[14]雖然倫敦的日常生活並不好過，但一七二七年時，牛頓「有如國王般」下葬於西敏寺的莊嚴場面更是肯定了他的推崇。

伏爾泰決定動筆寫自己的第一部政治散文著作，來描述這個「哲學家國度」。[15]他勤於閱讀，書單包括拉邦、洛克、布林布魯克、笛福與斯威夫特等人的著作，以及《旁觀者》。成果，就是《英格蘭民族書簡》（*Letters concerning the English Nation*），法文版為《哲學通信》（*Lettres philosophiques*）或《英格蘭人書簡》（*Lettres anglaises*），這是唯一一部先以英語發表的法國經典著作。伏爾泰甚至暗示（但實情並非如此）自己以英文寫作，是擇其「自由」與「活力」。[16]這本書泰半寫於一七二八年，又在一七三二年他重返法國後加以增補。書中採取二十五封給友人的信為其形式，彷彿只是旅人閒談內容的筆記。文字短小精幹、妙語如珠、平易直率，但絕非旅遊指南或旅人日記。信中完全不提英格蘭景色、氣味、惡劣的食物、發酒瘋、粗野的娛樂和古怪之處等法文著作中常見的英國話題（但伏爾泰確實提到神職人員酗酒，儘管他認為「這並不丟人」）。伏爾泰反其道而行，寫英格蘭的印象：寬容、自由與（對法國人來說很新鮮）文學與思想，因為他認為這裡是個「人們普遍都會思考」的地方。英格蘭與高壓而荒謬的法蘭西明顯不同，但這不妨礙伏爾泰直言不諱。書中的筆調和他後來的大作《憨第德》（*Candide*）一樣詼諧天真，反而令他故意為之的傲慢更為有趣，當然也更挑釁。

書中的頭四封信出人意表，以貴格會（他跟貴格會的老師學英語）起頭，伏爾泰藉此表示英格蘭人能「選擇自己上天堂的路」。他有一小段話談國會，以恢弘的方式說國會是「英格蘭人民的威儀」（雖然他不僅有所誤解，而且從未去過國會）。他宣稱做生意在英格蘭是體面事，連年輕的貴族子弟也從事買賣，因為商業能創造自由、財富，並壯大國家。各種信仰的人在股票交易所裡平靜交易著，只有破產才是「異教」。英格蘭對異國風俗保持開放，例如瑪麗・沃特利・蒙塔古夫人（Lady Mary Wortley Montagu）從土耳其引入的接種術。幾封信談培根（「實驗哲學之父」）與洛克的思想，幾封信談牛頓——伏爾泰還封他為「破壞笛卡兒體系的人」。但這個攻擊卻起了反效果，反而鞏固笛卡兒思想作為法國思想精華的地位。

最有意思的信之一，是〈論悲劇〉（On tragedy）。伏爾泰將莎士比亞連同約翰・德萊頓（John Dryden）、托馬斯・奧維（Thomas Otway）和約瑟夫・愛迪生（他的最愛）一起討論（這個主題將一輩子折磨著他）。例如，他帶來一段哈姆雷特獨白的潤飾譯文，這也是此段文字首見於法語，試圖讓莎士比亞變得更文雅，結果卻讓自己雙眼沒了，牙齒沒了，一切都沒了[1]：

Demeure; il faut choisir, passer à l'instant
De la vie à la mort, ou de l'être au néant
Dieux cruels! s'il en est, éclairez mon courage.
Faut-il vieillir courbé sous la main qui m'outrage,
Supporter ou finir mon malheur et mon sort?
Qui suis-je? qui m'arrête? et qu'est-ce que la mort?

伏爾泰嚴正「咒詛照字面譯的人」，為了彰顯他的精神，下面是我們傳達其「生存，還是毀滅」（To be or not to be）譯文風味的嘗試：

仍然；隨時刻消逝，人必得選擇

由生到死，自有而無。
殘酷的諸神！若祢們真有，啟明我的心智啊
我難道非得漸長，像暴虐之力低頭，
承受，抑或終結我的苦，我生命氣息？
我是誰？有誰束縛我？死為何物？

伏爾泰清楚表達出後來法國人的標準意見：莎士比亞是未經雕琢的創造力化身，他粗野而難馴，正是英格蘭特質的縮影。

《英格蘭人書簡》是「啟蒙哲學的主要文獻之一」，[17]不只傳遞英格蘭的意象（姑且不論描述是否正確），更傳遞一種價值視野、一種訊息：如今的英格蘭比古代希臘、羅馬更為優越，是理性與自由的化身，因而享有和平、繁榮、影響力與文化活力。這種暗貶法國的做法難免造成公眾的強烈抗議。因此，伏爾泰在一七二九年時半祕密重返法國後，推遲完成手稿的時間，直到一七七三年才在倫敦出版英文版，一七三四年則同時於倫敦和巴黎出版法文版。抗議聲浪依約而至：當局查扣書本，搜索他在巴黎的寓所，想找到他是作者的證據，以及幫他出版的共犯。隨著巴士底監獄再度呼喚，伏爾泰只

1【譯註】典出莎士比亞喜劇《皆大歡喜》（*As You Like It*）第二幕第七景憂鬱雅克（Melancholy Jaque）的獨白。獨白將世界的發展比擬為人生的七個階段，本句即為獨白的末句。

好開溜。他身為知名異議人士的生涯於焉展開。無論貴族友人對他保護如何周到，也無論他後來得到的財富與名聲幾何，他大部分的生命都處在半流亡狀態，選擇住在離邊界不遠處，接待慕名而來、川流不息的訪客，包括幾百名英國人。《英格蘭人書簡》因違反正統信仰、不道德、不尊重權威，當局判決將之撕毀、焚書。關於上述指控，他的書在其中兩項可是光榮入罪。

但迫害也擋不住商業上的成功。正好相反，《英格蘭人書簡》是伏爾泰第一次，也是最大的勝利之一，堪比後來寫的《憨第德》。這本書至少出了三十五個版本：據權威估計，《英格蘭人書簡》在一七三〇年代的法國就賣了兩萬冊；近年來的研究指出，真正的嚴格讀者總數只有三至五千人，其銷量因而更形出眾。[18]據哲學家孔多塞侯爵（Condorcet）所說，《英格蘭人書簡》開啟了一場革命。這些信件不只讓崇拜英格蘭蔚為風尚，對整個啟蒙運動的面貌也至為關鍵。有個不服氣的法國人總結了伏爾泰的「奇蹟」：「英格蘭人神奇改了頭、換了面……。這群向來以最驕傲、最好妒……最野蠻著稱的人……據伏爾泰先生所說，卻是最高尚、最慷慨……完美的典範。」[19]到了一七四〇年，法國已有十六份專門探討英格蘭文學、思想的期刊。[20]《英格蘭人書簡》也為伏爾泰在英國博得名聲，成為人們眼中的歷史學家、散文家與自由衛士，而不單只是詩人與評論家。他即將成為該世紀名聲最響亮，或者說最具爭議性的作家。

另一位劃時代的旅行家在一七二九年末抵達英格蘭，差不多是伏爾泰離開的時候。儘管兩人有共同的熟人（著名者有布林布魯克與切斯特菲爾德伯爵），且說不定有短暫的時間都在倫敦，但他們並未相遇。這並不讓人意外。這位波爾多議會的世襲主席叫做孟德斯鳩男爵夏爾．路易．德．塞孔達（Charles-Louis de Secondat），[21] 是個比煽動性的阿魯埃「伏爾泰」更廣為人尊重，也更有分量的人物。儘管他的大膽諷刺之作《波斯人書簡》（*Lettres persanes*, 1721）在整個歐洲暴得惡名，但他跟伏爾泰大不相同，稱不上半流亡人士。他是既有秩序的擎天柱，從荷蘭乘大使的帆船抵達英國海岸，但其著作所帶來的爆炸性影響，非但擲地有聲不遜於伏爾泰，而且餘音繞樑更久。

孟德斯鳩的倫敦之行，是一項學術計畫的一部分。對地方議會席次已感到厭倦地他，為了這項計畫奉獻了自己的後半生。孟德斯鳩對英格蘭的興趣，或許源自他所從事的波爾多葡萄酒生意：他擁有格拉夫（Graves）與梅多克（Médoc）最好的幾處葡萄園。透過與詹姆斯黨流亡者（例如布林布魯克與英國共濟會會員）的往來，他對英格蘭興趣漸增，而且逐漸聚焦在當時日益流行的主題上，也就是英格蘭一六八八年後的政治制度。因此，他與友人瓦爾德格雷夫勳爵結伴，展開一場從一七二八年到一七三一年的研修壯遊，遊遍義大利、日耳曼、荷蘭，倫敦則是最後一站。此時正好是造訪英倫的好時機。兩國關係緩和，代表孟德斯鳩與詹姆斯黨流亡人士（例如斯圖亞特王朝的貝里克公爵（Duke of Berwick，時任波爾多總督）與愛爾蘭詩人、神職人員）之間的友誼，如今不再是結交切斯特菲爾德與瓦爾德格雷夫（他是巴黎的共濟會兄弟）等輝格貴族的阻礙。兩人將孟德斯鳩介紹給英王喬治二世認識，孟德斯鳩則跟王后聊起法國政壇八卦。他獲選為皇家學會成員，熟悉文壇、政壇，經常與胡格諾知識分子互動；當伏爾泰上戲院時，孟德斯鳩則上國會。

浸淫於英格蘭生活確實深有啟發。孟德斯鳩起初帶著懷疑，帶著法國人普遍的保留態度抵達。他原本認為，英格蘭人控制不住情緒，抱持極端意見，文化古怪，科學成果值得懷疑，其政治體系尤其不合邏輯、即將崩潰；但他變了。他發現當地人親切有禮，他也和伏爾泰一樣讚賞相對自由、開放的英格蘭社會。他在日記上寫著：「英格蘭是目前世界上擁有最多自由的國家，任何共和國都沒有英格蘭來得自由。」而在其他國家，「錢比榮譽或美德更重要，人民粗俗、不好相處，最糟糕的則是腐敗」。[22]

孟德斯鳩在倫敦停留的日子（待到一七三一年），對於他日後寫出十八世紀最有影響力的政治書籍、同時也是近代最重要的書籍之一的《論法的精神》（*L'Esprit des lois*），造成莫大影響。孟德斯鳩約莫在一七三四年開始動筆，他一方面注意到伏爾泰《英格蘭人書簡》激發的、對英格蘭事物的興趣，一方面對伏爾泰遭受的譴責也有所提防。他在這本書上花了超過十年的時間，內容泰半寫於他位於拉布雷德（La Brède）的城堡，相關材料則由皇家學會的友人寄給他。一七四八年，《論法的精神》在日內瓦印行，以規避法國的出版審查。孟德斯鳩將最早發行的幾百本送往英國，期待這些書能在當地得到讀者圈的熱烈迴響。不過他很有先見之明，放棄把書題獻給英王喬治二世長子威爾斯親王的念頭，畢竟法國與英國終究又打起仗來了。

《論法的精神》探討一國法律與其體制、公民社會和物質情況之間的關係。書中從研究法律的歷史起源開始——就英格蘭的例子看來，他認為是來自日耳曼的遺產。孟德斯鳩把歷史與法律擺在政治理論的中心，為近代政治思想「設定了調性與形式」。[23]他討論古羅馬與當代英格蘭這兩個重要例子，但他跟其他作家不同（不只伏爾泰），並不主張英格蘭提供了法國仿效的現成模範。每個國家皆獨一無二，必須從其處境與經驗中汲取靈感。改革派務須審慎，尊重既有風俗，畢竟其中有深厚的根源與複雜的原因。埃德蒙．伯克日後在一七九〇年抨擊法國革命時（見第五章的【反思革命】），便以雄渾的方式發展這種觀點。但對於所有社會來說，寬容與修正、改進其成就的能力皆至關重要，孟德斯鳩此時指出英格蘭的優點：

> 英格蘭政府比較高明，因為有一群人不斷檢證之，也不斷自我檢證。無論有什麼錯誤，都不會長久延續……。一個不受拘束的政府定然受人攪弄，假使不能透過其法律而對匡正保持開放，便將無以自持。[24]

他雖同意伏爾泰，認為英格蘭制度優於希臘與羅馬，但他並未抱持伏爾泰煽惑性的樂觀心態。布林布魯克、洛克與英格蘭共和派作家的影響力，連同對王室及其恩蔭者勢力大增的抨擊，加上看起來並不穩固的政黨制度與國會力量，導致他對參政自由的朝不保夕提出警告。這份擔憂創造出他的分析中最知名、最歷久不衰的特色：分權概念。他在第十冊第六章〈論英格蘭憲法〉（De la Constitution d'Angleterre）中，以「立法」、「行政」與「司法」三權間的關係，來解釋國家的自由程度。如果三權由同一批人掌握，則國家為專制體制；若其一獨立自主，則為「溫和」政府；倘若三權分立，則為自由國家。這種揉雜了托利黨的不滿與法國世襲貴族判斷的反思，令此後政黨政治的分權口號「得到尊嚴與合理性」，「將之與自由理論掛勾，並交託予後世」，[25]最終成為未來美國憲法，以及所有受此影響的憲法所仰賴的基礎。

孟德斯鳩對未來抱持審慎態度。英格蘭理論上自由，但現實上卻不一定。倘若行政當局腐化國會，自由也就終結了。自由之存續，有賴一國「普遍的精神」（我們不妨稱之為政治文化）以及「一般民眾」的「自由精神」。雖然看法較為悲觀，但孟德斯鳩仍相信「自由在歐洲的最後一口氣，將吐自一位英格蘭人」。[26]

孟德斯鳩學問淵博、論證有力、文風精妙，不僅為他的著作賦予無與倫比的分量，成為歐洲各地政治自由的重要教科書，更為之帶來若干保護，令厭惡其訊息、卻無能駁斥的當權者無以加害。來自索邦（Sorbonne）神學院的批評退卻了。《論法的精神》旋即得以自由在法國出版，在十八個月裡賣出了十三個版本。雖然該書名列教廷禁書名冊，但連天主教會對此也不甚非難。許多反對人士甚至忍不住美言幾句。對法國來說，這真是種新的政治語言：憲法（*constitution*）和行政（*exécutif*）確實是外來的英語詞彙。孟德斯鳩擁護法國，但他仍讚許英格蘭為近代世界的自由方舟。他是忠誠的子民，但他的著作卻為那些攻擊波旁君主制為「專制政權」的人提供了子彈。

孟德斯鳩對動盪的政治制度做了悲觀的分析，但愛德華・吉朋（Edward Gibbon）的《羅馬帝國衰亡史》（*The Decline and Fall of the Roman Empire*, 1776-1788）完全不落人後。這本英格蘭最偉大的歷史與文學著作，由最傾心於法國的英格蘭思想家吉朋所寫，大衛．休謨甚至還建議他以法語寫作。吉朋深諳法國史學與哲學，從孟德斯鳩講述羅馬政治淪為專制的文字中得到靈感。他對俗世歷史的分析同樣不輸給孟德斯鳩，用獨立於神意之外的方式來解釋歷史上的重要事件。光這樣就夠顛覆傳統了，但他甚至還將羅馬的衰亡描繪為基督教興起所導致的結果。

知識的流動絕非單向。儘管接連不斷的戰事導致交流中斷、帶來恨意，但十八世紀後半葉仍然是個深度對話、成果豐碩的時代；對這個時代來說，經過深思熟慮後的不同意見，跟模仿具有同等的重要性。儘管現代性的視野來自英國，但法國縱使有反覆無常的言論審查與鎮壓，卻仍然是歐洲的文化舞臺。比方說，倫敦人埃萊姆．錢伯斯（Ephraim Chambers）在一七二八年就有出版《百科全書：藝術與科學綜合詞典》（*Cyclopaedia, or Universal Dictionary of Arts and Sciences*）的絕妙想法。到了一七四〇年代晚期，一群與共濟會有聯繫的法國出版商抄了這個點子，委託德尼．狄德羅（Denis Diderot，因著作而入監）與尚．達冷伯共同主持。他們的《百科全書》（*Encyclopédie*）使錢伯斯的原書相形見絀。這部法國文學界傾力之作（雖然主要仰賴一群核心作者）最後有兩萬人參與其中。[27]《百科全書》自一七五一年開始發行，在接下來二十年間為啟蒙文化烙上永恆的法國印記。縱使文化生活多麼創新，但英國缺乏基礎建設，缺乏圖書館、學術機構、修道院、大學等，因而無從支撐這種規模的學術工作。

跨海峽的交流鼓舞了蘇格蘭啟蒙運動的兩大巨擘：大衛．休謨及其友人亞當．斯密（Adam

Smith）。休謨早期哲學論著是寫道德的非宗教解釋，該書便受到十七世紀法國耶穌會士尼可拉・馬爾布昂許（Nicolas Malebranche）著作的影響。他的《英格蘭史》（一七五四年至六二年）是第一部以勾心鬥角、複雜而無法預測的方式呈現歷史的著作，有心要取代拉邦瞻前顧後的編年史，以及伏爾泰講得活靈活現、但沒有根據的故事。七年戰爭一結束，崇拜法國的休謨旋即於一七六三年回到巴黎，擔任英國大使的祕書。他懷疑宗教的態度相當符合時下風潮，而他的親和力也讓自己成了社交寵兒，被稱之為「好大衛」（*le bon David*），更吸引到哲士追星族布夫萊伯爵夫人（Comtesse de Boufflers）幾乎目不轉睛的關注（雖然恐非休謨本人所願）。他對自己外交職位的結束深感遺憾，接著打算住在巴黎而非倫敦，因為「當地不歡迎蘇格蘭人」。[28]但我們知道，他確實重返倫敦，而且一道帶著尚・雅克・盧梭（Jean-Jacques Rousseau）——令人惋惜的錯誤。

一七六四年至一七六六年間，亞當・斯密造訪法國。他在思想上帶來的影響，堪比跟他旅行方向相反的孟德斯鳩。斯密此行規劃於七年戰爭期間，是他唯一一次前往更廣大的世界遠足，也是文化交流如何無視戰爭的眾多例證之一。出使法國的休謨為他鋪好了路。斯密在法國是以《道德情操論》（*Theory of Moral Sentiments*, 1759）作者身分為人所知，這本書不久前才在法國出版。休謨向他保證，連國王的情婦龐巴度夫人，以及首相夫人——舒瓦瑟爾伯爵夫人，都讀過他的書（但很可能是因為其書遭禁之故）。斯密的《道德情操論》將道德詮釋為當自然「為社會塑造出人的時候」的產物。他浸淫於法國思想：研究筆記提到孟德斯鳩，書名呼應利維・德・布伊（Levesque de Pouilly）的《愉悅情感論》（*Théorie des sentiments agréables*, 1747），其理念有部分是對尚．雅克．盧梭《論人與人之間不平等的起因與基礎》（*Discours sur l'origine et les fondements de l'inégalité parmi les hommes*, 1755）的回應。斯密以青年畢克盧公爵（Duke of Buccleuch）家教的身分旅行，造訪巴黎、土魯斯與大半的法國南部，與伏爾泰數度會面，並且對法國稅制、貿易進行研究（此舉多少有意為導致法國兵敗七年戰爭的弱點做出診斷）。儘管他法語講得不輪轉，而且不止一位巴黎小姐嫌他長相奇醜無比，但斯密仍然在許多沙龍留下自己的足跡。他曾與提倡經濟自由的人有過諸多討論，主要是重農學派（Physiocratic school）成員，如杜邦．德．內穆爾（Dupont de Nemours）、法蘭索瓦．魁奈（François Quesnay），以及才智過人的公務員兼未來的閣員安．羅伯．杜爾哥（Anne Robert Turgot）。許多人認為斯密是重農派的追隨者，但他其實對「體制中的人」（men of system）抱持懷疑態度。這些研究與交流「是斯密思想發展過程中最令人興奮的一段」，[29]有助於其《國民財富的性質和原因的研究》（*Inquiry into the Nature and Causes of the Wealth of Nations*, 1776，也就是《國富論》）一書成形，而且他尤其反對重農思想中將農業視為財富唯一基礎的信條。他更根據自己對法國的觀察，斷言縱使政府無能，經濟活動仍然能夠存續，可見社會與經濟的改善無須國家的指導，只要有法治與人身、財產安全保障即足矣。

斯密的巨作不僅別出心裁，甚至堪稱最精妙的經濟學專著，具有革命性的推動力，讓經濟自由成為和平、非壓迫社會的基礎。這本書實現了啟蒙運動以探索人類行為中「自然律」的核心壯舉，也就是書中所說的「簡單明瞭的自然自由體系（system of natural liberty）」。個人的利己本能將「按照事物的自然發展軌道」，彷彿受「看不見的手」所引導，貢獻於整體的福祉。「我們的晚餐仰賴的並非屠夫、釀酒人或麵包師傅的善心，而是他們對其利益的關注。」因此，經濟自由不僅正確，而且有效。壓迫與奴役不僅錯誤，而且不切實際。政府即便出於善意而干預，也會適得其反：「此舉非但無法促成，反而會妨礙社會朝向真正的富裕與偉大發展。」既然人人皆由人人的勞動中獲益，這時唯一需要的就是「〔應該〕讓每一個人以自己的方式追求自己的利益，不加干涉」。[30]

斯密綜合法國與英國思想中的重要主題。他的理念不僅在法國大革命初期出於各種理由而得到革命領袖引用，而且至今仍廣為人熱議。但思想史學者克勞德·尼可雷（Claude Nicolet）也指出，斯密和其他蘇格蘭啟蒙運動思想（所謂「現代性的出生證明」）大抵沒有在法國政治文化中扎根。[31] 斯密的願景適合一個不斷變化的世界，其間沒有任何確定的事情，也沒有高於一切的權威。這跟法國控制經濟（一般歸因於路易十四的大臣柯爾貝爾）的專制傳統、天主教家長作風、共和愛國思想，甚至跟未來拿破崙式的國家指導現代化做法都有衝突。身處漫長餘波中的人，也擔心斯密的主張會造成社會動盪。因此，法國人並不喜歡前首相愛德華·巴拉杜（Edouard Balladur）所描述的這種「叢林法則」。法國大革命畢竟以古代世界公民意識的理想化版本為由，壓抑近代強調的個人自由。共和派指責英國（「迦太基」）是自私的商業社會，因法國（「羅馬」）高舉更高貴的價值而加以讚賞。兩個世紀之後，這一點仍然讓法國有別於英語世界。法國之所以在二〇〇五年否決歐盟憲法，多半也是延續了「柯爾貝爾與亞當·斯密繼承人之間的古老爭論」。[32]

旅人故事

英格蘭人無疑是歐洲最常旅行的人……。他們的島對他們來說，是某種牢籠。

——尚・伯納・布朗神父（Abbe Jean-Bernard Le Blanc），一七五一年[33]

送你去國外，不是為了讓你跟自己的同胞交談：一般而言，處在他們之間，你得不到多少知識，也學不到什麼語言，相信也學不到規矩……。他們在桌邊享樂，結果則是野獸般的酒瘋、卑劣的騷動、打破窗戶，而且經常（他們活該）斷手斷腳。

——切斯特菲爾德勳爵，一七四九年[34]

心思敏銳的英格蘭人從造訪異國中得到的最大好處，便是意識到他自己的優秀無以倫比。

——約翰・安德魯斯（John Andrews），一七八三年[35]

從伏爾泰倉促抵達倫敦到法國大革命爆發之間，有大量歐洲人在這六十年裡為了樂趣、出於好奇心而出外旅遊。這既是啟蒙普世價值的一個面向，因為宗教仇恨則有所減輕，也是一種與財產擴張有關的消費形態；既是文化交流的一隅，因為隨之而來的還有外語文學閱讀，更是藉由比較本國與異國風俗，形塑民族認同的一項重要元素。各地的旅行活動都有增加，但跨海峽的旅行（尤其是英國人）

增加最為顯著。每一回戰爭後，旅行人數都有激增。戰爭其實不是無法跨越的障礙，特別是對於勇敢或關係良好的人來說。海峽的暴風雨本身就夠危險了，更別提私掠海盜船。人們在承平時期的一七二〇年代、五〇年代初期、六〇年代中期、八〇年代，以及一八〇二年，蜂擁拜訪過去的敵人。

矛盾情緒成了旅行經驗的調味料。對法國人而言，英國的勝利逐漸使他們渴望瞭解（甚至是欽佩）這些發假誓的阿爾比翁人（perfidious Albion）[2]是如何辦到。他們的反應通常令人想到家道中落的貴族——內心充滿優越，鄙視暴發戶的粗野。英國人就像突然發跡的新貴，渴望展現自己的金錢與現代性，但卻髒臭得嚇人。雙方很快便冒犯到彼此，卻也同樣迫切想恢復自己的信心。不過，儘管有戰爭與宗教、政治上的差異，他們的反應很少只有一面：讚賞與批評同時出現，個人的情誼也會跨越國家與意識形態的疆界。

法國與英國旅人之間有廣泛的差異。[36]我們沒有可靠的統計數字。當時的人口中的「大量」指的是「數十」而非「上千」。若干史家接受的數字是：一七六〇年代晚期，英國每年有一萬兩千人造訪歐洲大陸，人數在一七八〇年代中期提升到超過四萬人。這意味著有百分之五的英國人可能出過國，大多數是前往法國，或是途經法國。假使如此，這可是個驚人的數字；但法國警方紀錄卻暗示這過於誇大（除非當局忽略大多數的外來訪客）。[37]無論確切總數為何，英國人肯定最引人注意，人數也最多。法國觀察家認為，這是因為英國的生活非常糟糕，而自己國家則有優越的生活。反正法國無所不有，那何必出國呢？話雖如此，造訪倫敦人數最多的外籍遊客據說就是法國人。英國的旅人以年輕人偏多，在上大學前或大學畢業後出發，踏上據說有教育意義的「壯遊」；女子也偏多，相較之下法國女性則很少出國。而且英國遊客各式各樣，從貴族到「中間階級」、迫切想一嘗高雅時尚的人都有：

我們離開英格蘭，離開教人難為情、普普通通、一般般的英格蘭家庭！但在法國待了半年，到氣候更溫暖的義大利過冬之後，咱們對各種精緻的享受、揮霍和感官之樂都了然於心啦。[38]

上面這段諷刺小說，和海斯特・瑟雷爾（Hester Thrale）對自家人真實經驗的總結相當類似：「我們離開巴黎——之前在這裡整整花了一個月的大錢，有些純屬享樂，但也有些收穫；畢竟我們見到了形形色色的人事物，昆妮（Queeny）還學了點法語，舞跳得也不錯。」[39]比起法國人，享樂更是英國人旅遊的大部分動機；即便此行志在向學，也不忘娛樂。一般來說，法國人不會為了享樂而造訪英格蘭。社會地位高的人通常帶有求知的使命，為了學問而來的旅人名錄，幾乎等於啟蒙哲士的點名單：除了伏爾泰與孟德斯鳩，還有愛爾維修（Helvetius）、布豐（Buffon）、盧梭、裴沃（Prévost）、霍爾巴赫（Holbach）、雷納（Raynal）與內克爾。地位低的人去英格蘭不是為了花錢，而是賺錢。「身為外國人，海峽兩岸都有生意可以做」，[40]靠居於流行的源頭而獲益。靠法國特色展開職涯絕對能帶來更多契機：倫敦有法國音樂家、舞蹈老師、教師、手藝人、裁縫、假髮匠與僕人——據一位法國觀察家表示，這

2【編註】阿爾比翁（Albion）是大不列顛島的古稱，後作為該島的雅稱而為人沿用。

些人沒一技之長、粗野又不道德。[41]巴黎則引入銀行家與騎師，但風評也不好。

以旅遊為題的書（無論真實或想像之旅）迎合了某些有思想自由、但身體沒那麼自由的人，滿足其神遊的需求。這類著作充滿政治與社會評論，同時也提供有趣或駭人的傳聞，以及實用資訊。但理應求實的內容卻與虛構重疊。《格列佛遊記》（*Gulliver's Travels*）不僅啟迪了伏爾泰的《憨第德》，還有許多名不見經傳的作家，希望自己寫出的旅遊指南是斯威夫特風洋溢的諷刺作品。[42]有些寫手抄襲現有的著作，活靈活現描述自己從未涉足的地方。即便他們真有去過當地，不諳語言也妨礙他們直接認識當地。比起英國人，這更是法國人的缺點（他們期待外國人講他們的語言）。因此，皮耶・尚・葛羅里（Pierre-Jean Grosley）讀不出「誰士比亞」（Sakespear）／「啥士比亞」（Sakhspear）；瑪麗・安・杜・博卡日夫人（Madame Du Bocage）則暢遊「法克斯」〔Faxhall，指沃克斯（Vauxhall）〕與「雷內拉許」〔Renelash，指蘭尼拉（Ranelagh）〕的漂亮花園。有本旅遊書則好心提供讀音版的英格蘭片語，像是別出心裁用「沖洗」（*il te rince*）來表示「下雨」（*it rains*）。[43]法國人現在還是喜歡開這種玩笑，他們知道講英文的人會講「桑窟叭哩罵取」（*Saint-Cloud Paris-Match*，字面意思是聖克勞巴黎賽事）表示謝意。文學上的習慣手法、抄襲和直率的宣傳文字，都讓主題與樣板一再出現，這又反過來影響旅客的期待。個人經驗是否與期待吻合，也就成了旅遊小說和私人書信、日記的常見主題。

長期雄踞法國市場的兩本旅遊書，是布朗神父的《法人來鴻》（*Lettres d'un François*，一七四五年初版），以及葛羅里的三卷本《倫敦》（*Londres*, 1770）。葛羅里一書是以他一七六五年造訪倫敦六週的經歷寫成。他不會講英語（根據他自己的說法是：「有理智的人，不會在年過四十之後還跟外語瞎攪和」），只能靠他的廚子，以及他借宿的家庭傳達意思。他只能聽懂一點髒話（像「法國狗」、「法國X子」），據他說，每個街口都有人衝他這麼喊。愉快些的回憶則有「波濤洶湧」、「沒有束縛」的英格蘭女子胸部，「成長發育時……盡享自由的所有好處」。[44]布朗神父的《法人來鴻》（經常再版、遭人剽竊）是十八世紀的暢銷書之一，也是繼伏爾泰以來以英國為題最廣為人閱讀的書。[45]他目中無人，致力匡正國人視聽，務求挫挫英國人銳氣：「法國民眾把英格蘭人想得太好，也同時想得太壞；他們絕非其自詡的模樣，亦非我們所認為的樣貌。」[46]一言以蔽之，英格蘭多霧，人民沒有文化、粗野、遲鈍，而且每況愈下。但因為天氣潮濕之故，英格蘭鄉間土壤肥沃，蔬果品質、種類皆優於法國——這是布朗心中英格蘭最主要的吸引力。

✣　✣　✣

【延伸】布朗的英格蘭

尚．伯納．布朗神父在一七三七年至三八年間造訪英格蘭，而非他的出版商所宣稱的七年時間。他與伏爾泰、休謨相識，協助將他們的著作引進法國，有些更是他自己翻譯的。布朗的《法人來鴻》在奧地利王位繼承戰爭期間面世。據說他是「溫和親英派」，[47]我們就來看看這親英態度有多溫和。

他們的島總是瀰漫著霧氣，英格蘭人將其草原之蒼鬱、性情之憂鬱一概歸諸於斯。在巴黎，僕人與侍女經常模仿其主子的穿著。倫敦的情況卻完全相反，主子穿得像自己的僕人，貴族女士和侍女有樣學樣——古怪得難以理解。

法國男人樂得有女子陪伴，英格蘭男人對此卻退避三舍……。我國婦女喜愛琥珀香，而該國女子卻完全不同，享受馬廄的氣息……。婦女談髮型、絲帶、戲劇與歌唱，要比談馬鞍、馬匹來得優雅……。不具備其性別之羞怯的女子，較容易以罪惡取代其婦德。

英格蘭是世上怪人最多的國家，殆無疑義；英格蘭人縱使不把古怪當成美德，至少也看成某種優點……。他們批評我們個個都一樣。理智之人是古怪之敵——法國人鮮少視理智為問題，但英格蘭人卻經常如此。

幽默〔為〕某種結合古怪與玩笑……荒唐氾濫的對話。

他們靠酒精排解無聊……擺脫婦人，桌上擺滿了有柄的大杯、酒瓶和玻璃杯，甚至還有煙草與菸斗……。我從沒親眼見過劍橋與牛津紳士的堂皇放縱。我還沒勇敢到能把我的研究推到如此的地步。

英格蘭人身上最少見的，莫過於文雅措詞與愉悅心情……。他們不瞭解如何像法國人一般盡興享受生活。但並非所有書籍都很消極——時人認為這是個客觀的評論——其要旨可以從某些章節標題來衡量：〈英格蘭人口才缺乏進步〉、〈惡劣的英格蘭建築品味〉、〈霍布斯的有害意見〉、〈濫用出版之危險〉、〈莎士比亞之粗野〉、〈論英格蘭對暴力活動的偏好〉、〈攔路盜賊與英格蘭警察之輕縱〉、〈英格蘭人對政治的過度投入〉等等。

✣　✣　✣

市面上有許多英文旅法指南，而其中銷路最好的兩本，發表的時間和葛羅里的著作相近，都是戰後旅遊大興的一七六〇年代。關於菲利浦・希克納斯（Philip Thicknesse）的《法人風俗禮儀之觀察》（*Observations on the Customs and Manners of the French Nation*, 1776）與約翰・梅拿（John Millard）匿名發表的《紳士遊法指南》（*Gentleman's Guide in his Tour through France*，日期不詳），其作者分別是陸軍與海軍軍官，這或許能讓讀者感到安心，畢竟無論法國朝他們丟什麼，他們都有大無畏的因應能力。《紳士遊法指南》以簡單、非個性的務實為目標，著眼於路線、地址、價格與實用建議：從攜帶的衣物數量與種類，到「對偷情之舉要非常小心（如果你有此打算！）」的警語。「小心面對法國人」確實是一再出現的主題。這位作者鮮少表現自己意見（他偏好英格蘭女子，討厭那些有錢的僧侶），只力勸其讀者盡可能「少在吾輩宿敵之國家」消費，斷言只要避免「那些高傲、迷信之人的蠢行、惡舉和矯情」，就能靠一百五十英鎊生活十八個月。[48]希克納斯相對親法（只是有時候「苦於沒茶可喝」），致力於駁斥托比亞斯・斯摩萊特（Tobias Smollett）在爭議性的《遍遊法國義大利》（*Travels through France and Italy*, 1776）書中「不實抹黑」法國人的「不義之舉」。他主張，斯摩萊特錯就錯在把普通人和「時尚人士」混為一談。希克納斯並不鼓吹英國「出身低的富人」到海峽對岸「旅遊」，到那兒去當小丑，影響有品味的旅人——例如《法人風俗禮儀之觀察》的作者與讀者——的出遊興致。但他本人卻樂得當笑柄，帶著家人、吉他和大量鴉片，乘坐相當於十八世紀露營車的馬車，還讓穿了馬夫制服的猴子坐上駕駛臺。[49]

讀者出發時心裡得以有些概念，甚至是壯了膽。多數旅客經由法國的加萊或布洛涅與英格蘭的多佛（Dover），這是跨海距離最短的路線。主人的人頭費為十二里弗爾〔相當於半基尼（guinea）〕，僕人則為六里弗爾。收費三到六基尼的私人船隻則能載運一家人和行李、馬匹。然而跨海距離短，卻意味著來回巴黎的陸路距離更長，花費更貴。借道第厄普（Dieppe）與布萊瑟姆斯通〔Brighthelmstone，即布萊頓（Brighton）〕較為便宜。但跨海距離較長帶來的海上險阻，只有膽子夠大或皮夾夠薄的人才不在意。儘管天氣理想時，加萊—多佛路線乘郵船只需三小時，但風向不好就得延誤數日，突如其來的暴風雨甚至可能把船在海上到處吹來吹去好幾天，讓人渾身濕透、暈船、從偏僻的地方狼狽不堪登陸，而且情況經常相當危險。一七五〇年，作家博卡日夫人的船便偏離航線，吹到迪爾（Deal）：「船長用手抓緊我，想扶我上小船，但浪不時把小船打離大船，結果他在梯子上滑一跤，害他放開了手：但我挺幸運，沒有掉進水裡，反而落在小船的槳手之間——謝波濤仁慈——害怕發抖。」[50]乘客不僅得看老天爺臉色，還得打發水手、小船船夫、腳夫與海關，每個都要小費。

到了十八世紀的最後幾十年，倫敦與巴黎之間的旅遊規劃，便已達到輪船時代之前所能發展的極致了。人們可以到聖母凱旋大道（Rue Notre Dame des Victoires）的驛站，以一百二十里弗爾的價格購買套票，內含馬車、船票、膳宿、行李與海關費用。若走便宜的第厄普—布萊頓線，價格只要大約四十里弗爾。倫敦與多佛間的馬車每小時都有，索費一基尼（坐車頂半價），車程約十六、十七小時。想省錢的法國旅客也不建議步行，因為得花上好幾天，住宿費更貴。從加萊到巴黎更是浩浩蕩蕩：不僅需要三天，而且光是驛馬與車夫就要價十英鎊。大旅社有自己的馬車，或者租車來用。計畫長期停留的人多半會帶自己的馬車來，或是購買二手馬車（大約二十基尼），等回國時可以再轉手。有些旅人傾向搭公共馬車——「彷彿諾亞方舟」——這當然是為了省錢，但愛交際的人也能藉此與本地人打成一片；在英格蘭，車上的人通常沉默不語，可在法國人人都能聊。

海港的旅館客棧出了名——好壞都有。脾氣暴躁的蘇格蘭人托比亞斯．斯摩萊特，在一七六六痛罵多佛人是「一窩小賊」，居民「戰時以海盜為業；平時則幹走私、敲詐外地人」。[51] 一七八〇年代的多佛有間由「誠懇的先生、夫人」經營的法國旅館，一床一食費用五先令。但不幸的葛羅里得自己到廚房拿他點的牛排，凌晨三點就被叫起來退房。但他倒是寫道，多數旅館「待英格蘭貴客賓至如歸，其清潔遠甚於人們對法國最好的房舍所報有的期待」。[52] 敦克爾克則有英格蘭人擁有的白鹿旅店（White Hart）。加萊有幾間專門接待英格蘭旅客的旅館，其中最有名的要屬新開的英格蘭旅館（Hôtel d'Angleterre，有自己的劇場與出租馬車），據說是歐洲最好的旅館。

在法國，一旦上了路，膳宿就是件危險事。旅館老闆和車夫的態度不佳與需索無度可能是普遍恐英心態的症狀。希克納斯認為上層階級還能用禮貌掩飾，但一般人「多數時候」都會顯露出來。跳蚤、臭蟲猖獗——恐法的何瑞修・沃波爾大聲嚷嚷：「我永遠洗不掉這個國家的汙穢了。」[53]但飯菜卻不時有美妙的驚喜。旅客人數節節上升，人們也明智地在一開始談好價格：「該國的英格蘭人之眾，讓在此旅行有如英格蘭一樣親切」，[54]何況當地人覺得他們都是帶著滿滿金幣的有錢主子。法國道路素有安全的好名聲，這得歸功於「法國騎警」（*maréchaussée*）的鐵腕。英格蘭的攔路搶匪尤其讓法國旅客「膽戰心驚」（*frisson*）。這些搶匪是英格蘭自由與錯誤仁慈的消極面，當局僅只吊死罪犯，而非以碎骨輪刑伺候。旅遊書建議旅客帶兩個錢包：一個給強盜，出遊則挑星期天——是搶匪的例假日。

旅行文學表現出有趣的一貫看法。法國遊客個個讚美英格蘭鄉間無與倫比之美「有如壯觀的花園」，讚嘆鄉下人富足的生活，男人穿著細布裳，女人則穿得像小說裡的牧羊裝。有人據此下政治結論，認為這是農民自由與平等稅賦的好處。幾乎所有人對多佛的道路都印象深刻（只有斯摩萊特認為這兒的路是「英格蘭最差的」，「連滴品質尚可的麥酒都不值得灑在路上」），還有價格低廉的馬車（畢竟競爭就代表低價，不像法國，驛馬租用由國家獨占）。人行道與不時出現的行人座椅，更是令他們銘記在心。這些座椅被視為英格蘭共和平等思想的標誌，讓人覺得這裡是「法律不是只由馬車裡的人物訂定」的地方。[55]英國遊客對法國北部有多種混和的印象。有人覺得旅館和居民很骯髒，城鎮死氣沉沉，哥德式教堂老派——不過亞眠（Amiens）的主教座堂倒是人人稱許（附近的牛頭旅館（Bull's Head）提供的茶還挺順口）。其他人則稱許鄉間的豐富景致與食物，對數不清的野味來源大感驚訝（在英國，打獵是貴族獨享的活動）。初來乍到的人，會為不過二十英里路就能帶來的差異而感驚奇：「到處街上都能看到僧侶……光腳或穿涼鞋……。馬車、貨斗、馬匹，甚至連狗都不一樣，一切盡入眼簾的光景尤其驚人。」[56]由於經歷七年戰爭的折磨，英國人對法國的共通印象裡大都提到貧窮，譴責王室、貴族與神職人員的強取豪奪。希克納斯與海斯特．瑟雷爾兩人對四處可見的畸形人大感震驚，但後者倒是把畸形怪罪於少女被迫穿緊身胸衣之故。

旅行中的危險令人想到今天在第三世界國家可能的遭遇：意外（獸力運輸難免）、討價還價、大批不請自來的嚮導與腳夫之騷擾、便宜酒類的酗酒問題、不時發生的犯罪，以及胃腸不適。英國醫生名聲較佳，法國則是「連最好的醫生都還在講過時的鬼話」。一七六七年，史賓塞女士（Lady Spencer）備受折磨，「被迫採用當地的做法……幾乎不斷在灌腸」，「一圈男人圍著〔告訴〕我多久該解個便」。[57]對於這類風險，《紳士遊法指南》已經警告過旅人。英國遊客最是擔心、而且不停擔心的，就是便溺問題。巴黎的飲水會導致「拉稀」，這可是令人焦慮的問題，因為「沒有哪個精緻、文雅的世界，居然如此難以提供方便的地方」；英國人一致譴責，表示法國人在馬路上「解放其菊花」的「野蠻風俗」得負部分責任。[58]

巴黎與倫敦是旅客的主要目的地，一如今日。有些共識不光出現在同胞當中，甚至兩國民眾也有共同看法。巴黎比較壯觀，倫敦比較新潮。巴黎有很多紀念碑，倫敦有很多店面。巴黎有貴族沙龍，倫敦有公共花園。達林普勳爵（Lord Dalrymple，英國大使的兄弟）在一七一五年寫道：「我在這兒（巴黎）待得不夠久，還不確定娛樂最多的城市是倫敦還是巴黎。這兒的人比較快樂，小姐們比較不漂亮、妝比較濃，喜歡騎士風範甚於逸樂，喜歡調情勝過堅貞之愛」。[59]這樣的觀點簡明扼要，且為英倫海峽兩岸長久所共有。

法國遊客在置身於輝煌的倫敦與西敏寺之前，得先穿越南沃克（Southwark）的陰暗垃圾堆，斯摩萊特對此大感丟臉。他覺得，這於英國威望有損。但他其實不用擔心，因為法國人對倫敦和西敏寺印象也不深。聖保羅教堂（St Paul's）至少還算大，而且有倫敦最好的視野。政府建築如聖詹姆斯宮（St James's）、國會大廈等就不稱頭，令人難堪。就連財神的神廟也不夠氣派。像泰晤士河，原本可以提供壯觀的全景，卻蓋起圍欄以防範（法國人認為八成是）英格蘭人自殺的傾向（都怪大霧、啤酒和壞心情），不然便是被倉庫擋住。人們非得往下游的格林威治去，才能讚嘆一下海軍醫院（終於有景點了！），為倫敦口岸之熙攘屏息。這時法國遊客才瞭解：大海、貿易與海軍是英國偉業之基石。人人幾乎都記得，倫敦的人行道是英格蘭特質的表現：行人的生命與肢體安全受到保護，不受高大的馬車傷害。天文學家夏爾・瑪麗・德・拉康達明（Charles Marie de La Condamine）據說曾高喊：「讚美神！居然有個照顧行人的國家。」[60]路燈（「彷彿舞池」）和汲水龍頭讓人讚嘆不已，後來葛羅里還宣稱這是由法國難民引進倫敦的。[61]隨著對自然的喜愛蔚為風尚，法國人也益發欣賞倫敦的公園。聖詹姆斯公園是「原始的自然」，有鹿又有牛。小姐們和自己的侍女簡單帶著草帽，圍上白圍裙，「像山林間的小仙女一般走著」。有些法國遊客發現公園也對平民開放，這是關於英國社會階級自然雜處最常見的觀察之一。某些人因此忍俊不住：「英格蘭值得走走，就算只是看選舉跟鬥雞也行。當地有種不分上下、絕妙的混同精神。」[62]法國人發現，這兒的主僕穿著差不多，娛樂活動似乎對所有人開放，地位高的人也似乎樂得和下位者一起相處：

> 酒館或咖啡廳裡最常見的景象，莫過於英格蘭仕紳與工匠坐在同一張桌前，大談新聞和政事。公園、舞會和劇場也是這番光景。[63]

在這兩座城市裡，你一眼就能從衣服看出誰是遊客，許多人因此趕忙改變裝束，假裝本地人。志在社交的英國紳士（顯然比英國仕女多）上下都得打點：大衣、及膝緊身褲、假髮和帽子，是旅客最常消費的幾種商品。既然融入法國社會是旅遊的目標，就少不了正確的服裝式樣。裁縫得用上四、五天趕製必要的行頭。拿到衣服之前，都不該從事比拜訪景點更深入的活動。切斯特菲爾德勳爵在一七五〇年提點兒子：

> 等你去了巴黎，你一定要注意，衣著必須非常得體……。找法國最好的裁縫做你的衣服……穿上它們，扣子是扣還是不扣，就學你看到有教養的人怎麼做。一樣記得要教你的人跟最優秀理髮師學習如何整理你的頭髮，髮型可是你衣著非常基本的部分。[64]

巴黎新橋（Pont Neuf）一景：英國人挖苦法國人浮誇的典型方式，透過雨傘、手籠、精緻的假髮、毛做了造型的狗，以及吃不飽的民眾。

但穿當地人的衣服不見得有用。希克納斯警告，「英格蘭人的牛排布丁臉」若上頭戴頂法國小帽，看來恐怕很蠢。[65]兩國人的外貌、姿態和動作都不同。法國的女士先生們都受過舞蹈老師訓練，塑造出切斯特菲爾德所誇獎的「習以為常的文雅儀態」。

法國人擔心在倫敦街頭遭人辱罵——這是旅遊書代代相傳的主題。這些盛傳的故事是否足以作為英格蘭人恐法情節，或是法國人恐英情節的證據，我們不得而知。[66]法國人衣著較精緻，階級妒意與排外心態都是造成敵意的潛在原因。手籠與雨傘都是紈褲子弟的標誌，也是許多漫畫的主題。十八世紀中葉時，已知會帶雨傘的唯一一個英格蘭人是詹姆斯．漢威，他是海事協會（Marine Society）的慈善創辦人。漢威這把傘，是壯觀如帳篷般的配件，上面覆著淺綠色的絲綢，以稻草色的緞子做內襯，飾有小小的水果與花朵。他似乎是得到眾人寬容的怪胎。後來帶雨傘的英國人就沒那麼幸運了，這些追求流行、崇拜法國的「通心粉」招來不少猜忌：「英國人，要知羞恥啊！做端正的男男女女，去除這種異國惡習。」一八一三年，鐵公爵（Iron Duke）威靈頓之所以在下雨的戰場上斥責衛隊的好幾名青年軍官，或許就是受到這類聯想的刺激：「威靈頓勳爵不允許在敵方開火時使用雨傘，也不准紳士子弟讓自己成為部隊眼中的笑話。」[67]

兩座城市都有幾個城區，是遊客感覺比較像家的地方。英國人能在聖日耳曼德佩區（Saint-Germain-des-Près）附近的大使館周邊找到旅館、英格蘭銀行業者、咖啡屋、生活必需品，還能喝杯茶。對法國人來說，則是氣氛親民的萊斯特區（Leicester Fields）和蘇活區（Soho）。無論是哪一座城，一般都建議打算待久些的旅客根據自己的花銷、行為舉止和社會地位，來決定是要住在體面的私人公館，或是租個房間。他們該雇個當地僕人，找個髮型師（至少巴黎如此）天天燙捲髮、上髮粉，而且男女都需要。兩座城裡都有地方點外帶小吃，但當然也有許多餐廳。巴黎的餐館業尚在襁褓期，由英式的大飯店——如安東萬．布維利耶（Antoine Beauvilliers）的倫敦大酒店（Grande Taverne de Londres）引領潮流。[68]倫敦寄宿住房的餐點似乎沒有時間限制，供應湯、牛排或羊排，還有馬鈴薯。不過，哲明街（Jermyn Street）的聖典餐廳（Canon）和老鷹街（Eagle Street）的七星餐廳（Sept Etoiles）有要價一先令的法國菜。[69]大家都建議法國旅客不要喝葡萄酒，不只貴，而且經常是假酒；口渴的遊人只能忍受黑啤酒，這種酒有「溫和的通便效果」[70]——有助於對付英式料理。但對於英格蘭菜，法國人有不同看法。有人覺得食材比本國品質更好，種類更多，但半熟的肉令人作嘔，還能依稀聞到煤煙味。巴黎的水（取自充滿穢物的塞納河）有更猛烈的下瀉作用，但食物確屬上乘。希克納斯宣稱，在巴黎以十七便士吃到的飯菜，比在倫敦用十七先令吃到的還好——結合享樂與實惠，吸引英國遊客達三世紀之久。

談到壯觀的建築，巴黎的優越不容否認。英國人傾向新穎的建築：例如羅浮宮、傷兵院（Invalides）等巴洛克與新古典的建築，以及聖敘爾比斯教堂（Saint-Sulpice，一七三六年完工）、聖洛克教堂（Saint-Roch，一七六〇年完工）與聖熱納維耶芙教堂（Sainte-Geneviève，一七五七年至九〇年存世）等高聳的新教堂。當時的旅遊指南跟今天一樣，列出的景點大致相同：聖母院、盧森堡公園、羅浮宮、芳登廣場和勝利廣場（Place des Victoires，「必看」）。有的名勝則已消失於法國歷史，例如杜樂麗宮（Tuileries）與有著「古怪石造建築」之稱的巴士底監獄（因為只能從外面看）。戈布蘭家（Gobelins）的掛毯作品尤其吸引人，因為工廠是由英國詹姆斯黨人經營。

事實上，從遊客看待當地詹姆斯黨人與天主教徒的態度，便能看出至少從十八世紀中葉以降，英國人已經沒有歷史學家所想的那麼偏執了。旅遊手冊指出，「我們的國王詹姆斯二世」及其女的遺體能在聖寵谷（Val de Grâce）的修道院見到，他們的靈柩並未入土，象徵等待返國。附近的英格蘭聖本篤修道院也值得一探，修士「對同胞格外有禮」，如果請他們吃點點心，或是送個小禮物，他們更是樂意做嚮導。約翰森醫生與瑟雷爾女士（Dr Johnson and Mrs Thrale）旅途中用去不少時間拜訪修士與修女，約翰森還安排前往牛津大學彭布羅克學院（Pembroke College），跟一位熟識的修士會面。

一七八九年，有位青年旅客描述巴黎是座「建築雜亂、骯髒、惡臭的城鎮」，但他沒講到重點。無論還有什麼別的味道，巴黎就是充滿的優越的氣息。義大利仍然是藝術重鎮，但巴黎才是品味的標竿。儘管附近的宮殿，包括馬利宮（Marly）、聖克勞宮（Saint-Cloud）、楓丹白露宮（Fontainebleau），當然還有「獨一無二的歐洲之王，我指的是**凡爾賽宮**」[71]等，是宮廷與政府的核心，人們能在王室進餐、祈禱，甚至是著裝時瞪著眼看，但巴黎最重要的魅力並不在此。英國人是想沾巴黎的光。他們註冊上擊劍與舞蹈班，買家具，坐下來給人畫肖像。學習風格才是要務：

> 教養好但不拘禮節，隨和而不粗心，堅毅勇敢而又中庸，文雅而不做作，奉承而不阿諛，歡快而不嘈雜，誠懇而不輕率，守密而不故弄玄虛；無論你說什麼、做什麼，都懂得適時適地。[72]

在法國，由婦女組織、婦女作主的沙龍是文化活動的重心，對關係良好或才能出眾的人開放。倫敦成功的「藍襪圈」（blue-stocking circle）[3]也無法與沙龍的高雅或影響力匹敵。巴黎的女贊助人享譽全歐，她們幾乎皆出身貴族，但不必然是宮廷中人，也不必然是傳統上身分體面的人物。英國知識

3【譯註】指伊莉莎白·蒙塔古（Elizabeth Montagu）、伊莉莎白·維希（Elizabeth Vesey）等英國女性知識分子，於一七五〇年代推動的社交、教育、文藝集會。

分子如何瑞修・沃波爾、大衛・休謨與愛德華・吉朋，都是赫赫有名的座上賓。知性最敏銳的女主人，要屬唐森侯爵夫人、盲眼的德芳侯爵夫人（Marquise du Deffand，沃波爾的密友）以及喬弗宏夫人（Madame Geoffrin）——後者跟休謨關係好到稱呼他為「我的小滑稽」和「我親愛的搗蛋鬼」。沙龍為法國文化賦予獨特的社交性質，活動安排以談話為中心。有人批評這種做法剝奪了深度，因為強調談話風格甚於內容。沃波爾評道：「人人高歌、讀自己的作品……毫不猶豫，也不掂掂自身斤兩。」[73]所有人都知道，沙龍令女性（以及與男男女女的互動）成為文化生活的中心：

在巴黎，無論男女都是鑑賞家與評論家……其談話能同時形塑、改善品味、吸引人們品評，無疑比我們這兒與會者參差不齊的交談來得可取；假如他們正好想克服吹噓和打牌的毛病，這些對話絕對能讓人放下手邊任何玩樂或高談闊論。我認為原因在於（畢竟婦女通常能為對話定調）我們英格蘭婦女學問與修養遠不及法國婦女。[74]

✣ ✣ ✣

【延伸】瑟雷爾女士與博卡日夫人

《英荷義來鴻》（*Lettres sur l'Angleterre, la Hollande et l'Italie*, 1764）的作者瑪麗・安・杜・

博卡日（一七一〇年至一八〇二年），以及《法蘭西、義大利與日耳曼一旅見思》（*Observations and Reflections Made in the Course of a Journey through France, Italy and Germany*, 1789）作者海斯特．瑟雷爾（一七四一年至一八二一年），是兩位卓越的旅遊作家和女文士。博卡日曾經在一七五〇年到訪英格蘭，在彌爾頓和波普的鼓勵下寫詩，並經常拜訪切斯特菲爾德家與瑪麗．沃特利．蒙塔古夫人。她愛上喝茶，甚至也愛「英格蘭人簡單的烹飪方式，我們向來沒有好話說的那種（他們偏生的肉、葡萄乾布丁和魚）」。瑟雷爾初次造訪巴黎則是一七七五年，身邊陪著家人，以及緊緊跟著他們一家的塞繆爾．詹森（Samuel Johnson）。他們照例拜訪博卡日夫人，受邀晚餐（期間，他們的女主人表現自己對英式料理的愛好，上了一道「昆斯伯里公爵夫人（Duchess of Queensbury）食譜所做的英式布丁」。但雙方的會面並不成功：博卡日對客人們沒留下多大印象，客人則因為僕人用手指放糖進他們的茶杯而感到不舒服；更有甚者，當時有柄老茶壺倒不出來，僕人與博卡日夫人解決的方式，居然是接連含著壺嘴，把堵塞物給吹出來——此景令瑟雷爾驚駭莫名。這證明了瑟雷爾對於法國人是「不文雅」民族的印象，何況他們還會吃腐肉、隨地吐痰。[75]

✣ ✣ ✣

倫敦吸引的法國遊客較少，多少是因為法國人較少旅遊。但動身到倫敦的人，都體會到倫敦代表某種新鮮事。咖啡屋、俱樂部、劇院、音樂會、遊樂園，以及各種構成商業景象、從而也是相對開放的社會與文化景象的特殊場面。[76]許多人譴責斯情斯景庸俗到令人擔心，例如你得冒著跟不受歡迎的人摩肩擦踵的風險，街上的行人缺乏尊重，甚至還會侮辱衣著體面的外國人。不過，隨著共濟會到來、俱樂部與咖啡館風行，以及法國第一處商業中心——皇家宮殿廣場（Palais Royal）在社交與商業方便的成功，一七六〇年之後的法國同樣能看到這種公共空間，以及獨立於權威、官方社會階級體系的私人空間所具有的吸引力。

通常少有人前往首都與主要路線以外的地方。法國旅客有時會前往牛津或劍橋冒冒險，許多英國人則繼續往義大利旅行。很少有人和亞瑟．楊（Arthur Young）一樣勇敢——一七八〇年代，他騎著馬穿越法國，當時能讓旅客接受的道路、食物與住宿仍相當稀少。對於自然環境狂野浪漫（蘇格蘭、庇里牛斯山與阿爾卑斯山即為其縮影）的流行興趣確實有成長。勞倫斯．斯特恩（Lawrence Sterne）是先驅之一，他在一七六二年前往巴涅爾德比戈爾，當時可正值七年戰爭期間。一七七〇年夏天，國會議員亨利．坦普爾〔Henry Temple，巴麥尊勳爵（Lord Palmerston）之父〕與畫家威廉．帕爾斯（William Pars）一塊兒在阿爾卑斯山待了六週，後者的作品隔年則展示於皇家學會（Royal Academy）。當時，每一季大約有十多名英格蘭人造訪冰河。[77]

男性作家（偶爾有女性作家）也會脫離主要路線，拜訪知名文人。伏爾泰和比較不愛交際的盧梭，都有川流不息的英國訪客上門拜訪——前者的訪客包括 利弗・戈德史密斯（Oliver Goldsmith）、吉朋、激進政治人物約翰・威爾克斯（John Wilkes）與亞當・斯密；後者則有詹姆斯・鮑斯威爾（James Boswell），此君表現自己對盧梭敬意的方式，居然是勾引長期辛苦照顧盧梭的「管家」德蕾絲・萊維塞爾（Thérèse Levasseur），將她視為法國行的紀念品。一旦來到偏僻的地方，就少不了私人的款待；這時，私人、學術交情或共濟會弟兄也就彌足珍貴。頻繁的通信維繫了這個歐洲知識分子網絡。

拉姆西所繪製的盧梭肖像：盧梭覺得這幅肖像未經修飾，懷疑有陰謀要他出醜。

但對尚・雅克・盧梭與塞繆爾・詹森這兩位知識界巨擘來說，他們的跨海造訪行卻是個糟糕透頂的經歷（雖然他們已經盡力讓自己的旅途好過些）。一七六六年一月，遭到法國當局追捕與仰慕者糾纏的盧梭，被出於好意的大衛・休謨說動，和他一塊前往倫敦。事情急轉直下，是從何瑞修・沃波爾開了個玩笑，將一封假冒腓特烈大帝的信傳出去開始：「我親愛的尚・雅克……法國方面已經發布你的逮捕令；來找我吧……你的好友腓特烈。」過度敏感而偏執的盧梭，把這信當成休謨和他的小圈子密謀要羞辱、敗壞其名聲的第一個跡象。儘管他在倫敦備受禮遇，在休謨請求下得到一份王室年金（起先他高傲拒絕，後來又改變心意），大衛．蓋瑞克還帶他參加德盧里巷的表演盛會（國王與王后一同蒞臨，而且「注意盧梭的時間比注意演員的還多」），但他的懷疑並未消散。盧梭太渴望為眾人所矚目，結果差點摔出包廂。[78]休謨找艾倫．拉姆西（Allan Ramsay）為盧梭畫肖像，成果卻讓畫中主角勃然大怒，咬定透過肖像把自己給畫醜是休謨陰謀敗壞其名聲的下一步。富有的理查．達文波特（Richard Davenport）是盧梭仰慕者，將斯塔福郡（Staffordshire）的伍頓莊園（Wootton Hall）提供他使用，此處距離文風興盛的利奇菲爾德（Lichfield）不過幾英里遠。盧梭與德蕾絲（由勤勉的鮑斯威爾從瑞士護送到當地，鮑斯威爾宣稱自己在途中與德蕾絲十三度發生性關係）在此隱遁，兩人在伍頓開心度過幾個月，盧梭在此繼續寫作其《懺悔錄》（*Confessions*）。這位慷慨的「盧斯歐」先生很受當地人歡迎，貴族小姐與地方文人也大肆為其宣揚。伊拉斯謨斯．達爾文博士〔Dr Erasmus Darwin，他是後來人稱「英格蘭中部啟蒙運動」（Midlands Enlightenment）的領袖〕從利奇菲爾德前來拜訪，當他發現盧梭在一處洞穴中冥思出神時，心裡真是激動莫名。只是好景不常。盧梭接連指控休謨與達文波特對他有所圖謀，並隨即逃亡，還在途中寫信給大法官要求派護衛保護他不受暗殺。[79]最後他把自己鎖在艙房，一七六七年五月從多佛返回法國。休謨先是困惑，繼而生氣，一怒之下（或許不大明智）決定將兩人的通信對病態的歐洲文壇公開。

八年後，詹森博士造訪法國。此行雖然稱不上天大的災難，但確實令人失望。他一直想去法國走走，但直到一七七五年他六十六歲時，才託有錢的友人瑟雷爾家之福，順利成行。他不會講法語（雖然閱讀無礙），只好回頭講拉丁語，在當時實屬古怪。這導致他無法與人輕鬆交談，而他聽力與視力上的惡化更是讓事情每況愈下。他確實有跟作家以利亞・弗雷隆（Élie Fréron）對話（弗雷隆計畫翻譯他的一本著作），也見到其子（後來成為雅各賓恐怖統治的重要人物）。他把大部分時間用在圖書館、與英格蘭修士互動，或是意興闌珊地走訪景點。根據一位當代人的說法，詹森穿著自己平時的棕色倫敦西裝與黑襪子，顯得荒謬可笑，所以他買來白襪子（當時的標準裝束，農民除外）、一頂假髮和帽子——當班傑明・富蘭克林（Benjamin Franklin）巧妙運用自己的裝扮，以塑造某種農家智慧的形象時（但不戴假髮），就會這麼穿。但詹森跟成為社交界名人的富蘭克林不同，這種打扮讓他頗不自在。他只以遊客的身分看了王宮，表達自己對法國的失望：法國不像英國，沒有「酒館生活……大家在裡頭平起平坐，無拘無束，也不緊張」。[80] 他把這次的經驗化為對法國社會普遍的看法，不斷在自己的筆記與後來的信裡重申「法國沒有中間階級」。

但這完全不影響想學去學貴族禮儀的人。許多青年紳士，包括十六歲的亞瑟・韋爾斯利（Arthur Wellesley，未來的威靈頓公爵），紛紛前往昂熱（Angers）的皇家馬術學院（Royal Academy of Equitation），或是羅亞爾河流域的其他軍事學院，到這些咸認法語口音最純正的地方學習語言、風格高雅講究的馬術、劍術與跳舞：

這一刻，你的舞蹈老師對你來說就是全歐洲最重要的人。你得先跳好舞，才能坐有坐相、站有站相、走有走相；為了給人好印象，這一切都得學好。[81]

韋爾斯利始終講得一口流利的法語，一生對法國也充滿敬意。一七八三年，一貧如洗的年輕船長何瑞修・納爾遜（Horatio Nelson）打算學法文，聖奧梅爾（Saint-Omer）的寄宿學校對他來說聊勝於無。同年，年僅二十四歲的前財政大臣威廉・皮特（William Pitt）也和兩位大學同窗在蘭斯（Rheims）學法文——但當他前去參觀楓丹白露宮時，卻被當成名人款待，與王室和大臣會面。雖然皮特再也沒有重回法國，但他仍然能講幾句法文，同時也認識到即便法國人沒有政治權力，但在社會上還是享有許多自由。其中幾種自由具有危險的吸引力：賭博與向女子獻殷勤。想打進大貴族與宮廷圈，就必須在玩英格蘭引入的「wisk」（惠斯特牌〔whist〕）和「creps」（賭骰子）等遊戲時願賭服輸。這正是約翰・羅在該世紀早期的敲門磚，最後他把整個國家的財富都拿來賭了。至於獻殷勤，年輕男子期待成為成熟婦女的入幕之賓，不只是（或者主要是）為了性，也是為了優雅地談情說愛。這時，父母親的建議當然會有衝突。額爾金勳爵（Lord Elgin）的母親勸他「看在上帝份上，絕對不要有情婦，不只不道德……在健康與荷包兩方面，她們終歸是世上最昂貴的寵物」。可連她都稱許適度的殷勤：「談情說愛確實是法國時尚，只要心態正確、沒有邪念，你就可以跟漂亮的女孩兒談笑，免得人家說你不近人情。」[82] 切斯特菲爾德希望兒子盡其所能發揮：「對了，你還在跟勃肯羅德夫人（Madame de

Berkenrode）談戀愛嗎……？一段好戀情對紳士有好處。假使如此，我勸你絕對要守密，保持最深的沉默。」[83]守密不是絕對的規則，尤其對象是跟地位低的女性：例如與歌劇院的知名舞者一同現身，就是件好玩事。報章評論對此多半不敢苟同，但對於這種英國人進一步的征服，不時也會表露出驕傲之情。但這一切都有代價：賭博會輸錢，性病經常會留下無法痊癒的疤痕。[84]

從十八世紀中葉以來，前往英國的旅人發展出比較穩重的新興趣。有錢總是意味有權；如今有了新財源，英國則有開創新財源的驚人能力。敏銳的觀察家瞭解有某件前所未有的事情正在發生，而他們造訪的地方、學到的經驗，是伏爾泰孟德斯鳩絕對想不到的。每一位旅客都抱怨燒煤的煙，而早在一七三八年意識到煤是新經濟形態基礎的先驅之一，是工廠稽查員提克（Ticquet）。他回報在英格蘭中部地區有一種使用煤礦的鑄鐵技術，同時提到工人的高生活水準。隨後的半個世紀，法國當局（比其他任何國家都積極）接連不斷派官方與非官方的觀察家（好幾個甚至公然刺探）去瞭解方法、獲取機器，並招募工人。此舉同時具備發展經濟與軍事應用的目標。大使館的布羅賽侯爵（Marquis de Blosset）以情報頭子的身分活動，提供接觸管道、經費與書面資料，並由使館教士麥德莫神父（Fr MacDermot）擔任通譯。一七六年代，礦業稽查員加布里埃爾．賈斯（Gabriel Jars）獲派前往調查採礦技術，並瞭解是否真能以煤將鐵融化，以及「英格蘭人所說之『coucke』為何」〔按：煉鐵用的焦炭（coke）〕。他還得就某個歷久不衰的問題提出說明：「為何其工業發展大幅超前於法蘭西，而此差異儘管有各種可能理由，是否肇因於英格蘭人不受法規之束縛」。伯納封杜．約瑟夫．勒杜（Bonaventure

Joseph Le Turc）是位職業間諜，他將自己對冒險的愛好與愛國心、上進心相結合，在一七八〇年代走私各種拆解的紡織機與製造業樣品（從襪子到夜壺都有），有些是他自己打算複製生產的。他最大的成就，是受海軍大臣蓋斯提里元帥（Marshal de Castries，海軍向來從事諜報活動）委託後，從英國帶回大規模生產滑輪的技術（見第六章的「巨鯨」）。他得到外交身分保護，同時受勳並獲頒年金，但一切都斷送於法國大革命。[85]

這些行動在某方面來看相當成功：紡紗機、高爐、蒸汽引擎等工業革命的偉大發明皆在問世後沒幾年，就給人帶到法國。一連串英國生意人與工人迅速回應法方的接觸。其中若干有特定原因，例如侯克斯家（Holkers）[4]是詹姆斯黨人，而伯明罕工具製造商麥可·阿爾庫克（Michael Alcock）則跟一位年輕女員工私奔法國；但大部分人只是想做生意。多數的活動都合法，就算不合法也很少遭到取締，戰時亦然。一七七〇年代，出口新型大炮到法國供測試之用，是有得到官方許可的。不過，有些行徑仍然是擦邊球，需要保密、賄賂或動用關係。最大膽的協議，出自精明雪亮的威爾金森（Wilkinson）兄弟：他們在一七七七年至七八年，利用剛獲得專利的技術，在布雷斯特附近替法國海軍蓋了座火炮工廠，正好能趕上美國獨立戰爭。法國人瞭解，要趁戰爭開始前收買威廉·威爾金森（William Wilkinson），因為他的「行動全然受獲利精神驅使，這在該國人身上再常見不過了」，否則「他就無法在不犯重罪的情況下……來到這兒」。開發蒸汽機的偉大工程師馬修·博爾頓（Matthew Boulton）與詹姆斯·瓦特（James Watt）對於威爾金森兄弟這樣「完全沒有愛國心，甚至等於叛國」的行為視若無睹。[86]由於技術在當時只能面對面傳授，法國自然也得招募擁有一技之長的工人；或許有些人過去曾經是天主教徒或詹姆斯黨，但光是高週薪和過好生活的希望，通常便足以作為動機——連領班說不定都有四十英鎊的高額聘金。儘管渡海的人為數不多，整個世紀也就幾十個生意人和幾百名工人而已，但對於推動法國工業發展卻有極大影響。阿爾庫克動身出發，要讓聖伊天（Saint-Etienne）成為「法蘭西的伯明罕」，威爾金森則讓勒克勒佐（Le Creusot）開始發展，這兩座城也在十九世紀成為法國工業重鎮。

然而，短時間來看，法國師法英國工業的結果卻令人失望：煉鐵、煉鋼、煤焦與玻璃製作都失敗了，既花錢，又丟人。法國探子很少懂得完整、繁複的工業製程。法國缺少道路與運河等基礎建設；關鍵原物料不足——尤其是不同種類的煤、鐵礦與陶土；而且還少了技術勞工，少了有能力製作工具、零件、維修機器的作坊網絡。引進國內的英國工人通常是在本國沒有成就的人，不聽話、不守秩序又酗酒。勒杜引進的滑輪工人發現便宜紅酒之樂，每天要痛飲五瓶。[87]總之，後代人對此的說法是：「倫敦混不下去，就試試翁夫勒（Honfleur）。」不過，這只是文化普遍差異的一個症狀。一七八四年，一名熱情的十九歲法國青年富蘭索瓦．德．拉羅希福可（François de La Rochefoucauld）在英國諾福克（Norfolk）與薩福克（Suffolk）念當代農業時，瞭解到所謂農業不光是種種蕪菁而已。一般英國農人

4【譯註】指英格蘭人約翰．侯克斯（John Holkers）一家。約翰是鐵匠之子，二十多歲時與人合夥展開做研光生意。他曾加入小王子查爾斯的軍隊，後來在部隊北撤時遭逮，但隨後成功越獄逃往法國，受法國當局吸收，重返英格蘭刺探紡織業技術，並吸收工人至法國。

（「只不過是粗人！」）對於其農法能講得頭頭是道、口沫橫飛，會去俱樂部交換想法，在獵狐時與仕紳平等相處，甚至主動邀請像他這樣的公爵之子用午餐。這些農人的信心令拉羅希福可大為驚訝，這裡和他認識的諾曼第完全是不同的世界。另一位一七八〇年代的旅人則發現英格蘭人「有犯上之心」。自由派經濟學家兼商人杜邦・德・內穆爾，對引進的英格蘭工人大為光火，認為他們「倨傲不遜、好鬥、愛冒險又貪婪」。可一旦面臨變局，這樣的特質便成了獨立、自信與敏捷。[88]一八二〇年代，一位法國經濟學家回顧當時，起了個「la révolution industrielle」（工業革命）的名稱，只是當代人對此無法完全領會。但某些人確實診斷出，龐大的經濟動能其實是更深層的政治、文化革命的一部分，而這咸認是英國的特色：[89]經營自由與資訊自由；人身安全與財產安全；階級程度較低的社會；更合理、更平等的稅賦；以及合群。簡言之，就是自由、平等、博愛。伏爾泰與孟德斯鳩曾誇獎英國是個善待知識分子的社會，但同一個社會在當代人眼中，也是個有利於農人、製造業者，甚至工人的社會。

沒有人比自命農業現代化使徒的亞瑟・楊，更渴望傳布這條福音了。這位農學家的旅行見聞紀錄，讓自己成了歐洲名人。他在一七八〇年代深入走訪法國，發現沒有什麼值得稱道。他一路所見，盡是貧窮、落後與壓迫。人們會覺得，楊所做的某些趾高氣昂的比較既過度樂觀又偏頗，不值一哂——他的法國門徒拉羅希福可等人所言亦然。不列塔尼（Brittany）等貧窮地區確實無法與諾福克在生產力上一較高下，但英國大部分地區也無法與之相比。當然，現代化有輸家，也有贏家。我們雖然要匡正視聽，但也不能因此把十八世紀的英格蘭想像成賀加斯式[5]的琴酒、絞刑架、妓女和餓莩地獄。以歐陸的標準來看，英格蘭平民沒那麼貧困，比較自由、平等，政治發言權則大得多。一再重申這種比較，只會讓更多人相信法國政治與社會制度是在扯自己後腿，是政治專制與封建制度的殘餘。楊警告，舊政權已經臨到深淵。他的《法國遊記》（*Travels in France*）譯本居然成了革命政權的官方宣傳冊，當局買了兩萬本分送法國各地——誰知他卻猛烈批評法國革命，這實在不無諷刺。

感受力流行：帕梅拉與茱莉的年代

阿爾比翁沼澤的瘴癘之氣造成哲學思想上的瘟疫，不僅扼殺天才、擾亂心神，還塑造出反民族的品味。

——黎格雷・德・儒維尼（Rigoley de Juvigny），一七七二年[90]

我們的女人、馬匹與狗……絕對能為法國各地所稱讚。

——《紳士遊法指南》（約一七六五年）

5【譯註】威廉・賀加斯（William Hogarth）為十八世紀英格蘭畫家、版畫家與諷刺家，畫作經常瀰漫對政治與社會的諷刺。

文化盛行風總是從法蘭西吹來。就時尚與禮儀的方方面面來看，這一點始終如此。例如，德盧里巷劇院搬演法式主題作為常態劇目，當中有許多改編自莫里哀（Molière）的劇作。[91]情況在十八世紀出現轉變：新劇碼、新挑戰從英國而來，結果法國變成華麗保守的代表。一七四〇年代起，英國不僅成為人們心中科學、哲學與政治新意的出處，也是嶄新感受方式的出處，從而影響行為方式與外貌展現。這一切又強力地反射回英國，尤其是透過尚．雅克．盧梭的著作。

這些感覺的新方式，其起源幾乎不可考。英格蘭人因島嶼環境與氣候之故，成了情緒濃烈而抑鬱的民族——早在十七世紀早期，法國大使敘利公爵（Duc de Sully）的著名回憶錄中便表達過此看法。咸認發脾氣與自殺是英格蘭人獨特的體液失調症狀，病因則是霧氣、牛肉與啤酒「所造成之乳糜，其有害之沉重只會將易怒、憂鬱之體液傳輸至腦部」。[92]山謬．理查森（Samuel Richardson）的作品在無意間點石成金，讓法國人相信英格蘭人特質或許有「情感深度」這項正面之處。事情發生在理查森深受讚譽（而且難得不插科打諢）的小說《帕梅拉：善有善報》（*Pamela, or Virtue Rewarded*, 1740-1741）。該書講的是一位女孩經歷的試煉與磨難，她保護自己的處子之身，既而得到婚姻為報償。這個故事風靡國際，全歐各地都有譯本與抄襲。理查森是個出身德比的細木工之子，卻無師自通成為畫家，而此事更是讓人覺得這個故事裡有某種新穎、「善感」（這是個新詞，而且帶褒意）的存在，是一種真摯情感的泉源，是對人類善惡的真實探究。親英派的普列沃神父（Abbé Prévost，一七三〇年代，他從聖日耳曼德佩的修道院捲款潛逃，到倫敦尋求庇護）立馬將《帕梅拉》譯出，此書繼而成為該世紀最熱門的小說之一。理查森的《克拉麗薩》（*Clarissa*, 1748-1749）內容更黑暗，篇幅甚至比《帕梅拉》更長，內容處理慾望、性暴力與悔恨，其譯本《克拉麗薩．哈洛威》（*Clarisse Harlowe*, 1752）平地一聲雷，深深影響了盧梭及眾啟蒙哲士。盧梭在一七五八年寫道，「從來沒有人以任何一種語言，寫出一部與之並駕齊驅，甚至是接近其成就的小說」。「噢，理查森！」狄德羅在一七六一年高喊，「假使我非得賣了我所有的書，你的小說仍然會留在我身邊，和摩西、荷馬、歐里庇得斯（Euripides）和索福克勒斯（Sophocles）同一個書架。」[93]

英格蘭小說此時在法國讀者間受到的歡迎，為歷來所僅有。有人對該世紀中葉巴黎周邊地區貴族、教士與專業人士所擁有的五百件私人藏書內容進行研究，結果顯示有四分之三的小說是從英文翻譯而來，只是內容有所節譯、法國化，並去除任何「不適當」的內容。最多人擁有的四本小說裡，有三本分別是《帕梅拉》、《湯姆．瓊斯》（*Tom Jones*）與《克拉麗薩．哈洛威》。最受歡迎的二十本虛構作品中，還有其他由理查森與亨利．菲爾丁（Henry Fielding）所寫的小說、以英式情節鋪陳的小說，以及《阿羅那哥》（*Oronoko*，據信是埃弗拉．本恩〔Afra Behn〕舊作的翻譯或改寫）。薩德侯爵（Marquis de Sade）當時正因性犯罪而關在巴士底監獄，他手邊就有理查森、菲爾丁和斯摩萊特的作品當消遣。[94]英格蘭小說家無論男女，皆在史家羅伊．波特（Roy Porter）所說的「深入自我的啟蒙之旅」中，領導法國與全歐洲。[95]

理查森對法國作家如拉克洛（Laclos）、馬里沃（Marivaux）、雷第．德．拉布列東（Restif de La

Bretonne）與薩德的影響，能明顯從風格、主題，甚至是人物姓名中看到。但他對盧梭的衝擊無疑更為重要。兩人的關係就像布林布魯克之於孟德斯鳩——弟子遠賢於師。盧梭談愛、分離與美德的偉大小說《茱莉：新愛洛伊斯》（*Julie, ou la Nouvelle Héloïse*, 1761）標誌著歐洲文化史新紀元的開端，只不過珍・奧斯丁（Jane Austen）跟家人後來對此書大加嘲笑。陶冶、表現昇華而真摯的情感，成為藝術乃至人生目的，被人無止境地加以分析、討論、再體驗。群山的自然純粹，如今大加撻伐腐敗的平原城市。[6]

英國詩作同樣首次在法國受到歡迎，特別是因為人們認為其中具備了多愁善感、自然流露、道德昇華與攝人憂鬱的特質。托馬斯・格雷（Thomas Gray）的《鄉間教堂墓園輓歌》（*Elegy Written in a Country Churchyard*, 1751）是今天唯一為人所知的例子，但這本詩集只是內省、子夜抒懷、死亡與鄉間輓歌廣大風潮中的一部分。此風潮的其他作品還有詹姆斯・湯姆森（James Thompson）的《四季》（*The Seasons*, 1726-1730）和愛德華・楊（Edward Young）哀婉的《夜思》（*Night Thoughts*, 1742-1745）。這些著作在一七六〇年代與七〇年代譯為法文，在一七七〇年代與八〇年代催生出大量的季節（*Saisons*）、夜晚（*Nuits*）、花園（*Jardins*）、田園詩（*Poèmes champêtres*）和浪漫（*Idylles*）詩作。詹姆斯・麥克弗爾森（James Macpherson）在一七六一年發表《芬格爾：古代史詩》（*Fingal, an Ancient Epic Poem*），聲稱是從古代吟遊詩人莪相（Ossian）之詩翻譯而來；該詩在法國取得巨大成功，讓蘇格蘭有如盧梭的家鄉瑞士一樣，成為清新落山風的風頭。莎士比亞也享有極高名望（見第二章的「法人與莎翁」）。

具有文學影響力的作品，並不限於英國作者的手筆。英國人物與故事背景（有時候是苦命鴛鴦得到解脫的地方，或者是可以賺大錢的所在）也是十多部小說中的重要特色。普列沃神父以《英格蘭哲學家：克倫威爾之子克里夫蘭先生的故事》（*Le Philosophe anglais, ou Histoire de M. Cleveland, fils de Cromwell*），在一七三〇年代成為以英格蘭為背景的先驅。盧梭的《茱莉》有個重要角色，是道德高尚、情感濃烈而憂鬱的英格蘭富紳埃杜雅・博姆斯頓（Edouard Bomston），沮喪的男主角聖皮尤（Saint-Prieux）在故事結尾則是跟海軍將領安遜（Anson，他是真實人物）環航世界去了。這股風潮在一七六〇年代大興，大量的小說人物以芬妮（Fanni）、珍妮（Jenny）、悉德尼（Sidnei）、威廉（Wuillaume）、南西（Nency）與貝茜（Betsi）為名，書中更充斥無數的鄉紳、小姐和閣下（包括某個「W・昏頭（Shittleheaded）閣下」）。就算真實性馬馬虎虎也無所謂：某部暢銷的「英格蘭」小說主角們叫「華泰」（Warthei）、「殷實」（Hinsei）和「祖名」（Zulmie）。[96]重點是，英格蘭的形象就是「善感」、自由與異國新體驗（例如喝茶、賽馬、拳擊）的故鄉。何瑞修・沃波爾希望法國人當法國人就好，他感嘆法國人品味之沉淪：「當他們讀我們英國作家的作品時，理查森與休謨先生居然是他們的心頭好，這誰信？」他甚至為蓋瑞克「談莎士比亞時令人難以忍受的胡扯」而感到羞愧。[97]

花園成了感受力風尚的精心極致表現。「英式花園」看來如畫般自然的設計，泰半要歸功於克勞

6【譯註】「群山的自然純粹」暗指出身瑞士日內瓦山區的盧梭，「平原城市」（cities of the plains）典出《創世紀》，指約旦河平原的所多瑪（Sodom）、蛾摩拉（Gomorrah）、押瑪（Admah）、洗扁（Zeboyim）、拉沙（Lasha）等五座城市。

德・勒・洛蘭（Claude Le Lorrain）的想像風景畫——他的畫在英國向來大受歡迎。坐擁一座英式花園，就像坐擁一處讓善感的心靈接受自然洗滌、同時還能跟自己朋友炫耀的地方，成為一道所費不貲的歐陸狂潮，刺激出好幾部專論，連《百科全書》對此也嚴肅以待。幾個較具企圖心的例子更是得到「全然的藝術……包容了哲學、文學、建築、雕塑、繪畫、運動與音樂」這樣的評價。[98]引領潮流的，是吉哈丹侯爵（Marquis de Girardin）在位於埃爾芒翁維爾（Ermenonville，巴黎北邊）所見的壯闊別墅。別墅內的花園在一七六三年規劃，一七七三年完工；蘇格蘭園丁處理草坪。吉哈丹是盧梭的追隨者，他在達德利（Dudley）附近的列澤茲花園（Leasowes）尋覓到自己的自然理想：列澤茲是一位二流詩人暨鄉紳威廉・尚斯頓（William Shenstone）的公館；此外，尚斯頓還寫了一篇極具影響力的「園林造景」論文。一七四〇年代與五〇年代，列澤茲花園建於起伏的丘陵地，尚斯頓的這座花園有樹木、湖泊、小溪和粗糙木料搭的橋，還有牧神潘（Pan）的神廟，一幢「傾頹的小修道所」，和一處草庵。儘管名氣沒有基尤植物園（Kew）或斯托莊園（Stowe）響亮，這兒卻成了行家的典範（包括盧梭，他批評斯托莊園雕琢過頭）。[99]一七七七年，吉哈丹寫了本談地景布局的書，書中擯棄傳統法式花園的幾何風格，高舉列澤茲花園。[100]但來自海峽對岸的名氣，似乎讓尚斯頓挺不自在：

> 吾抖攕望向高盧之虛假藝術
> 竊取吾愛之寧靜簡樸。[101]

埃爾芒翁維爾別墅規模更大，不僅在地貌上能與尚斯頓一較高下，其建設亦是設計來激起哲思、文學與審美：巨石陣、瀑布、一座發白日夢用的祭壇、一座水仙子那伊阿得斯（Naiads）的洞穴，以及一棟當代哲學神廟（故意沒有完工，牆上刻著當代思想家的名字）。吉哈丹在一座方尖碑底座上，用英文刻著：

致威廉・尚斯頓
其韻文展現
心中自然之心靈
於列澤茲他鋪陳
桃源翠綠鄉野。[102]

吉哈丹在一七七八年得到究極的造景物：尚・雅克・盧梭本人——盧梭曾在這座花園散過步，過世後葬於湖中的小島。埃爾芒翁維爾成為這位自然、善感聖人的聖陵，歐洲各地的朝聖者紛紛造訪，包括法國王后瑪麗・安東尼（Marie-Antoinette）、各國君主、班傑明・富蘭克林、米拉波（Mirabeau）、丹敦（Danton）、羅伯斯比爾與拿破崙。列澤茲花園的命運沒那麼璀璨，隱沒在黑鄉（Black Country）[7]之中，如今部分是高爾夫球道，部分是有點糟糕的市立公園。

沙特爾公爵（Duc de Chartres）不落流行，在一七七三年請人在自己位於巴黎北緣蒙索（Monceau）的公館，蓋了座精緻的英式花園（*jardin à l'anglaise*），一部分如今已成為巴黎最漂亮的公園之一。他打算——或者說設計花園的藝術家路易．卡蒙特勒（Louis Carmontelle）打算超越英格蘭人——英式花園單色的草坪缺乏想像力，他認為不足以取悅巴黎人的口味。每一種流行元素盡數打包進一個空間，忙碌的都會人得以在社交互動時穿梭其中：中國牌樓、荷蘭風車、宣禮塔（搭配駱駝與戴頭巾的聽宣者）、五彩繽紛的亭閣、冬季花園、金字塔、洞穴、中世紀塔樓、殘破的神廟、有酒神巴庫斯（Bacchus）雕像的葡萄園、哥德式建築（內為化學實驗室）、白色大理石牛奶屋、湖泊、鄉間小橋、羊群和農村風牧羊人、豎立高柱的島嶼等。有人嫌這兒太鋪張，尤其是公爵的財務顧問。束身自修的蘇格蘭人托馬斯．布萊基（Thomas Blaikie）——「法國的大有為布朗」（Capability Brown of France）[8]——宣稱這花園「一團亂」，接受委任加以裁剪。布萊基也為阿爾圖瓦伯爵（Comte d'Artois）的小愛好（*folie*）——「小玩意兒」（Bagatelle）別墅設計過一座花園。成果讓布萊基聲名鵲起：「凌亂有如身著薄紗的誘人女子，身上的一切表面上是無序雜湊，實則為真正的藝術之作；但這藝術的樣貌如此貼近自然，連自然本身都會受騙」。[103]瑪麗．安東尼要布萊基帶她參觀埃爾芒翁維爾。一七七〇年代晚期，她在凡爾賽宮裡的小特里亞農宮（Petit Trianon）蓋了自己的花園，連同知名——或者說惡名昭彰的「小村莊」，裡頭有羊、牛和乳品場。舊政權最後、最大的英式花園，興建於一七八五年，位於梅勒維爾（Méréville），屬於財經要人拉博德侯爵（Marquis de Laborde）。花園裡包括一座庫克船長（Captain Cook）紀念碑。拉博德在一七九四年遭到逮捕、送上斷頭臺時，梅勒維爾花園的建造仍未完成。但這仍然不是風潮的結束：

雖然發生革命與戰爭，法蘭西帝國皇后約瑟芬（Josephine）依舊在馬爾梅松城堡（La Malmaison）建成她鋪張的花園，園中使用了價值一萬九千五百一十五法郎的英格蘭植物與種子。[104]

先前提到，前往巴黎的英格蘭遊客急忙穿上法式裝束。無獨有偶，若干法國名流從一七六〇年代以來，便在法國穿起英式服飾——這種矯揉造作更將持續超過兩個世紀。此前，法國時尚主宰了兩國，而在最正式的場合中仍然如此——法國女帽商（至少是有法文名的女帽商）供應倫敦市場，進口的洋娃娃打扮也是最新的巴黎樣式。但英式風格的男女衣著，反映了不同的文化潮流：不拘禮節、自然隨興、運動風與鄉村風。他們的穿著品味，同樣受到相對沒有階級差異的倫敦暗色系風格，以及童裝所影響。於是，男人穿起更硬挺、更粗的材料（羊毛，甚至是皮革，而非絲綢），較少刺繡與蕾絲，偏短而合身的剪裁，樸素的顏色，短假髮或自然髮、靴子、帽子（「騎師頭上那種」），以及適合騎馬的大衣——例如*redingote*（字源為「riding coat」，騎士服）與*frac*（字源為「frock」，一種寬鬆的長大衣）。女人則穿較輕的布料（採用印度平紋細布，而非浮花錦緞），搭配適合夏天出門的素雅顏色；更有彈性、更緊身，穿比較少層，裝飾也較少；騎馬裝；畫淡妝；最驚人的是不戴假髮，戴帽子（包括草帽）遮陽。帽子原先是在鄉間使用的配件，上層階級的法國婦女不會在城裡戴帽子，畢竟頭上頂著體積龐

7【譯註】英格蘭中西部伯明罕以西的地區。工業革命時，當地因為產煤，成為重要的採煤、煉鐵、玻璃、磚瓦等展業重鎮。嚴重的空氣汙染令當地素有黑鄉之名。

8【譯註】「大有為布朗」是十八世紀英格蘭造景建築師蘭斯洛特·布朗（Lancelot Brown）的綽號。他總對自己的委託人表示其地產有很大的進步空間，因此得名。

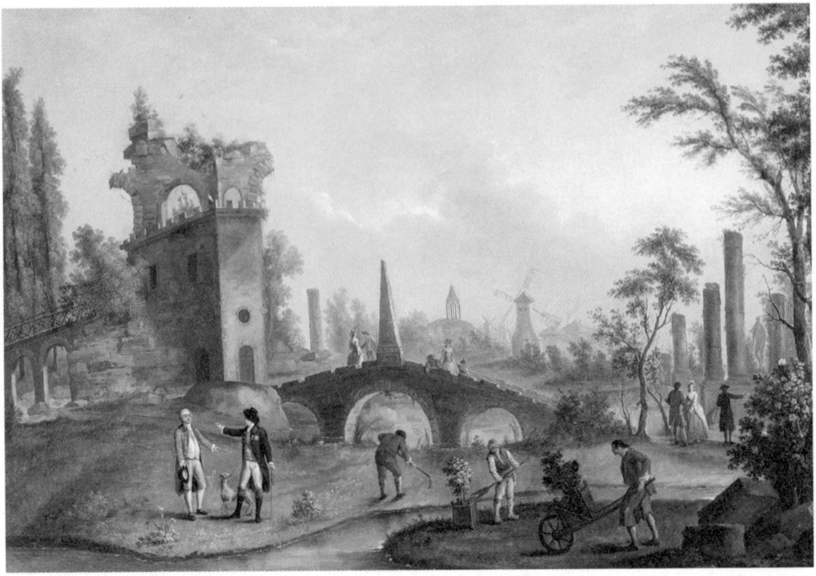

沙特爾公爵的花園擁有每一種流行特色，勝過所有對手。此圖描繪卡蒙特勒將巴黎蒙梭公園鑰匙交給沙特爾公爵。

巴黎蒙梭公園（Parc Monceau，沙特爾公爵所有）平面圖。

大的人工假髮。《時尚郵報》（*Courrier de la Mode*）在一七六八年表示，英式時尚「更為別致如畫，少幾分僵硬……我們一天天往優美簡樸而去」。

這一切代表了活力、年輕（「從十五歲到五十歲都適用」[105]）、不拘禮節而自由。新風潮不僅離經叛道，還很性感，自然會有人義憤填膺。一些人哀嘆男人女人穿著都一樣，全是「倫敦的煙灰色」。作家富哲雷・德・蒙布杭（Fougeret de Montbrun）攻擊那些「在最該體面的地方無恥展現自己，用醜陋的大外套包著身體，泥水噴上肩膀，帽子下的頭髮還梳得老高」的人，說他們內心「下流」而「齷齪」。其他作家則譴責「衣服上沒有繡花、沒有穗帶，拿根粗手杖，圍厚圍巾，無疑打算像個倫敦布爾喬亞一般走過」的貴族，因「民眾不計代價想當英格蘭人，這種炫耀風氣摧毀了我們的民族精神……我們的時尚、我們的風俗，讓我們變成我們痛恨的鄰居」感到痛惜。對於英國服飾與舉止之低微，切斯特菲爾德勳爵也表示同意：「其舉止如腳夫與馬夫，連衣服也一樣；你必定在此地街頭見過他們，穿著骯髒的藍大衣，手上拿著橡木棍，頭髮油膩不上髮粉，一大團積在他們的帽子底下」。[106]雖然路易十六將英式馬桶引進凡爾賽宮，但他也對英式時尚和感到惱怒，「盎格魯狂熱分子」因此面臨失寵的危險。他曾對孔弗朗侯爵（Marquis de Conflans，「穿著一襲樸素的*frac*，頭髮剪得像個騎師，沒用髮粉或髮蠟」）表示侯爵「看起來像個鎖匠」，還告訴洛贊公爵——如果有人這麼喜歡英格蘭人，就該去跟他們一起生活。[107]但雙方還是達成若干妥協：法國風俗（*habit à la française*）和英格蘭風俗（*habit à l'anglaise*）得以共存，非正式的寬大衣有樸素的英格蘭樣式，也有更多裝飾的法國版本。[108]瑪麗・安東尼（至少在時尚方面是革命分子）穿起王后禮服（*chemise de la reine*）——結合英格蘭、印度、盧梭與新古典美學影響的薄布洋裝；德文郡公爵夫人（Duchess of Devonshire）最早在英格蘭穿起這種服飾。伊莉莎白・維傑・勒布倫（Elizabeth Vigée-Lebrun）曾為如此穿著的王后繪製肖像，結果這張肖像因為太過失禮之故，在一七八三年巴黎沙龍展遭撤下。王后死後，各種版本的英式洋裝仍然成為共和晚期與拿破崙帝國時社會上的標準穿著。[109]

✣ ✣ ✣

【延伸】最真誠的恭維形式

于貝・布吉尼翁〔Hubert Bourguignon，亦名格拉夫洛（Gravelot）〕的雕版畫幫助英格蘭時尚流行於法國。布吉尼翁是巴黎裁縫師之子，在英格蘭生活將近二十年——值得一提的是，他教過托馬斯・庚斯博羅（Thomas Gainsborough）[9]，並為《帕梅拉》繪製插畫。布吉尼翁在一七四四年重返法國，「他引入……對草帽、素雅長裙與白衣裳天真外貌的品味」。[110]一七六〇年起，雜誌有了興盛的發展，書上就有跨海交流的版畫：《風尚雜誌：按月記錄淑女與紳士新時尚，作為兩性品味、高雅與新潮之完整大全》（*The Fashionable Magazine or Lady's and Gentleman's Monthly Recorder of New Fashions, being a compleat Universal Repository of Taste,*

路易十六的弟弟阿爾圖瓦伯爵（未來的夏爾十世），裝模作樣做起英格蘭鄉紳的打扮。注意那頂騎師帽。

9【譯註】英格蘭肖像畫、風景畫家兼釀酒師，是十八世紀下半夜的肖像畫翹楚，也是英國風景畫派的宗師。庚斯博羅是皇家藝術研究院（Royal Academy of Arts）的創始人之一。

穿著優雅的漂亮女士，戴著英式帽子。雖然女帽是英格蘭的舶來品，但圖上這頂已根據法國都會品味大大改造了。

Elegance and Novelty for Both Sexes）在倫敦問世，雜誌上的插圖幾個月後就在《法英新時尚雜誌》（*Le Magasin des Modes Nouvelles Françaises et Anglaises*）再度出現。[111]

✣ ✣ ✣

「盎格魯狂熱」既是模仿英格蘭人，同時也是與之競爭。奧爾良公爵領的繼承人沙特爾公爵，是頭號盎格魯狂熱分子。奧爾良家是王室的旁系，迫切於爭取人心，為此與波旁表親以及凡爾賽宮的沉悶保持距離。盎格魯狂熱令他們顯得更摩登、開放，而且（雖然模模糊糊）與自由相連，況且這種狂熱也時尚有趣。一七七〇年代，沙特爾連同阿爾圖瓦伯爵（路易十六狂放不羈的么弟）、洛贊公爵、孔弗朗侯爵與菲特雅梅公爵（Duc de Fitz-James）等死黨，組成賽馬與賭博小圈子，並引進馬匹與騎師。他們期望在巴黎西郊的薩布隆（Sablons）打造「法國的紐馬克特（Newmarket）」[10]，法國第一場賽馬便是一七六六年於當地舉行。眾廷臣譴責他們與放蕩的英格蘭「底層渣滓」廝混，還帶這種人到凡爾賽宮用餐，「以最隨便、放縱的方式把自己的手肘擺在餐桌上」。[112]沙特爾一夥人不僅結交英格蘭中產階級的友人——舉辦盛大公開的賽馬比賽，瑪麗・安東尼都出席了——就算她在政治上再討厭英格蘭，也無法抵擋長驅直入的流行，而且還結交了英格蘭中產階級友人——亨利・斯文本恩（Henry

10【譯註】紐馬克特為英格蘭賽馬聖地，早在十六世紀便有賽馬的紀載。一六六七年，查理二世在此建立賽道，成為純種馬競賽的重鎮。

Swinburne）一家人。

衣服、車駕、馬匹、狗兒、肖像、飲食〔「le plumpouding」（葡萄布丁）、「le ponche」（潘趣酒）等等〕、園丁、騎師、朋友與情婦，在一七七〇年代與八〇年代從英國引進法國。美國獨立戰爭（好幾位盎格魯狂熱人士參戰）也很難讓情勢消停。當對立態勢逐漸高漲時，沙特爾得到允許，帶回八匹馬與二十條獵狗，幫助他度過這段期間。一頭淺色頭髮的蘇格蘭女冒險家葛莉絲・達林普・艾略特（Grace Dalrymple Elliott，庚斯博羅曾為之作畫）受重視的程度自然比小馬更高〔艾力・侯麥（Eric Rohmer）不久前也以她為題拍攝電影〕。她先後成為阿爾圖瓦與沙特爾的情婦，與兩人始終保持友誼。不過，最特別的輸入品，還是帕梅拉。

✣ ✣ ✣

【延伸】另一位帕梅拉

一七八〇年復活節——正值美國獨立戰爭高峰，一名馬商為沙特爾公爵帶來「英格蘭最漂亮的母馬與最漂亮的小女孩」。[113]後者是沙特爾的英格蘭友人兼代理人納薩尼爾・帕克・弗斯（Nathanial Parker Forth）送來的，弗斯受託到倫敦的孤兒院，找個大約六歲、漂亮的棕髮女孩，「絕對不能生了個大鼻子，或是懂得任何一個法文字」。沙特爾想幫自己的女兒們找個玩伴，如此她們便能講英文長大。這孩子便是出身罕布夏基督城（Christchurch, Hampshire）的安・「南西」・西姆斯（Anne 'Nancy' Sims）。她或許是在紐芬蘭出生的，是瑪莉・西姆斯（Mary Sims或Syms）的私生女，父親從事鹽醃鱈魚貿易。按照流行，安改名為帕梅拉，這位「小天使」馬上帶來成效。沙特爾與他的前情婦（這時則是沙特爾孩子們的女家教）讓利斯伯爵夫人（Comtesse de Genlis）拉拔她長大，把她當成這個極度非傳統家庭中備受寵愛的成員。[114]伯爵夫人是位自學成材的不羈文人，你大概猜得到——她也是理查森的書迷與盧梭的信徒。盧梭的《愛彌兒》（*Emile*）給了她靈感，用於教育奧爾良家的孩子與帕梅拉。事實上，人們對盧梭的追捧，使得領養小孩做教育實驗蔚為風尚。一七八五年，伯爵夫人帶帕梅拉踏上一次計畫已久的英格蘭之旅。兩人前往理查森的花園巡禮，伯爵夫人和她有血有肉的帕梅拉，一塊坐在《帕梅拉》原著下筆寫就的那張

「帕梅拉」往後的生活：愛德華・費茲傑拉的夫人和女兒。

長凳上。帕梅拉的冒險還很長。一七九二年，她在逃離法國大革命的路上，嫁給愛德華．費茲傑拉勳爵（Lord Edward Fitzgerald）——愛爾蘭最有名望家族的激進子嗣。愛德華成為聯合愛爾蘭人會（United Irishmen）的一位領袖，死於英國人之手。帕梅拉在英格蘭躲躲藏藏，接著遠走漢堡，短暫與當地的美國領事結縭，之後似乎還跟好幾個男人一起生活過。她的兒時玩伴成為奧爾良公爵，並且在一八三〇年即位為法王路易．腓力（Louis-Philippe）。法王與她保持距離，但在一八三一年支付其葬禮費用。一八八〇年，帕梅拉的子孫將她的遺體還葬於英格蘭。

✣ ✣ ✣

一來為了支付自己的奢侈愛好，二來則是思想前衛的標誌，奧爾良公爵（一七八五年由沙特爾所繼承）將家族在巴黎的宅邸——皇家宮殿拿來做生意，其靈感則是沃克斯花園等倫敦遊憩花園。「唷，」路易十六嗤之以鼻，「你成了小店東啦。」經歷顫顫巍巍的起步後，皇家宮殿花園成為巴黎時尚與揮霍之地的一塊磁鐵，周圍滿是咖啡屋的座位、新式「餐廳」、名望高低不一的俱樂部，以及擺滿英格蘭商品和廣告的店面。「人稱『巴黎之都』……是一座包圍在大城市裡的奢華小城。」[115]由於有奧爾良家王室特權的保護，這裡也成了議論政治與宣傳理念的中心。對公爵來說，皇家宮殿花園的成功帶來利潤，自由衛士的身分也為他帶來名望。一七八九年七月十四日，進攻巴士底監獄的隊伍，就是從皇家宮殿的園林裡出發的。

這時，英式風俗與流行已經為人熟悉。當然，仿效英國風格不必然意味著認同英國理念或人民。七年戰爭與美國獨立戰爭加深了敵意，更堅定了「如果要模仿英國，目的也是為了超越之」的決心。流行上的盎格魯狂熱，與伏爾泰與孟德斯鳩那種對政治理念的興趣並無多少共通點。即便如此，許多觀察家仍然為風潮之顯著（戰時甚至不減）而震驚。美國使者發現全巴黎的商店都打著「英格蘭商品剛進貨」的廣告，嚇了一跳。[116]一七八二年，一位從土耳其回國的外交官寫道：

> 我離開巴黎已經十五年了，一回到巴黎，我還以為我到了倫敦。上了街，我只見英式馬車，車內的婦女按英格蘭風俗，戴著優雅的帽子；只見英格蘭風的兩輪馬車，駕車的青年紳士穿著騎馬裝，雙重、三重、甚至四重領子下垂如披肩，戴著小圓帽；只見馬夫英式的穿著、騎姿；只見行人穿著一樣的服飾……商店堆滿各種英格蘭商品，看板寫著「盎格魯商店」（*Magasins Anglois*），更有無數的咖啡店外打著英格蘭潘趣酒的廣告。[117]

年輕的安東萬・松特（Antoine Santerre，此君後來主持路易十六的處刑）憑藉釀造淡啤酒，在巴黎賺到最大、最快的一筆財富。盎格魯狂熱再也不限於貴族階層：「財經要人的兒子……一個公司職員，穿著長長的合身大衣，頭上的帽子戴得端正……。說起來，這些人沒有一個去過英格蘭，而且連個英文字都不懂。」[118]當盎格魯狂熱席捲巴黎時，「通心粉們」仍舊是倫敦時尚寵兒（也是對諷刺漫畫家的恩賜），其穿著（無論名稱為何）深受法國時尚啟發——男人帶傘、手籠、高假髮和緊身及膝褲，對所有法國事物皆表示由衷的讚賞。有人宣稱大城市裡「一切都法國風格（à la Française）」。[11 威爾斯親王新落成的卡爾頓公館（Carlton House），內部裝潢與家具多半出自法國工匠之手，顯示他「相當支持波旁宮廷的風格與華麗」。[120]誰知當奧爾良公爵終於獲得路易十六允許、於一七八三年造訪倫敦時〔此前他已經在新落成的波特蘭坊（Portland Place）租了間房〕，倫敦的報紙居然因為他素色簡樸的（英式）服裝而讚許他，拿他跟威爾斯親王的（法式）浮誇對比，這實在令人發噱。

踮著腳尖走的英格蘭老爺：跟「猴子國」（Monkey Land，一個人人仿效彼此的地方）學服裝、髮型和儀態的英格蘭人。

散步的法國女士：據信是畫給英格蘭民眾看的法國漫畫，內容不只諷刺法國時尚，也凸顯富人與穿木屐的貧童之間的差異。

愛恨糾葛

若法蘭西人充滿美德、學問與品味，具備其國家的禮節與良好出身，即擁有完美的人性。

——切斯特菲爾德伯爵，一七四七年[121]

我們是世上唯一英格蘭人不會小覷的民族。他們反而以全心痛恨我們，作為向我們致敬的方式。

——富哲雷·德·蒙布杭，《反盎格魯狂熱》（*Préservative contre l'anglomanie*），一七五九年[122]

我所反對的，是他們棄絕自己宜人的風格，用起我們最糟糕的事物。天知道，我們已經受夠了。

——何瑞修·沃波爾，一七六五年[123]

近年來，有幾本書強調英國與法國之間的衝突，對於形塑兩國認同至關重要。回到當年，一些作家表示以民間的排外心態來說，英國要強於法國，不少現代的歷史學家也接受這一點。倘若英國人對法國人態度確實更直接、更極端，原因顯然是因為英國人對任何事情都很直接、很極端：直到巴士底監獄陷落之前，法國都沒有相當於英國諷刺畫家詹姆斯·吉爾雷（James Gillray）的人物，能警醒人們無理的行徑。出現在英國的恐法心態，表達的是對專制統治的恐懼，以及對自命不凡的憎厭。當倫敦的畫師嘲諷街上的「法國狗」時，他們攻擊的對象多半是過分打扮的英格蘭人。恐法心態隨法國威脅的嚴重程度起伏，在十八世紀中葉似乎逐漸退去，直到在一七九〇年代以完全不同的形式捲土重來。至於法國，自七年戰爭以來，政府助長的恐英情緒相當劇烈，而且始終是保守政治論述的主流。法國人對雪恥的渴望在一七七〇年代與八〇年代尤為顯著（之後我們會提到），與之結合的還有一廂情願的想法，認為英國正走向衰落，其政治與社會制度一再受到抨擊。在海峽兩岸，政治名嘴都認為自己的民族代表了更優越的價值。

宗教的影響很大。法國的天主教衛士們用「異端」與「宗派鬥爭」譴責英國人，說他們情緒激動而暴力，而證據便是他們在政治上的宗罪——謀弒查理一世。英國的新教保衛者則攻擊波旁君主國為宗教、政治自由之敵，操弄迷信——簡言之，即「教皇黨羽」的策略。然而，宗教並非海峽兩岸激化的根本原因。英國人始終害怕凡爾賽，甚於擔心羅馬。何況，天主教徒與新教徒本身便嚴重分化。法國的揚森派（Jansenists）是天主教中相當虔誠、但傾向非正統的一派，他們認定的敵人是耶穌會、教會階級體系與王室，而非新教徒；他們還認為英格蘭是宗教自由的典範。英格蘭與蘇格蘭聖公會面對不贊成國教教義的惱人新教徒，他們也能從法國天主教身上看到若干美德。十八世紀早期一位托利黨的坎特伯里大主教（Archbishop of Canterbury）提倡盎格魯與高盧（Gallican，指法國天主教）國教會攜手合作，只要後者徹底跟羅馬斷絕彼此若即若離的關係即可。詹姆斯黨的威脅在一七四五年遭到挫敗之後，英國當地對於教皇一黨的擔憂也逐漸減少，宗教也不再是英國外交政策中的「重要因素」。[124]至於法國，儘管天主教保守主義在七年戰爭期間重新流行起來，但恐英心態中浮現的主題不是新教，而是重商精神。法國人斥英國為「迦太基」——崇尚物質、貪得無厭、性好欺瞞。

但如果以為海峽兩端的競爭，能讓兩國內部出於對「對方」的敵意而團結，那可就錯了。對英國而言，兩國的競爭「導致國內情勢的緊張」——政治、族群與宗教的緊張，「但也經常解決這種緊張」。[125]法國亦然，國內的差異會反映於對英格蘭的態度上。盎格魯愛好向來暗示是對宗教和政治專制體制的異見，甚至是種直接的批判。盎格魯恐懼則意味支持王權與教權，抵抗社會變遷。一七八〇年代興起的盎格魯狂熱，其開端即為社會菁英與凡爾賽宮「可悲而無聊」的政治、文化當權派疏遠——義大利與日耳曼音樂的風行，也是這股潮流的一部分。[126]

總之，「對立」並非法國與英國關係的唯一關鍵。縱使兩國分別幫助對方形塑自我感，但自我感同樣是透過自我批判、討論、讚賞與模仿形塑而成。雙方都在持續的交流中熱切閱讀、稱讚、抱持意義、模仿與回應對方。雙方逐漸發展出一樣的看法，認為彼此是文明的共同領袖，只是他們總試圖將之帶往不同的方向。戰爭並未危害個人關係。部隊中的軍官在造訪「敵」國時還會特別穿著制服（旅遊指南如此建議），以確保受到禮貌對待，並獲准到與其軍階般配的食堂用餐。兩本談法國的知名著作——斯摩萊特的《遍遊法國義大利》（一七六六年）與斯特恩的《感懷之旅》（*Sentimental Journey*, 1768）——得到的迴響，也透露出英國閱讀階層抱持的心態。人們視斯摩萊特的惡意批評（咸認出於排外心態，但其實他的暴躁脾氣是不分對象的）為沒有品味，斯特恩的輕柔魅力才符合時下的氛圍。慈祥的修士、睿智的旅館主人、忸怩的修女、伶俐的侍女和風情萬種的女士，全都能贏得他的心，精準交織出英國人心目中的法蘭西景象：美食、好禮，夾帶一絲魅惑冒險的味道。

樂曲的主題——應該說，是同一個主題的變奏——從十八世紀的對話中浮現：英國代表自由，法蘭西代表秩序。或者也可以說英國代表自然，法蘭西代表文明（尤其是十八世紀下半葉）——蓋瑞克一針見血，說法國意味著束腹與過了時令的水果。這種看法之普遍，甚至形塑了經驗，從而化為真實。這種看法能配合各種正面與負面的詮釋：傾慕者與批評者對內容有一樣的看法，但價值判斷天差地遠，令人訝異。因此，英國的自由（或者說自然狀態）可以用來解釋暴力的群眾、酒醉鬧事、粗俗品味與枯燥的言談。但同樣的自由也造就了牛頓、洛克、莎士比亞、政治參與、寬容、相對平等的社會、言論與寫作自由、對變遷的開放心態、繁榮、真誠、善感與友好。自由同時成為「好脾性」與「憂鬱」這兩極的原因，造就帕梅拉之美與「傑克．烤牛肉」(Jack Rosbif) 的愚笨。英國的自由跟政治制度的關係顯而易見：「無怪乎這群不停嚷著自己很自由、只服從於法律的人，會如此驕傲而粗野。」[127]

無獨有偶，法國的秩序與文明也涵蓋了教權與王權的壓迫、受壓迫的農民、遭迫害的新教徒、言論審查、衰弱壓抑的文化、紈褲子弟的「娘娘腔」與凡爾賽宮趾高氣昂的硬規矩。海峽兩岸有許多人都覺得法國人太有禮貌，太無所不用其極也太受制於傳統習俗與時尚：舞蹈教師的儀態，或是像猴子一般的愛模仿（經常有漫畫如此挖苦他們）。但這也能解釋法國人的高貴、雅致、機鋒、醇厚的文化、聰穎、有形、歡樂、行禮如儀、安全的道路，以及客氣的一般民眾。法國的沉穩、秩序與權威吸引許多英國遊客，社會下層的順服、階級的畫分、沙龍內的非商業文化世界令他們感到窩心。費雷爾斯勳爵（Lord Ferrers）對這種理想獻上最堅定不移的真誠敬意——一七六〇年，他因為殺害其管家而遭判處死刑，最後他按法國人的習慣穿上繡花白綢緞衣接受絞刑，以此對判決所蘊含的平等價值表示輕蔑。

✣ ✣ ✣

【延伸】畫成教訓

如果有人能將大量的語言與想像加以總結，結果必然是——英國人若非讚賞，就是嘲笑法國人；法國人若非羨慕，就是輕蔑英國人。英國人讚賞法國人的優越，同時嘲弄法國人（和法式）的自命不凡、紈褲姿態，以及舞蹈老師教的講究姿勢。法國人羨慕英國人的自由與財富，同時鄙視他們的粗野與缺乏手腕。

禮貌：眾多以相反形象呈現法國人與英國人的漫畫之一──從服裝、儀態、餐點、體態，甚至連狗都不一樣。吉爾雷還是老樣子，同時挖苦雙方。

勃艮第的英格蘭人：法國人一向認為酗酒是英格蘭人典型的毛病。

【延伸】蓋瑞克的法國舞者

儘管十八世紀的戰爭對其他活動的影響小得出奇，但一七五五年仍然不是法國與英國文化交流的最好時機。十二月時，演員經理大衛．蓋瑞克拜了一班「法國」舞者（事實上，領班是凡爾賽宮赫赫有名的瑞士人尚．喬治．諾維爾〔Jean-Georges Noverre〕）到德魯里巷表演，結果導致一連幾晚的騷動，甚至是流血動亂。兩造分別是包廂裡的貴族贊助人，以及坐正廳後排和頂樓座位、出身平民的觀眾；前者堅持應該讓舞者表演，後者則堅持舞者不該表演。一份法國報紙報導：

老爺閣下們通通衝進樂池，有人拿木棍，有人拿劍，對著一群示威者招呼過去……英格蘭女士們完全沒被恐怖的混戰嚇倒……指點他們該把誰給攆出去……。等到芭蕾舞開始，舞臺上已撒滿好幾升混了釘子的豌豆。有錢的老爺拿自己的帽子撣著舞臺，卻有更多豆子丟下來；樂池的門被一群肉販衝開來，於是老爺們再次衝進樂池……攻擊左右的示威者。

治安官和部隊試圖平息戲院與周邊街道上的糾紛，蓋瑞克的家就在附近，連窗戶都給打破了。

經常有人援引此事，作為英格蘭人粗野排外的證據。這件事在法國廣受報導，安傑松侯爵（Marquis d'Argenson）因而在日記中寫道：「真是卑鄙的一群人，外表裝得多麼有哲思，人就有多麼殘暴。」有鑑於戰事已經在北美洲開打，報章雜誌又報導法國準備入侵英國，無怪乎人們有些恐法。此外，找不到工作的演員、競爭戲院的經理，以及胡格諾流亡人士多少也在這起風波中推了一把。兩造都有花錢找混混助陣。值得大書特書的是，觀眾席裡的大老爺居然如此積極保護法國舞者，而且國王與王后都看了第一晚的表演（據說這起騷亂讓國王「開懷大笑」）。親法與恐法向來都暗含階級因素。但當事人沒往心裡去：幾年後，諾維爾在沒那麼動盪的時節再度來到英格蘭，而他的兄弟（差點死於暴民之手）更是在諾維奇（Norwich）展開舞蹈老師的生涯。[128]

✣　✣　✣

「熱愛」（philia）與「恐懼」（phobia）是兩個令人誤會的詞尾，害人以為人們的態度都很兩極。從賀加斯、吉爾雷與托馬斯・羅蘭森（Thomas Rowlandson）[11]的油畫與諷刺畫來看，英國人與法國人都大受挖苦，就好比在伏爾泰或孟德斯鳩的著作對兩國社會皆有褒有貶。法國旅遊書警告其讀者恐怕會遭到攔路賊搶劫、倫敦暴民推搡，以及趾高氣揚的老爺所嫌棄；但也令他們期待高效的交通、舒服的床鋪、好走的人行道，以及乾淨、明亮的街道。英格蘭遊客則對懶散的修士、發號司令的官僚和前胸貼後背的農人保持戒心；但他們也期待美食、一視同仁的客氣、靈光閃現的智慧與都市人的文雅。至於他們是否喜歡自己體驗的一切（意外不算），多半都跟成見有關，有些人誇獎的事情，有些人卻譴責之。山謬・弗特（Samuel Foote）的知名滑稽劇《英人在巴黎》（*The Englishman in Paris*）與《英人返自巴黎》（*The Englishman Returned from Paris*），就是靠挖苦人們熟悉的偏見，同時以突如其來的方式告訴人們成見可以改變，讓一七六〇年代的觀眾忍俊不禁。他筆下的典型英格蘭「主人翁」鄉紳巴克（Squire Buck）到了巴黎之後，對於街道名稱都有個「Rue」而感到不耐，跟某個「用鼻孔看人，衝我喊畜生（*une Bête*）」的法國人打了一架，還抱怨「男的都是些目中無人的傢伙，裝腔作勢、跳舞、嘰嘰喳喳，還齜著牙笑；女的全都是上了妝的玩偶；他們的食物只能給狗吃」。等到返回倫敦時，他已經能講一口優雅的法語，並宣稱「法蘭西人是寰宇間第一人等；就生活之藝術而論，全世界的原則皆由他們制定，或是應由其制定；此外，任何意欲吃喝、穿著、跳舞、打鬥、歌唱甚至噴嚏皆能夠優雅為之（*avec Elégance*）的人，都該到巴黎學學」。[129]

社會觀感的關鍵，擺在婦女角色與行為的對比上：一位旅遊作家直言總結：「我呢，偏好法國女子為情婦，但尋英格蘭女子為妻。」[130]相較於歐洲其他地方，英、法兩國的婦女在經濟活動與文化生活上皆相當引人注目。英格蘭有較多女性以作家身分聞名，法國女子則多憑藉其沙龍而成為贊助人——雖然這恐怕意味她們是「隱去自我的推動者」。[131]對於這如何展現兩國社會內涵，已有許多討論。法國遊客一貫抱怨英格蘭婦女，認為她們雖然美麗、健美、莊重，但缺乏魅力與自信、話少而不解風情；簡言之，她們很冷感（*froides*）。「自然」／「文明」的對比此時再度浮現。許多人同意法國較重視社交，因此較有文化，而婦女就是和群社交的創造者，也是文明的催生者。「活力、歡樂、機伶、風趣，她們的性情使她們生來就適合為伴；她們有著適合溝通的好脾氣，舉手投足也吸引人，彼此相輔相成，令愉悅的精神得以循環，這是言談中最重要的樂趣與優點。」[132]但許多英國遊客卻認為法國女子相當大膽，迷人而（或）嚇人。對於這種世故風雅，有人趨之若鶩，有人避之唯恐不及。斯摩萊特一如往常，抱持「敦巴頓（Dumbarton）的鄙夷」[12]：

> 法國時尚就是規定所有小姐們用……化妝品，亦即白粉，將之塗在她們的脖子、肩膀（以及）坑疤上，臉上也亂塗亂抹，從臉頰往上塗到眼睛……。（這幅）景象著實嚇人……她們頭上蓋著一大團假髮……全是白的。[133]

一位英格蘭遊客造訪凡爾賽時，看到兩位英格蘭婦女自然「可人的外貌」，對此大感愉快，「不施脂粉的她們，勝過所有法國娃娃。」[134]但年輕的紐納姆勳爵（Lord Nuneham）卻「鍾愛化了妝的坑疤

11【譯註】十八、十九世紀之交的英格蘭藝術家、插畫家，以政治諷刺與社會觀察聞名。
12【譯註】斯摩萊特出身敦巴頓，而「Dumbarton」一詞原意即為「英國人的堡壘」。

臉……對我來說，這是最漂亮的白面孔、最舒服的體態，衣裝不好看也不影響」。[135]

英國文化顯得更陽剛，更重身體，可以說更粗暴——而且是文明、秩序社會的對立面。法國觀察家一再提到幾個方面。英格蘭戲劇比較暴力。蓋瑞克在日記中說：「法國人無法忍受舞臺上搬演謀殺，卻可以因為微不足道的偷竊罪而將罪犯五馬分屍。」[136]但這不是法國人的重點（也不是法國人排斥莎士比亞的核心原因）：劇場應該是個受到保護的文雅空間。對於大受歡迎的拳擊賽，以及街頭鬥毆的頻率——而紳士居然願意觀看、甚至參與其中——都讓法國人相當震驚。紳士之間以騎士精神決鬥是一回事，這跟自己動手跟平民混戰完全不可同日而語。在倫敦，配劍在一七二〇年代退了流行，決鬥則是在一七七〇年代漸不為人所認同；更有甚者，尋常的行人甚至會介入、阻止決鬥者。[137]如果說，這種現象在英國是人們眼中文明價值的進步，那麼以法國標準而言，這就是退步。運動則是另一種失禮的體格展現：光是成年人還想打板球，就已經難以理解了，貴族居然跟自己的僕人一起比賽，這更是不可理喻。這種平等以待的作風，與法國人和家僕之間的親密相處完全不同——博馬舍（Beaumarchais）的《費加洛》（*Figaro*）則用絕妙的方式顛覆了這種親密關係。英國人並不鞠躬、行屈膝禮，而是吻手或握手（「抓著人家整條手，大力搖到讓肩膀脫臼」）。看到英國大使與自己一位使女握手時，瑪麗·安東尼驚訝得說不出話。隨著握手變得愈來愈正式，這種習慣也顯然更有法國味。還有食物（向來是關鍵主題）——對法國人來說，英國人是個吃「血淋淋菜餚」的民族，近乎於生吃，相當噁心；法國人則是文雅的「醬料民族」，食材改頭換面，掩蓋在醬汁底下。[138]

英國與法國都有人害怕「娘娘腔」會腐化男性的「共和」美德，繼而令愛國人士譴責貴族圈子墮落的文化與社交風俗。婦女的影響力便是貴族墮落的印記，過度關心流行時尚等陰柔事物，會導致對公共事務缺乏關注：「我們在精緻優雅中獲得幾分，便在行為的陽剛與言說的自由中損失幾分，但陽剛的行為與自由的言論卻是支撐我們民族性格最重要的兩根支柱。」[139]對於時尚、頻繁社交與性別空間的質疑，得到相當分量的道德與政治重要性。若干英國評論家懷疑，這是波旁王朝削弱該國的陰謀。雖然相當傻氣，但抱持這種想法的人不在少數。[140]法國也有相對應的看法，認為引入更粗魯、更平等的英國風格，會削弱法國傳統價值，而傳統價值不僅利於不問政治的勤王思想，也是保守派所希冀。有首名為〈法蘭西民族品格〉（Caractère de la Nation Française）的歌，如此勾勒這種價值：

回到昔日
人們忠誠、坦白、彬彬有禮
尊重我們的法律
仰慕我們的愛人
忠於我們的國王
心中永懷敬愛，永為信實之子民。[141]

作家路易．賽巴斯蒂安．梅西（Louis-Sébastien Mercier）在一七八〇年代大感絕望，「除了服裝之外，我們從來不應該採用任何來自英格蘭的事物」；他用挖苦的方式刺激同胞重新回到法國風格：「穿起你們的蕾絲……把小帽夾在你們腋下吧」，因為「穿其他民族的衣服，不會帶來……智慧與品格」。[142]

有兩種人物標籤，足以代表、總結這些不同的認知——法國舞蹈老師和英格蘭騎師。前者灌輸秩序、世故、優雅、自我控制與傳統——簡言之，就是「儀節」（*les bienséances*）。但批評者將這種「教養」斥為外表上的區區作態。騎師是勇敢、體能非凡與現代的象徵，但批評者同樣視之為舉止粗俗、農村娛樂的代表。熱愛盎格魯文化的拉羅希福可，認為值得在自己農事實作的筆記裡記錄英格蘭「兩性跳舞跳得一樣爛，連最基本的儀態、腳步或節奏都沒有；他們完全不像我們會研究舞蹈。女子四肢不協調……。男子跳舞時彎著膝蓋……總之，他們表現出最最難看的樣子」。[143]至於海斯特．瑟雷爾，她則反過來嘲笑法國人賽馬時的無能。[144]梅西譴責騎士是「花蕾間的浪蕩子……我得有所羅門王的筆，才能詳盡描述騎師、騎馬裝與公然賭博……所帶來的傷害」[145]。許多人把「舞蹈老師」當成罵人的話來用，其中最有名的，要數塞繆爾．詹森對切斯特菲爾德勳爵《致子書信》（*Letters*）的批評，說信上教「妓院的道德與舞蹈老師的儀態」。至少後半句的看法完全正確。

第四代切斯特菲爾德伯爵菲利浦．多爾默．斯坦霍普（Philip Dormer Stanhope）清楚表達自己對法國文明的愛好，他在十八世紀中葉寫信給一半法國血緣的兒子談禮儀與社交——據首屈一指的法國文化史家馬克．弗馬洛里的看法，他的信是「歐陸法國的道德明證」。[146]與之對立的則是《愛彌兒：論教養》（一七六一年）——一部日內瓦人尚・雅克・盧梭寫的小說。這部關於「自然」與自由的劃時代宣言，身受洛克與迪福的《魯賓遜漂流記》（*Robinson Crusoe*）所影響。弗馬洛里相信，文明與自然之間的衝突如此深刻，以至於「該世紀以降的歐洲歷史，都繞著」切斯特菲爾德與盧梭打轉。[147]

兩本書都在談教育年輕人。對切斯特菲爾德來說，人性的野蠻需要教化。社會上的成就與影響力，唯有熟習儀節，並且持續自我控制、創造放鬆自然的表象才能獲致：「尤其注意你手臂的動作，要自在而優雅。」在切斯特菲爾德眼裡，成為合格的法國人，就是成功的標記——「讓法國人脫口說出，『真是個法國人』（*qu'on diroit que c'est un François*）」。盧梭則說：「世上的人都藏身於自己的面具後……。本質於他並不重要，外表於他卻是一切。」對盧梭而言，天生本能要接受保護，不致扭曲與腐化，此外還要陶冶真誠與個人自我表達的方式。「任何出於造物主之手的事物皆是善的，任何落入人類手中的事物皆會墮落……。他不要任何自然所造之務，連人都不當；他得如馬戲團的馬一般訓練，在自己的園地像顆樹一般盤繞。」但愛彌兒將「遵循自然之道」，飲母乳、堅定不變、獨自成長，從經驗中學習，身邊只有一本書——《魯賓遜漂流記》，盧梭的圭臬。[148]

兩人都覺得跳舞很重要。盧梭認為跳舞本身就是好事，切斯特菲爾德則認為這很「可笑，但與此同時」作為訓練用「卻也相當重要」。兩人都欣賞知名舞蹈老師馬塞爾先生（M. Marcel）。「你馬上去上馬塞爾的課，」切斯特菲爾德直言，「讓他願意教你人體所能做出的每一種文雅姿態。」但盧梭卻鄭重聲明：「假使我是舞蹈老師，我可不會耍馬塞爾的每一種猴戲……。我會帶〔我的學生〕到山腳下……在陡峭的坡道上輕快踏步……。我會讓他模仿山羊，而非芭蕾舞者。」[149]

切斯特菲爾德與盧梭的共同點，是他們的控制欲。切斯特菲爾德在超過三十年的時間裡，讓他倒楣的兒子收了四百封信，信裡都是難如登天的建議。至於盧梭，雖然他稱許自由與自然，但他卻以全然人為的方式養育愛彌兒，讓一位睿智、全知、不倦的好心教師（盧梭本人的理想化）管束他。盧梭贏了這場論戰：一七七四年，切斯特菲爾德的信一出版甫遭受攻擊，說內容既過時又不道德：真正的「禮貌」一定要誠摯而自然。

自然與儀節之間的比賽在歐洲各地打響——一七六〇年代的利奇菲爾德自不例外。托馬斯・戴伊（Thomas Day）是當地的盧梭支持者，他從舒茲伯利（Shrewsbury）的孤兒院挑了一個十一歲的女孩，打算訓練她成為模範妻子；他讓女孩改名「薩布麗娜・西德尼」(Sabrina Sidney)，送她去上閱讀課、聽講、到法國旅遊一回，接受斯巴達式的堅毅訓練，只是女孩鮮少表現出「有能力在某一天為孩子的教養負起責任、讓孩子效法格拉古兄弟（the Gracchi）」[13]的跡象。戴伊放棄了，決定用比較傳統的方式討老婆，他試著讓自己更有吸引力，於是在一七七年到法國待了一年，學習「軍人的步伐、流行的鞠躬禮、小步舞與柯第永舞（cotillion）」，此舉實際上等於捨盧梭而就切斯特菲爾德。他甚至用夾板，忍痛將自己內八的膝蓋夾得優雅筆直。嗚呼哀哉，斯塔福郡是個鄉下地方，等他回來，他「進門時訓練到家的鞠躬禮、突然間想起而擺出來的姿態，在人們心中喚起的是荒唐而非讚賞的感受」。[150]但一切倒也沒有全白費：他終究娶了一位女繼承人。

臨近世紀末，許多人認為法國正跟著英國的方向前進，至少是走上「自由」與「自然」的方向。法國省級高等法院（*Parlements*）宣稱代表國家。商業也在擴大發展。沙龍讓路給更公開、由男性主導的咖啡屋、俱樂部與聚會所，政治論辯也把愉快的「陰柔」對話擠到一邊。最後，遵奉盧梭的法國革命分子將婦女排除在政治之外，將流放各階級中的「貴族」，堅稱「自然」的價值勝過那些出於腐敗文明的價值。但英國人發現自己站在另一邊。雖然他們永遠無法像切斯特菲爾德指點的那樣精於「儀節」，但英國業已成為十八世紀禮儀的堡壘，與嚴苛的共和美德相抗衡。

法人與莎翁：伏爾泰時代

莎士比亞擁有豐富的想像力、本能的思考，也有自我表達的手段策略；但這些好品質卻掩蓋在他混進自己劇作中的垃圾底下。

——法人對莎士比亞可考最早的評論，一七〇四年[151]

13【譯註】指西元前二世紀晚期，古羅馬望族格拉古家族的提比留（Tiberius）與蓋烏斯（Gaius）兄弟。為瞭解決土地問題，擔任護民官的兩人推動改革，將大貴族的土地分配給都市中的窮人與退役士兵，但先後遭到暗殺。

莎士比亞向來是法國人對英格蘭文化的態度風向標。自從伏爾泰在擁有廣大讀者群的《哲學通信》（一七三四年）引介他以來，他就成了眾人眼中英格蘭神魂之精髓——「有力而多產的創造力，兼具自然與崇高，沒有一絲文雅，也沒有一點對規矩的認知……假使像馬利宮花園中的灌木一般塑形、修剪，英格蘭創作之神魂便會死去」。打從一開始，人們便把這英格蘭「神魂」明確視為法蘭西精神的對立面。因此，評判莎士比亞，也就等於評判法國文化。於是乎，伏爾泰一面誇獎莎士比亞的質樸之美，一面強調其質樸之罪：強有力但缺乏「儀節」；原創但不老練；深刻但不一致；崇高的詩意瞬間敗壞在卑鄙的下層角色、粗野嘈雜的舉動、無端的暴力與一貫的傻氣（*des sottises*）。伏爾泰認為，莎士比亞的成功，令不良習性根植於英格蘭舞臺，從而傷害之；此外，英格蘭語言恐怕正在衰微。

伏爾泰當然認為自己根據莎翁主題所寫的劇本——例如頗受歡迎的《凱薩之死》（*Mort de César*, 1733），以及受《奧泰羅》（*Othello*）啟發的《札拉》（*Zaïre*, 1732）——比其原型更成功，足以憑藉適度注入莎翁活力的做法，重新讓法國戲劇界恢復活力。他在一七五〇年寫道：「我們用太多的臺詞，就好比你們用太多的動作，情況確實如此；或許，至臻完美的藝術，是由適當混和的法蘭西品味與英格蘭精力所構成。」他始終認為法國文學更為優越，因此喜愛愛迪生甚於莎士比亞，因為愛迪生下筆就像法國人，優雅、雕琢、精準。伏爾泰的看法不只法國人接受，在英格蘭也頗有人認同，證明法國古典風格（包括他自己的戲，其中有十六部在倫敦製作）的威望仍然存在。莎士比亞的作品在海峽兩岸都遭受審查、修整，連捍衛莎翁不遺餘力的塞繆爾．詹森與大衛．蓋瑞克也動過手。他的詞彙改得更有詩意，劇情更好懂，結局也更開心。

伏爾泰引發的莎翁風潮，很快就超越他屈尊俯就的讚賞。下一代的作家與啟蒙哲士之所以欽佩莎士比亞，原因**正是**他不理睬古典慣例：「詩意之神魂有其獨立精神，其揮灑自如、不受眾多規矩局限之苦，令人羨慕。」[152]一七五〇年代與六〇年代，熱愛法蘭西但愛國的蓋瑞克（他是胡格諾信徒之子）在巴黎的沙龍搬演莎士比亞選粹，同時將莎士比亞當成民族詩人、英格蘭戲劇之衛士，重新引介回英國的舞臺。

讚揚莎士比亞，便會冷落高乃依（Corneille）與拉辛（Racine）的古典戲劇傳統，而伏爾泰本人正是兩人在當時的頭號支持者。他決定挫挫這位已死對手的銳氣。伏爾泰的敵意起自一七四〇年代，他在當時將《哈姆雷特》（*Hamlet*）描述為「下流野蠻的東西，連法蘭西或義大利最底層的民眾都無法容忍」，而虛榮心與政治目的加深了他的對抗情緒。[153]但底下作祟的不只虛榮心。法國古典戲劇是哲思的（凸顯道德兩難），莎士比亞則是心理的（探究角色的發展，這正是蓋瑞克的「默劇」帶來的衝擊——用臉部表情與身體動作演戲，而非單純朗誦韻文）。法國戲劇的基礎，在於以詩意的方式描述舞臺外的事件，而莎翁戲劇的基礎就是在其舞臺表現（例如打鬥、殺人等讓人不愉快的場景）。前者凝聚而有序（嚴守時間、空間與行動的統一），後者散漫、繁複，甚至前後不連貫。前者道德，而且多半樂觀，後者不只不道德，而且經常悲觀。前者對受教育的菁英有魅力，後者則吸引普羅大眾。在伏爾泰來看，前者就是更高級的藝術形式，由更超前的文明所創造；後者無論多麼有力，都是幼稚而粗糙的：「寫一部好戲，當然比在舞臺上搬演謀殺、絞刑、女巫與鬼魂來得更難。」[154]伏爾泰好比高傲的音樂評論人，先是賞個臉承認披頭四的歌也有優點，等到人們開始說保羅・麥卡尼（Paul Macartney）比舒伯特更厲害，就感到天崩地裂。只是這一回，被比下去的是伏爾泰。他哀號說：「我原想藉由加入多些動作，讓劇場界活絡些，誰知現在一切都是動作跟默劇……再見了，精緻的韻文；再見了，真摯的情感；再見了，一切。」他對朋友懺悔：「這起災難中最慘的是，當初第一個提到莎士比亞此君的人是我，是我把自己在他龐大糞堆中找到的幾顆珍珠獻給法國人看的。」[155]

七年戰爭創造了恐英的氛圍，英國的文化影響力似乎正挑戰法國的優勢地位。一七六一連，伏爾泰〔宣稱要為「la patrie」（故土）而戰〕發表〈告歐洲各民族書〉（Appeal to All the Nations of Europe）。這是他對英格蘭文化下的戰書。[156]莎士比亞如今成了「鄉下小丑」、「野蠻的江湖騙子」、「醉酒的蠻子」。他給《哈姆雷特》劇情做了番假裝嚴肅的摘要，超譯其中的若干臺詞，使之聽起來荒謬、粗野而愚蠢。他用「英格蘭社會缺乏鑑別力」解釋莎翁的成就，說對於英格蘭的「搬運工、船員、車夫、小二、屠夫和店員」來說，舞臺上的暴力、喜劇和奇風異俗就是其娛樂，而這些人制定的公共標準「讓歐洲各地品味人士感到憎惡」。

蓋瑞克則押上更多賭注，在一七六九年舉辦愛國意味濃厚的莎士比亞紀念活動，等到皮耶・勒・圖爾納（Pierre Le Tourneur）在一七七六年開始翻譯莎士比亞全集（譯成二十冊），同樣的活動又舉辦了一次。圖爾納版的莎士比亞劇作是用來閱讀，而非表演用，目標在於忠於原著，程度遠甚於劇場慣例所能容許的程度。儘管忠於原著，但「卑鄙庸俗」的用詞還是要改得文雅。《奧泰羅》裡的「黑公羊……跟你的白母羊交歡」變成「黑禿鷹」和「年幼的白鴿」。單純的俗語也改得詩興大發：狗變成「禿鷲」，蟋蟀變成「地裡的昆蟲」，如此這般。勒．圖爾納的版本成就驚人，連王室成員與重要政治人物（包括恐英的舒瓦瑟爾公爵）都成了訂戶——這是莎士比亞與英格蘭文化聲望的有力象徵，兩國當時甚至處在戰爭邊緣。勒．圖爾納在獻給國王的序言中，宣稱「從來沒有任何天才人物能如此直指人心至深處」或創造出「這般自然的」角色。伏爾泰勃然大怒，「這個粗魯的傻瓜」居然高舉莎士比亞為「道地悲劇的唯一典範……將拉辛與高乃以的冠冕重重踩在腳下」，藉此侮辱法蘭西。他去信法蘭西學院（French Academy），譴責莎士比亞傷風敗俗的用語和「惡名昭彰之墮落」，若干內容「竟大膽違抗我們戲劇界的威儀」。[157]信在一七七六年八月由達冷伯在學院中宣讀，出席的英國大使斯多蒙勳爵（Lord Stormont）大為不悅，伊莉莎白．蒙塔古人也在場，表情也很嚴峻。針對伏爾泰早先的抨擊，她寫了一篇踩中痛腳的反駁文章——〈論莎士比亞之寫作與天才，與希臘和法國劇作家比較〉，而這只是從海峽對岸咆嘯而來的眾多反擊之一。

法國文壇在「創造力」與「品味」之爭中分裂。借蒙塔古的話來說：「創造力，唯有強而有力的創造力（狂野自然之氣勢從根作用起！）才能創造出如此強烈、與眾不同的美。」[158]創造力贏了——但不是完全桀驁不馴。莎士比亞的劇作也得馴化，一如在英格蘭的情況。尚．富蘭索瓦．杜西（Jean-François Ducis）把莎翁改得讓法國觀眾「能夠承受」，刪去不雅觀的動作與不舒服的劇情，還加入芭蕾舞（但他英文不好，是從譯本改的）。[159]他毫不忌諱的改寫在一七七〇年代與八〇年代吸引成千上萬的觀眾〔以《哈姆雷特》和《羅密歐與茱麗葉》（*Roméo et Juliette*）最受歡迎〕。一七八三年，《李爾王》（*Le Roi Lear*，在杜西的修改後，這部戲以喜劇收場）在凡爾賽宮初演——法國與英國當時還在打仗，這簡直不可思議。好戲還在後頭：一七九三年九月時，兩國再度對壘，革命政府恐怖統治正值高峰，而音樂劇版本的《羅密歐與茱麗葉》卻成功在巴黎製作登臺了。

第三章　世界之權柄

無論普世君主國的目標有多麼異想天開，只要一國掌握了美洲所有貿易，透過財富影響世界的目標就不再是癡人說夢。

——諾瓦耶元帥，一七五五年[1]

我們必須同時身兼商人與軍人……我國貿易仰賴海軍力量之適當行使；貿易與海軍實力彼此相倚；而確屬本國資源之財富，則仰賴其貿易。

——內閣大臣霍德尼斯勳爵（Lord Holderness），一七五七年[2]

發現新大陸一事已經轉變了歐洲的政治體系。陸軍曾經能造就國家的命運，但自上世紀以來，海神的三叉戟已經成了世界的權柄。

——法國外交部報告，一七七九年[3]

一六八八年展開的那場競爭，從歐洲延伸到美洲、亞洲、非洲與太平洋，背後受到貿易因素的刺激。整個世紀下來，法國與英國各自巨幅擴張對外貿易，國內經濟也應聲改頭換面。這種貿易中最具推動力的元素，則居於歐洲之外。那麼，「第二次百年戰爭」是否為利益而戰，答案是不是就呼之欲出了呢？當時的法國評論家與歷來許多歷史學者（雖然以法國史家為主，但不只他們），皆指責英格蘭這個「店小二民族」(nation of shopkeepers)貪得無厭，將國家力量用於他們掠奪全世界的自負野心。根據這種看法，倒楣的法國人只想和非歐洲民族和平貿易，卻一再成為英國鬥牛犬獵食時殘暴攻擊的對象。這是很嚴重的指控，但這個敘事卻是倒果惟因的：讓商業競爭轉變為帝國戰爭的，就是兩國在歐陸的衝突。

大家都知道，貿易就是力量。早在一七一四年，法國就有一份報告警告：「我國工業與航運將黯然失色，英格蘭則會因其人口、產量與財富增長而難以企及。」[4]貿易能增加稅收，成為借貸能力的支柱。商船隊由此建立，大量的船員得以在戰時為海軍所用。英國商船總噸位，從一六八六年的三十四萬噸，增加到一八一五年的將近兩百五十萬噸；法國雖然少得多，但也成了世界第二大。兩國將半數遠洋船隻用於殖民地貿易。[5]雙方一直密切注意局勢變化，也都清楚權力平衡有多麼不穩。喬治三世在美國獨立戰爭正酣時寫道：「要是我們輸掉手上的香料群島，就不可能舉債、繼續戰事了。」到了十八世紀末，一位英國閣員老調重彈憶當年，「大不列顛從來不打算維持所費不貲的戰事糾葛，而是憑藉摧毀敵人的殖民地資源，並按比例增加我們手中的貿易資源，這才是、而且始終是海上力量的唯一基礎。」[6]

兩國的利害關係人——財經鉅子、重要海港、若干製造商、特許貿易公司等，都支持「愛國」的擴張。對英國而言，帝國戰爭比遠征歐陸更受人支持。不過，輕鬆獲勝才合人胃口，漫長戰爭則是政治危機。一旦有一方獲益，另一方就會蒙受損失。英國與法國的東印度公司，都發現公司的軍事負擔輕輕鬆鬆就吸走了所有的盈利。無論如何，不管是凡爾賽還是白廳（Whitehall）[1]，都不為商業遊說團體或輿論所動：雙方最在乎的，是安全、威望與權力。

英國終究成為最大的帝國式國家（以法國為魚肉），這時人們自然會將這段過程詮釋為有預謀的掠奪。不過，起頭的通常都是法國——例如一六九〇年代掠奪紐約之舉——為的則是聲東擊西，把英國軍隊的注意力從歐洲轉向其他地方。[7] 一七四〇年代、五〇年代、七〇年代與八〇年代時，也是法國與西班牙（法國的主要盟友，由波旁「家族協議」所連結）在制定計畫、建設海軍為戰爭做準備。英國所有承平時期的盟友皆採取守勢。英國的政治家認為，無論盟友的行動演變得多麼好戰，都是出於對法國的恐懼。歷史學家傑洛姆．布拉克（Jeremy Black）更是斷定：「英國當局從未因為想攫取新領土，而在未受攻擊的情況下發動戰爭。」[8] 唯有法國與英國直接為敵時，永久占領與治理才會隨帝

1【譯註】白廳位於倫敦西敏市內的一條大道，亦是英國政府中樞的所在地。此詞就成為英國中央政府的代名詞。

國征服行動而來，而且這只會發生在雙方不顧一切想限制或排除對方的地區：北美洲、加勒比海與印度。兩國也並未占領中立的亞洲國家，也沒有把目標轉向葡萄牙、荷蘭或西班牙帝國的弱小目標。有些殖民遠征行動確實演變為大規模的掠奪饗宴，例如七年戰爭結尾時占領馬尼拉與哈瓦那之舉。但這些誘人的獎品——屬於西班牙，而非法國——只有在西班牙主動參戰，加入法國一方後才遭到占領。

無論是英國或法國，都沒有明確的全球戰略，甚至也並未以摧毀對方勢力為目標（至少法國大革命前沒有）。畢竟這種做法，會讓全歐洲與勝者為敵。但雙方皆深信對方確實懷抱這種策略。由於法國「生來」就是支配歐洲的強權，英國自然對任何追求「普世君主國」的跡象有所警覺。法國則是對英國試圖削弱其既有霸權的「傲慢」、「狂妄」之舉（尤其是藉由海外貿易）大為感冒。

兩國的衝突對全世界有著長期而深遠的影響，因為十八世紀就是個全球政治局勢不穩的時代——既有的歐洲與非歐洲帝國所擁有的權威與力量，此時都因為各種原因而衰弱。法國與英國人來到蒙兀兒帝國治下的印度，在部分被迫、部分主動的情況下涉入當地的權力鬥爭，戰略、政治與經濟利益在此間彼此糾纏。[9] 英國最後在當時的全球危機脈絡中勝過了法國，得到此前完全無法想像的優勢地位。這段時間的重要性無須多提，當時的明眼人對此也有充分認知。一位法國史家如是說：這段時間決定了西方的樣貌與世局的平衡，直至二十世紀。[10]

糖與奴隸

殖民者居住在這些長久以來惡名昭彰的島嶼上，他們的勞動成果——非洲貿易的唯一基礎，繼而延伸到北美洲的漁業與開墾，同時為亞洲的製造商提供有利的銷路——是全歐洲商業活動的兩倍，甚至是三倍。咸認他們是迅速活動、攪動全世界的主要原因。

——雷納爾神父（Abbe Raynal），一七七〇年[11]

糖對兩個帝國而言都是鮮美的瓊漿玉液。歷史上沒有別的商品——金銀與石油以外——有足以與糖相比的地緣政治影響力。糖是最早從熱帶地區帶回歐洲的大規模消費商品之一，也是十八世紀時輸入歐洲最有價值的商品。亞當．斯密曾經提到，糖的利潤成長性「遠大於已知的所有作物」。加勒比海地區的糖業種植園主是世界上最富有的一群人。人們對糖的需求不斷提高：英國在一七一五年進口兩萬五千噸，一七八〇年進口十萬噸，人均消費從每人四磅提高到二十磅。糖可以加進茶裡（茶也隨之成為國民飲品），也可以加入酒精飲料。糖漿可以為麵包與粥加味。果醬和布丁成為民族象徵。這也導致人們對於此前為人忽略的農產——尤其是水果與莓果——需求成長，對於為擴張中的都市人口提供營養也有幫助。

糖對法國的重要性又有不同。由於法國人（比較窮，而且多喝葡萄酒）消費的糖較少，大部分由法國人生產的糖（產量遠勝於英國殖民地）會再度出口至歐洲各地與中東地區。法國人擁有聖多明尼哥（Saint-Domingue，今海地），是全世界最有價值的領土。聖多明尼哥土壤與地理條件理想，截至一七四三年時，島上生產的糖比所有英國島嶼產量加起來更多，也更便宜，此外還有咖啡、棉花與靛青等額外的生產。聖多明尼哥在一七八〇年代的貿易活動與整個美國不相上下。此外，法國還擁有馬丁尼克（Martinique）、瓜德盧普（Guadeloupe）與其他島嶼。大革命之前，法國的海上發展與經濟是以糖為動力。法國進口國內的規模在一七一六年至一七八九年間增加四倍，殖民地貿易則增加十倍；到了一七八〇年代，加勒比地區農產已經占法國總出口的百分之四十。[12]

糖成了廣泛貿易活動的中心，支撐著其他的主要貿易，例如蘭姆酒與茶葉。糖業將進口商品帶入加勒比海：亞麻來自愛爾蘭、蘇格蘭與不列塔尼，漁獲來自紐芬蘭，木材來自新英格蘭，奢侈品則來自英格蘭與法國（包括百分之四十的波爾多紅酒）。糖稅占相當大一塊的國家收入——英國大幅擴張的稅入在拿破崙戰爭期間達到巔峰，此時的糖稅占其中的八分之一。[13]

有糖就代表有奴隸。這時，法國與英國彼此既是幫兇，也是對手。大約有六百萬人（包括在途中大量死亡的人數）從非洲運往其他地方——這是史上規模最大的人口迫遷行動之一。雖然歐洲各國都有牽涉，但英國人卻成為最大的承運商，載了大約三百六十萬人，而法國人（因為聖多明尼克之故）則是最大買主。非洲統治者提供奴隸，交換大量來自印度與蘭開郡（Lancashire）的棉衣；諾曼第和約克郡的羊毛；伯明罕與與沙勒維爾（Charleville）的槍枝，足以武裝好幾支軍隊；北美洲的蘭姆酒；以及太平洋地區的寶螺。大多數的口岸都加入了奴隸貿易，但主要的奴隸口岸還是利物浦與南特，這兩個港口在該世紀中大幅超越了倫敦、波爾多、布里斯托與勒阿弗爾（Le Havre）。利物浦的優勢，在於跟英吉利海峽的私掠船有段安全距離。利物浦與南特之富裕，令當代人為之震驚。南特「比我在法國待過的任何一地都更活絡、積極而有生命力」。這些口岸則從各自的腹地獲得貿易用的商品。法國西部因此成為法國製造業的中心。曼徹斯特的情況與此類似，當地在一七八〇年代時，有三分之一的布料是往非洲出口。[14]這就是臭名遠播的三角貿易：帶著製造品前往非洲交換奴隸，將奴隸賣往加勒比海，購買歐洲所需的糖。

對於奴隸貿易的批判都噤聲了。約翰．洛克譴責奴隸制可憎、不可原諒，但他卻擁有販奴公司股份。國王學院、劍橋、從事慈善的反國教派、美國貴格會和法國宗教團體全部閉口。耶穌會是主要的奴隸主，他們在加勒比商業冒險的失敗，成了未來見逐於法國的預兆。天平的另一端則有烏蘇拉會（Ursuline）的修女，她們擁有「區區一個棚子裡的三個大鍋與十九個老黑人」。[15]海軍將領（不分法國、英國或美國）都是積極的支持者與參與者。人們提出許多主張，用來平撫說不過去的良心。奴隸制度過去始終存在，得到宗教與歷史的容忍。南特市長堅稱非洲人「適合過奴役生活」。[16]奴隸本身通常是戰俘或死刑犯，反正都要面臨死刑或奴役：他們在美洲的處境也不會更糟，說不定能拯救自己的性命，甚至是靈魂（信神的奴隸主如是說）。總之，奴隸貿易對經濟太過重要，不值得為此冒險。不參與奴隸貿易，只不過是把極大的優勢交到敵人手中。奴隸貿易當然也有風險，但殖民母國、殖民地與非洲統治者在其中皆有利可圖。習慣成自然，奴隸船起了「迷人莎莉」（*Charming Sally*）、「可人賽希莉」

（*Aimable Cécile*）、「宗教改革」（*Reformation*，一艘貴格會的船）的船名，法國革命早期甚至有艘船叫「平等號」（*Egalité*）。獅子山（Sierra Leone）外海一處由蘇格蘭人經營的奴隸貿易站，還擁有一座高爾夫球道。[17]法國與英國通過若干法律，為奴隸提供些許保障，但一七六〇年代之前鮮少有人對此提出嚴厲批評。奴隸貿易則在一七八〇年代達到其高峰。

對於這些財富與權力的來源而言，和平的日子不長了。連那座高爾夫球道，都在一七七九年遭到法軍破壞。至於加勒比海地區，戰爭從十五世紀起便屢見不鮮。法國與英國的鬥爭（與兩國在歐陸的衝突平行發展）從一六八〇年代之初便開始了。加勒比海成了後續每一場戰爭的焦點。數以萬計的軍隊一次次成了熱帶疾病的祭品：當接獲前往當地的命令，英國與法國軍官便打算退伍，士兵則開小差。但加勒比海島嶼要不計代價確保之。一七六三年，法國準備割讓加拿大以重獲瓜德盧普與馬丁尼克，英國則在一七七八年棄費城以保牙買加。

印度諸地之富

總有一天，印度會成為歐洲大國最想極力爭取的地方。

——法國外交部報告，一七七七年[18]

歐洲人老早就想買賣高價的亞洲物產。除了絲綢與香料，如今又多了質輕、色彩繽紛的棉布，對棉布的需求呈爆炸性成長，印度則是人人瞠乎其後的生產地；此外還有對中國與印度茶葉、咖啡、靛青與印度硝石的需求——後者對火藥的大規模生產至關重要。相關貿易的利潤（高達百分之幾百）早已在英國對抗路易十四的戰爭初期提供經濟幫助。出身好幾個國家的數千名歐洲人，已經在貿易據點定居——尤其是科羅曼德爾半島（Coromandel）海岸的馬德拉斯（Madras）與本地治里（Pondicherry），以及孟加拉的加爾各答與金德訥格爾（Chandernagore）。到了十八世紀中葉，法國人與英國人成了最大的貿易商，荷蘭人次之。這幾國各自的東印度公司既是對手，也是夥伴——在確保賺錢生意不至於遭到戰爭打斷時，各方有一致的利益。法國財政總長艾蒂安・德・西魯埃（Etienne de Silhouette）在一七五二年指陳：「我們不過是想要一些出口，保證我們的貿易活動；不是為打勝仗，也不是為了征服，只是大量的商品，增加一點股息而已。」[19]未來的敵人們精神抖擻地彼此交易、通婚。法國舊政權的印度總督尚・富蘭索瓦・杜布雷（Jean-François Dupleix）有許多英國友人與生意夥伴，羅伯特・克里夫（Robert Clive）[2]則借給法國人不少筆鉅款。[20]在印度有許多充滿精力與挑戰的冒險家，不受對國家民族的忠誠所影響。其中之一是法國人克勞德・馬坦（Claude Martin），他最後加入英國一方，指揮由法國逃兵組成的部隊。身處形形色色的冒險事蹟之中，他堅忍到能用一長條鋼絲為自己的尿道

2【譯註】人稱印度的克里夫，曾任英國東印度公司在印度的軍事總指揮官，幫助英國人在孟加拉站穩腳跟，大挫蒙兀兒帝國。

結石動手術，心思澄明到能夠將手術步驟寫成報告寄給倫敦醫學會（Medical Society of London），財務上更是成功到能在勒克瑙（Lucknow）成立一所學校——拉馬坦尼耶（La Martinière），該校至今是印度最為聲譽卓著的學校。[21]

人們一再嘗試保持當地的中立，貿易收益亦然，但情況從一七四〇年代開始益發困難。當代人與後世史家已經點出幾個罪魁禍首，但通常都不一樣；不過，有鑑於法國與英國的全球衝突正在擴大，在印度發生齟齬也變得很難避免。更有甚者，波斯人與阿富汗人的入侵正削弱蒙兀兒帝國，導致當地統治者彼此傾軋，他們也希望法國人與英國人加入己方。一七四〇年代，慘烈的戰爭在印度的陸地與海面上開打，這是奧地利繼承戰爭的一部分。防備不足的英國據點馬德拉斯被法軍拿下，法國人則迎頭痛擊，打退海軍上將愛德華・博斯卡溫（Admiral Boscawen）攻占本地治里的行動。一七四八年的《拉沙佩勒艾克斯和約》讓一切恢復原狀。不過，法國軍人夏爾・布西（Charles Bussy）卻認為「兩國間〔在印度〕的中立只是空中樓閣」。[22]杜布雷糾集上千人的印度人部隊，加入當地政治鬥爭以延伸法國影響力、賺錢，同時也阻撓英國人。「那個據說是歐洲最會動腦筋的民族」——此話顯然在酸伏爾泰——「怎麼沒想到讓自己的鄰居起妒意，會阻撓自己的計畫。他們就這麼動手了，我們為什麼不照做？」[23]馬德拉斯行政長官托馬斯・桑德斯（Thomas Saunders）擔心，法國人「目標無他，就是為了把我們排除在海岸地區的貿易活動之外，藉此漸漸將我們排除在印度之外」。[24]英國東印度公司跟著杜布雷，涉足印度政局，糾集軍隊、尋求盟友。公司找到了一位無畏而高效的指揮官，一位意想不到的人物——由職員轉任軍人的羅伯特．克里夫。他只用幾百人，便讓杜布雷及其盟友名譽掃地。杜布雷的政治野心耗費法國印度公司太多錢，於是在一七五四年受召回法國。或許，他能從「他的冒險事蹟，令狂傲的英格蘭人在十年間抬不起頭」（這是近年來他的傳記作家所說）的事實中得到一點寬慰。[25]但他所作所為卻改變了遊戲規則：從和平貿易轉為武裝力量、領土擴張與收稅。克里夫與英國人也有樣學樣。

幾畝的雪地

兩國為了加拿大的幾畝雪地而戰，他們花在這場戰爭的錢，比整個加拿大的價值更多。

——伏爾泰，《憨第德》，一七五九年

相較於島嶼的財富，以及可以在印度輕易賺的錢，北美洲的前景——尤其是人能行至的大北方——就沒那讓人神魂顛倒了。雖然法國人早在一五〇〇年代便踏上當地，英國殖民地也從一六〇〇年代早期建立，但北美洲的基本知識在歐洲仍然鮮有人知。腓特烈大帝把南北美洲搞混，喬治三世錯把密西西比河當成恆河，某位英國首相還認為北美大陸內陸「完全是沙漠，毫無用處」。[26]新地（Terre Neuve，即紐芬蘭）外海的鱈魚漁獲既有重要經濟價值，又能提供上千個海員工作機會——這可是一國海軍的重要後備。

但除此之外，極北地區僅創造利潤尚可的毛皮貿易，大多數經由拉羅歇爾（La Rochelle）的新教商人之手——凡爾賽宮選擇這種安排，讓這些異端蒙受其生意遭另一種異端威脅的風險。沿聖勞倫斯河發展的新法蘭西（Nouvelle France）殖民地，其經營從未中斷。當局出於其戰略重要性而挹注資金：新法蘭西能威嚇更南方的英國殖民地。自從夫隆特納克伯爵（Comte de Frontenac）在一六九〇年代試圖攻下紐約與波士頓，導致歐洲戰事蔓延美洲以來，殖民與其原住民盟友在接下來的一世紀間，有大多數時候都受到偶發、慘烈的戰爭所牽連。魁北克有個頭皮市場。與英國人友好的印地安人得蒙受「被煮來吃」的風險。[27] 英國殖民地——居民從一七〇〇年的二十六萬五千人，迅速增加為一七七〇年代的兩百三十萬人——遠比新法蘭西更容易受到攻擊。南方的殖民地出口種植園作物，以菸草為大宗。北方的殖民地則供應加勒比海所需，出口具有戰略重要性、供造船之用的木材，殖民地本身也造船。由於這個蓬勃擴張的經濟體大致局限於初級產業，各殖民地因此成為英國製造業產品聲勢的活絡市場。

從權力政治的整體規劃中來看，凡爾賽與倫敦都同意北美洲的重要性逐漸增加。奧地利王位繼承戰爭讓法國占了上風。擔任內閣大臣多年的新堡公爵以遏止法國勢力為目標，在歐陸利用盟國「體系」，同時加強殖民地防務——在哈利法克斯（Halifax）建立海軍基地，並且將大炮運往維吉尼亞。[28] 法方採取的策略，則是在半個世紀中時不時推動的做法：試圖經由俄亥俄河谷，將新法蘭西與法國的路易斯安那殖民地連成一氣。他們計畫設一道軍事障礙，阻擋英國西向蠶食。法國人擔心，如果他們無法限制英國殖民者的行動，則後者主宰整個北美洲，繼而掌握整個美洲，就只是時間問題。[29]一七四九年，即和約在拉沙佩勒艾克斯簽訂後一年，新法蘭西行政長官加里索尼埃侯爵（Marquis de La Galissonnière）便開始派出小部隊，動員原住民盟友，屠殺英國的原住民盟友，劫掠爭議領土附近的殖民地，逮捕或殺害英國貿易商，並建築要塞。法國部隊相當樂觀，在各個要地留下鉛製銘牌，上面刻著他們對於「此前法蘭西王所享有或應享有、以武力持有、據雷斯威克（Ryswick）、烏特列支與拉沙佩勒艾克斯等條約所擁有之俄依俄河（River Oyo，原文如此）及其所有支流、兩岸所有土地與前述河流之資源」的主張。[30]

簡言之，由於兩個帝國在全球各地的敵對，雙方都認為美洲的對壘勢不可免。法國人深信英國人正準備「推動他們對整個美洲的大計畫」。[31]英國人則認為法國人打算進攻，藉此——用一七五四年殖民地代表會議上的發言來說——「將整個大陸納入〔其〕統治，以符合法國人一以貫之、〔建立〕普世君主國的計畫」。[32]雙方提出彼此衝突的無主地先占主張，法國人與西班牙人同時擴編其海軍。

七年戰爭：一七五六年至六三年

陛下，英格蘭人是法蘭西最古老、最危險，也最難以克服的敵人。倨傲不遜的英格蘭民族嫉妒陛下的尊貴與威勢，出於覬覦之心，與您爭搶歐洲第一等的地位，想比肩您在陸地上的力量，並完全宰制海洋……。他們意欲和平，只是藉此強化自己的力量與貿易……但沒有哪一場戰爭，比這種和平更危險、更有害……和平會讓他們迅速得到對全歐洲發號司令的能力。

——諾瓦耶元帥，一七五五年二月[33]

問題在於要維持一等強國的地位，還是變成二流國家。

——舒瓦瑟爾公爵，一七六〇年[34]

繼溫斯頓．邱吉爾以來，稱七年戰爭為真正的「第一次世界大戰」，已經成為常態。說起來，這是**唯一的**世界大戰——唯一一次從歐洲以外的地方展開的全球衝突，所有歐洲大國皆牽涉其中，主要為了歐洲以外的目標而戰，其影響對歐洲以外的地方也最深遠。

第一起直接衝突發生在充滿爭議的俄亥俄河谷，時間是一七五四年五月，喬治．華盛頓謀害了一群法方的和平使節——至少法國國內是這麼報導。法國試圖以武力確保該河谷的做法，事後看來相當魯莽，甚至是自毀長城。海面通常掌握在英國手中，一旦雙方交戰，法國要增援殖民地就變得相當困難。英國的十三個殖民地居民超過百萬，對抗加拿大的七萬五千人與路易斯安那的六千人。但法國軍人與殖民地官員有信心能防範英國的擴張於未然。新法蘭西不同於英國殖民地，是由海軍部管理，控管嚴密，且高度軍事化。所有年紀在十六歲至六十歲之間、體格健康的男性都編為民兵，人數達一萬六千人。法國人有更多原住民盟友——這是關鍵的優勢，儘管各個原住民族都試圖操作讓歐洲人與他族為敵，但許多部落卻跟法國人交好（或是遭法國人恐嚇）；相較於渴望土地的英國人，法國人表現出來的土地威脅也較小。休倫人（Hurons）、阿比納基人（Abenaki）與阿爾岡昆人（Algonquins）皆深受法國傳教士影響，伴隨傳教士行腳。可見法國人對於其打擊能力更勝一籌的信心並非空穴來風。一旦他們把英國人壓制在沿海一帶，大量的人口對英國來說就不是優點，而是負擔，防衛脆弱陸地邊界的需求則會讓英國人分身乏術，無暇干預歐陸事務。[35]

早在一七五五年，凡爾賽與倫敦便開始擺起架式。雙方第一次派出大批正規軍前往北美洲。法方派了一支由戰艦與運兵船組成的分艦隊，前去加強新法蘭西的防務。博斯卡溫上將航向聖勞倫斯河口攔截之——儘管大多數法國船隻趁六月的濃霧穿了過去，但仍有兩艘船遭到捕獲。法國破壞了外交關係。與此同時，陸軍將領愛德華・布雷德克（Edward Braddock）指揮的英國正規軍部隊也獲命前往俄亥俄河攻占丟肯要塞（Fort Duquesne），結果在一七五五年七月九日遭到印地安人與法國聯軍伏擊屠戮。隔月，英國人開始扣押所有法國船隻。但兩國檯面上仍維持和平，雙方都沒準備好開戰。

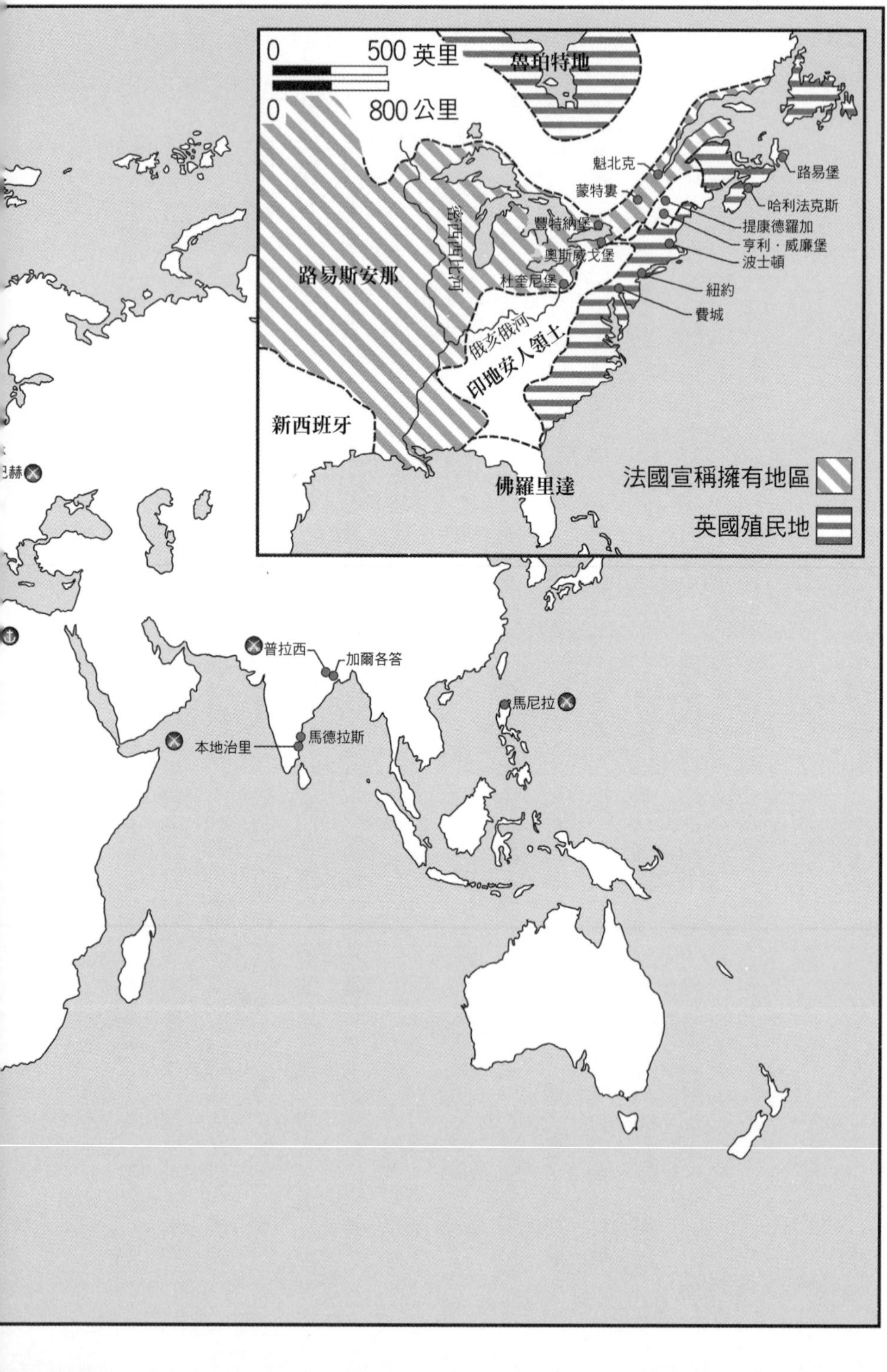
0 500 英里
0 800 公里
魯珀特地
路易斯安那
密西西比河
新西班牙
俄亥俄河
印地安人領土
佛羅里達
魁北克
蒙特婁
豐特納堡
奧斯威戈堡
杜奎尼堡
路易堡
哈利法克斯
提康德羅加
亨利・威廉堡
波士頓
紐約
費城
法國宣稱擁有地區
英國殖民地
普拉西
加爾各答
馬德拉斯
本地治里
馬尼拉

七年戰爭

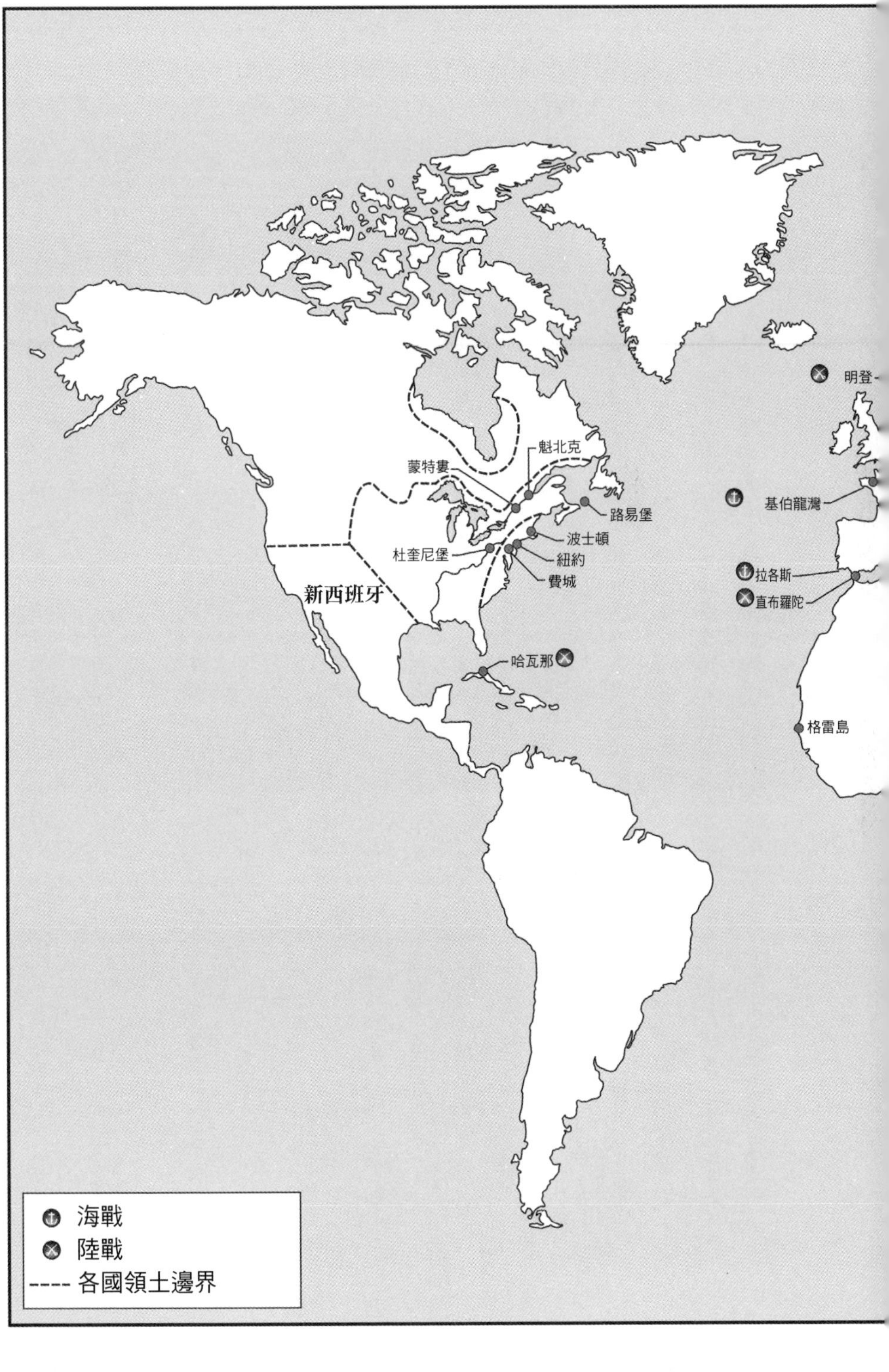
明登
魁北克
蒙特婁
路易堡
基伯龍灣
波士頓
杜奎尼堡
紐約
費城
拉各斯
直布羅陀
新西班牙
哈瓦那
格雷島
海戰
陸戰
各國領土邊界

【延伸】背信忘義的阿爾比翁

英格蘭人介乎於人獸之間。在我看來，英格蘭人和非洲蠻人之間唯一的不同，在於後者後者會饒過女人。

——羅伯・馬坦・呂希爾（Robert-Martin Lesuire），
《歐洲蠻子》（*Les sauvages de l'Europe*），一七六〇年[36]

「背信忘義」（perfidiousness，原意為在信仰上固執己見，後來有欺騙與虛偽的意思）這個標籤，至今仍是法國人對英格蘭人刻板印象的一部分，雖然在今天只是半開玩笑。「背信忘義的阿爾比翁人」這個短語，是路易十四的護教辯士波舒哀主教（Bishop Bossuet）發明的。七年戰爭開打，為這個詞注入新生命。許多事件都讓這種看法更為根深蒂固。

一七五四年五月二十八日，一起發生在俄亥俄河谷無主地的事件，讓二十二歲的喬治・華盛頓短暫成了惡名昭彰的人物。華盛頓麾下的部隊由約一百名維吉尼亞民兵與原住民盟友組成，他們與大約三十五人的法軍巡邏隊遭遇。法國人若非遭到殺害，就是被俘，而法軍指揮官——海軍少尉約瑟夫・庫隆・德・朱蒙維拉（Joseph Coulon de Jumonville）則遭塞內卡人的酋長重擊頭部而死。初出茅廬的華盛頓在一旁不知所措，但他在不久後被捕時，還是簽了文件，承認自己對於朱蒙維拉有責。消息一傳回法國，朱蒙維拉便成了英格蘭人殘忍暴行的殉難者，為人歌頌：

嗜血之英格蘭人朝天呼號
其眼中閃現野蠻之喜悅。[37]

這起事件一再出現在政治宣傳中，直到一九三〇年代都有。整體而言，在非戰時攻擊法國船隻之舉，要嚴重得多。這種做法至今甚至仍收入法國教科書，書中憤慨稱之為「海盜行徑」，但這倒是完全消失於英國人的記憶裡。根據法方的說法，博斯卡溫將軍的船在開火之前，還先對法國人高喊「和平」——近年來，一位美國歷史學者指控這種做法是「英國藉此醜行開戰」。[38]法國人強調自己的憤怒：

英格蘭人適才侮辱了國王的旗幟，攻擊陛下的船艦，此乃最最暴戾、於信仰最為可憎之舉……。言利之事或許還能賠償，但榮譽之事完全沒有方法足以彌補。[39]

不過，法國人也不是無辜得不可指謫。凡爾賽方面知道馳援加拿大可能引起英國海軍攔截，但他們願意冒這種計算過的風險，而且不乏利用任何英國人的攻擊，供在歐洲宣傳之用的意圖。此舉非常成功，一來大多數的法國部隊抵達目的地，二來英國人確實感受到自己在宣傳戰中一敗塗地。事實證明，海軍中將愛德華．霍克（Edward Hawke）後續包圍約三百艘法國商船共七千名船員的舉動，反倒更有效率。近來有法國史家主張此舉是「公然藐視國際法的極端例證」，囚禁了法國有經驗海員的四分之一，使法國海軍戰敗無可避免。[40]英國史也選擇遺忘這不名譽的陰招。回到當時，法國人的憤怒讓此次事件成為對英國態度的轉捩點——史家吉朋被迫喬裝才能進入法國，他發現「事情讓這個有禮的民族多少有些惱怒難哄」。[41]

第三件背信忘義之舉（在英國史上同樣輕描淡寫）則是「大騷動」（*le grand dérangement*）——迫遷戰略要地阿卡迪亞（Acadia）居民，將當地改名為新斯科細亞。七千至八千名阿卡迪亞人被迫離開家鄉，他們的家園若非被焚，就是遭到英國拓荒者手上。當局允許他們回到法國，或是打散到其他殖民地：路易斯安那的「卡郡人」（Cajuns）就是他們最有名的後代子孫。一位英國人認為「這是不得不為的痛苦之舉」，畢竟阿卡迪亞人雖為英國臣民，卻拒絕宣誓效忠，甚至受加里索尼埃與一位有政治偏見的神職人員所鼓動，組成「第五縱隊」。[42]但親法的史書則認為此次事件堪比二十世紀的「種族滅絕」和「族群清洗」。[43]二〇〇三年，一份加拿大的皇家布告才「確認」阿卡迪亞人所受的苦。

上述這些事件讓七年戰爭不只是君主間的對抗，更是國家民族的對抗。官方支持的恐法心態推翻了一整代知識分子表現出來的親英觀點。如今的英格蘭，是由「平民」主宰的地方，貼著「迦太基」的標籤，是個屬於「海盜」、「殺手」、「逆賊」、「心懷偏見」、「趁人之危」、「土匪」和「嗜血野獸」的背信商人國家，[44]將被法蘭西這個「羅馬」——歐洲文明的代表所摧毀。這些主題在大革命期間重新復活，甚至遲至第二次世界大戰都出現過——通敵的巴黎電臺（Radio Paris）誓言「彷彿迦太基的英格蘭將夷為平地」。[45]

✣　✣　✣

值此期間，發生在歐洲的協商創造了一七五六年的「外交革命」（renversement des alliances）。奧地利與法國一致同意，兩國的頭號敵人如今分別是普魯士與英國，彼此最好結盟，而非為敵。路易十五的情婦龐巴度夫人居中奔走，波旁王朝與哈布斯堡家於是在一七五六年五月簽訂第一次《凡爾賽條約》（Treaty of Versailles），第二次條約則在一七五七年五月一日簽訂。同時間，英國與普魯士也在一七五六年一月簽訂《西敏寺協定》（Convention of Westminster）。至此，始於俄亥俄的鬥爭已經變成另一場歐洲大戰，英國對抗法國時，普魯士則對付其餘所有人——法國、奧地利、瑞典，後來還有俄羅斯。法國的目標很清楚：「在歐洲扮演與法蘭西之資歷、高尚與威望相符之領頭角色，打倒任何有意超越她的國家。」[46]

身為較強聯盟一方的領導，法蘭西擁有絕佳的優勢，戰爭也開了個好頭。法國人糾集了一支入侵部隊，虛晃一招，迫使多數的英國部隊與船隻留在本國，導致其餘地方的部隊無以招架。一七五六年四月，加里索尼埃（從加拿大歸來）麾下的法國土倫艦隊與陸軍元帥利希留指揮的一萬五千人部隊，襲擊梅諾卡島岌岌可危的英國海軍基地。英國海軍上將約翰．拜恩（John Byng）指揮的弱小分艦隊無法抵擋，於是撤退到直布羅陀。馬翁港（Port Mahon）的英國駐軍在六月投降。據說，法國人在當地以解放者的身分受到歡迎。勝利讓法國國內相當欣喜，人們甚至發明新的蛋黃醬汁——美乃滋（*la mahonnaise*，意即「馬翁醬」）來紀念。至於拜恩——博斯卡溫口中的「海軍之恥」——則受軍法審判，遭到槍決。

來到印度，法軍已增援當地，英國東印度公司則試圖磋商出一份中立協議，只是徒勞無功。第一起戲劇性事件發生在一七五六年六月，法軍的盟友——孟加拉納瓦卜（Nawab of Bengal）占領了加爾各答的英國據點。若干英國人犯被關押在一間小牢房裡——此即惡名昭彰的「加爾各答黑洞（Black Hole of Calcutta），多人在獄中喪生。詹姆斯黨出身的陸軍將領拉里伯爵（Comte de Lally）則在印度南部承諾會「將所有英格蘭人逐出印度」。[47]一如其他十八世紀的殖民戰爭，法裔新教徒在印度為英國而戰，對抗為法國而戰的愛爾蘭天主教徒。

來到美洲，法國人在一七五六年八月占領了紐約的奧斯威戈要塞（Fort Oswego）。法軍指揮官蒙卡姆侯爵（Marquis de Montcalm）看到己方的原住民援軍將好幾十個傷兵與平民的頭皮割下時，內心大為驚駭。法國的德拉瓦（Delaware）盟友則深入劫掠賓夕法尼亞（Pennsylvania）。北方的防禦工事——威廉亨利要塞（Fort William Henry，以兩位王子之名命名）則在一七五七年八，向一支由法軍與三十個原住民族聯軍組成的部隊投降。蒙卡姆以禮對待要塞駐軍，但他的盟友是為了劫掠、戰利品與俘虜（原因有收養、儀式性的虐待，有時則是食人習俗）而戰，覺得自己沒有得到應有的報酬，於是抓走幾百人，或是扒了他們的頭皮——大多都是當地民兵和軍眷。此事大大傷害了英國人與法國人在美洲的關係，詹姆士·菲尼莫·庫柏（James Fenimore Cooper）的《大地英豪》（*The Last of the Mohicans*, 1826）則讓此事千古流傳。雖然這部小說對故事人物的處理並非非黑即白，甚至帶有同情，不像是政治宣傳之作，但也確實創造出一段講邊塞的殘酷、法國之背信的難忘故事，堪比法國人對背信忘義的阿爾比翁（*la perfide Albion*）的譴責。菲尼莫·庫柏描繪的蒙卡姆老練而無情，是歐洲宮廷價值觀的化身，為了方便而允許手下人屠殺：「當情勢使然，必須證明原則的重要性遠高於方法時……寬容的態度、高貴的舉止和騎士的勇氣〔便失去〕其影響力」。但現實中的蒙卡姆卻是急忙阻止殺戮，隨後更是盡其所能為俘虜贖身——花了一百三十里弗爾，以及與俘虜人數相等的桶裝白蘭地。有些俘虜選擇與收養他們的印地安家庭同住。蒙卡姆試圖在疏遠印地安人的情況下安撫英國人，但事實證明他兩邊都不討好。印地安人的支持——對於防守新法蘭西至關重要——逐漸減少。不過，最慘重的人間悲劇則是天花——從囚犯身上與扒下來的頭皮開始傳染，肆虐了整個五大湖區（Great Lakes）。[48]

回到歐洲，事情的發展也傾向法國。法國人跟奧地利人進軍日耳曼。英國人急著想把法軍從漢諾威引開，幫助承受壓力的普魯士人，於是在一七五七年派了一支大規模入侵艦隊，前去占領羅什福爾（Rochefort）的大西洋海軍基地。此次遠征是昂貴的空包彈（見下節「皮特與舒瓦瑟爾」）。是月，法軍迫使坎伯蘭公爵帶著麾下的漢諾威陸軍投降。漢諾威遭到占領，普魯士則受俄羅斯、奧地利、法國與瑞典入侵。經歷梅諾卡之敗，有輿論要求撤換領導層。情勢看來，法國人咬定英國只有表面實力的說法果真不假。切斯特菲爾德勳爵說：

確定我們完蛋了……國內受迫於債務與花費的增加；國外則備受我們的厄運與無能所打擊。普魯士國王是我們在世界上唯一的朋友，我擔心如今的他會怯戰。我看，眼下漢諾威跟薩克森處境相同，結局顯然已經註定。法國人成了主子，美洲任其處置。**我們再也不是個國家了。我從未見過前途如此多舛。**[49]

法國出了慶祝勝利的戲劇與歌曲，挖苦英格蘭人是沒膽的小丑。其中一齣勝利大戲叫做《梅諾卡人》（*La Mahonaise*），故事彰顯占領梅諾卡之事，劇情中卑鄙、一點都不性感、名叫「無信」（Faithless）的英格蘭人不只失去了這座島，還失去了可人兒小籽雀（Picolette）——她對精神抖擻、勇敢誠摯的弗朗舍維爾侯爵（Marquis de Francheville）一見傾心。[50]前往普魯士的英國使節回報：「如今整個歐陸都嫉妒、痛恨英格蘭人。人們鄙視英格蘭人……當他們是無能為自己作主，或是支援其盟友的廢物。」[51]

但普魯士人在一七五七年十一月五日扭轉了情勢。他們絲毫不畏戰，在羅斯巴赫（Rossbach）擊潰法軍。法軍是役的慘敗震驚全歐。普魯士人隨後轉而對付奧地利，在羅伊登（Leuthen）擊敗他們。法國人快速取勝於歐陸（如此才能著力對付英國）的希望破滅了。普魯士國王腓特烈二世成為英國民族英雄，享有酒吧以之命名的難得榮譽（只是大多數都在一九一四年後改名了）。如今的戰局演變為漫長、血腥的肉搏戰，英國得到第二次機會。

✣　✣　✣

【延伸】殺雞儆猴

伏爾泰的小說《憨第德》（一七五九年）——該世紀最享譽國際的暢銷書——描述主角抵達樸次茅斯，看到「一位魁武的人物蒙著眼，跪在其中一艘軍艦的甲板上。四名士兵……各朝他的頭部開了三槍，過程平靜自若」。旁人告訴憨第德：「在這個國家，人們認為時不時殺個將軍以激勵別人（*pour encourager les autres*），是件好事。」[52]丟掉梅諾卡島導致暴動，拜恩將軍是最明顯的代罪羔羊。人們向來認為他之所以遭殃，是因為他的同性戀傾向與「通心粉」

品味——「娘娘腔」的法式風尚與舉止，咸認會削弱英國人的尚武精神。造化其實弄人，伏爾泰對拜恩的死也有責任，他寫了封密信給拜恩，稱頌他的行為舉止，結果信中途遭到攔截。更教人感嘆的是，處死拜恩似乎沒能激勵他人：根據海軍史學家尼可拉斯．安德魯．馬丁．羅傑（Nicholas Andrew Martin Rodger）所言，此舉有「嚴重的影響」。他主張，拜恩其實是不攖其鋒，避開更強大的敵人：人在上層後甲板的將領與船長尤其容易有戰死與負傷的危險。[53] 無論拜恩舉措的真相為何（他的下屬表示異議），民眾的強烈反對導致接連兩任的政府倒臺。此時正是存亡關頭。羅什福爾的指揮官也受到軍事審判。國王之子坎伯蘭公爵是庫洛登的勝利者，但他也因為投降而蒙羞，遭到胡格諾派老將約翰．里哥尼耶爵士（Sir John Ligonier）取代。明登戰役（Battle of Minden）之後——英國在是役中大勝——喬治．薩克維爾勳爵（Lord George Sackville）遭人指控畏縮不前。他的恥辱寫進每個兵團的指揮手冊中，好讓所有人瞭解「無論是出身高貴或位高權重，都無法包庇這種性質的犯罪」。

親眼目擊拜恩處刑的憨第德大駭逃離英格蘭——伏爾泰的同胞面臨這種英格蘭人野蠻之舉的新例證，一樣有這種驚駭感受。但他們很快也開始處死指揮官以殺雞儆猴。這人也贏得伏爾泰的同情。他是陸軍將領——拉里伯爵托馬斯．亞瑟（Thomas Arthur），詹姆斯黨死忠傑拉德．奧拉里爵士（Sir Gerald O'Lally，曾於一六八九年跟隨詹姆斯二世抵達法國）的孫子，小王子查理的前任副官，也是德廷根與豐特努瓦戰役的老將。一七六一年一月，他將本地治里拱手讓給英國人之後，他獲准以假釋方式回到法國，為自己的名譽辯護。拉里關押在巴士底監獄，被判犯下叛國罪，在一七六六年遭到五花大綁、堵住嘴巴砍頭——另一位失望愛國情緒下的犧牲品。

✣ ✣ ✣

這種國家民族之戰同時改變了法國與英國。經濟活動中斷、食物短缺、徵稅、人力需求都造成嚴重不滿。在英國，失去梅諾卡導致因戰爭而貿易中斷、工人停工的地區，或是男人被迫加入海軍的地方發生暴動。此外，民眾對於政府以拜恩作為代罪羔羊的做法感到不信任，認為這象徵「貴族」都「懶洋洋躺在自己的軟沙發上，枕著宮廷的利益」。閣員也受到類似的抨擊，尤其是熱愛法國的新堡公爵（綽號「Chateauneuf」，法語的「新堡」），就是因其在法國藝術、僕人、法式飲食與葡萄酒的揮霍而名譽掃地。[54]該世紀最嚴重的糧荒暴動始於一七五六年八月，民眾對圈地與漁獵法的既有不滿情緒成為其動力。到了十二月，已經有一百四十場暴動發生在三十個郡裡，多數都在聲討公認的不公之事與不愛國的投機者。經濟上的不滿因為戰爭而更形嚴重，人們也攻擊咸認沒有對國家盡到責任的社會上層，兩相結合顯示民眾的愛國情緒既不穩定，要求也很苛刻。糧食暴動期間至少有二十人被殺，兩百人遭到起訴，四人被吊死，每一起事件都以政府妥協告終。

組織性的「愛國行動」以理想和強勢商業、工匠團體的利益為號召，在政局動盪且相對民主的倫敦城中區、西敏區、密德瑟斯與美洲尤其強大。反高盧宗榮譽協會（Laudable Society of Anti-Gallicans）、工藝協會（Society of Arts）、海事協會與軍人協會（Troop Society）等組織在戰爭中打下基礎或擴大發展，若干結合愛國與慈善目標的組織亦然——例如托馬斯・柯蘭姆（Thomas Coram）船長設立的倫敦慈善收容所（London Foundling Hospital）。愛國社團出版宣傳品、獎勵為國付出的行為，並招募貧民與少年加入軍隊。對於菁英圈外的男性與若干女性而言，這是涉足政治生活的契機，既能展現自己的愛國心，又能同時促進國家與自己的利益。雖然這些協會經常享有王室與貴族的贊助與保護，但他們對於自己診斷為不愛國的貴族惡習，也會激烈抨擊。[55]

至於在法國，戰爭則讓意識形態上的壓力，以及民眾對食物價格與稅負等物質方面不滿之情，有了相當程度的結合。最重要的意識形態衝突跟宗教有關——對新教徒嚴苛但偶發的宗教迫害，以及天主教異議分子揚森派潮流和王室支持的官方教會階級體系間的衝突。天主教正統派作為王室權力的支柱，得到宮廷裡一小撮「虔誠」派別的支持。揚森派則成為政治與宗教異議分子的核心，代表與王室相抗衡的民族自由。揚森派在法院內尤具影響力，而法院則是唯一能合法進行政治論辯的公開場所。增稅的皇家詔書讓法院派有了異議的新口實。戰爭初期，這些意識形態衝突曾經出現戲劇性的表達——過往擔任僕從、精神反覆無常的羅伯・富蘭索瓦・達米安（Robert-François Damiens），在一七五七年一月五日於凡爾賽宮犯下大逆之罪，行刺路易十五（但傷勢並不嚴重）。達米安宣稱自己沒有殺害國王的意圖，而是要「促使他撥亂反正，恢復其國家內的秩序與安寧」，並照顧「悲慘的人民」。[56]處死達米安的場面極為駭人（動用點燃的硫磺、燒紅的剪刀、滾燙的瀝青，再用馬匹將他的四肢活生生從軀幹扯下），卻沒有能力祛除陰沉的不滿情緒，以及陰謀的流言蜚語。虔誠派（其虔誠委實難以令人信服）指控法院派與揚森派煽動不滿情緒。揚森派則指控虔誠派是耶穌會的共謀，計畫了達米安的行刺——人人都說弒君是他們的專長。間諜打探同情達米安、批評國王與當局的言行。充滿敵意的標語也出現在巴黎城牆上。舌頭管不好，就可能因言論獲罪：進監獄、上奴隸船、嚴刑拷打，情節重大者則面臨絞刑或碎骨輪刑。英國間諜報告說，路易十五相當沮喪，考慮退位，是龐巴度打起他的精神——而龐巴度本人其實差點遭逐於宮廷：國王只要受到驚嚇，就會變得虔誠，想藉此以示其真心。

法國先是與信奉天主教的奧地利，接著又和西班牙聯手對抗英國與普魯士，雙方陣營普遍認為此舉有其宗教面向。消息靈通的安傑松侯爵，認為這是「天主教陣營對歐洲新教徒發動的全面聖戰」。[57]用路易十五的原話來說，此舉是「護持天主教信仰……唯一一途」。[58]英國政府宣稱其志在「自由與宗教」。[59]此時，這話對英國人來說不過只是傳統詞令而已——畢竟，此前他們與天主教的奧地利當了六十年的盟友，鮮少與新的新教盟友普魯士表現鞏固之邦誼。法國的宗教問題嚴重得多。法國新教徒視戰爭為獲得更多宗教寬容的機會。有些人（尤其是西南海岸地區）希望與英國入侵行動連成一氣。[60]大多數的天主教徒——無論是正統派或揚森派——則視新教徒為潛在或實際上的叛國者。英國劫掠近海的結果之一，就是新教徒遭到繳械，接下來則是一波波的龍騎兵迫害、逮捕、地下禮拜堂遭到拆毀、教派相殺，以及對宗教集會的軍事攻擊。不過，在這次浪潮中最駭人聽聞的單一事件——也是大革命之前最後一起嚴重的宗教迫害——則是加拉案（Calas case）：一七六一年，一位年邁的新教徒店老闆遭錯判殺害其天主教徒兒子並定罪，遭處以碎骨輪刑。

伏爾泰勇敢為加拉辯護，但啟蒙哲士們只能採取守勢。盎格魯狂熱此時成了可能的叛國之舉，煽亂作家「無論身分地位高低」，都受到死刑的威脅。這種訊息在一本諷刺小冊子與一齣諷刺劇中一再重述，由於這兩部作品得到官方出資贊助，啟蒙哲士因此視之為公開的威脅。小冊子標題為《撰寫卡庫人歷史之用的新大事記》（*Nouveau Mémoire pour servir à l'histoire des Cacouacs*, 1757），是斯威夫特式的寓言，講一群自視甚高、崇拜一國思想、對本國毫無忠誠的奇特民族。劇作《哲士們》（*Les Philosophes*, 1760）得到宮廷支持，在法蘭西喜劇院（Comédie Française）登臺，劇中攻擊啟蒙哲士不假思索便歌頌異國之道，既不愛國，也不虔誠。莫赫萊神父（Abbé Morellet）出聲反擊，結果進了巴士底監獄。愛爾維修的《精神論》（*De l'Esprit*）在一七五八年遭到譴責、焚書；他則警告好友大衛．休謨，要他別太常寫信給自己，「免得啟人疑心」。狄德羅的《百科全書》則在一七五九年成為禁書。一份親啟蒙哲士的時事通訊大嘆：「剛剛開始傳點的火光行將熄滅；野蠻與迷信馬上便要重新掌權。」[61] 伏爾泰打起愛國牌。他的態度撲朔迷離，而且經常能騙過人。身為四海一家的哲士，他真心討厭這場戰爭，認為會終結歐洲的黃金時代。抱持懷疑態度的他嘲弄戰爭之荒謬（甚至公然慶祝魁北克失陷），對他來說，戰爭是不情願的枷鎖。但他確信法國文化的優越，嫻於世故的他也會結交位高權中的人。總之，他在一七六一年以獨有的方式加入戰局，以筆名發表一封對英國文化的明確攻擊，這就是他有名的〈告歐洲各民族書〉（見第二章的「法人與莎翁」）。

法國王室所遭受最嚴峻的挑戰，來自抗拒戰爭稅激增的法界當權派。[62]一七五〇年代初期揚森派衝突時，法院派便已磨刀霍霍，也有了直言不諱的領袖。一七五六年的詔書宣布將二十分之一稅（*vingtième* tax）翻倍時，教士會議（Assembly of Clergy）、地方階級會議（provincial estates，特定省分的上層人士代議組織）與法院都出現了反抗。無法解決的政治鬥爭深深削弱了波旁專制體制，而此事正是開端。巴黎的法院拒絕同意一七五六年增稅之舉，警告增稅將造成「一連串難以言說的不義之事」與「極端的苦痛」。[63]到了一七五九年，王室瀕臨破產，被迫擱置海軍建設。一七六〇年的另一份詔書，讓二十分之一稅又增加百分之五十，另外人頭稅也變為兩倍。許多法院派人士拒不履行王室的命令——連路易本人開口也沒用：「我是你們的主子……。我應該懲罰你們……。我要你們服從。」王室總督領兵進入法院，向法院職員宣讀詔書，但效果同樣不彰。法院派違法發表他們的抗議。大臣們瞭解，這場抗命的消息將「在數週內傳遍倫敦的咖啡館與荷蘭的報紙」，增加國際間借款的難度。情況愈來愈明確無疑，這是從意識形態上挑戰王室的權威。財政大臣譴責用投票決定稅負、監督開銷的要求，是「盎格魯的原則」。法院派公然使用危險的用詞，談論國會主權、「自由」、「暴政」、「國家」及其「公民」的權利，最後甚至要命地要求召開三級會議——法蘭西王國的這個代議組織，從一六一四年之後還從未召開過。首席大臣舒瓦瑟爾與國王在一七六〇年後改變戰術，試圖用說服的方式，敦促法院派讓「我國的敵人瞭解我們的情況足以抵抗他們」；但他們旋即恢復高壓做法。

雖然英國與法國都受到局勢所震盪，但兩國仍設法在全球各地打了七年時間。兩國政府都有能力凝聚、耗費鮮血與財富。無論是在當時或之後，其發揮都跟兩位偉大的「愛國」大臣有關，兩人也都是在局勢不利時受召執掌朝政：威廉·皮特（William Pitt）——後來受封為查塔姆伯爵（Earl of Chatham），以及艾蒂安·富蘭索瓦·德·舒瓦瑟爾·史丹維爾（Etienne-François de Choiseul-Stainville），後封舒瓦瑟爾公爵。皮特曾於一七五六年、四十八歲時短暫獲命為內閣大臣，後來又在一七五七年六月至一七六一年十月間，與沙場老將新堡公爵組成齟齬不斷的聯合政府。舒瓦瑟爾在一七五八年十一月獲命為外交大臣，時年三十九歲，一直在任上做到一七七〇年。兩人對兩國的歷史都有深遠的影響。

皮特與舒瓦瑟爾

他志……不在財富——他棄之如敝屣，無法用錢收買——而是在權力……。身為溫和君主國內的鐵桿共和派，他最希望當個愛國者——至少表面上如此，受民眾愛戴……。皮特先生對自己的主君相當傲慢，要是在法蘭西，下場就是關進聖米歇爾山（Mont Saint-Michel）；……要是在俄羅斯，若非成就一場革命，就是舌頭給人扯下來、死在鞭刑之下；……但在英格蘭，他卻得到位高權重的賺錢官位……。國家在危亡時刻有了這種大臣，算它們倒楣。

——法國外交部報告，一七六三年十月[64]

晚餐後受人引介……見到舒瓦瑟爾公爵……活像個暴躁的小傢伙，他的表情跟儀態沒什麼可以嚇著我，也嚇不了我國。我只見了他三秒鐘，無論任何人或任何事，他都只給這麼多時間。

——何瑞修．沃波爾，一七六五年十月[65]

皮特與舒瓦瑟爾分別在各自不同的世界裡，控制新的「愛國」力量為其所用。在英國，這意味著既要出身於所謂腐敗的統治階級以外，又要為國家的利益喉舌。雖然看起來不像，但皮特確實是局外人。他是「鑽石大王皮特」(Diamond Pitt)的孫子，爺爺在印度致富，他則是以「偉大的普通人」(Great Commoner)[3]這個挖苦人的諢號為榮。他在政治上自行其是，靠自己誇張、瑣碎、有時候卻相當精妙的演說之力，來影響下議院。他沒有後顧之憂，其志向既有破壞性又難以安撫，這種人最好攬進圈內，會比留在外面更安全些。他是政治人物冷淡而專業的早期例子，對西敏宮內外的支持者都不屑一顧，

3【譯註】一七六六年受封為查塔姆伯爵之前，皮特曾多次拒絕受封貴族頭銜，因而得名。

出任腐敗選區（rotten borough）[4]的議員。在國際事務層面，愛國就意味著反對涉入歐陸（一般認為這是漢諾威宮廷的私利），並支持帝國海外征服與貿易的「藍水」（blue water）政策。皮特在一七五七年向國會大做承諾，表示他「連一滴血都不會送去易北河，不會浪費在那個血汗的海洋裡」。[66]他的行動背叛了他的話——當然，「此一時彼一時」是專業的象徵——但他得天獨厚，能夠「否定自己說過的話，表情一點也不害臊」。[67]他設法讓「愛國心」不跟政府對抗，而是成為政府的工具，同時還享有倫敦城中心相對民主、完全財閥統治的世界，享有郡分中的托利黨以及政治世界外圍不少人的支持。他因此成了渠道，輿論透過他影響政府，政府透過他影響輿論：「那個天才首先提振國家萎靡的人民……引領他們走向光榮與征服」。[68]而他最偉大的貢獻，則是為日益涉入日耳曼事務提供正當理由，雖然他本人與其他愛國派長久以來都抱持反對立場；說服國會投票通過前所未有的戰費金額；以及傳達出一種大無畏與堅定的感覺（雖然經常受人誇大）。

舒瓦瑟爾雖然認為皮特是個「假內行」和「蠱惑民心的政客」，卻也從他身上學到應對輿論的必要。舒瓦瑟爾更像個圈內人：他出身當時仍獨立的洛林公國（Duchy of Lorraine），是個心懷四海、有門第觀念的貴族；每一個歐洲君主都會任用世家通才，他也是其中一員，身兼軍人、外交官、行政官員與廷臣。不過，他的家族卻不是首都那種生來能影響宮廷的名門貴冑。他和皮特一樣，得努力不懈、運用自己的天賦與機運，走出自己的路。舒瓦瑟爾崇尚流行、無禮逗趣，必要時也很有魅力，是個花花公子、自負、花錢如流水，也是藝術贊助人與鑑賞家（擁有一座英式花園與大量的繪畫藏品），他

宣稱自己

討厭工作，我跟我二十歲那年一樣愛享樂，現在對錢也滿不在乎……。我在巴黎有座華麗、舒適的宅子；我老婆非常聰明，而且居然沒有給我戴綠帽；我的家人與密友非常好相處……人們都說我的情婦向來條件都不錯。

儘管模樣吊兒郎噹（騙過了沃波爾），但他可不容小覷。舒瓦瑟爾還證明自己是個高效的管理人才：「我總讓別人的工作比我自己做的還多。一個人不該埋首在紙堆裡。」[69]他仰賴那些為國王提供必要服務的人——亦即財經鉅子與野心勃勃的女人。龐巴度夫人就是他的恩主，他對前者向來也很有用。她將舒瓦瑟爾從外交使節團拔擢進外交部：敵人都叫舒瓦瑟爾是「她的小猴子」。舒瓦瑟爾的太太是安東萬．克羅札的孫女，克羅札是最有錢、勢力最大的政府財政官員之一，也是龐巴度早期的恩主。總之，皮特與舒瓦瑟爾，都跟得自帝國主義與戰爭的新財富有關連。舒瓦瑟爾支持與奧地利結盟，他希望此舉能讓法國騰出手，跟英國暴發戶決戰海外。整體而言，他的國際戰略視野似乎比皮特更清楚，皮特所擁有的全球視野，只是仰慕者——以及對手——的杜撰。舒瓦瑟爾對皮特既痛恨、又害怕，

4【譯註】在英格蘭以至於英國的選舉制度下，若一自治市得到王室特許，成為議席自治市（parliamentary borough），則有資格選出兩名自由民，擔任下議院議員。由於選區數百年來並未隨人口增減調整，導致若干人口甚少的選區容易受到特定家族操縱，長期把持，稱為口袋行政區（pocket borough）或腐敗選區。

當他是英國力量的邪惡守護靈：「這個大臣有著對榮耀的貪婪。」他懷疑，皮特「沉醉於成就」，已經採取剝奪所有法國殖民地的「大計畫」。[70]

兩人之間明顯的差異，反映了兩套權力架構之間的鴻溝。皮特是國會中人，也是歷來國會中最有說服力的人之一。舒瓦瑟爾則是廷臣，身處一個所有政治生涯皆從宮廷開始、在宮廷結束的國家。皮特主要在公領域活動，舒瓦瑟爾則私下施為。皮特滔滔不絕，舒瓦瑟爾聊天閒談。皮特用威嚇，舒瓦瑟爾靠魅力。最近有位舒瓦瑟爾傳記作者表示，法蘭西是個沒有必要討好國家民族的地方，只需要取悅一個男人，或是一個女人就行了。[71]因此，皮特無論在自己生活的時代，或是接下來的兩個世紀，都比舒瓦瑟爾更為傳奇。他因為別人的作為而受到讚揚，重大事件也站在他這邊，人們開始以他對自己的看法來看待他：「我很清楚，只有我能拯救這個國家，其他人都不行。」皮特是大戰領導人（例如其子小威廉．皮特（William Pitt the Younger）、大衛．勞合．喬治（David Lloyd George）與溫斯頓．邱吉爾）的原型，在國難當頭時憑藉嫻熟的國會演說為民族發聲，激勵全國人，演說的內容則在全國迴盪。皮特也和這類領袖一樣，在戰爭中找到自己尊崇的理想，卻在承平時期迷失方向。當然，比起這些領導人，他的人格更有問題，樣子也更像裝的。不過，無論是英國國內，還是在法國與普魯士，人們益發相信是他的意志力與鼓舞，支撐著英國有史以來最大的勝利。埃德蒙．伯克將圈內人的矛盾心態表達得最是清楚，稱他是「騙子裡的翹楚……。噢！可這並不減損他偉大、了不起的一面」[72]。

舒瓦瑟爾雖然是個廷臣，但他和皮特一樣，都認為自己一定要在這場鬥爭中駕馭新的政治勢力。

他上書國王：「在法蘭西，愛國的美德確實一年不比一年……。我的其中一項目標……便是重建法蘭西人心中對祖國的關注與熱愛；我希望大家把我們的鄉里、我們的省和我們王國的利益，擺在自己的利益之前。」[73]他委託人從事愛國與反英的宣傳行動，成立報紙以宣揚政府的方針，他本人更是起草宣傳冊，對凡爾賽宮以外的民眾說明自己的政策。他對法院派採取和解態度，以期能贏得他們對戰爭的財政支持。他（和龐巴度夫人一道）跟啟蒙哲士保持聯絡，甚至在他允許人們攻擊哲士的親英心態時亦然。後來，巴黎法院派在一七六四年利用耶穌會在西印度群島製糖生意瓦解（毀於英國的海軍行動）為由，驅逐耶穌會時，他也沒有任何反對之舉。耶穌會是高盧教會、揚森派、啟蒙哲士和法院派（簡言之，就是法國的「愛國」派）痛恨的對象，舒瓦瑟爾希望驅逐耶穌會士之舉，能為他贏得民眾的支持，避免人們批評他協商出來的和約條件。

許多舒瓦瑟爾的擁護者，將他的國內政策詮釋為試圖使君主國現代化，將進步力量與之連結的舉措。有人甚至稱之為「左派的誕生」。[74]但他可沒打算讓什麼誕生。儘管舒瓦瑟爾確實有讀自己手邊的孟德斯鳩與伏爾泰作品——他喜歡讀給別人看，但他的目標絕非贊成代議制政府在法國實現。他鄙視國會政治，只有——在皮特這種惑眾的政治人物領導時——國會能吸發出好戰的愛國精神這一點例外。他的目標同樣是在法國激起好戰情緒，但要在專制君主國的號召之下。他的宣傳中心德目是法國人在強大、家父長是統治下的忠誠心與快樂，以及這種制度優於英國的腐敗、派系傾軋與註定完蛋的國會政權。

舒瓦瑟爾的宣傳活動曾一度取得輝煌勝利。一七六一年十一月，他祕密透過隆格多克地方議會弄來一筆「獻金」，供已經支離破碎的海軍建造軍艦之用。這掀起一波愛國狂熱浪潮，國內各省與法人團體都在爭取這筆款子，用來建造自己的船隻，小一些的行會、商會（例如屋頂工匠與檸檬水老闆）也加入戰局。愛國主義也是個有用的政策。給王室的自由捐獻（*Dons gratuits*）是特許組織用來購買其特權的方式，若是這些團體能有利於地方，那就兩全其美了。精明的不列塔尼人確保戰艦不列塔尼號（Bretagne）是以產自不列塔尼森林的橡木、在雷恩（Rennes）織成的船帆，以及潘蓬（Paimpont）鑄成的鐵製零件所打造。[75]十六艘戰列艦很快就有人認養，船名則顯示出捐款者的熱心公益：「隆格多克號」、「巴黎市號」（Ville de Paris）、「勤奮號」（Diligent，由郵局局長聯名贊助）、「奮銳號」（Zealous，由收稅官員捐獻）、「有用號」（包稅總監希望藉此舉打好公關），以及（取名相當流行，但稍嫌魯莽）「公民號」——出自宮廷銀行家與好戰的財經鉅子。舒瓦瑟爾憑藉此舉，在低潮時刻提振士氣，但宣傳也有風險。捐獻者——其中許多都反對增稅——表明其愛國的「公民身分」，自願為自己支持的開支認捐金錢。這跟王室強行加稅的舉動有明顯的對比。不過，無論這些捐款者的姿態有多慷慨，他們捐款的數目不過是九牛一毛。對於稅、愛國情懷與公民資格的鬥爭才剛剛開始。七年戰爭開啟了革命年代。

至此，我們已經看到法國與英國類似的開局方式：迫使對方將力量投注於歐洲，藉此弱化其海外力量。英國有了普魯士腓特烈大帝這個盟友，可是好處無邊。由於奧地利與俄羅斯都想打倒普魯士，腓特烈別無選擇，只能孤注一擲地戰鬥；有鑑於他是當時最偉大的軍事領袖，英國用錢與人力支持他的這筆投資，可是得到了大筆紅利。事後來看，奧地利與法國的結合就沒這麼成功，兩國不僅追求不同的目標，而且還彼此提防（也有道理），怕對方把戰爭的重擔推給自己。

不願派部隊到日耳曼、沉沒在「那血汗的海洋」裡的皮特，倒是敦促軍隊登陸法國，此舉既能訴諸於人們對海上軍事行動的「愛國」偏好，又能迫使法軍將成千上萬的部隊留下來保護其海岸，藉此安撫普魯士人。事實上，法國海岸幾乎不設防，大炮都拿去給海軍用了。不列塔尼行政長官艾吉永公爵（Duc d'Aiguillon）大嘆：「這省裡沒有一個炮臺有武裝……海岸地區連一磅火力、一顆炮彈都沒有。」[76] 一七五七年九月七日，一支由八十二艘船、載有一萬人部隊的入侵艦隊從斯彼德角（Spithead）出航。一部法國史經典如是說：「這個規模遠比確保成功所需還多。」[77] 艦隊的目標是羅什福爾的海軍基地，先是在河口外打探十日，摧毀雷島（Ile de Ré）上的一座小碉堡，隨後指揮官認為登陸法國本土過於冒險而返航，途中還因為遭遇敦克爾克海盜而損失一艘船。雖然以謹慎用兵為由確實言之成理，但這次虛晃一招造成的失望與指責，堪比梅諾卡島失陷後的程度。皮特名聲有損。然而他在普魯士人的敦促下堅持這種戰略，普魯士必然也瞭解這是他們唯一能獲得的幫助。軍方仔細備戰，包括為登陸打造的專用小船。這一回的目標是私人劫掠船口岸——「總是讓英格蘭人大為光火」[78] 的聖馬洛（Saint-Malo）。一七五八年六月五日，一萬六千人的部隊在距離聖馬洛以東九英里的康卡爾（Cancale）登陸。道路狀況不佳，樹籬、田埂所構成的林原交雜田野也難以通過——一九四四年時，當地的地形同樣為戰車行進帶來嚴重困擾——讓部隊無法將圍城的大炮移到聖馬洛。入侵者在陸上或海上都沒有遭遇抵抗，他們焚燒船隻，「摧毀途中經過的一切事物」，在法國土地上待了四天之後回到船上。雙方似乎都很滿意。聖馬洛市長在報告中說：「燒我們的船，敵人只會燃起我們的熱忱」，接著要求獎勵，讓他的城鎮得到免稅的資格。[79]

兩個月後，瑟堡受到攻擊。弱小的駐軍（包括許多「瘸子、乞丐與小孩」）逃竄，有三十五艘船遭捕獲，港口也在一週的占領期間遭到摧毀。勝利的一方帶著大量的錢財、超過一萬頭的牛羊馬，以及「數量驚人」的家禽回到船上。[80]目前為止，英國人都沒有遇到重大的抵抗，但登陸行動逐漸造成不列塔尼人的憤怒，嚷嚷著要拿起武器戰鬥。等到英國人在九月企圖二度攻下聖馬洛時，情勢便清楚顯示出入侵行動對入侵者有多麼危險。有四千人安全上岸，但他們出於實際需求，改採陸路進軍聖馬洛，從而與艦隊失去聯繫。艾吉永率領一支由常備軍、岸防隊與民兵組成的萬人部隊，迅速前往截擊。英國部隊撤退到海邊的聖卡（Saint-Cast），多數人回到船上。然而，法軍在九月十一日抵達聖卡時，巡邏隊仍然在灘頭。儘管理查·何奧（Richard Howe）將軍奮勇作戰，海軍的登陸艇同時將部隊接走，仍然有大約七百五十人（法方記錄的數字更多）戰死或被俘。「我們終於徹底擊敗英格蘭人……。雖然損失三百人，但我們讓他們留下一千至一千兩百人在海灘上當肥料。」[81]艾吉永秉禮邀請被俘的軍官一起晚餐，但經歷近來軍事行動造成的破壞，他可沒有原諒的意思：當英國人為法王的健康舉杯時，「我可沒有回禮」[82]。一百年後，沙丘上立起了凱旋柱。但雙方都能為勝利慶祝。英國人實施了自百年戰爭以來最大的對法登陸行動，法國海軍也沒有出港挑戰。他們摧毀了許多惱人的海盜船，帶著二十二門捕獲的大炮，凱旋遊行穿越海德公園（Hyde Park）凱旋遊行。法國人也能從自己的角度，對於「把他們丟進海裡」感到快樂。伏爾泰趁著愛國情緒還在，寫道：「我非常懷疑他們在聖馬洛附近有殺到三千英格蘭人；但我承認我希望他們確實如此。是很無情，但你能憐憫海盜嗎？」[83]

至於登陸之舉是否分散英國軍隊甚於法軍，這仍然沒有定論。照理說，比起不列塔尼漁船和家禽的命運，凡爾賽更擔心要把船隻與兵丁派去法蘭德斯或日耳曼。不過，英國人劫掠海岸之舉確實有一項嚴重，而且完全無法預料的影響。艾吉永提高當地的稅賦，用於改善不列塔尼虛弱的防禦與道路。這導致雷恩的法院派與之對抗，指控他非法行事。法界的異議人士以此為由，最終在一七七一年導致首相雷內・尼古拉・德・莫普（René-Nicolas de Maupeou）稱之為政變的事件──朝一七八九年法國大革命發展的其中一座里程碑。

英國人放棄劫掠法國。皮特主張轉而攻擊西非與加勒比海地區，但如今他也跟大家一樣，清楚知道關鍵一著在於日耳曼。一旦法國在日耳曼取勝，便能轉頭對付英國；可既然法軍仍在當地作戰，英國就能冒險遣大部分陸軍渡過大西洋：一七五九年，美洲有三十二個營的紅衫軍[5]，日耳曼只有六營；法國有三百九十五營的部隊，只有十二營在加拿大，四營在印度。[84]在日耳曼持續進行陸戰，讓雙方耗費愈來愈多的錢。我們已經知道法方試圖增稅的難處。英國人同樣感覺手頭很緊：一七五八年，倫

5【譯註】英國陸軍身著紅色軍大衣，因而得名。

敦金融城因為政府延遲還款而出現信心危機，英格蘭銀行甚至警告信用崩潰的陰影已然出現。新堡公爵提高政府借款利率以平息恐懼，可連他本人也擔心「我們投入的開銷已大大超越自己所能支付」。[85]不過在一七五八年年末時，戰局似乎漸漸按照英國的意思發展。雖然所費不貲，但日耳曼局勢相當穩定。貿易發展興盛，法國的生意則因為非洲、印度與西印度群島（富庶的瓜德盧普被敵人占領）遭受攻擊而深受打擊。至於在北美洲，經歷一連串的失利之後，仍有四萬五千人準備入侵新法蘭西。

勝利年代：一七五七年至六三年

來吧，抖擻精神，咱們的小夥！我們朝光榮前進，
為這美妙的一年添上新頁，
我們以榮耀召喚你們，而非如奴隸般壓迫你們，
畢竟誰能如浪濤之子般無拘無束？

——大衛・蓋瑞克，〈橡樹之心〉，一七五九年[86]

像這樣的一年，我們豈能輕易浪費餘下的時光？都還是黃金歲月……。我們所征服的，不過是

美好的天氣。有人或許會想，我們已經講了東、西印度群島的陽光了。為勝利鳴鐘，已經讓我們的鐘殘破不堪了。

——何瑞修．沃波爾，一七五九年十月二十一日[87]

戰爭已經在北美洲打響，而北美洲也即將成為戰爭的頭彩。那兒發生的事件，終於有了決定性的轉折。有人或許會問（當時某些人也確實問了）：為什麼這麼久才出現轉折？這場較勁其實沒有表面上看起來的一面倒。法國人有兩萬五千名常備軍與民兵能派上戰場，其中多數已習慣在美洲環境下作戰。他們有許多印地安盟友，是強大的優勢。距離、「讓人吃盡苦頭的森林」、山地、惡劣氣候、沒有道路（得靠小船移動）與補給短缺，都讓大部隊調動既艱鉅又危險，英國人也難以運用其數量優勢。這一切因素，都讓法國均相信新法蘭西堅不可催。

而在英國一側，殖民地民兵不僅不可靠，而且遠不及法國民兵吃苦耐勞。英國將領與殖民地政府時有摩擦。倫敦方面（尤其是皮特）更是扯後腿，制定不切實際的計畫、命令下得太遲，一旦情況不如意便撤換指揮官。不過，皮特倒是願意在美洲花費與歐洲同樣的鉅款，擔起軍事行動花費的責任：隨著一桶桶的金銀從倫敦抵達，殖民者遇到的許多困難不僅得到緩解，經濟也得以蓬勃發展。英國指揮官與部隊都學到森林作戰的方法。何奧勳爵採用適合當地環境的戰術與裝備：軍大衣剪去下擺，制服不再漂白上漿，腳上改穿北美原住民的軟皮平底鞋，並採用印地安戰斧。軍官得吃公用鍋中的燉菜。來自蘇格蘭高地的軍事單位（包括曾經在十三年前為小騎士查理而戰的人）開始在聯合王國旗下創造新的軍事傳奇。有些人樂於與法軍戰鬥，以懲罰他們「在一七四五年背棄承諾」。[88]非正規軍如羅伯特·羅傑斯（Robert Rogers）的巡邏隊則聲名大噪——或者說惡名遠播，因為他們採取邊境戰事中的無情做法。但還是有失敗的打擊。一七五八年七月，英國進攻位於提康德羅加（Ticonderoga）的鐘琴堡〔Fort Carillon，掌控從紐約到蒙特婁之間的尚普蘭湖（Lake Champlain）路線〕，一開始何奧勳爵便在遭遇戰中陣亡，而無能的拉爾夫·亞伯克羅姆比（General Abercromby）將軍害怕法軍增援抵達，於是試圖帶著麾下正規軍衝向守軍。結果兩千人在自殺式攻擊中遭到射殺，軍隊潰敗。蒙卡姆起先還以為是敵方詭計，後來則認定這是場奇蹟，豎立十字架紀念之，題上虔誠的銘文。但與此同時，西北方六百英里外的地方就沒有這種奇蹟了，新法蘭西的命運就此註定——英國人大膽從海上進攻布下重防、扼住聖勞倫斯河口的路易堡海軍基地，使法軍無法增援、運補。距離軍紀嚴明的有能將領傑弗瑞·阿默斯特（Jeffery Amherst，他取代亞伯克羅姆比的位子）會師魁北克與蒙特婁，只是時間問題而已。為了回敬威廉亨利要塞遭受的屠殺，阿默斯特將路易堡駐軍押為戰俘，將八千平民驅逐回法國，其家園則遭來自新英格蘭的移民占據。

來到印度，英國壓倒性的海上力量讓戰況不利法軍。早在一七五七年六月，克里夫用一次融合大膽與機巧的行動，在普拉西（Plassey）擊敗法國的盟友孟加拉納瓦卜，從而令英國人控制印度最富裕的地區。一七五九年時，法軍也在印度南方的萬德瓦許（Wandewash）吃了敗仗——愛爾蘭裔的陸軍上校艾爾·庫特（Eyre Coote）打贏了由愛爾蘭裔將軍拉里所率領的法軍愛爾蘭人部隊。

按照邏輯，法國現在必須想辦法一擊扭轉局勢——入侵英國。自一七五八年末起，法國便在海峽邊的口岸集結部隊、船隻與駁船，並試圖得到俄羅斯與瑞典的支持。法軍計畫讓佯動部隊登陸愛爾蘭與蘇格蘭，希望多少能煽動詹姆斯黨的餘燼，接著從北海航行而下，掩護從奧斯滕德渡海前往艾塞克斯（Essex）的主力部隊。此舉志在一拳擊倒倫敦，導致政府與金融體系崩潰。英格蘭本土守軍不值一提，尤其皮特（對法軍的威脅漠不關心）還在把部隊派往海外。雖然操練民兵確實有助於陸軍上尉愛德華．吉朋瞭解古羅馬軍團的戰術，但民兵是無法抵擋法國正規軍的。一旦登陸，法軍肯定能推進倫敦。凡爾賽方面在登陸艇上耗費巨資。問題在於集結足夠強大、能夠護衛運兵船的艦隊。

入侵部隊蓄勢待發，一七五九年於焉展開。這將是英國偉大的「勝利之年」，只是每一場勝利都來得驚險，有幾回甚至可說是意外。第一場勝仗，是英國與漢諾威在八月一日出乎意料的勝利，地點則是日耳曼西北的明登，法軍看似銳不可當的推進在這一天遭到逆轉。一小股不過六個營的英國部隊無畏前行——只是似乎有些歪打正著，擋下了斯圖亞特王朝菲特雅梅公爵指揮的法國步兵、騎兵優勢兵力連番突擊，英國人為此熱血沸騰。法軍損失七千至一萬人，英國與漢諾威聯軍則有兩千七百人傷亡。日落時，法軍士氣崩潰，在恥辱中撤退。日耳曼西北受到的威脅得留待來年，法軍則抽不出更多用於入侵英國的部隊。先前已經提過的薩克維爾動爵率領騎兵進攻不果一事，成了英國此役唯一的汙點。

英軍最為聲威遠播的凱旋，是九月十三日占領魁北克——在此役捐軀的詹姆斯．沃爾夫（James Wolfe）將軍，因此成為日後每一位英國學童都認識的史詩英雄。沃爾夫的小股陸軍乘坐一百七十艘船，沿聖勞倫斯和逆流而上，艱辛走了三百英里路——這番壯舉完全出乎法國人意料之外。此舉之所以能成功，多半得歸功於當時沒沒無聞的海軍上尉詹姆斯・庫克精湛的技術。然而，沃爾夫的部隊卻困在魁北克城難以跨越的天然與人為屏障，城中有無數的駐軍，甚至還有學生組成的軍事單位（綽號「皇家語法」（Royal Syntax））。法將蒙卡姆只需要堅守城池到冬天降臨，迫使英國人從水路撤退以待來春就好。沃爾夫想方設法進攻魁北克，盤據河川上游，但沒有效果。英國人無計可施到試圖揮舞帽子，想刺激對方來攻，甚至孤注一擲、破壞周遭鄉村，屠殺與割人頭皮都不少見。青年沃爾夫以傑出而人道的軍人之姿，得到為國捐軀的力士光環——據說他在庫洛登時，曾拒絕殺死一名負傷的詹姆斯黨人。其實，他的個性有幾分兇狠，人格異常焦慮，但種種情勢反而證明這是種高效的組合。喬治二世曾經神來一筆，表示若沃爾夫發瘋，他希望沃爾夫去咬其他將軍。由於冬日會在不到一週後來臨，將迫使英國人撤退，沃爾夫深信自己已無計可施、即將面臨恥辱，於是居然想出一份不成功便成仁的計畫：率領一次兩棲夜襲，爬上魁北克西面、能俯瞰聖勞倫斯河的峭壁。此舉殺得法軍措手不及——「敵軍長了翅膀嗎」，蒙卡姆如是說。蒙卡姆不等遙遠在外的分遣隊，率領手下剩餘的五千人出城，試圖在四千五百人的英國部隊站穩腳跟前將之擊退。但他麾下由法國正規軍、加拿大民兵與原住民盟友組成的混成部隊，並不適合在亞伯拉罕平原（Plaine d'Abraham）的開闊戰場上開火，旋即遭到沃爾夫完美執行的毀滅戰術——大規模近距離齊射所擊潰。魁北克獻城。假如沃爾夫的賭博失敗，一切都得推遲到來年，並造成不可預料的政治影響：法國說不定能因為英國妥協而得以保住部分的新法蘭西。而且，假使法軍仍然駐在當地，英國殖民地也不會這麼快便受到獨立訴求所吸引。

【延伸】死為英雄

無論是沃爾夫或蒙卡姆，兩人都不想遠離日耳曼地區真正的戎馬生活，到美洲的落後地方任職。對於終於有機會能在魁北克真正打上一仗，兩人也都相當歡迎。沃爾夫發動攻擊時，被側翼的非正規軍神槍手擊中兩槍，在戰事落幕時撒手人寰。蒙卡姆則是被英國水師設法架在峭壁上的大炮所擊發的葡萄彈打中，並在翌日清晨過世。印地安人對待戰俘的方式讓蒙卡姆深感恥辱，他努力將歐洲人的標準加在邊境戰事上，結果導致原住民盟友脫離戰線，嚴重削弱其軍力。沃爾夫對於不時發生的屠殺沒那麼在乎，甚至還花錢買頭皮。攻陷魁北克讓英屬北美與英國國內一片喜氣洋洋，人們放煙火、點營火，張燈結綵，舉杯祝賀，舉辦宴會、音樂會與講道慶祝。一位波士頓傳道士預測帝國與新教徒的輝煌未來，「每一座山丘上都建起宏偉的城市……龐大艦隊……原野村落一片歡騰」。[89]但沃爾夫的勝利稱不上一槌定音，法軍在來年春天幾乎重新攻克魁北克。但此次勝利確實成為永難忘懷的象徵。美洲畫家班傑明．魏斯特（Benjamin West）以沃爾夫之死為題作畫，為的不只是紀念這位青年將領的犧牲，更是要褒揚帝國的團結，美洲游擊隊、蘇格蘭高地兵團和忠誠的莫霍克族（Mohawk）勇士作為其擬人化表現——但這些人當時都不在場。若干法國畫家試圖模仿或剽竊魏斯特，例如路易．約瑟夫．沃托（Louis-Joseph Watteau）。他倆的畫作都成了人們瞻仰的聖像：

死去的英雄：競相創造標誌性的符號，採取類似的英雄之姿、悲嘆情景與複數的在場者。上圖為〈蒙卡姆之死〉，下圖為〈沃爾夫將軍之死〉

沃爾夫象徵崛起帝國的活力勇氣，蒙卡姆〔全稱為聖韋朗的蒙卡姆．戈宗侯爵（Marquis de Montcalm-Gozon de Saint-Véran）〕則是貴族在四面楚歌時堅毅騎士精神的化身。兩者的差異確實有點道理。法國武裝部隊由貴族與廷臣所掌控。一百五十一名法軍將領中，有八位親王、十一位公爵、三十八位侯爵、四十二位伯爵、六位男爵與十四位騎士。[90]讓沃爾夫這種年僅三十二歲、沒有家世背景的海軍陸戰兵團軍官，指揮一支法國陸軍部隊，是一件無法想像的事，即便在殖民地亦然。但沃爾夫與蒙卡姆就和多數正規軍軍官一樣，兩人之間的共通點，要比他們與各自殖民地同胞的相同處更多。魏斯特的畫作在一七七〇年發表時，吸引到的觀眾比英國史上的任何一幅畫都多，賺的錢或許也更多。[91]只是畫中宣揚的團結一心，早已開始瓦解。

✣ ✣ ✣

即便失去魁北克，法國人還是能靠入侵英國一舉扭轉戰局。為了防範法軍入侵，英國艦隊（由霍克將軍領軍）頭一次連續在海上停留數星期，設法藉由嚴格的清潔和補給船的新鮮給養保持官兵健康。此舉封鎖了法國西部主要口岸，帶來嚴重的經濟與戰略影響，更讓法軍大艦隊困在布雷斯特。英國地中海艦隊也以類似方式封鎖土倫。然而艦隊不可能長久停留在海上，原因主要是氣候影響。法軍可以等待英國封鎖出現任何空隙，再突圍而出。八月，法國艦隊從土倫脫出，前往布雷斯特，為沙場老將——領元帥銜的海軍中將孔弗朗助陣，但艦隊卻在葡萄牙拉各斯（Lagos）外海遭到攔截，損失慘重。照理說，法國人這時該取消其入侵計畫才是。但入侵英倫是他們唯一的希望，孔弗朗雖然認為海軍的可靠程度堪慮，可是凡爾賽還是命令他進行「比自殺任務好不了多少」的計畫（某位抱持同情立場的美國史家如是說）。[92]等到霍克的艦隊被暴風吹離陣地，孔弗朗便在十一月十四日帶領二十一艘戰列艦，載著艾吉永在基伯龍灣（Quiberon Bay）的兩萬人部隊，航向蘇格蘭，再從蘇格蘭前往奧斯滕德。但霍克在顛簸浪中穿越風暴，帶著二十三艘戰列艦回防，於十一月二十日目視到法軍。孔弗朗火速趕往基伯龍灣的礁岩與沙洲間尋找掩護，不認為這種天氣「敵軍敢跟在我後頭」。[93]但霍克敢，他相信自己的手下和飽受天氣摧殘的船隻。兩艘法國戰艦在炮火下投降，傷亡慘重，還有三艘戰艦在巨浪中沉沒——經驗不足的船員奮力從舷側開炮，結果海水從炮眼中灌入。只有少數生還者被英國小船救起。戰鬥在夜幕中暫息，八艘法國船艦得以逃脫。翌日清晨，其餘船隻（包括孔弗朗的旗艦在內）若非因擱淺而放火燒船，就是遁入維萊訥河（Vilaine）河口——有十一艘船困於河道，船長遭到不名譽除役。英國方大約三百人陣亡，法軍則有兩千五百人戰死，多半是徵召來的不列塔尼士兵。

這一仗，贏家稱為基伯龍灣戰役，輸家則稱為樞機岩之戰（Bataille des Cardinaux），是海軍史上最大膽的行動之一。用霍克自己的原話說，這「簡直是奇蹟，追擊敵軍時，我方半數船隻都沒有在他們的海岸邊擱淺，敵軍反而困在我們不熟悉的岸區」。[94]假使霍克的船艦真的擱淺，英國此後等於為入侵開門，歷史恐怕就會走上另一個方向。現實是，基伯龍灣成了「法國海軍墳場」，終結了法國擊敗英國的最後希望。「這個憂愁的國家還會發生什麼事啊！」一位法國軍官寫道：「神救救我們啊！我一直為它流淚，現在都還在流！」[95]英國人把法國近海島嶼當自己家，種菜、打板球，用鼻孔鄙視凡爾賽。

隔年，法軍在加拿大的抵抗也遭到掃蕩。海軍上校尚．沃奇蘭（Jean Vauquelin）指揮法軍在聖勞倫斯河上唯一的護衛艦，他下錨表明自己的立場，戰鬥到子彈耗盡，寧願把劍丟進河中也不願繳出去。另外有七百名一樣堅苦卓絕的法軍，花了七個月時間朝新奧爾良行軍，逃出生天。法裔移民在經濟上陷入絕境，對於當局顯然拋下他們感到憤怒，此後也放棄抵抗，向英王喬治宣誓效忠，開始跟英國人做生意。英國方面則保證信仰自由作為回應。一位法國歷史學者表示，當法國殖民者與英國人開始和解，也就代表新法蘭西殖民地的終結。

「勝利之年」落幕，但戰爭遠沒有結束。即便英國取勝海外，法國仍有希望贏得歐陸，也確實有計畫將三十萬大軍投入日耳曼的戰事。[96]普魯士陷入絕境（而且還有奧地利與俄羅斯的威脅），向英國要更多人力，最重要的是更多的錢。更有甚者，西班牙正準備加入法國陣營。英相皮特要求先發制人，扣押從南美洲出航的西班牙珍寶船隊，等到國會同僚反對時，他便在一七六一年十月辭職。西班牙在一七六二年宣布參戰。但沒人料到俄羅斯女皇伊莉莎白在同月駕崩，日耳曼局勢從此逆轉，因為伊莉莎白的繼承人彼得三世（Peter III）立刻與普魯士議和。西班牙顯然成了英國人的軟柿子。英國海、陸軍受到鉅額獎勵鼓舞，全力進攻並拿下兩座最有錢的西班牙殖民地城市——古巴哈瓦那與菲律賓馬尼拉。事實證明，疾病才是最危險的敵人：從北美洲調來的部隊，有將近三分之一病死於古巴。攻下馬尼拉的則是在印度糾集的雜牌軍，甚至包括法軍戰俘。進攻方有出奇不意的優勢，因為戰爭爆發的消息還沒傳到西班牙守軍耳中。從這兩座城得到的戰利品極為驚人。政府先拿走其份額，剩下的大部分給了軍隊指揮官，陸海軍的一般兵也拿到了幾英鎊。來到印度，拉里將軍發動法軍在此有史以來最龐大、最昂貴的遠征行動，卻沒能奪取馬德拉斯，法蘭西印度公司因此破產。隨後拉里的部隊在經歷了五個月的圍城戰後紛紛開小差，他只能交出本地治里。英國的馬德拉斯行政長官喬治．皮格特（George Pigot）出身胡格諾信徒，他為了報復馬德拉斯遭受的破壞而劫掠本地治里城。「杜布雷潔白耀眼的宅邸，與其建造者的夢想一起在戰爭失敗的灰燼與廢墟中沉沒。」[97] 一七六二年下半，法國人和西班牙人再度計畫入侵英格蘭，夢想扭轉敗局，但海軍之孱弱迫使計畫迅速中止。

如今情勢已然明朗，經歷上百萬名士兵戰死之後，無論哪一方都已經沒有任何值得為之而戰的目標了。一七六〇年即位的新國王喬治三世，和他的近臣兼前家庭教師布特伯爵（Earl of Bute），都迫切渴望和平。他們想跟歐洲的衝突撇清關係，不在乎漢諾威的未來——喬治三世稱之為「那恐怖的選侯國」，[98] 對浴血不屈的普魯士人利益之所繫也不予理會。英國主要的關注點位於歐洲之外。其實，英國人並未計畫主宰世界或摧毀法蘭西帝國，但當年法國人不作如是想（而法國史家至今仍堅守這種看法）。皮特甚至考慮歸還魁北克。英國人擔心得益過多，會驚動其他歐洲國家。議和的要角貝德福公爵（Duke of Bedford）反對「割開法國人的喉嚨」，他認為：

我們已經得到太多，多到不知如何是好。我非常擔心，要是我們把歐洲以外的征服領土留下太多，就會有過度殖民的風險，還會因為這些領土而走向毀滅，就像西班牙人一樣。[99]

因此，有些殖民地會還給法國跟西班牙，但要還哪個？英國目前的指導原則是守成，傾向保有加拿大——藉此終結北美洲的衝突，而非留住法國的瓜德盧普與馬丁尼克等產糖島嶼。舒瓦瑟爾似乎放棄了殖民比賽，表示要將路易斯安那提供給西班牙，但他其實暗自打算藉此誘使西班牙人盡早議和，從而以五年為期打造其海軍，重新與英國一戰。舒瓦瑟爾想要回產糖島嶼，也堅決保留在紐芬蘭外海捕魚的權力。他在御前會議表示，漁獲的價值要高於法國在北美洲的所有領地。[100]原因在於，這種「培育所」能供應全法國四分之一的海員，這對他的復仇海戰計畫來說是不可或缺的。英國保留幾個小一些的島嶼（格瑞納達、聖文森與多巴哥），並重獲位於梅諾卡島的海軍基地。哈瓦那與馬尼拉交還西班牙，以交換佛羅里達。西非與印度的法國貿易據點物歸原主，但須解除武裝。「本地治里城只剩下一堆廢墟，水井堵塞，樹也砍倒了……金德訥格爾殖民地的情況也相去不遠。」[101]

法蘭西君主國遭到削弱，時人對此已有體認。戰敗暴露出路易十五是個庸才，顯然任憑自己受親奧地利的龐巴度及其閨密所掌控。巴黎在一七六三年豎立路易十五雕像一事，反而激起人們公然嘲弄。戰爭加劇了法國對奧地利的憤恨傳統——法國人將戰敗怪罪於奧地利，這種恨意在一代人之後化為懲罰，降臨在瑪麗．安東妮王后不願妥協的頭顱上——舒瓦瑟爾選了這個「奧地利女人」作為法奧聯盟的化身。戰爭使恐英情緒成為法人愛國心的基調。儘管「盎格魯狂熱」表面上仍維持流行，但以英格蘭為模範的看法，已經受到愛國主義的憤怒情緒，以及撼動英國政治制度的戰後衝突所削弱。

七年戰爭最大的影響在經濟。工業革命正在起步，而這場變革的原因與影響範圍一向受人熱議。近年來的研究，將之與英國海外貿易的擴張，以及倫敦金融城的財經實力緊密相連，而這兩者都是對法鬥爭的產物：「英國的經濟發展跟其軍事霸權的建立是分不開的。」[102]英國有能力贏得戰事，保有活絡的海外貿易，貿易則得到金融城的資金，同時受到海軍保護——這可是獨步全歐的優勢，而七年戰爭更是為之添磚加瓦。當時的每一個人都曉得，貿易有助於支付戰費，戰爭則能擴張貿易。貿易刺激投資，提高薪資，擴大消費，同時刺激新技術與新工藝。新產品的銷路多半都是輸出，而且逐漸及於歐洲以外。若干產業，例如黑鄉的工具與約克郡羊毛，有高達百分之七十的產品都是銷往國外。假使英國輸了七年戰爭（一直都有這個可能性），其經濟及政治發展都會不同。「權力與富足一同來到；權力確實會帶來富足……要是控制不住海洋，經濟成長便會受限，若干其他歐洲國家恐怕就會占上風。」[103]

《巴黎條約》（Treaty of Paris, 1763）可以視為讓步之舉：英國在沒有補償的情況下交還好幾處征服成果。法國人鬆了口氣，有些英國人則開始抱怨。但這仍然是「歐洲史上最值得讚許的和約」，[104]是英國歷來最大的勝利，也是法國史上最大的失敗。《巴黎條約》確立英國身為全球強權的地位，但它能夠獨占這個位置多久呢？歷史證明，英國的勝利是暫時的，這一點我們之後會提到；但法國的失敗卻是長久的：下個世紀的主宰將是英國，而非法蘭西。但如果後見之明會讓人誤會歷史似乎明確而無可改變，那就是加倍的誤導。七年戰爭如今看似一道分水嶺，但這只有看到接下來五十年衝突的結果後才能如此確認：一七六三年只走到劇情的一半。法國仍然在歐洲之外同時從政治與貿易兩方面挑戰英國的新霸權。法國沒有選擇。

占領全球

凱薩未曾知曉之處
當由汝之後人支配
其鷹未曾飛躍之處
亦不再無人能敵。

——威廉．古柏（William Cowper），〈布狄卡〉（Boadicea）

法國人失去了北美洲。儘管他們從未認真試圖重獲該地的領土，但這仍讓法國人更有理由要在

路易十六對拉佩魯茲船長下指示：此圖顯示法王對探索全球的興趣，同時也表現宮廷得體儀態之優雅。

其他地方扳回一城：舒瓦瑟爾馬上在一七六三年至六四年間，於圭亞那建立新的殖民地。然而此舉卻以慘敗作收，一萬殖民者旋即死於疾病與飢餓。有些人已經料到，英國在印度稱雄，將可能轉變世界權力平衡，影響及於歐洲。這可是法國人無法容許的。凡爾賽斷定英國不可能像表面上一樣強大，其勝利是由於皮特的奸巧與倫敦金融城的財經戲法，因此是可以抵抗的。

這正是為什麼，接下來數十年會成為一個熱衷海外探索的時期，與海外探索有關係的人也因此馳名歐洲。這時的探索以太平洋為主，地理學家期望在此找到新陸地，甚至是一塊新的南方大陸（「適合生產用於貿易的暢銷商品」），以及連接大西洋與太平洋的西北航道。戰略要地如馬爾維納斯群島（Malouines，即福克蘭群島），則是人人覬覦。法國希望彌補失敗，英國則想鞏固勝利。海外探險成為十八世紀文化的典型表徵，不僅將強烈的科學好奇心——數學、天文學、製圖學、機械學、哲學、生物學與人類學——與國家威望和毫無害臊的利潤渴望相結合，而且其發展也按照典型的英法競合、嫉妒與讚許模式進行。「兩世紀以來，地理學家持續彼此通信，英國與法國探險家聚首，不時相當友好，但互相恭維底下的民族競爭心卻深刻而強烈。」[105]

一七四〇年代以來，法蘭西海軍部和學界合作了一系列豐厚資金支持的海外探險，範圍及於波里尼西亞島嶼、澳大利亞、塔斯馬尼亞與紐西蘭。一件天文事件——一七六九年的金星凌日——成為法人首度環航世界的契機，一支大型探險隊在路易．安東萬．布干維爾（Louis-Antoine de Bougainville，前滑膛槍手，曾經在加拿大擔任蒙卡姆的副官）指揮下出發。他接獲的命令是觀測凌日（作為測量日地距離的方法）並尋找南方大陸。此舉刺激了英國海軍部（Admiralty）——此前對這類神祕難解之事不感興趣的海軍部，派出一支科學探險隊，搭乘改名為「奮進號」（*Endeavour*）的改裝運煤船，由素有善領航之名的青年軍官——海軍上尉詹姆斯．庫克指揮。探險隊的裝備，其經費出自一位熱情的博物學家兼皇家學會（Royal Society）會員——約瑟夫．班克斯（Joseph Banks）龐大的私人財富：「他們有各種捕捉、保存昆蟲的工具，有各種網、拖網與魚鉤」，甚至還有「一樣奇妙的器械」用來觀察水下。[106]庫克和布干維爾一樣接到尋找南方大陸的命令，還要與當地人接觸，以「得到其允許，在適合的情勢下取得土地」。皇家學會主席提醒他，要「耐心、克制」對待「與生俱來（且）合法的所有人……他們也是同一位全能造物主的造物」，說不定這些人比「最高雅的歐洲人」還更「得其所喜」。路易十六也下了類似的指示。法國與英國的探險行動，皆志在將未知之事化入歐洲人的思想、政治與經濟領域中。兩群人根據類似的路線而行，面對波里尼西亞社會也有類似的經驗——震驚彼此、讚賞、誤解、緊繃、暴力，乃至尷尬的和解。他們的報告在歐洲各地都有狂熱的讀者。兩支探險隊都帶了一名波里尼西亞人返回歐洲，他們也都受到法國與英國流行社會的類似款待。報告中說這些人純潔、高貴，完全不受傳統束縛，讓崇拜盧梭的歐洲人神魂顛倒。「再會吧，快樂而睿智的人民，」布干維爾在他那部暢銷國際的一七七一年記敘中寫道：「願你們永遠如今。我將愉快回憶你們，只要還活著，我必將歌頌這快樂的基西拉島（Cythera），此乃真正的烏托邦。」[107]基西拉島是愛神維納斯之島，刺激的可不只是探險家與其讀者的知性，還包括波里尼西亞人的盛情款待、好奇心、示好，以及可交易且不受拘束的性行為。英國人與法國人將性病與其他疾病留給他們——庫克雖想阻止，但徒勞無功。地理發現的黑暗面還不僅於此。歐洲人在無意間加深了當地權力鬥爭中的惡意，此外還觸犯其宗教規矩。

這幾趟探險行，也是其他幾個領域較勁的焦點：廣闊太平洋面最是考驗航海技術與精準計時。缺乏推算經度的能力，會導致航海災難一再發生。想解決問題（英國國會為此在一七一四年提供兩萬英鎊的鉅額獎金），便需要精確無誤的天文觀測與複雜數學計算，或是找到方法比較出當地的精準時間與已知地點——例如格林威治的時間差。從木匠轉行當鐘錶匠的約克郡人約翰・哈里遜（John

Harrison），將自己大半生命與超凡天才奉獻於一連串計時器的製作：到了一七六〇年，他製作出的天文鐘，已能在最嚴苛的航海條件下保持時間精準。英格蘭與法國鐘錶匠（尤其是皮耶・勒華（Pierre Le Roy））在一七六〇與八〇年代彼此激烈競爭——抄襲與刺探都用上——以求趕上、甚至是超越哈里遜。法蘭西科學院（French Academy of Sciences）也有提供獎金。喬治三世與路易十六（兩人都是業餘鐘錶匠）對於當時存在最精密的製品都有高度興趣。製作出來的樣品在兩百五十年後依然能夠運作。喬治三世確保哈里遜在天文學家的大力阻撓下，仍然能得到應有的獎賞——「上帝見證，哈里遜，我會為你作主！」勒華自己的天文鐘在一七六九年測試成功，他宣稱此事為愛國者的凱旋，證實「我國工藝在異國人之間聲威遠播，尤其是迴盪於那始終作為我國競爭者與對手的民族之中」。[108]庫克在一七七〇年代第二、第三度出航時，測試了哈里遜天文鐘最新樣式的幾個樣品，精準的航海與製圖證明了其價值。法國的製造技術沒那麼先進，還是英國人找到方法，在一七八〇年代之後大量製作價格穩定的天文鐘。

庫克回答了歐洲人關於太平洋的大哉問，他的日記（旋即出版法文譯本，路易十六與瑪麗・安東尼都讀了）也讓他聲名大噪。他測繪了紐西蘭與澳大利亞東岸（並宣布占領之）的地圖，確定在南極洲以外別無其他南方大陸的存在。用他麾下一名軍官的話來說：「地維四方之遼闊疆界今已為人知悉。」[109]一七七九年二月，庫克在第三次航程中因與夏威夷島民衝突而遭到殺害——此事以駭人的方式，證明連最「開明」的歐洲人與「高貴的野蠻人」之間的接觸也不可能人畜無害。全歐洲都把庫克喪生的消息視為悲劇，包括法國——雖然兩國又開始打仗。宮廷銀行家尚・約瑟夫・德・拉博德（Jean-Joseph de Laborde）與海外貿易和探險關係匪淺，他在自己的莊園裡蓋了一座紀念碑，銘文寫著「庫克，法蘭西之子以此致敬」。[110]

法國在美國獨立戰爭中取勝（我們會在下一章看到），其全球制霸的雄心再度恢復。海軍持續擴軍，志在破壞英國在印度的勢力。當局同時派遣和平的探險行動，將科學研究與軍事偵察兩相結合。森林保育工作也在進行，不僅建立植物園，還引入新的植物。英國人在這方面自覺「落後二十年」，奮力想追上腳步。[111]一七八五年，法國熱氣球駕駛首度飛越海峽。海外探險的最後一次嘗試也發生在這一年。當局規劃讓兩艘船進行探險遠征，由仰慕庫克的拉佩魯茲伯爵尚・富蘭索瓦・德・加盧（Jean-François de Galaup, Comte de La Pérouse）擔任指揮。路易十六對這份計畫投入甚多。探險隊中有植物學家、工程師、地理學家、天文學家、地質學家、鐘錶匠與若干畫家。他們帶著種子、禮物，以及超過一千種灌木。法王親自指示拉佩魯茲要避免暴力與征服，但也要尋找適合設立貿易站的地點，祕密從事間諜活動，並確保法國有壓倒英國的優勢。探險隊先是在阿拉斯加外海發生意外，又和薩摩亞人發生衝突，之後在一七八八年一月抵達植物學灣（Botany Bay），打探英國人的意圖——他們發現一支十一艘英國船隻組成、由海軍上校亞瑟・菲利浦（Arthur Phillip）指揮的艦隊，已經先於他們抵達當地，建立流放殖民地。法國人把船開走，此後下落不明。植物學灣立起一座孤零零的紀念碑，至今仍有路過當地的法國海軍船員前往憑弔。這座紀念碑不僅代表遠征隊的失蹤，也象徵法國海權夢的消失——破滅於隔年法國大革命的動盪之中。一心嚮往探險的路易十六前往斷頭臺的路上，還問起是否有拉佩魯茲的任何消息。

好幾位法國史學者，都習慣說法國從此「錯過了與大海的約會」。對皮耶·修努（Pierre Chaunu）而言，這成了法國特色中的要素：

我們安土重遷的農民心態，意味著我們無法忍受大海的阻隔。登船渡海是失根、是斷裂。我們多少因此密集地在法蘭西內部發展……。我們無法真的關心海外……。法國人……有自己的一小塊地……不需要其他暢想寰宇的事物。[112]

若果真如此，那麼海盜、商人冒險家、五大湖區與大洋上的探險家，也就變得愈來愈不屬於這個民族自我形象的一部分。法國最偉大的英雄不是海外冒險者，而是那些團結法蘭西、使其疆土趨於圓滿，並保衛其邊界的人。[113]英國人反而逐漸自認為擁有全球性的命運。儘管偶有失蹄，但不列顛女神仍統治了波濤，倫敦成為世界的十字路口。無論行動多麼顛三倒四、缺乏規劃，也無論影響多麼難以預料，他們都喜歡把自己想成是航海民族、貿易民族、探險民族、征服民族，也愈來愈認為自己是統治民族。上百萬從法國移民出來的人多半不再繼續當法國人，但英國人——以蘇格蘭人和愛爾蘭人為領頭羊——卻成了開枝散葉的民族，散布全球各地，卻仍然與「本土」相連。如今連漢諾威家族，都不認為歐洲及其「血汙的海洋」是個需要留心的地方。布倫亨與明登在普拉西與魁北克的記憶前相形見絀。

✣ ✣ ✣

【延伸】語言：挑戰法語霸權

英格蘭人已敗壞了我王國內的人心；我們可不能讓下一代人暴露於被其語言引入邪路的危險。

——路易十五[114]

和英國人提起戰爭，他會勇往直前，
一個英格蘭士兵能擊敗十個法國人；
縱使吾人將豪誇之物由劍尖轉為筆鋒，
我們的勝算仍然更高，更高啊我們……
莎士比亞與彌爾頓一馬當先，有如戰爭中的神祇，
令法人全本劇作與史詩逃竄……

還有詹森，彷彿往昔之英雄，
已經打倒四十個法蘭西人，接下來還要再打倒四十個！
——大衛・蓋瑞克，〈論詹森字典〉（On Johnson's Dictionary）一七五六年[115]

七年戰爭期間，似乎能算是英語開始成為第一種世界語言的時間點，雖然法語在歐洲仍占據主導地位。伏爾泰沒有說錯：莎士比亞的語言並不優越於拉辛的語言。但語言的傳播不是憑藉文學、甚或是時尚，而是靠權力與金錢。

法語甫在十八世紀初確立其作為外交語言的地位。《烏特列支條約》（一七一三年）以法文寫就。使用拉丁文的舊習仍持續了一段時間，西班牙、日耳曼與義大利地區的政府仍短暫使用本地語言。但在十八世紀的頭幾十年間，法語因其重要性與便利性，逐漸成為國際交流的媒介——尤其是因為英國人只能說一點法語，別的都不行。這種習慣大致上延續到第一次世界大戰。歷史學家尚・貝昂傑（Jean Bérenger）與尚・梅約（Jean Meyer）指出，法語霸權確立之時，恰好是法國霸權正要開始衰落之時。[116]大衛・休謨在七年戰爭後自滿預測道：「所以，就讓法國人在當前其語言的傳播上取勝吧……。我們在美洲穩固、逐漸發展的基礎……將為英語許下更優越的穩定性。」[117]不過，英語後來雖然傳播到世界各地，但鮮少有地方是因為受到美國直接影響。反而是因為法國戰敗、英國海外帝國隨後的擴張，以及英國貿易與交流的相應宰制，才確保了英語能在大半個世界成為實用的溝通媒介。

長久以來，作為文化與社會上層語言的法語，可謂難逢敵手。有人把高乃依的劇作《熙德》（*Le Cid*）英譯本送給高乃依，高乃依覺得這語言相當古怪，把書跟另一種奇特語言——土耳其語的譯本擺在同一個書架上。一六八〇年至一七六〇年間，法國是最大的書籍出口國。[118]斯圖亞特宮廷的常客文人夏爾．德．聖艾雷蒙（Charles de Saint-Évremond），在他待在倫敦的四十年間都沒有學英文——此番豐功偉業，幾乎可以跟二十世紀長久出任大使的保羅．康朋（Paul Cambon）相提並論。有個故事說，一七四〇年代的凡爾賽宮除了一位出身加萊的滑膛槍手之外，就沒有人有能力翻譯英語文件。[119]路易十五反對讓英語進一步推廣。在英國，通法語始終在一般受人稱許的修養中占有一席之地，直到二十世紀亦然。旅遊作家葛羅里甚至認為英格蘭會重新使用法語，一如諾曼人統治時代；當時也確實有股流行，將詞彙與拼法加以高盧化（較古老的拼法如「honor」、「center」仍流傳至今，或是在美洲重新開始使用）。[120]學法語是「壯遊」中重要的一面。多數英國知識分子多少都能來點沙龍對話，即便這相當費勁（如大衛．休謨與亞當．斯密的例子）。安東尼．漢彌爾頓與威廉．貝克福特（William Beckford）更是以法語作家身分聞名。十九世紀中葉，有志成為家庭教師的年輕女子，通常都會到法國學校裡學如何教書，因為英格蘭上流家庭對「在法國學到的法語」有高度要求。[121]

出於時尚與價值觀因素而對英語有興趣的法國人，在十八世紀期間變得愈來愈多。伏爾泰對於法語在歐洲的普及貢獻良多，而對於英語在法國的流行，他也扮演重要的角色。他主張自己是法蘭西學院中第一個學英語的人，這話應該不假，但孟德斯鳩旋即跟上腳步。沙特萊侯爵夫人（Marquise du Châtelet）是伏爾泰過從甚密的贊助人，她把英語學到好得足以翻譯牛頓得著作，而且還能跟伏爾泰用法腔英語吵架。由於學校裡不教英語，愛爾蘭與蘇格蘭裔的詹姆斯黨人便開班私人講授，許多語言教材因而出版。[122]百科全書作家德尼．狄德羅設法用拉丁—英語字典學英文。但一直要到一七七〇與八〇年代，英文才搭上「盎格魯狂熱」的其他面向，變得足夠流行。在小姐們心中，英語取代了義大利語，成為高雅的文化素養。比索先生（M. Pissot）因為「近年來英語在法國如此普及」，開始出版低價版的英語經典作品。[123]一七七〇年代，一位諷刺作家嘲弄那些能「糟蹋幾個字」的人：「O di dou miss, kis mi」（噢，小姐打哪兒來啊，吻我）。[124]來到宮廷裡，普羅旺斯伯爵（Comte de Provence，後來的路易十八）決定學英文——法國大革命期間，他長期流亡在外，證明這個決定的好處遠比他過去所想像的更多。對英格蘭又愛又恨的路易十六，則是自學英語，違逆母親的意願——她認為這是種煽動叛亂的語言。[125]他譯過幾段彌爾頓，而他翻譯何瑞修．沃波爾所寫的理查三世聲明，則在他死後出版。他等待上斷頭臺之前，還研究了斯圖亞特王朝的歷史。用盎格魯化的表達方式或字詞成為一種流行，甚至連國王都這麼做：*site*（所在）當作*situation*，用*prononcer*（表達）取代*exprimer*。此舉惹惱了純粹主義者，尤其當這類用詞具有社會或政治意涵時更是如此：*tolérance*（寬容）、*budget*（預算）、*vote*（投票）、*opposition*（反對）、

club（俱樂部）、*pétition*（請願）、*constitution*（憲法）、*législature*（立法機構）、*convention*（協議）、*jury*（陪審團）、*pamphlet*（宣傳小冊）。

人們難免比較起這兩種語言。有些啟蒙哲士對英語表示讚賞——伏爾泰則是一改早期的稱許，轉為挖苦：

> 英語之靈魂在於其質樸，但免不了最卑下或最荒謬的思想；其靈魂在於其活力，但其他民族或許認為那是粗野；其靈魂在於其勇氣，但對於異國語法不習慣的人，恐怕會當那是胡說。[126]

盧梭的影響多少扭轉了人們的價值觀。優雅的法語交談開始遭受批評為過度矯飾、話多、不真誠而「缺乏男子氣概」。[127]此前人們抨擊為英式淺白與沉默的對話，如今則能詮釋為真誠與質樸。也有人有意採取措施，讓這兩種語言淺明易懂。塞繆爾・詹森在他的《詹森字典》（*Dictionary*, 1755）裡努力收錄流行於社會上層的「高盧語法結構與片語」。詩人克里斯多福・斯馬特（Christopher Smart）則希望「**英格蘭人之語言**」有朝一日能成為「**泰西**之語言」。[128]

一七八三年，一份備受矚目的法語跨國保證書出爐了——柏林的皇家科學院舉辦一場論文比賽，題目為〈法語何以如此普及？它何以得享如此特權？其地位可能保持嗎？〉主辦單位只接受以拉丁文、德文或法文（當然囉）提交的論文。來自各國的參賽者大致同意法語有獨特的吸引力、廣受歡迎、偉大的文學成就，其優越地位歷久不衰。獎項的共同得主之一是安東萬．里瓦羅（Antoine Rivarol）——「當代髮型最好看的人」——斷言德語太多喉音，西班牙語太過嚴肅，而義大利語不夠陽剛。至於英語，除了會讓說英語的人自己感到不快之外，英語太近於野蠻、對歐洲來說太邊緣、其文學缺乏品味、文法「古怪」，發音更是低人一等。法語不只有文學上的豐功偉業，還有某種獨特的「靈魂」：其他語言也許更具詩意、更富音樂性，但法語的客氣、邏輯、清楚皆獨一無二，因而帶來舉世無雙的「剛直」。更有甚者，法國知識領袖維持法語的地位，近年的美國獨立戰爭為法語加冕，讓英語文學和英格蘭人的力量黯然失色。里瓦羅以精妙的方式總結早已廣為人所接受的看法，將這種語言與生俱來的美德確立為固定的看法。用他最有名的話來說：「如果不清楚，那就不叫法語。」[129]對於馬克．弗馬洛里來說，這種語意上的精確，與他形容為「柔弱的透明」的二十世紀全球英語大相逕庭——英語只能在缺乏風格的情況下傳達大致意義，無以為二十一世紀帶來一種文雅的全球語言。[130]英語的角色確實與盛極一時的法語難以相比，當時的法語讓人聯想到影響力與高雅文化。法語始終是獨特的標誌；英語呢，則是「自我進步的手段」。[131]

✣ ✣ ✣

第四章 復仇者的悲劇

在我看來，身為法國人就不可能不希望英格蘭倒楣，但若一個人是受到要求而生活在英格蘭人之間，這種理所當然、互相的情緒只會與日俱增。至少我是這麼感覺，我真希望自己活得夠久，能看到一切壞事降臨在他們身上，看他們的憲政體制即將在國內造成什麼問題，看他們在國外的粗野活該遭遇什麼慘劇。

——法國駐倫敦大使沙特萊公爵（Duc de Chatelet），一七六九年[1]

七年戰爭帶來的透支，把法國與英國推進水深火熱中。君主與大臣備受抨擊。反對者要求更多的發言權。「愛國心」、公民身分、代議與權利等詞彙融入政治論辯中，讓涉及稅收的衝突益發危險。在英國，美洲殖民者造反，威脅著不穩的政局；在法國，一場近乎宮廷政變的事件震撼全國，但此舉卻未能壓制政治上的緊張關係。法國統治者認為七年戰爭的結果不合常理、純屬機運，決心顛覆這個局面。他們的決心，註定了大英帝國與波旁君主國的命運。

舒瓦瑟爾復仇記

英格蘭不過是歐洲的一小塊地，居然占了上風，我對此完全不可置信……。或許有人會回說「這是事實」，這我也非同意不可；但既然這不該發生，我也只好抱著希望，相信不能理解之事將無法長存。

——舒瓦瑟爾公爵，一七六七年[2]

「滿心仇恨、不知悔改的盎格魯恐懼者」舒瓦瑟爾，[3]認為《巴黎條約》不過是一紙停戰協議。七年戰爭之初，舒瓦瑟爾擔任駐維也納大使，當時他就對與奧地利的聯盟感到不耐，深信此舉將迫使法國「忽略海戰與美洲，但那才是真正的戰場」。[4]這位來自洛林的貴族把握到「幾畝雪地」的重要性，這幾畝地可是會對歐洲造成影響。要是他能破壞英國對殖民地的控制，將其貿易轉往法國，就能提升他影響歐洲事務的能力，減少英國干預。如此一來，法國面對崛起中的普魯士與俄羅斯勢力時的威望與保障措施，也能得到強化。舒瓦瑟爾上書國王，說：

英格蘭公然與陛下的大權與國家為敵，她永遠都會是敵國。她對貿易的貪婪，在協商時不可一世的態度，對陛下權力的覬覦之心……必然使您預見，面對這個志在成為地維四方之尊的國家，得用去數世紀的時間才能與之締結長久的和平關係。我們必須殫精竭慮，以傾國之力對抗英格蘭人。[5]

舒瓦瑟爾公爵，雖然被稱作「小傢伙」，卻是大英帝國的死敵。

舒瓦瑟爾規劃另一場戰爭來回應此前的潰敗，此舉證明這位看似輕佻的廷臣有著什麼樣的自信與決心，他準備對英國揮出一記堪比史上所有政治家的重拳。

他深信英國已經黔驢技窮——這是法國政壇常見的看法，許多英國人也這麼認為。公債、高稅賦、貿易動盪、政治派系與族群衝突，都讓人進一步懷抱希望，認為英國的力量只是空中樓閣。這種公開不滿情緒最惡名昭彰的代言人，就是聰明、毫無道義、性喜漁色卻又魅力十足的政治投機者約翰．威爾克斯（John Wilkes）——借塞繆爾．詹森的話說，這位最「無賴」的人僅剩的藏身處，就是愛國心。一七六三年，威爾克斯逃到法國，以躲避文字煽動叛亂與瀆神的控訴，他在法國待了五年，直到為躲過債主而被迫逃亡為止。一位恐法、反教皇黨的愛國人士似乎不大可能流亡到法國，何況在法國仍然是個社交名流。但英國政府的大敵總是能找到些朋友，而他爭取「自由」的行動也能在法國王室的反對者之間產生共鳴。威爾克斯手巾

（*Mouchoirs à la Wilkes*）——印有威爾克斯對密德瑟斯（Middlesex）選民的演講詞，並附有手繪「愛國英雄」畫像的手帕，成為流行商品。英國政府試圖讓他消音，付錢找人（此君還在威爾克斯的花園裡勤練手槍槍法）前往法國，試圖在決鬥中殺掉威爾克斯，但未能成功。[6]

舒瓦瑟爾對威爾克斯及其不稱職的迫害者嗤之以鼻——「無能已極的政府，連人民中一個侮罵、譏諷當權的雜碎都不敢懲罰」。他「滿心歡喜」，讀著倫敦暴動的報告：「英格蘭人此番自相殘殺最是能讓我們感到滿足。」[7]一切局勢都顯示出法國無須憂心。法蘭西的政治制度與國力天生更為優越。就連「土爾的窮人」請願表示「全民業已飢寒交迫」，也無法打壞凡爾賽的好心情。[8]「除了糾集一支十六萬人的海軍，以及二十五萬人的陸軍之外，英國還有什麼能耐？」[9]萬事俱備，只欠行動：「法國只要讓能臣掌權，英格蘭立刻便會掉回原本的平庸境地。」[10]而舒瓦瑟爾就是最聰明的臣子。

法蘭西認定美洲是英國曾輝煌凱旋的舞臺，也是她的弱點。早在一七六五年，舒瓦瑟爾便告訴法王「唯有在美洲引發一場革命……才能讓英格蘭重回其弱小的國勢，讓歐洲再也不用擔心。」[11]只要殖民地無法對英國政府帶來貢獻，其海外帝國的花費便將壓垮該國。但若英國試圖對殖民地徵稅，「殖民地很容易就會脫離……他們絲毫不擔心遭到懲罰，因為英格蘭沒有能力持續與之作戰」。[12]若干事件也鞏固了這種期望：《美洲關稅法》（American Duties Act, 1764）與《印花稅法》（Stamp Act, 1765）在新英格蘭造成嚴重動盪。

舒瓦瑟爾的策略怎麼可能是等待美洲情況自行發展？那太被動了。他在倫敦與美洲派駐間諜蒐集政治與軍事情報，甚至試圖行賄美洲的帝國派愛國人士班傑明・富蘭克林，但在當時沒有成功。眉清目秀的博蒙的德翁騎士（Chevalier d'Eon de Beaumont），則是駐倫敦的重要間諜——這位騎兵軍官後來以雌雄莫辨的偽裝聞名。但在當時，德翁只是外交官兼間諜——王室密探（*secret du roi*，法王私人的外交與間諜組織）的一員。後續任職的大使們也為戰爭出謀畫策。「無論是誰，只要生為法蘭西，」大使吉訥伯爵（Comte de Guines）在一七七三年寫道，「看到居然有個國家長年以來明顯勝過自己的國家，肯定感到椎心之痛……。這災難由來雖然已久，但並非無法補救。」[13]吉訥大使是另一號有趣人物，以長笛吹奏技巧和穿緊身褲的愛好聞名（據說，他的男僕為他準備服裝時，會先詢問他當天是否有打算坐下）。他為情報行動提供支援，並密謀趁危機爆發時在股票市場中大賺一筆。海軍上校路易・富蘭索瓦・加雷・德・拉侯濟耶（Louis-François Carlet de La Rozière）與王室密探頭子布羅意伯爵（Comte de Broglie）勘測薩塞克斯（Sussex）與肯特（Kent）海岸，讓詳盡的登岸計畫得以完成。一切在一七六五年呈交國王。到了一七六六年，凡爾賽與馬德里已經制定好戰略計畫。[14]但德翁為了錢與當局起了爭執，開始「扮演威爾克斯」，公開抨擊凡爾賽。此舉使他在英格蘭成為政治英雄，他甚至出人意料，成為一位研究十七世紀英格蘭共和思想著的學者，並翻譯若干作品。真正的危險在於，他威脅將大使館制定的入侵計畫公諸於世，過早挑起戰爭。法國當局因此大失顏面，先是試圖毒殺他，後來還想在沃克斯花園綁架他，兩次卻都失敗，反而使他名聲更為響亮。[15]

舒瓦瑟爾繼續推動計畫，煽動愛國狂熱。皮耶・貝盧瓦（Pierre Belloy）在當局贊助下所寫的劇本《加萊圍城戰》（*Le Siège de Calais*, 1765），是「第一部讓全國人感受到身歷其境的法國悲劇」。[16]這部戲在首都巴黎與地方上都吸引到狂熱的觀眾。在有駐軍的城鎮，軍官們還會登臺票戲。劇情以一三四七年英格蘭人圍困加萊為本鬆散寫就，演出高貴、無私的法國人對抗「驕傲」、「殘忍」、「自大」、「野心勃勃」的英格蘭人──法國人「無邊的大家庭」威武不能屈，令英格蘭人瞭解其錯誤舉止而感到羞愧。劇情最後以訴諸人性與歐洲的激情場面作結。這部戲雖然題獻給法王，但劇中表現的君主國概念，即便放在英格蘭也顯得相當大膽：「若無人民的同意」，君權則「徒然無用」；「自由而自豪的民眾……為自己制定……公正而至高無上的律法」。[17]這類理念是愛國主義的精髓，也正是專制君主國賭上其存續，也要試圖否定的理念。

對復仇的準備無遠弗屆。一旦法國要在海外行動，就必須鞏固與奧地利的同盟關係，以保持歐陸平靜。也需要拉攏西班牙（其海軍為法國所亟需）參與這場冒險，將之打造為有用的援軍。凡爾賽更派遣使節到德里的蒙兀兒帝國、強大的北印度馬拉塔（Maratha）聯邦，以及其他印度強人──例如邁索爾（Mysore）的希德・阿里（Haider Ali）處。位於地中海、加勒比海與印度洋的基地也要做好準備。動員海陸軍之前，需要籌措經費。這一切需要堅定不移的政治支持與國家機器的完美掌控。因此，舒瓦瑟爾在宮中的友人得確保路易十五聽取有用的建言，圍繞在可靠之人之間。舒瓦瑟爾在這個由前廳、寢宮與裙帶關係組成的世界裡悠然自得。他的朋友仍然是龐巴度夫人。如今的她不像國王的愛人，反倒像好友，但她仍然活躍，而且不甘作為玩物。

舒瓦瑟爾的當務之急在於海軍，他告訴國王，海軍「將成為這個王國的救贖或衰敗之所在」。七年戰爭期間，法國海軍「不僅遭到擊潰，而且顏面掃地」。[18]法軍失去九十三艘船（相形之下，英國只損失一艘），只留下四十艘飽受摧殘的船隻。舒瓦瑟爾將外交事務交給表親，接掌海軍部，開始學習有關大海的事情。他以打造九十艘戰列艦與四十五艘護衛艦為目標，並承諾國王能在四年間完成六十四艘戰列艦。戰爭期間各界出資打造的十七艘巨艦（每艘價值一百萬里弗爾）終於完工，並累積大量木材與桅桿等戰略儲備。到了一七六五年，舒瓦瑟爾告知國王，他已經讓準備出海的軍力「幾乎翻倍」，達到六十二艘戰列艦與二十三艘護衛艦。情報單位在樸次茅斯與普利茅斯（Plymouth）吸收間諜，另外還派人前往英格蘭的黑鄉打探鑄炮所需的焦炭鎔鐵技術。造船廠進行升級或擴建，連西印度群島也不例外。相關人士也制定計畫，讓瑟堡的港口能支援海峽內的軍事行動。法蘭西島〔Ile de France，即模里西斯（Mauritius）〕戰力得到強化，作為印度軍事行動的跳板。一七六九年，法國占領科西嘉島，此舉主要是為了不讓英國人得到能扼住土倫的據點。英國民眾相當讚許科西嘉開明派英雄巴斯夸・帕歐里（Pasquale Paoli）率領的抵抗行動。同情人士提供武器與資金，但白廳無意為科西嘉島一戰。兩萬五千名法軍部隊花上好幾個月擊破科西嘉志士，驅逐帕歐里，使其名譽流亡至英格蘭。拿破崙・波拿巴（Nabuleone di Buonaparte）就是生在這一年，「生於故鄉垂死之際」。他因此成為法蘭西子民，而非熱那亞人（差一點就成了英國人）。

遺憾的是，舒瓦瑟爾無緣親自品嘗計畫中的復仇。他對資金的要求難免造成法院派的抵制，雖然他試圖安撫，但此舉卻冒犯了宮廷內的保守派，指控他削弱王權——他甚至遭人指控毒殺王太子。他的命運就和所有波旁大臣一樣，在宮廷內成為定局。他的自信、對權力與榮譽的貪婪、對敵手的鄙視，以及豪擲法蘭西王國財富的做法，都樹立了許多敵人。龐巴度夫人在一七六四年過世，削弱了他對國王的掌控，而他也沒能成功讓自己的一位追隨者取代龐巴度夫人的位置——他的妹妹原先是有機會的。但這不妨礙舒瓦瑟爾對新任情婦的鄙夷——「嘿，美女，情況好不？」他刺探寢宮內情，向路易提了一份羞辱人的報告，內容表示這位情婦拿路易的性無能說長道短，藉此使她失勢。但這種微不足道的勝利並不長久。一七六九年，一位更難以應付的對手——美麗、風趣、傻氣的珍・貝庫（Jeanne Bécu）這位成功的應召女郎「天使小姐」（Mademoiselle Ange）——找到方法重振國王的雄風，更因為其付出而獲封為杜巴利伯爵夫人。舒瓦瑟爾受到自己的自命不凡與嫉妒心所驅使，同樣試圖使她倒臺，她也因此成為舒瓦瑟爾的對手向法王尊耳進讒言的渠道。他們指控舒瓦瑟爾縱容法院派，藉此增加自己影響力；「天使小姐」也一再對自己的愛人耳提面命，提醒他查理一世遭遇的下場。舒瓦瑟爾瞭解情勢岌岌可危，但仍然安排了好幾樁波旁家與哈布斯堡家的聯姻，以鞏固與奧地利的同盟。其中最重要的，就屬未來的路易十六與女大公瑪麗・安東尼的婚姻——當她還是個小女孩時，舒瓦瑟爾就訂了這樁婚事。

他的失勢緊跟著福克蘭群島事件發生。一七七〇年，英國與西班牙對福克蘭群島的對立主張起了衝突。舒瓦瑟爾起先敦促過度自信的西班牙要嚴加提防。他知道法、西兩國尚未準備好拿下英國海軍，也不期望美洲會在近期發生革命。然而法王擔心舒瓦瑟爾在戰爭上押寶以維持自己的權勢，而舒瓦瑟爾的盤算確實也諱莫如深。[19]國王於是用波旁式的做法，沒有一點表示就將之撤職，給他二十四小時離開凡爾賽，回到自己的鄉間采邑。舒瓦瑟爾活到一七八五年，期間雖然有瑪麗．安東尼為之說項，但他再也沒有重新掌權。他把閒暇時間用於地產投機和出售自己的若干藏畫〔今藏於羅浮宮、隱士廬博物館（Hermitage）與華勒斯典藏館（Wallace Collection）〕，多少也是為了支應自己貴族式的大手筆。不妨說，舒瓦瑟爾成了法國首個公開、以國家優先、具影響力的反對黨所攻擊的箭靶。

舒瓦瑟爾倒臺，標誌著政策方向的短暫轉變，以及一段政治劇烈衝突的時期。他的後任緩和與英國的關係，以便騰出手打擊國內反對派，將他們的注意力轉移到東歐問題上。一七七一年，大法官莫普曾剝奪法院派的權力，試圖撲滅反對力量。此舉究竟是短視近利的愚民政策，抑或是大膽、良善的改革？歷來史家對此意見分歧。但路易十五在一七七四年五月突然駕崩——一度「廣受愛戴」的人，這時卻受所有人厭惡——導致政策翻轉。年輕的路易十六開除莫普，恢復法院派的職位。他就像喬治三世，以當個「愛國的國王」為目標——身兼國家領袖與公僕，既能聖觸療傷，又是美德的典範（兩位國王都打破傳統，對妻子保持忠誠）。表面來看，路易似乎比喬治更有可能成功，因為喬治的王國快要爆炸了。

拿掉「不列顛」的「大」：第二次美洲戰爭，一七七六年至八三年

那個「大」字很快就會從不列顛頂上消失……不出幾年，她就要跌落成二流或三流的歐洲國家，沒有再興的希望。

——法國外交部報告，一七七七年[20]

一度扼住法蘭西的強權如今徹底而永久的衰落，失去所有影響力與力量……淪為與瑞典和丹麥相仿的二流國家。

——神聖羅馬帝國皇帝約瑟夫二世（Joseph II）[21]

美洲殖民地人民與本國政府在一七六三年共享帝國的凱旋，但雙方卻如法國人所料，在接下來幾年形同水火。處在風口浪尖的，是美洲領袖山謬．亞當斯（Samuel Adams）所謂「我們英國人特有的權利」。[22]兩項最關鍵的議題，分別是控制因法國戰敗而得來的遼闊領土，以及處理龐大的戰爭債務——整個世界經濟體系已經因戰費而達到極限。增稅有其必要，但確實窒礙難行。政府開支在戰後難免要緊縮回原樣，因而開啟一段難以承受的經濟衰頹。破產、失業與饑饉也讓納稅人在英國與美洲的抗議愈演愈烈。

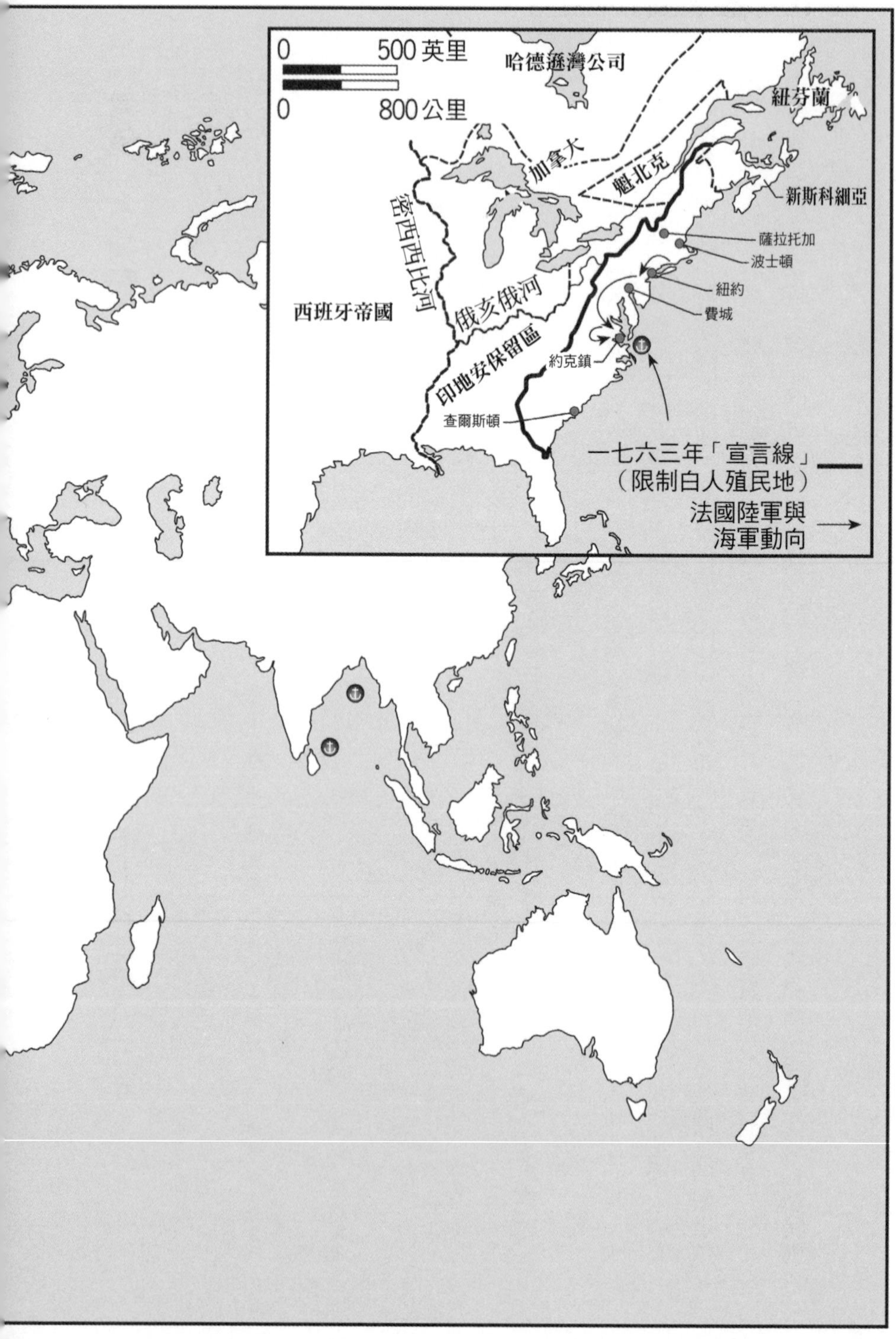

0
500 英里
0
800 公里
哈德遜灣公司
紐芬蘭
加拿大
魁北克
新斯科細亞
密西西比河
薩拉托加
波士頓
紐約
費城
俄亥俄河
西班牙帝國
印地安保留區
約克鎮
查爾斯頓
一七六三年「宣言線」
（限制白人殖民地）
法國陸軍與
海軍動向

美國獨立戰爭

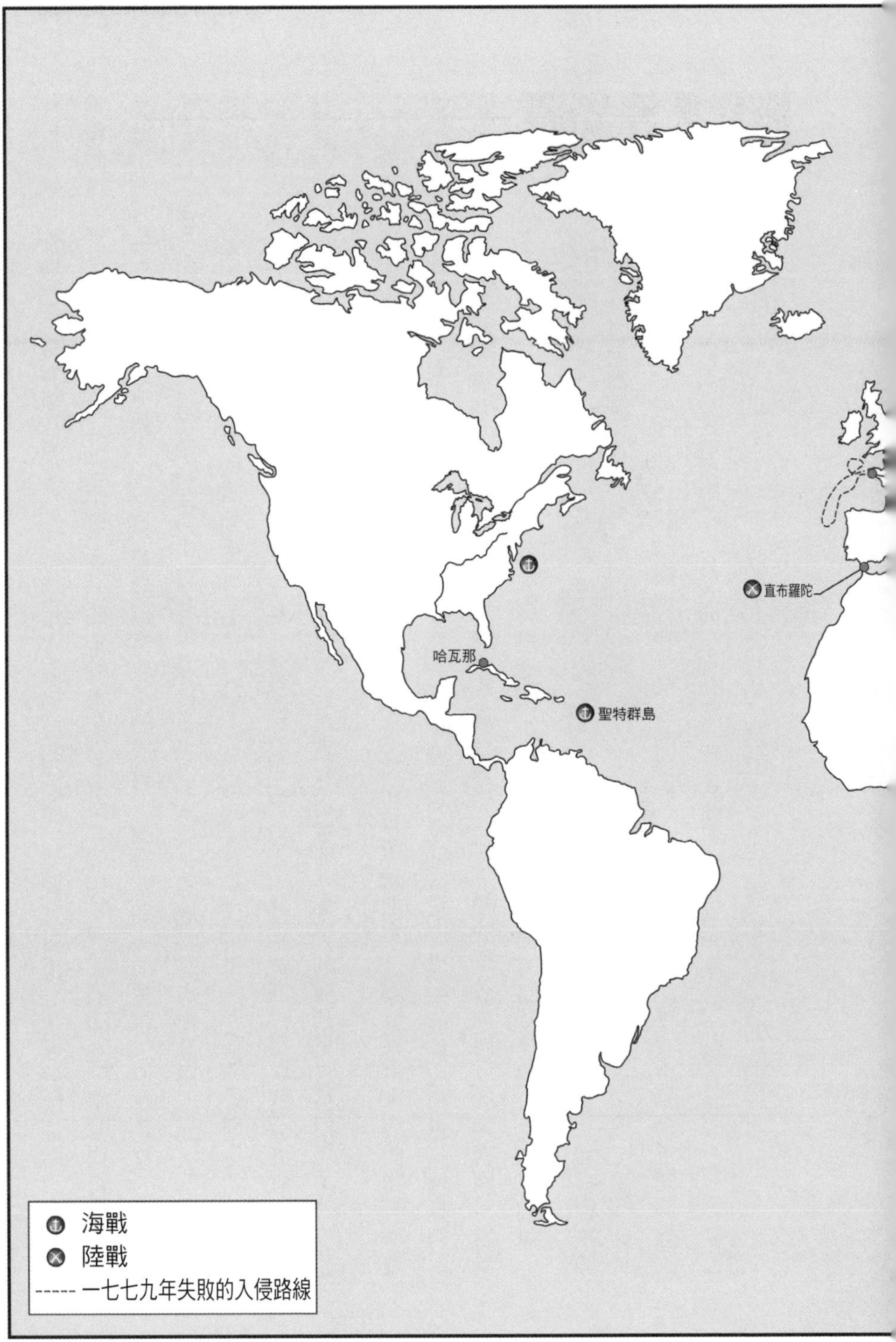
直布羅陀
哈瓦那
聖特群島
海戰
陸戰
----- 一七七九年失敗的入侵路線

土地炒作與移民侵吞原住民土地，都是根本而無解的問題。英國官員擔心會爆發慘烈而昂貴的印地安戰爭。許多官員與如今成為英國子民的印地安部落有著良好關係。北美洲印地安事務司長威廉．約翰遜（William Johnson）爵士，是莫霍克部落收養的成員，講莫霍克人的語言，與莫霍克公主Gonwa tsi ja yenni結婚〔一般稱呼她為茉莉．布朗特（Molly Brant）或「印地安的約翰遜女士」（Indian Lady Johnson）〕。兩人的兒子成為英國陸軍軍官，他們的家——約翰遜公館（Johnson Hall），則是名副其實的英國與印地安社會重心。[23] 一七六三年十月，當局頒發皇家公告，禁止歐洲移民聚落發展超過阿帕拉契山與密西西比河的範圍。對殖民地人民而言，此舉意味著擊敗法國人的勝利果實被扣住了。

倫敦的部會首長們希望能稍微對殖民地人民徵稅，從而對殖民地本身過去與未來的防務有所貢獻。但殖民地人認為《航海法》（Navigation Acts）已讓英國獨占美洲貿易，目前的稅收貢獻已經足夠。暴動、官員大批辭職，以及最嚴重的——杯葛英國進口貨物，讓英國的生意人與政治人物深信當局做得太過火了。威廉．皮特（此時已下野）與埃德蒙．伯克等輝格黨領袖，為殖民地人民大聲辯護。一七六五年的《印花稅法》在隔年撤銷，愛國人士一片歡騰，大西洋兩岸都放起了煙火。但喜悅之情卻很短暫。稅收、貿易限制、債務與土地等根本問題，進一步點燃價值觀與利益的衝突。[24] 平靜的局面再也無法重建，尤其是波士頓、紐約與費城等最大的口岸。等到一七七三年，當局為了懲罰騷動而關閉波士頓港時，對抗於焉展開。一七七四年九月，代表所有北美殖民地的大陸會議（Continental Congress）在費城舉行。一七七五年四月的麻薩諸塞，也發生了民兵與正規軍之間的戰鬥。

這場時人認為的英國內戰，激起大西洋兩岸的爭執：政治上的反對派指控當局密謀要削弱整個帝國的自由。他們懷疑，強索自印度的不義之財，已經被有心人士用來腐化政治制度。《魁北克法》（Quebec Act, 1774）雖然認可天主教會在法國受征服殖民地內存在，但並未為當地設立民選議會——「教皇黨與奴隸制度」——似乎正是傾向專制的證據。羅金漢勳爵（Lord Rockingham）、謝爾本勳爵（Lord Shelburne）與埃德蒙・柏克等輝格領袖譴責在美洲動用軍隊的做法。羅金漢的原話是：「一旦專斷獨行的武力控制了這個大帝國的一部分……則距離整個帝國陷入類似的奴役局面也就不遠了。」[25]這類觀點在一七八〇年四月喚起了歷來最知名的一次下議院動議——「王室的影響力已經擴張，且仍在擴張，應予以縮減。」殖民地人民的反抗最終帶來一七七六年七月四日的《獨立宣言》（Declaration of Independence），此事在英國也有許多支持者。其中最有力的支持來自反國教派——尤其是英格蘭的「理性反國教派」（rational dissenters）[1]與阿爾斯特長老教會，他們對反抗者的宗教與政治立場感同身受。約翰・霍恩・圖克（John Horne Tooke）是其中一員，他發動認捐，照顧「我們摯愛的美洲同胞留下的寡婦、孤兒與年邁雙親……他們**忠於**英格蘭人的品格……卻遭到**國王**的軍隊殘忍殺害」。[26]至於支持政府的人，大致上都認為叛亂削弱法治，威脅帝國存續，要是少了海外帝國領土，英國便無以與法國抗衡。這種觀點在蘇格蘭非常強烈，以至於英格蘭的反對派將這起衝突斥為「一場蘇格蘭戰爭」。

1【譯註】英格蘭反國教派新教徒中，有一群人在禮俗上與國教最為接近，但認為設立國教等於干涉思想自由而反對國教。他們激烈抨擊國教的階級結構，反對國教會在財政上與政府的緊密聯繫。

至於愛爾蘭，天主教徒對「新教」叛亂者沒有多少同情，許多人更是渴望藉機展現對王室的忠誠。

法國的情況相仿，試圖解決戰後經濟問題的措施，也同時導致民間與政界的抵抗。財政總監杜爾哥是握有實權的啟蒙哲士，也是重農派的經濟學家，性格武斷而自以為是（但不得不說，他常常是對的）。重農派相信經濟自由能增進國家財富與政府稅收，因此杜爾哥希望撤銷對穀類貿易的管制；然而，他卻選在收成不佳時實施，結果造成民眾恐慌。暴動從鄉間蔓延到巴黎與凡爾賽，群眾甚至包圍了王宮。當局為取得穀物採取果斷措施，這場「麵粉戰爭」以鎮壓告終。此外，杜爾哥以壓抑財金特權、改革稅收為目標，頒布《六詔令》（Six Edicts, 1776），結果也激起包括廷臣與法院派等既得利益者的憤怒反對。這起事件相當於英屬北美洲問題的法國翻版，但對權力中心的威脅更為直接——國王本人能「親眼」看見飢餓的農民。不過正因為如此，要鎮壓也更為容易：處理「麵粉戰爭」的兩萬五千人部隊就在手邊，英國在麻薩諸塞的軍力卻只有三千五百人。更有甚者，法國政府再度準備藉由舉債，好讓財政問題眼不見為淨。

從一七七〇年代中期以來，法國大幅增加軍事開銷。「神意指明此刻為羞辱英格蘭之時」，新任外相韋爾金伯爵（Comte de Vergennes）是這麼認為的。[27]《加萊圍城戰》盛大演出，就是刻意安排來刺激愛國狂熱之用。法方迅速招徠威廉．威爾金森，設廠鑄造大炮。紐芬蘭外海作業的漁民則接獲命令，回港擔任軍艦船員。英國人知道有事正在發生，他們在法國有高效的間諜網，由大使斯多蒙勳爵主持。班傑明．富蘭克林對帝國價值感到幻滅、逐漸倒向美洲家園情感，他才剛在巴黎郊區的一棟房子裡設立臨時使館，就遭到英國當局滲透了。

有個人板起臉說教，提醒人們小心——杜爾哥。對於美洲人的目標，他比機會主義的同僚們懷抱更多同情。他相信美國獨立——應該說所有殖民地的獨立，最終都不可免。他主張法國的利益，在於讓盎格魯與美洲衝突持續下去。干預做法恐怕會讓雙方和解，轉而對付法國。說到底，法國負擔不起戰爭。「國王曉得自己王國的財政情況」：戰爭將是「極大的災難，畢竟戰爭會讓必要的改革長期無法推動，甚至是永遠……。如果我們草率動手，就是冒著讓我們弱點長久存在的風險」[28]。他拒絕將海軍預算從三千萬里弗爾提升到六千兩百萬里弗爾。一七七六年五月十二日，杜爾哥下臺。這下錢就不是問題了，海軍開始在布雷斯特與土倫備戰。

咸認杜爾哥去職是法國歷史轉捩點之一：舊政權就此錯過自發改革的最好機會，踏上註定往垮臺前進的第一步。杜爾哥警告，第一發炮響也就意味著革命，此言看似危言聳聽，實則真實不虛。身為國家財政的舵手，他的音量卻出奇微弱。一位圈內人寫道：「部會首長習慣上只把財政總監當成收錢的人，負責執行他們的政治計畫，但不要阻撓。」[29]這段話挺適合當成波旁君主國的墓誌銘。

職業外交官韋爾金延續舒瓦瑟爾的政策，以恢復法國的優越地位。他特別針對英國：

讓北美洲殖民地脫離她；她萎縮的貿易、受阻的財政，將恰如其分削弱其力量，使她不那麼惱人，也不那麼驕傲。她將無法添柴加薪，在歐洲大國間製造分裂與不和。[30]

韋爾金憎厭北美洲反抗者的政治理念，但意識形態不成問題。他願意支持波士頓的愛國者，視為「我們的朋友」來對抗英國，同時卻鎮壓日內瓦的本土勢力，視之為「英格蘭的幫手」。[31]但他很小心，英國說不定會試圖在歐陸引發戰爭。因此，絕對不能讓其他國家覺得自己受到法蘭西雄心的威脅。「只要我們滿足於砍下敵人的雙手，而不堅持刺穿其心臟，別人就不會那麼怕我們。」[32]最好的做法，是盡可能長久借代理國的手進行戰爭，暗助反抗軍，同時在印度鼓勵人們反對英國。法王如是說：「他們愈打就愈是損己。」[33]

❖ ❖ ❖

【延伸】走進費加洛世界

美洲與英格蘭之間如火如荼的爭吵，即將分裂全世界，改變歐洲的結構〔……〕。唯有不計代價阻止英格蘭與美洲議和，同時防止任何一方大獲全勝，陛下才能維持您所意欲之和平。

——皮耶・奧古斯坦・卡洪・德・博馬舍（Pierre-Augustin Caron de Beaumarchais）

致信路易十六，一七七六年二月[34]

皮耶．卡洪——又名博馬舍的卡洪——是位鐘錶匠、王室豎琴老師、治安官、企業家兼謀殺嫌疑犯，而且想當廷臣與劇作家。他同時是王室密探的一員，幫舒瓦瑟爾公爵打雜——後者相當於費加洛所服務的伯爵阿爾瑪維瓦（Almaviva）。一七七五年登臺的《塞維利亞的理髮師》（*The Barber of Seville*），則是他首度在文壇大獲成功。

這年夏天，他被派往倫敦擔任密探，設法解決懸而未決的騎士德翁問題。此時的德翁以女性劍術老師的身分，教小姐們擊劍為生，同時仍威脅若不支付三十一萬八千里弗爾又二十六蘇（*sous*），就會將祕密文件公諸於世。路易十六為了終結難堪的局面，希望德翁重返法國，以女性的身分生活，穿著專屬女子的衣服。博馬舍與之進行接觸：「這少婦為我癡狂……是哪個白癡，以為國王的政府需要我對這個龍騎兵上尉[2]獻殷勤？」[35]他說服德翁交出爭議文件，以交換每年一萬兩千里弗爾的年金、清償其倫敦債務、一筆兩千盾（*écu*）[3]的治裝津貼，以及在女裝上配戴聖路易十字章（Cross of St Louis）的皇家特許（「僅限於在外省」）。博馬舍也跟威爾克斯與其他親美政治人物接觸。他本人對法國本土出現的民主理念

2【譯註】一七六一年五月，德昂擔任龍騎兵上尉，在七年戰爭晚期參戰。
3【譯註】法國貨幣，因為錢幣上印有盾形紋章而得名。最早的盾為金幣，其價值與成分隨時代而有不同。

不抱同情，但卻成為美洲民主人士的熱情支持者。他致信法王與韋爾金，敦促將資金與武器運給反抗軍：「他們請求的這一點點幫助……將為我們帶來重大的勝利果實，而且毫無風險。」[36]一七七六年五月，韋爾金授權他設立公司，要他以「自負風險」的方式提供武器：「在英國政府甚至是美洲人眼中，這種行動應該以私人投機生意的表象進行，我國則對此一無所悉。這一點至為關鍵。」[37]法國政府預支兩百萬里弗爾，西班牙又給了一百萬，攬稅總監再加碼到四百萬。博馬舍在巴黎成立羅德里格·霍塔勒茲公司（Roderigue Hortalez et Compagnie），向政府的兵工廠購買武器。美國人馬上訂了三萬把滑膛槍、三萬套制服、兩千桶火藥、大炮、彈丸與四千頂帳篷，以菸草支付。截至一七七七年三月，博馬舍已經派送九趟關鍵的船貨，只有一次遭到攔截。[38]沒過多久，他自己就有了一支迷你海軍，但他從來沒有賺到多少錢。

戰後，博馬舍重返劇場界，寫作《費加洛婚禮》（*The Marriage of Figaro*）。劇中藉一位聰明新貴之手對貴族進行無禮的嘲弄，捕捉到戰後的觀眾口味。愛好人物的宮廷中人熱愛《費加洛婚禮》，讓這部戲能在一七八四年四月登臺，儘管路易十六對此強烈反對——他清楚表示，讓戲上演，就相當於拆毀巴士底監獄。

✣ ✣ ✣

倫敦方面希望限制戰爭的規模，對法國運送武器睜一隻眼、閉一隻眼。但凡爾賽允許美國私掠船進法國港口尋求庇護，此舉卻造成一場外交危機。一七七七年六月，英國海軍接到命令，搜索並阻止法國船隻前往美洲。英國扣押了一百五十八艘法國商船及其船員[39]——這項行動（與一七五五年遙相呼應）讓法國缺少船員。一七七七年十二月，陸軍少將約翰・伯格因（John Burgoyne）的部隊在薩拉托加（Saratoga）投降的消息震驚各界，導致倫敦股票市場崩盤。法國出了首流行歌歌頌〈叛亂軍的勝利〉（The Successes of the Insurgents）：

一天就結束任務
送你的孩子去跳舞
在英格蘭的廢墟上跳舞。[40]

法王與韋爾金打算以協助的形式出手干預，不希望美國人在法國有時間這麼做以前就獲得勝利。他們相信（博馬舍對此掛保證）英國人已經決定讓美國獨立，改以攻擊法國與西班牙殖民來彌補自己的損失，說不定還會跟曾經的叛軍聯手。[41]韋爾金決定以「不讓〔法國〕真成為侵略者」的方式激起戰爭。[42]外交部預測「一七七八年將成為英格蘭命運與法國優勢的勝負手。」[43]美國海盜船再次得到港口設施支援，此舉在二月時成為官方政策——基伯龍灣的法國海軍以九響禮炮，向聲名狼藉的海盜船長約翰・保羅・瓊斯（John Paul Jones）船上的美國國旗致敬。到了三月，凡爾賽告知倫敦，表示法國已經與美國人簽訂條約，承認其獨立。雙方召回大使，英國駐敦克爾克的「監察官」則在歡騰的愛國情緒中遭驅逐出境。三月二十日，班傑明．富蘭克林正是以美國使節的身分獲宮廷接見。富蘭克林新大陸式的直率，讓齊聚一堂的仕女、教士與貴族感到相當興奮：褐色套裝、笨重的鞋、眼鏡、沒有假髮（人們認為這是清教徒的風格，但顯然是在渡海時給風颳到海裡了）。但英國人還是沒有中計宣戰。

一七七八年六月十七號，第一次流血衝突終於在羅斯科（Roscoff）外海發生——小型護衛艦「美少女號」（*Belle Poule*）與「阿瑞圖薩號」（*Arethusa*）打了起來。雙方皆把此事當成光榮凱旋加以慶祝——兩國的歷史書仍能反映出不同的意見。儘管「美少女號」嚴重受損，被迫尋找避風港，且有五分之一的船員陣亡，但船長仍然成為民族英雄：以撒．尚．提摩西．夏都．德．拉克羅謝特里（Isaac-Jean-Timothée Chadeau de La Clochéterie）祖上三代都是海軍軍官，父親在三十年前與安遜將軍作戰時陣亡。他的「勇氣，甚至是瘋狂」[44]終於催動了敵意，不過距離正式宣戰，還需要三週時間。凡爾賽的婦女開始頂著「美少女號」髮型——將頭髮梳好上膠，弄成船的形狀。

這場戰爭得到全民支持。讚美英式自由的人認為殖民地人民是真正的自由捍衛者。保守派則對機會表示歡迎，打算讓博馬舍所謂的英國「混雜動盪的……王室—貴族—民主政體」之低劣廣為人知。貿易商則期待獲得顧客。所有人都期待法蘭西恢復（一份報紙如是說）「其帝國、其優勢……恢復她在歐洲一流國家之間的地位，再也不會失去」。[45]有首流行歌詞則說希望「你將擊碎／屬於號稱政治家的這些商人／屬於下議院小政客的講壇」[46]。

【延伸】心懷革命的貴族

我們踏在花毯上歡快前行，鮮少想像腳下有著深淵。

——塞居爾伯爵（Comte de Ségur）[47]

在一群幫助美國人，藉此追求榮耀與復仇的法國貴族青年中，拉法葉侯爵馬里．約瑟夫．莫提耶（Marie Joseph Motier, Marquis de La Fayette）是最有名的一位。洛贊公爵（瑪麗．安東尼的親信之一）指揮自己的兵團參戰。年輕的塞居爾伯爵（戰爭部長之子）、孟德斯鳩男爵（那位哲學家的孫子）、拉梅特伯爵（Comte de Lameth）家的三兄弟〔狄奧多（Théodore）、夏爾與亞歷山大（Alexandre）〕、布羅意親王與諾瓦耶子爵全都投身戰場。瑞典的費爾森伯爵（Count Fersen，後來因試圖搭救瑪麗．安東尼聞名，據說也是她的愛人）也設法軋了一角。

其中有好幾位到了一七八二年春天才搭上船，先是在亞速群島磨磨蹭蹭（跟年輕的葡萄牙修女建立「友好關係」），差點被英國海軍捕獲，到戰爭將近結束時才登上美洲大陸。但拉法葉的角色遠比他們重要得多。其祖上在第一次百年戰爭時是法國陸軍元帥，父親則在明登陣亡。他渴望冒險、榮耀與復仇——「傷害英格蘭，就是為國效勞（我相信也是復仇）。」[48]

一七七七年，他在沒有王室許可的情況下溜出法國，自己買了船，向華盛頓伸出援手。華盛頓亟需法人援助，拉法葉則提議動用其社交界影響力以達成目標。一開始，這位二十歲的侯爵與其美國盟友的關係相當緊繃——法國人跟美國人之間多半如此——但拉法葉美化了美洲、原住民與殖民地人民的形象。法國軍官「看到拉法葉侯爵多次降尊俯就，模仿美洲民主人士的風俗習慣」，對此大為不悅。[49]他崇拜華盛頓，華盛頓則報之以慈父般的關懷。

拉法葉以英雄身分重返法國，此後他始終是美法友誼的象徵。後來，他和其他曾在美洲作戰的貴族（尤其是拉梅特兄弟）在反對專制君主國的政治抗爭，以及法國大革命初期擔任要角。

約克鎮圍城戰時的拉法葉侯爵和他的黑人僕從詹姆斯·阿穆斯蒂德（James Armistead）。愛國派的貴族幫助一個擁奴的共和國，加倍諷刺。

法國的介入在英國引爆了嚴重的分化，人們對戰爭和現實處境的看法也有改變。這一方面創造出一種大難臨頭的普遍感受，各界因此加倍批評政府將國家領向如此危機。暴動四起，群眾吊死人像，攻擊官員住宅，愛爾蘭亦情勢不穩。另一方面，局面如今彷彿護國之戰，許多反對人士因此團結起來，存亡危機也令美洲的叛變大事化小，成為插曲。[50]劍橋郡有一批反國教派的會眾，過去他們為「結束〔跟美國人之間〕這場血腥、違逆天理的戰爭」而祈禱，如今則為「對抗法國人」祈求神助。無獨有偶，阿爾斯特志願軍也以「與美洲迅速議和，跟法國開戰」為舉杯禱詞。[51]

法國的戰略是打一場有限度的戰爭：以入侵行動的威脅，迫使英國人將軍隊（尤其是海軍）留在本國，接著印度、西印度群島以及（尤其是）北美洲的孤立前哨，中斷其貿易以促成恐慌，削弱英國的戰力。為此，法方早在戰爭開始前的一七七八年春天，便將土倫艦隊派到美洲。這一回，一切都奏效了。歐陸沒有分化法國軍隊的戰事。英國軍隊（特別是海軍）戰力不高，而且準備不足：不僅沒有跟上法國和西班牙擴建海軍的步伐，而且因為擔心顯得挑釁而推遲動員。英國決定將大多數部隊從北美洲撤回，以防守存亡之所繫的西印度群島。

然而，北美洲的發展卻不如法國人所期待的那麼美好。反抗軍已山窮水盡，英國人也試圖妥協。法國大有錯失復仇機會的風險。這時，西班牙——海戰的必要盟友——對法國的計畫造成決定性的影響。自從七年戰爭以來，西班牙政府一直受到該國殖民地抗稅所苦，對支援反抗軍的做法表示反感。他們只打算以直布羅陀與梅諾卡島為主要目標，打一場簡短的戰爭——只要成功，他們相當願意放棄美洲子民。要達成這個目標，就必須入侵英格蘭。韋爾金提議在愛爾蘭進行有限度的登陸戰，煽動「狂熱於民主」的長老教派，由一七四五年入侵愛爾蘭行動的老兵——沃爾（Wall）將軍制定計畫。但西班牙人堅持在英格蘭發動決定性的登陸。否則——法國大使提出警告——西班牙人只會派他們最爛的船，交由「最愚昧、最惹人厭的軍官」指揮。[52]沃爾的計畫束諸高閣，到一七九六年才派上用場。韋爾金（似乎是從吉訥伯爵的計畫所啟發）同意在懷特島（Isle of Wight）與樸次茅斯登陸兩萬人，藉此摧毀海軍基地，終結英國人對海峽的控制。部隊將依序攻擊布里斯托、利物浦、都柏林，以及美洲陸軍主要的補給基地——科克（Cork），搶奪那裡的五萬桶鹹牛肉。樸次茅斯甚至有機會成為法國的直布羅陀，從此嚴重削弱英國，使法國成為歐洲主宰。法國人大做白日夢：「英格蘭銀行倒閉，灌水的貨幣縮水回真正的幣值——至少要少十分之九——信用破產，財源枯竭，陷入全面恐慌。」[53]

一七七九年春天，三萬人的部隊已經準備好從勒阿弗爾與聖馬洛出航。拉法葉帶著雀躍的心情從美洲回國，夢想「在那個粗野國家的正中心插起第一面法蘭西旗幟……。一想到能看見英格蘭顏面掃地、遭到擊潰，便讓我興奮得發抖」。德翁躍躍欲試，志願加入海軍：「我在承平時期穿的或許是裙子，但在戰時是不可能的。」[54]當局發布應對原住民的訓令：

英格蘭人繁榮時便傲氣十足，一旦遭遇逆境馬上就洩了氣……。用錢最是能誘使原住民將貨物售予我們，畢竟這個民族最關心的就是賺錢。[55]

廷臣帶著夫人湧向諾曼第去共享榮耀，軍官宿舍成了凡爾賽分宮。年輕的勒內·德·夏多布里昂（René de Chateaubriand）終其一生，都忘不了氣宇軒昂的洛贊公爵騎在阿拉伯馬上的樣子——「一個世界將終結在他們其中一人手中」。[56]

來到海峽對岸，美德茲頓（Maidstone）近郊的科克斯希思（Coxheath）與布倫特伍德（Brentwood）附近的沃利（Warley）也設立營地以保衛首都。這兒的情況與法國相仿，軍營成為流行社交中心以及戲劇、漫畫和歌舞劇的主題。馬車載著遊客從倫敦出發。詹森博士有去。國王與王后也在當地一位天主教貴族的陪同下現身——作為國團結的明確表示。德文郡公爵夫人和友人穿起服貼的軍服，天天在馬背上露面，還搭了好幾頂覆蓋毯子的大帳篷，權充遊戲間、寢室、廚房與僕役房。[57]部隊的裝備反而沒那麼招搖，連貨車或軍需庫都沒有。公民們出於愛國心與上進心，懇求當局允許他們指揮自己的志願軍部隊。陸軍少校霍洛伊（Holroyd）獲准招募「近期無業」的薩塞克斯走私販子。他們的兵團歌唱著：「我國的婦女無須害怕西班牙人或法國人／霍洛伊的龍騎兵會出現在他們前進的路上。」[58]但這類請求多數都被駁回，包括一位溫特沃斯先生（Mr Wentworth）——他希望用獄中的債務人組成部隊，打著法蘭索瓦一世的格言——「除榮譽外別無他物」上戰場。[59]只有在人力極端吃緊時，政府才允許私人招募兵，其中又以蘇格蘭高地為主。

一七七九年七月，興奮的巴黎人看著士兵在塞納河上穿著軟木救生衣操練。謠言指出韋爾金將成為英格蘭總督，至於喬治三世則將關押於香波爾城堡（Château de Chambord）。到了八月，博馬舍宣稱：「倫敦每一間咖啡店的客人都在議論紛紛，問是否要在攻擊行動發生時撤退。大家都傾向逃到蘇格蘭。」[60]英格蘭銀行預料將面臨擠兌。一間倫敦商號去信愛爾蘭，信上說「這個王國」已經陷入「此前從未經歷過的驚慌態勢」。民眾手忙腳亂，準備將牲畜、車輛與穀物從受威脅地區移走。一位樂觀的軍事幕僚希望所有男性公民能「起身抗敵」，至於「婦孺則封阻道路，驅趕牛隻」。《晨報暨每日廣告》（*Morning Post and Daily Advertiser*）激勵讀者：

> 就算那些法國先生與西班牙老爺攜手合作，
> 真正的**英國**英雄又有什麼好怕呢？
> 青蛙、清湯和葡萄酒，
> 哪比得過牛肉、葡萄乾布丁與啤酒？[61]

雙方的專家都認為英國的陸上防禦不堪一擊，而法國與西班牙聯合艦隊有一百零四艘船，數量遠勝英國海軍。五百艘運兵船已經準備好載著諾曼第的陸軍出發。「歷史上從未有過如此時刻……法國海軍如此接近自己一再盤算的目標——登陸英格蘭：海峽一片暢通，敵軍都躲在港裡。」[62]

敵人的無能和大自然的力量拯救了英格蘭——這不是第一次，也不是最後一次。一七七九年六月十日，法國艦隊抵達與盟友約定的集結地——西班牙外海，結果卻在海上等了六週。等到西班牙人終於抵達，這兩支艦隊還得先演習；雙方都無法解讀對方的指令：「二流船長的人數居然比上一回還多。」糧食與飲水逐漸減少。天花、壞血病與霍亂開始爆發，「一場恐怖的瘟疫，讓我們的船都繳械了」。「兵丁得用不符體格的人補充……飲水汲自受汙染的泉水。我們沒帶酸模和檸檬就出海。災難是躲不掉了。」[63]八月十五日，法西聯合艦隊抵達康瓦爾海岸。英國艦隊（指揮官們還在爭吵）則撤往海峽北方。聯軍清楚知道時間有限，於是改以法爾茅斯（Falmouth）為目標，有意占領康瓦爾為橋頭堡。法軍指揮官海軍上將奧維利耶伯爵（Comte d'Orvilliers）接著錯失締造歷史的良機。他堅持自己絕不能在擊敗英國艦隊之前冒險發動登陸：此舉不僅不名譽，從常理來看也辦不到。在愈來愈惡劣的天氣中載浮載沉之後，奧維利耶在九月中旬返回布雷斯特，八千名士兵病的病，死的死——損失比任何海戰都慘重。據說，不得不丟進海中的屍體之多，讓康瓦爾與德文民眾拒絕吃魚。這次入侵是「法國人在戰爭中最嚴重的戰略失敗」。[64]單就該世紀而言，此話確實不假。瑪麗・安東尼寫道：「奧維利耶先生手握遠多於英格蘭人的兵力，卻無法與之一戰，公眾對此大為憤慨……。此行花費甚鉅」——高達一億里弗爾！——「卻毫無成就，在我看，沒有任何跡象能在今年冬天締結和約。」[65]

因此，戰事將繼續進行，蔓延全球。海軍大臣安東萬・德・薩赫丁（Antoine de Sartine）確保其預算能巨幅提高，從和平時期大約兩千萬里弗爾的水準，提升到一七七六年的三千五百萬、一七七八年的一億、一七八〇年的一億六千九百萬，以及一七八二年的兩億。[66]法國人發現得動用自己寶貴的木材儲備，幫西班牙艦隊維修、重新安置桅杆。[67]但至少他們能從波羅的海地區進口木料，至於不可或缺的船桅與其他航海所需原物料，也能安全透過荷蘭船隻運送，或是經由荷蘭運河飄送過來，英國巡洋艦對此鞭長莫及；與此同時，英國則失去北美的關鍵供應。英國陸軍與海軍的注意力從美洲的關鍵行動轉往別處：他們得防止英國受到另一次可能的入侵，棄守直布羅陀，在印度次大陸抵抗法軍及其印度盟軍，還要守護西印度群島。西班牙與荷蘭先後加入戰局，英國海軍寡不敵眾：英國有九十四艘戰列艦，聯軍有一百三十七艘。[68]制海權已經失去，「其影響在世界各地都感受得到」。[69]

英國動員人力與資源的程度，超越以往的每一場戰爭。海軍從平時的一萬六千人，擴增為一七八二年的十萬人；同一時間的正規軍與民兵則達到二十五萬人，另有六萬名愛爾蘭志願軍。稅捐提高百分之三十，在戰爭結束時有百分之二十三的全國收入都化為稅收——不僅高於此前任何一場戰爭，也高過其他參戰國。這場衝突強化了大不列顛與愛爾蘭的「英國意識」。仍在美洲的陸軍慶祝「我們的兄弟主保聖人」節日，亦即安德烈（Andrew）、大衛（David）、喬治（George）與派翠克（Patrick）[4]。當局對此大為支持。和上一回跟法國的戰爭不同，現在再也沒有任何詹姆斯黨「第五縱隊」的危險了。穿著蘇格蘭高地服飾不僅合法，軍部甚至大量訂購蘇格蘭花格呢，供新成立的高地兵團穿著。愛爾蘭議會獲得更多自治權。《天主教解禁法》（Catholic Relief Act, 1778）減少針對天主教徒的法律限制，為招募天主教徒加入陸軍大開方便之門。

但此舉卻在新教徒之間激起嚴重的親美反作用力，他們指控政府跟「教皇黨」調情，危害自由，動亂從蘇格蘭展開，最後在倫敦爆發了英國近代史上最具破壞力的政治暴力事件：遭受破壞的財物，甚至比整場法國大革命都多。[70]一七八〇年六月六日，喬治．戈登勳爵（Lord George Gordon）得到五萬群眾的支持，在國會發動抗議。部會首長與坎特伯里大主教遭人團團圍困。不受控制的暴動在首都與若干地方城鎮延續了一週時間，許多激進團體參與其中。但「戈登暴動」（Gordon riots）的傳說——狂亂的無政府狀態與野蠻兇殘的行為——確實過於誇大。鬧事者專門以天主教機構、親政府派政治人物和權威象徵為目標，最後連新門監獄（Newgate prison）與英格蘭銀行都遭殃了。工人階級的天主教徒多半不受打擾。[71]但暴動影響所及，反而使反對派的政治人物不願進一步鼓勵大規模行動，改革方案縮手，官方對反國教派益發猜忌，連天主教徒似乎也顯得不那麼危險。

關於戰爭對法國造成的立即影響，我們所知不多，因為史家的注意力都被最終導致一七八九年革命的長期影響給吸引過去了。這場戰爭影響法國民眾的程度遠遠不及對英國人的影響。投入戰事的軍隊人數遠少於此前的戰爭，畢竟歐陸沒有戰事。海軍徵召對不列塔尼、諾曼第與普羅旺斯的漁業人口造成打擊：船員設法避免接受召集，在不衛生的海軍艦艇上服役可不好玩。從一七七九年那支艦隊下船的病人擠滿了醫院，隊伍甚至往內陸延伸數里。貿易因海軍行動與私掠而中斷，每一次與英格蘭開戰皆是如此。政府決定借款償還戰債，不像英國那樣結合借貸與增稅。法國的做法在短時間內促成經濟蓬勃發展。有首流行歌表示：

4【譯註】這四位聖人分別是蘇格蘭、威爾斯、英格蘭與愛爾蘭的主保聖人。

英國人看來光火
我們發展、他們欠債
可我們有大把的現金
看看我們的每一場宴會吧。[72]

史家賽門・夏瑪（Simon Schama）表示，這場戰爭以「根本上顛覆、無法逆轉」的方式影響法國的上層社會。[73]這在當時並不明顯：光榮復仇哪有什麼危險？當局一如既往，委人製作宣揚國威的畫作與雕像。然而這次的衝突，卻讓七年戰爭期間已經浮現的新形態愛國主義更為流行，而且如今的美國人就體現了這種愛國主義。這跟效忠國王的古老傳統大相逕庭。從拉法葉一七七九年返國後受人追捧的情況，就能略見端倪。起先他因為在沒有王室允許的情況下參戰而遭到軟禁。但巴黎的劇場界為他歡呼，法王不久後邀請他來到王室獵場，原先鄙視他的瑪麗・安東尼更是在他二十二歲之齡任命他為皇家龍騎兵團指揮官。班傑明・富蘭克林的聲望也不差。他的剛毅樸實、智慧舉措，令人想起盧梭與畫家尚・巴普蒂斯特・熱魯茲（Jean-Baptiste Greuze）所描繪的形象。他的《窮理查的年鑑》（*Poor Richard's Almanach*）以《好人里夏的科學》（*La Science du Bonhomme Richard*）為法文書名，成為暢銷書；他的電學實驗蔚為風尚，顯示在他「顯眼非常地不起眼」外在底下潛藏著天才。[74]宮廷不只加入，甚至領導這種吹捧；但拉法葉與富蘭克林所體現的文化與價值，卻在不經意間為凡爾賽的浮誇習慣定了生死。

法國政府瞭解，若要援救美洲反抗軍，需要投入的不只是船隻、武器與資金，也需要投入部隊。英國人在紐約勢力穩固，正朝南方的殖民地推進。王室得到殖民地保王黨強力支持，日耳曼與蘇格蘭移民（三十年前曾英勇搭救小王子查理的芙蘿拉．麥當勞就是其中之一）更是不在話下。以保王黨身分參戰的美洲人比加入華盛頓軍隊的人更多。成千上萬的翔尼人（Shawnees）、克里克人（Creeks）、莫霍克人、切羅基人（Cherokees）與其他原住民族都站在王室這方，對抗對土地毫不饜足的拓墾移民。背離其反叛奴隸主的非洲奴隸則能獲得自由，勤王的非裔軍事單位於焉成立。多達十萬人把握這次機會——「美洲奴役史上首度大規模脫逃」——其中許多人原先還是喬治．華盛頓的財產。[75]一位賓夕法尼亞政治領袖擔心，高額稅金會讓殖民地人民準備「重新與大不列顛締結關係」。還有一位議員在一七八〇年寫道：「我們差不多走到絕境了。」[76]華盛頓乞求法國援助。一位美國史家斷定：「少了來自法國的資金與補給，美國就不大可能生存下來；沒有法國陸、海軍相助，幾乎不可能將英國人從各個美洲據點驅逐出去。」[77]

一七八〇年七月，十七艘戰艦、三十艘運兵船與五千人部隊悄悄開進羅德島（Rhode Island）的新港（Newport）——人數雖然不比一六八九年派到愛爾蘭之多，但仍然是巨大的軍需與財政支援。士兵出身法國各地，但多數的招募兵一如既往，主要來自尚武、愛國的東部省分——蘇格蘭高地人也開始在英國扮演類似角色。船員多為諾曼人與不列塔尼人，雖然海軍徵召機構要求他們痛恨英格蘭人，但經歷一代代的戰爭、襲擊與掠奪之後，這早已是他們的本能。部隊指揮官為羅尚博伯爵（Comte de Rochambeau），他前一年的任務，就是為英格蘭入侵行動打頭陣。羅尚博是位有能的職業軍人，「談的都是豐功偉業……完全沒有其職業之外的想法」。法國人對美國人不抱多少指望。羅尚博受到要求「隱藏自己的委屈、擔憂，靜靜接受自己將協同作戰的人之無能」。即便如此，法軍仍然對華盛頓麾下部隊的情況大為震驚——儘管嚴刑峻罰，他的部隊仍舊因臨陣脫逃與譁變而支離破碎。法國海軍指揮官報告說：「美洲人已陷入嚴重困境。他們想要求和。」羅尚博向韋爾金求援，要求「援軍、船隻與資金。不要指望這些人和他們的資源，他們沒錢、沒信用，部隊行將瓦解」。[78]但韋爾金不願意在美國人自己都想放棄時派出更多部隊。

法國士兵與船艦長期固守新港，為英國人的進攻做準備，而且消息多得仰賴來自紐約的保王黨報紙。他們靠發牢騷、賭博、吵架來打發時間，跟美國人保持禮貌但警戒的關係。他們清楚許多美洲人對法國人有所懷疑，部隊也都留在營中，以防法國人的「時髦與浮誇」與美洲人的「簡約與鄉村風格」有所齟齬。為了避免衝突意外發生，哨兵接獲指令——如果以「Qui vive」（來者何人）盤查卻沒有回答，就改大吼「Ou is dair」（按：音近於英文的「who is there」）。[79]軍官可以自由與美洲居民交流，他們驚訝發現美洲人沒有國內刻板印象所指的懦弱而「不像男人」。新港居民對於貴族準備為自己的目標冒生命危險，似乎有些受寵若驚。孟德斯鳩男爵得益於祖父的大名，深受眾人追捧。當喬治・華盛頓在一七八一年三月造訪法軍營地時，法國人也投桃報李，第一次浸淫於共和美德中的軍官們也奉他為偶像。一七五五年那起不幸的朱蒙維拉事件已為人遺忘。

羅尚博抵達不過數週，英國人似乎就要贏得勝利。縱使以相當退讓的條件在日內瓦與阿姆斯特丹舉債，但法國仍需錢孔急。這個國家流失了大量現金。由於將一億里弗爾運往美洲與印度，國內四處都缺乏硬幣。薩赫丁祕密簽發兩千一百萬里弗爾的借條，好讓海軍成行，結果導致自己在十月下野。日內瓦銀行家兼法國末代財務大臣雅克・內克爾要求支出樽節卻遭到拒絕，於是在隔年五月辭職——法蘭西王室第一次有部會首長敢走人不幹。英國情報人員以樂觀的心態上報此事，認為這是「對法國信用、對美洲獨立的致命一擊」。[80]法國人、美國人和西班牙人都在跟倫敦進行非正式議和接觸。法方預料英國將保留其攻下的領土，亦即紐約、南北卡羅萊納、喬治亞與緬因大部分地區。英國戰爭部長喬治・哲曼勳爵（Lord George Germain）認為：

現在各地的叛軍勢力如此孱弱，我方則有巨大的優勢，無法想像他們還能抵抗……為國王服役的美洲徵召兵員，其數多於為效力於議會方的全體徵募兵，一思及此……令人滿意。

首相諾斯勳爵（Lord North）向國會保證，有相當前景能簽訂「公平、體面的和約」。[81]

韋爾金決定孤注一擲，說服國王相信國家名譽在此一舉。美軍得到送來的裝備與資金（用快船運來的一桶桶現金），用於最後一役；到了一七八一年三月，海軍中將格拉斯伯爵（Comte de Grasse）

麾下的二十艘戰列艦也從西印度群島開來。英國海軍上將喬治・布里奇斯・羅德尼（George Brydges Rodney）聰明反被聰明誤，一門心思都放在搜刮西印度群島戰利品，沒有前往攔截：可以說，北美洲一役就輸在加勒比海地區。格拉斯得以北向馳援羅尚博，如果戰情沒有改善，也能帶他撤離。凡爾賽方面的期待並不高：「我們不該指望能在北美洲揮出關鍵一拳。」[82]一七八一年六月，羅尚博的五千人馬終於從羅德島動身，加入華盛頓前景黯淡的紐約圍城戰。

英國人的情況沒有表面上兵強馬壯。若干部隊已撤離美洲，前往防守西印度群島。國王的陸軍還是能打勝仗，但反抗軍比他們更容易補充兵力損失。一位將軍如是說：「敵軍的計畫，八成是每星期都輸給你一仗，輸到你涓滴不剩。」陸軍將領查爾斯・康沃利斯（Charles Cornwallis）就碰上這種事：一七八一年夏天，他無畏——或者說魯莽——從南卡羅萊納掃蕩到維吉尼亞，意圖搗毀美軍的核心抵抗。此舉導致康沃利斯的部隊從四千人減損為一千四百人，他只得撤至乞沙比克灣（Chesapeake Bay）旁的約克鎮（Yorktown），等待海軍接應。

一七八一年八月，華盛頓在羅尚博的堅持下，[83]與他一同南進、對陣康沃利斯，與格拉斯相呼應。在這場戰爭中，制海權才是關鍵，這一回也不例外。格拉斯捎去消息，表示自己正帶著艦隊與援軍從西印度群島前往乞沙比克。他把艦隊開進乞沙比克灣，讓三千人以上的法軍登陸。海軍上將山謬・葛拉夫斯（Samuel Graves）率領麾下艦隊從紐約南下，在九月五日抵達乞沙比克灣，比格拉斯稍晚。雖然人數落下風，但他仍攻擊法軍，打成平手，雙方艦隊都有損失。但法軍仍在，孤立康沃利斯的陸軍。

經常有人批評葛拉夫斯未能強行攻進乞沙比克，幫助康沃利斯的部隊逃走，但他自己的船艦恐怕會因此受困。軍事史家皮爾斯・麥克西（Piers Mackesy）將風險總結如下：

> 雖然事實證明康沃利斯的軍隊將損失慘重，但失去海軍卻會是更嚴重的災難……。背風群島（Leeward Islands）與牙買加恐怕會失陷。紐約將遭受猛攻，甚至得不到食物。印度將無以防禦。甚至只要法國人容許，連新斯科細亞（Nova Scotia）與加拿大都會受美國統治。[84]

葛拉夫斯撤退紐約以恢復元氣，並制定計畫回頭協助康沃利斯，希望他能先堅守幾個星期。

但羅尚博與華盛頓的部隊上了格拉斯的船，渡達乞沙比克灣，於十月六日圍困約克鎮。這是法國陸軍在美洲唯一一場重要戰役。部隊全副武裝，備有重炮，攻勢精準，推進積極：這是羅尚博第十五次打包圍戰。當法軍試圖攻占英軍其中一處據點，但卻遭遇困難時，指揮一支美軍旅團的拉法葉讓美軍伸出援手，結果觸怒了自己的同胞。到了十月十六日，康沃利斯只剩三千多人還能戰鬥，對上法軍的七千八百人、華盛頓部隊的五千八百人，以及三千名維吉尼亞民兵。他彈盡援絕，無從抵擋敵軍即將發動的全力進攻。一七八一年十月十九日，他的人馬出城放下武器，樂隊則演奏〈天翻地覆〉（The World Turned Upside Down）。這一仗是法國海、陸兩軍對英國取得的最大勝利，萬古流芳。

康沃利斯稱病，派愛爾蘭裔的副將查爾斯・奧哈拉（Charles O'Hara）率軍投降。奧哈拉打算把

康沃利斯勳爵投降、交出約克鎮：英國人不願向美軍投降，寧可投降法軍，即圖左白旗下方者。

配劍交給羅尚博，識時務的羅尚博拒絕接受，但華盛頓反倒將之收下。他當然是故意的。英國人與美國人如今互看不順眼，彼此多次控訴對方的暴行，而且還經常有憑有據。法國人本能上同情英國人，希望維持「歐洲國家的戰時慣例」。[85]這成了聯軍之間不和的起源。有些法國人頭一次見識到美軍士兵在紐約附近「毫無憐憫、嗜血無饜」的行為，大感震驚。他們認為美國人在約克鎮一役之後的行為缺乏騎士風範，虐待英國戰俘的做法更是有罪。法國人和戰敗的英國人稱兄道弟，美國人對此也感到忿忿不平——例如羅尚博，他借錢給康沃利斯，後者則大加讚揚前者的慷慨。法國人駁斥美國人，「良好的教養與禮貌讓人們團結一致，有鑑於我們有理由相信美國人討厭我們，他們應該也不意外我們會偏愛英格蘭人」。[86]在不列塔尼獲得假釋的戰俘也得到類似的善待。

【延伸】搶救阿斯吉爾上尉

約克鎮一役有位戰俘，是十九歲的查爾斯．阿斯吉爾（Charles Asgill）。為了報復保王派吊死反抗軍軍官，美軍抽籤選人處刑，結果抽到他。他的母親無計可施，只好在一七八二年七月十八日寫信向韋爾金求情，韋爾金把信呈交給路易與瑪麗．安東尼。阿斯吉爾的年輕為他贏得不少同情，法王伉儷交代韋爾金介入此事。韋爾金寫了一封彬彬有禮但絕不含糊的信給華盛頓。他以「有情之人與慈父的身分」寫信，但也得到「國王陛下知情與首肯」，提醒華盛頓——因為有法國陸軍的支援，才會有這些戰俘；此外他還表示「國王陛下心懷善意，希望鈞駕能同意，滿足陛下讓一位不幸母親之憂能得以平撫的心願」。[87]雖然議會對於向法國「卑躬屈膝」頗有微詞，但美方別無選擇，只能釋放阿斯吉爾（後來一路當上將軍）。阿斯吉爾全家人前往凡爾賽宮，親自向國王與王后致謝。英國人與法國人認為彼此生活在同一個具備騎士精神與「有情」的世界。美國人嘛，看來不是。

一七八一年十一月，洛贊公爵將約克鎮的消息帶回凡爾賽，但宮廷把注意力都擺在最近出生的王室繼承人身上。許多人因為本國毫不在乎自己在遠方的勝利而氣憤不已，洛贊就是第一個。對兩國而言，約克鎮一役的重要性在於心理層面，而非實質層面——相較於同一時間西班牙包圍直布羅陀，約克鎮不過是一丁點大的戰鬥，但感受上的動搖不可謂不大。拉法葉去信韋爾金說：「試過這回，英格蘭的將軍還打算怎麼樣征服美洲？」[88]諾斯勳爵聽到消息時「鬆了口大氣」，振臂高呼：「上帝啊！終於結束了。」這個反應至少在當時相當普遍。法軍接連在印度、地中海與加勒比海取勝，法西聯合艦隊又有能力在全球各地造成打擊，戰爭帶來的財政負擔前所未有，再追加約克鎮的結果，堪稱是絕望的配方。

但韋爾金的反應清醒得多：「要是誰以為這代表馬上就能議和，那可就錯了；英格蘭人的個性才沒那麼容易放棄。」[89]他曉得時間不利於自己這方。事實上，約克鎮的消息挽救了聯軍戰情不致崩潰。[90]一七八二年四月九日至十日的聖特群島（Saintes）之役——十八世紀最重要的海戰之一——倏地顯示出天秤已倒向不利於法國的一方。約克鎮一役過後，格拉斯揚帆前往西印度群島，攻占基茨（St Kitts）、尼維斯（Nevis）、蒙特塞拉特（Montserrat）與其他島嶼。最重要的島嶼就屬牙買加，法方希望英國會因為失去牙買加而放棄戰爭，格拉斯於是率領其艦隊與英國人對決。由於產糖島嶼至關重要，英國主力艦隊因此前去阻止，打了皇家海軍史上頭一遭在歐洲水域之外的大戰，也是一九四四年以前其主力唯一一次前往距離本土如此之遠的地方。羅德尼與山謬．胡德（Samuel Hood）將軍橫掃法國艦隊，擄獲包括旗艦「巴黎市號」（舒瓦瑟爾那批愛國船隻之一）在內的五艘戰列艦——及其統帥。羅德尼向倫敦當局大書特書：「現在所有敵人都可以不放眼裡。」新任法蘭西海軍大臣——領元帥銜的蓋斯提里侯爵聽到消息時，大呼是「一場天大的災難」。[91]政府遊說法院派，希望他們同意緊急加稅——這是舊政權最後一次獲准增稅。聖特之役一如約克鎮，造成重大的心理衝擊。韋爾金認為：

英格蘭人多少令自家海軍恢復了力氣，而我方則元氣大傷。造船速度完全跟不上損失；優秀海員的供應已經枯竭，軍官則表現出困乏。英格蘭不光是海軍，而是整個國家都積極表現出精神，我方相形之下實在非常不利。[92]

韋爾金所言不無道理。羅德尼也躋身全民英雄的行列，其姓氏成為男孩們的教名。對於許多英國人來說，至少如今可以把這場戰爭視為道德的勝利。據斯塔福郡韓伯里（Hanbury）的教區牧師所言：

在未來人們眼中，這場戰爭將是椿難以置信的壯舉……這幾個王國居然能在一場光榮但不對等的衝突中堅持好幾年，對上最難以克服且最無端起釁的一幫國家……亦即法蘭西、西班牙、荷蘭聯合省，以及北美洲十三個叛變的殖民地。[93]

所有人都鬆了口氣，終於是時候開始玩一如往常爾虞我詐的外交大風吹了。作風難以預料、手段刁鑽、心地卻相當高潔的愛爾蘭大地主謝爾本勳爵接替了諾斯勳爵的位子。謝爾本熱愛法國，對美國人也表示支持。他向後者提供優渥的條件，希望能挽救貿易上與政治上的關係。他還在大談法國與英國在歐洲的夥伴關係。謝爾本為了美國人與政治利益的關係，拋棄了保王黨與英國的印地安盟友——上議院用「寡廉鮮恥、罪無可逭」，來攻擊這種背信棄義的行為。[94]但阿爾比翁絕非唯一背信忘義之人。美國人深知己方之弱小，懷疑法國人打算勾結英國、瓜分美國——英國人也把截獲的法方文件現給美國人看，證實他們的恐懼。法國人自始至終都有類似的恐懼，擔心英國與美國談妥條件，從而讓英國人透過占領法國與西班牙領土的方式彌補其損失。美方也確實祕密敦促英國人，從自己的盟友手中重占佛羅里達。西班牙人把焦點擺在直布羅陀，如果可以，就用武力確保，或是透過協商取得；但若是沒有指望（例如在一七八三年，經歷四年圍城卻仍功敗垂成之後），他們也願意求和。謝爾本願意以直布羅陀交換波多黎各，但因國會強烈抗議而打消念頭。所有參戰國都陷入極端的財政緊繃狀態。更有甚者，有新的危險逼近：俄羅斯正利用情勢威脅土耳其——法國傳統上的盟國。總之，和會召開，謝爾本與美方在一七八三年一月簽訂草約，美國人等於以單獨議和的做法背棄自己的法國盟友。

來到世界的另一端，盎格魯與法蘭西衝突仍在延續。一七七九年至八〇年，以馬拉塔聯盟和邁索爾統治者希德．阿里為首的法國盟友在法國陸海軍的協助下，眼見就要摧毀英國人在印度的立足之地了。法國戰略家相信，由於美國遲早會主宰南、北美洲，印度即將成為最重要的兵家必爭之地，如今正是法國從中贏得若干成果的良機。歸結到底，一切成敗皆有賴制海權，一如美洲的情況。一七八二年，海軍中將聖特羅佩的皮耶・安德列・德・敘弗朗（Pierre-André de Suffren de Saint-Tropez）抵達印度地區，法軍的活動也益發抖擻。敘弗朗是眾多無與倫比的法國海軍英雄之一，英國歷史雖然忽略了他，但法國街道名稱與學校教科書卻讓他永垂不朽。他是個肥胖、邋遢、易怒、粗俗而幽默的南法人。他不同於大多數的法軍指揮官，而是長期經略大海——十多歲時，他就加入了馬爾他騎士團（Knights of Malta）。一七八二年全年和一七八三年上半，他和英國海軍少將愛德華・休斯（Edward Hughes）的分艦隊在印度東南外海有過一連串的交手。以戰鬥之激烈與勢均力敵來看，這幾場戰事在海軍史上實屬罕見。但法軍沒有整體戰略，而且即便有荷蘭與丹麥之助，他們的兵力仍不足以在海戰或陸戰徹底擊敗英國人。一七八三年六月，停戰協議在五個月前締結的消息抵達了印度。[95]

一七八三年九月，《凡爾賽條約》簽訂。警方在巴黎的各家咖啡館宣布這個好消息。法國一片歡欣鼓舞。從新英格蘭打響的第一槍到印度南方的最後一發子彈，戰爭一共延續了八年。法國人痛快復了仇。英國銳氣大挫，國力低落：四分之一個國家不見了。「美洲丟了大半；英屬印度因戰爭、饑荒與貪腐而一片荒蕪；愛爾蘭動盪不安；英屬西印度群島經濟困頓……整個大英帝國面臨不確定的未來。」[96] 連不屈不撓的喬治三世也有失落的片刻。海軍部首席大臣桑威治勳爵（Lord Sandwich），期盼「我們再也別當獨步歐洲的大國，只要能以商業國家的卑微身分過個幾年，就該甘之如飴了」。[97]《諾福克紀事報》（*Norfolk Chronicle*）更擔心「大不列顛似乎即將面臨一場革命，甚至解體」。[98]

這些話並非危言聳聽。代議政府早已遭到美洲反抗所動搖，危機迫在眉睫。一七八三年，下議院因為與謝爾本不和，認為他不坦白、對英國的敵人太寬大、對保王派漠不關心而倒閣。不久後，有錢、放蕩、親法也親民的查爾斯・詹姆斯・福克斯（Charles James Fox）與名譽掃地的戰爭輸家諾斯勳爵組成聯合政府。各界報之以憎惡，視之為骯髒的政治操作。喬治三世考慮退位，到漢諾威過退休生活。但在一七八三年十二月，國王透過一次大膽（也可以說是衝動）的行動，結合原則、私怨以及對政治輿論出人意料的精準判斷，強迫聯合政府解散，指派年僅二十四歲、日子捉襟見肘的改革家小威廉・皮特擔任首相。此舉原本說不定會造成憲政危機、遜位甚至是革命，但王室卻大獲全勝——一七八四年，小皮特在大選中擊潰福克斯—諾斯派，繼而著手清整財政制度，減少債務負擔。識時務者、道德人士、納稅人與提倡現代化的人，共同參與了皮特的改革。喬治三世得益於枯燥性格與顧家美德等素有的聲名，成為愛國國王兼憲政體制守護者的化身。在法國人眼中，這類古怪扭曲的發展，證明「西敏政局絕非法蘭西典範」的觀點為真。密切觀察英國政局的路易十六則祝願喬治好運，因為連他也面臨類似的問題。

對法國而言，勝利的果實乾巴巴的。威望是精采恢復了，但實質收益卻「不值一哂」。[99] 勝利的盟國（包括美國）比戰敗的英國還要虛弱。荷蘭顏面掃地，對本國殖民地的掌握有所動搖，國內穩定也遭到破壞。西班牙發現（應驗其統治者的擔憂）獨立的美國跟英國一樣危險，而本國作為殖民大國的日子也不長了。英國遭遇原本恐怕更慘——西印度群島、印度、加拿大與直布羅陀都有失去的可能——但如今與美國的貿易關係卻以極快的速度完成重建。

美洲貿易至關重要。法國人原先視之為趕上英國財金力量，甚或是取而代之的手段。誰知心想卻從未事成：舒瓦瑟爾與韋爾金的願景，是「空想戰略家的白日夢，把外交密謀跟貿易征服混為一談」。[100]英國商人瞭解市場，有能力供應全世界最便宜的製造商品，信用之良好更是無與倫比。美洲隊英國商品的需求，成為「一七八三年至一八〇一年間與未來長期榮景最重要的動力」，[101]刺激工業革命。法國與美國的關係（即便身為盟友，通常也不慍不火）反而漸行漸遠，法國對美出口更是在戰後崩盤。杜爾哥老早警告過，法國會讓自己的財經弱點天長地久。

法國的干預，讓英國人不致保有更多的美洲領土。但此舉是否在無意間幫助英國，迫使其斷捨離？不然，北美大陸或許也會像南美一樣，變成七拼八湊的殖民地與獨立國家。如果英國統治的不只是加拿大與西印度群島，而是還有紐約、南卡羅萊納、喬治亞與西部的大片地區，大西洋兩岸間的緊張關係會惡化到什麼程度？縱使英國找到方法鎮壓叛變，恢復對所有殖民地的統治（在稅收與自治上做出妥協），「愛國者」與「保王黨」之間的仇恨無疑有增無減，許多英國政治人物與軍人對此已有感受。倫敦亦將面臨在南非與澳洲遭遇過，且多半無能解決的極端問題：如何遏制原住民遭受的攻擊與財產剝奪？當局還得面對難解的奴隸制度問題：一七八〇年代以降，廢奴運動開始在英國浮現，倫敦與蓄奴的美洲殖民地之間將有難以避免的摩擦。就算公開衝突可以奇蹟般化解，帝國權力中心會不會像亞當・斯密所預測、班傑明・富蘭克林所期盼，從倫敦轉移到紐約？英國在戰敗中亦有幸事，法國的勝利卻催動其史上最嚴重的巨變。

現世報：一七八三年至九〇年

法蘭西如今深陷災難，而這場戰爭就是如此鉅款的深淵，是我國財政混亂最大的原因。三級會議的紳士們，是誰想打這場仗？就是你們，是你們自己……在腦海裡幻想整支英格蘭海軍灰飛煙滅，接著從桶中取酒痛飲，預先享受復仇的愉悅。

——〈第三階級的誠懇建議〉（Avis salutaire au Tiers Etat），一七八九年[102]

這場戰爭……以三種方式催生了即將來臨的革命：反抗與自由的理念因戰爭而瀰漫全國，軍隊對舊秩序的忠誠因戰爭而削弱，舊財政體系因戰爭而崩潰。

——安東萬·巴納夫（Antoine Barnave），革命領袖[103]

據當時估計，美國獨立戰爭造成十萬人喪生，更因為牽連全球而耗費鉅額財富。英國花了八千萬英鎊，戰爭結束時的國債為兩億五千萬英鎊，每年須支付九百五十萬的利息——這個數字超過總稅收的一半。法國花了大約十三億里弗爾（相當於五千六百萬英鎊）——由於該國財政體制過於複雜，因而無法得出精確數字。法國政府債務達到至少二十至三十億里弗爾（即一億八千七百萬英鎊），利息為一億六千五百萬里弗爾（七百二十萬英鎊）——國家歲入的百分之五十。法國人希望英國更多的債務會壓垮他們。但英國政府有倫敦金融城之助，作為債務人的紀錄更是清白，能以更低廉的代價借到更多錢。因此，法國債務雖然只有英國的百分之六十二，其利息卻達到對方的百分之七十五。法國人口與國內生產總值更高，理應更有能力承擔自己較少的債務。但由於先前提到的幾點原因，法國無法增稅。國家的支出每年皆較歲入高一億里弗爾。[104]

法國財政負擔之所以惡化，是因為其各部大臣打算再跟英國打一仗。韋爾金傾向以和平手段鞏固勝利，透過外交影響力與擴大的貿易，確保法國成為全世界首屈一指的國家。他希望遭到懲罰、國力衰落的英國人會聽話。但他也擔心（偏偏他擔錯心）「趾高氣揚」的英國可能會試圖報復，因此連他的和平政策也需要所費不貲的海軍。至於蓋斯提里元帥主導的另一派則想更進一步。蓋斯提里堅決認為韋爾金過早在一七八三年議和，錯失大獲全勝的機會。法蘭西必須為另一掌戰爭做準備，才能將全球霸權從英國手中搶來，一勞永逸：「超過兩世紀累積的經驗，讓人瞭解到統御海洋的國家才能宰制歐陸。」印度——全球霸權的關鍵，成為眾人的目標。蓋斯提里拒絕讓他那無邊無際的預算受到財政總監的監督——「強大的海軍可是一項好投資」。[105] 英國人對於這些計畫的猜疑非常中肯，使館在一七八六年二月回報說：「此刻的法國正繃緊每一條神經，為其海軍打下堅實的基礎。」[106] 若法國及其盟友西班牙、荷蘭的海軍集結起來，實力將遠遠超越英國人。一七八六年，法國開始在瑟堡投入巨資建立海軍基地，以支援海峽艦隊，與樸次茅斯抗衡。路易十六親臨基地現場——這是自從他加冕以來，唯一一次敢前往凡爾賽宮幾里路以外的地方。法國近年的勝利加深了民眾對船艦與大海的著迷，路易也感染到這種情緒。先前提到前往太平洋的探險隊，就是這時派出去的。人們的好奇目光也投向埃及與印度支那。

小威廉·皮特解決英國財政問題的方式，是高調的樽節措施（尤其是大砍王室雇員）、設立償債基金減債，並設置會計委員會（Accounts Committee）以提升國會嚴格監督的程度，藉此樹立審慎與負責的形象（他通常不很在乎錢，但只限他自己的錢，國家的錢不會）。韋爾金也試圖以設立財政委員會（*conseil des finances*）、改革收稅方式來控制支出，但不敵蓋斯提里及其擔任戰爭大臣的盟友——領元帥銜的塞居爾侯爵。這兩人都是軍界的貴族，認為試圖控制其支出的做法是種「危險的理財方式」與「官僚與爾等人民之間一場至死方休的戰爭」。[107]因此，政府在夏爾·德·卡洛納（Charles de Calonne，一七八三年後的財政總監）主導下，試行相反的政策：花更多錢，借更多錢。英國大使回報：「目前看來沒有任何樽節的意思。」[108]但這沒有乍聽之下那麼瘋狂。相較於英國，法國的稅收挺輕。卡洛納相信，人們對政府缺乏信心是個問題，但他可以透過胸有成竹的自我展現來減輕問題，「彷彿一位破產的放蕩之人底下手段巧妙的管家」。[109]他宣稱以法國的情況來說，「資源正是因支出之舉措而增加」，[110]而他有能力掌握勝利所創造的機會，刺激貿易與經濟成長。政府因此重新舉債——一七八三年至一七八七年間借款超過六億五千萬里弗爾。錢花在宮廷上，包括宮殿整修與採買——卡洛納認為「華麗有其作用」。不受歡迎的攬稅總監之牆（Wall of the Farmers-General）沿著巴黎周圍起建，以增加貨物稅收入。蓋斯提里下單建造更多戰艦。錢也用在產業規劃上——主事者樂觀認為，此舉將令法國在「產業之戰」中迅速趕上英國的腳步。廷臣與王室財經官員的借款、補貼與投資流入製糖廠、計畫中的熱氣球運輸業、水利設施、採礦、兵工廠與海外貿易公司。勒克勒佐公司成為法國最大的工廠，展現英國式的工業，有高爐、蒸汽引擎、玻璃工廠與鐵路。前面已經提過，法國和英國經濟史上最重要的幾個大人物都有參與，包括威爾金森、瓦特、博爾頓、勒克勒佐公司創辦人伊尼亞斯·富蘭索瓦·德·溫德爾（Ignace-François de Wendel）與工程師雅克·康斯坦丁·佩里爾（Jacques-Constantin Perier）。一七八五年，伊尼亞斯德·溫德爾得到威爾金森協助，在勒克勒佐生產出歐陸第一批焦炭高爐鐵，但由於缺乏充分發展的經濟與技術環境，無法支持生產，勒克勒佐工廠很快便無用武之地。

卡洛納結合了約翰·羅的油腔滑調與約翰·梅納德·凱因斯（John Maynard Keynes）的自信十足，時人與史家對他褒貶不一：究竟是個不顧後果、狡猾的假內行，還是法蘭西君主國最後一位偉大的政治家？但他無疑是「政壇最具創造性，也最具毀滅性的一股力量」。[111] 眾人的懷疑在一七八五年浮現：當時，巴黎法院的法官非得在國王的命令下，一個個簽署通過一筆新的借款——這是未改革的君主國最後一次躲過懲罰。英國使館方面（認為法國的大臣們簡直瘋了）則希望無可避免的財政災難，會讓法國人不得不維持和平。

一七八六年，英國與法國（在後者的堅持下）簽訂一紙通商條約，英國根據其主要協商人威廉·伊登（William Eden）之名，稱之為《伊登條約》（Eden Treaty）。韋爾金與卡洛納意在預防衝突（每一個法國人都曉得，要打動英格蘭人的內心，就要從他的錢包下手），加速技術流入，並提升貿易量、減少走私品洪流，藉此增加稅收。海峽兩岸的國內製造商皆強烈反彈這紙條約——由於簽訂時不巧碰上法國經濟衰退，法國受到的傷害因此尤其嚴重。條約簽訂前，雙方的合法貿易額大約都落在兩千三百萬里弗爾；但到了一七八七年，合法的法國出口雖然增加為三千八百萬，但英國則躍升為五千一百萬。[112]許多法國製造商破產。工人暴動。各界民眾發起「買法國貨」行動，盧昂（Rouen）與里昂甚至舉辦舞會，僅限穿著法國製「愛國時尚」（*modes patriotiques*）服飾的人才能參加。在法國第二大城里昂，市長禁止英國商品打廣告。甚至連政府內管理貿易的官員都譴責「跟英格蘭那要命的條約，是對法國製造者的死刑令」。[113]行會、商會與報章媒體皆斥之為背叛法國利益的做法，導致二十萬人失業。人稱「鑽石項鍊事件」（diamond necklace affair）的醜聞，就發生在這個最糟糕的時候——宮廷珠寶匠與瑪麗．安東尼遭到這起精心騙局所牽連，事件最主要的影響，便是王后遭人誹謗通姦與詐欺，導致她名譽掃地。

卡洛納的泡泡在一七八七年破裂——荒年讓歲入減少，戰時的稅款超過追繳期，政府與許多財政官員極度捉襟見肘，無力償還債務。二月時，巴黎富豪階級中最是奢華、為人豔羨的一位——海軍總司庫克勞德．博達．德．聖雅梅（Claude Baudard de Sainte-James）乞求國王把自己關進巴士底監獄，靠厚重的石牆把自己跟債主隔開，他才能釐清自己的帳目。接下來幾星期，又有四位政府財經要人破產，包括陸軍總司庫。[114]知名的廷臣與王室要人自食其果。但卡洛納是一號頭腦冷靜的人物。多年來，人們討論財政改革卻又擱置，隨著自己的計畫漸漸開展，他也拿出徹底改革的藍圖，其作用相當於改造政府機構與財政：由地主組成的地方議會將負責管理新的一般土地稅。此舉將繞過法院，終結財經特權，自然能大幅提升王國歲入。顯貴議會（Assembly of Notables）接著召開，為卡洛納的方案擔任橡皮圖章，賦予政治正當性。

一七八七年二月，一百四十四名顯貴齊聚於凡爾賽，正好是博達即將破產之時。儘管選人標準——親王、公爵、主教、官員——是說好話，但他們卻表現出不再懼怕王室、不願意跟卡洛納買「二手篷車」的樣子。[115]眾顯貴拒絕授權範圍無限的稅改。他們要求更多的說明，並成立相當於小皮特的公開會計委員會。拉法葉提出重大要求，召開自一六一四年以來第一次的三級會議。卡洛納試圖公開抹黑他們。教士得從講道壇上宣讀他對眾顯貴的攻擊：「有些人會付出更多代價……。那麼，會是那些人？只有那些過去付出不夠多的人。」[116]這樣的醜態，導致顯貴會議休會，國王被迫開除卡洛納——一個世紀以來，首度有君主面臨如此挫敗。卡洛納的後繼者——樞機主教洛梅尼・德・布里安（Loménie de Brienne），試圖強行通過印花稅（讓眾人聯想到美洲反抗的序曲）與土地稅。政府畫了一幅好得荒唐的前景：「財政秩序恢復……強大的海、陸軍重振聲威……歪風遭到遏止，在英倫海峽建設新港口以確保法蘭西旗幟之榮耀，司法得到改革，民眾接受完善的教育。」[117]真實情況卻是巴黎的法官被迫接受王室稅令，接著遭到驅逐。無論是增稅還是不履行債務（顯然是另一種選擇），當局在雙方面皆遭遇強硬抵抗：這種進退兩難的局面，就是最主要的政治問題。卡洛納居然以令人屏息的沉著自信在倫敦現身，不久後向小皮特簡要說明法國財政虛弱，因此無法就荷蘭問題參戰。

有這種隊友，法蘭西君主國還真不需要對手。可偏偏還是有。國家被迫刪減百分之四十的外事經費，軍隊的錢更是比路易十四死後的任何時候都來得少。其他國家坐收漁翁之利。最嚴重的結果發生在荷蘭。法國需要荷蘭的海軍、印度洋基地，以及出自阿姆斯特丹眾銀行的借款。蓋斯提里——一位英國外交官稱他為「這老婊子」——積極推動法國與荷蘭聯合出手，把「英國人趕出印度」，與強大的印度統治者結盟，最終將英國的勢力降到「丹麥或瑞典」的等級。對蓋斯提里而言，「維持與荷蘭的盟友關係，對法蘭西至關重要；破壞這種關係，則合於英格蘭的最大利益」。[118]但荷蘭人在美國獨立戰爭中作為法國盟友，付出的代價就是造成財政與政治動盪。愛國派——反對省督奧蘭治的威廉的人——利用法國的支持，進行政治攻勢。積極進取的英國使者詹姆斯・哈里斯爵士（Sir James Harris）則組織奧蘭治派與之抗衡，並提供金援。等到愛國派逮捕奧蘭治女親王（她是普魯士國王的妹妹），英國與普魯士立刻決定採取行動。一七八七年九月十三日，普魯士軍隊開進荷蘭。凡爾賽與白廳都很清楚，彼此擁有不相上下的全球雄心。英國戰艦已經做好準備，以因應法國介入。塞居爾與蓋斯提里打算接受挑戰。一支由羅尚博指揮的干預部隊開始在北方國界集結。拉法葉也想指揮一支志願軍。跟英格蘭再打一仗，能不能解決——或者至少減緩君主國的危機？蓋斯提里敦促路易十六

> 將光榮之理念展現予法蘭西人，則您將最能有效改變……當前的混亂局勢。由於開戰則顯然必須徵稅，社會氛圍將趨緩，說不定您將能看到政府重新恢復已失去的部分秩序。[119]

但法國政府沒錢開戰——卡洛納也這麼告訴小皮特——因此只好接受屈辱，放棄盟友荷蘭，放棄

自己的全球與歐陸野心。塞居爾和蓋斯提里辭職：「我們輸光了一切。」[120]

至此，輝煌的美洲復仇不過五年就幻滅了。路易與大臣缺乏維持法蘭西榮光所需的錢。但少了錢，很難想像人們會讓他們在沒有起碼的政治同意時增稅：「所有階級的人民，從凡爾賽的畫廊到皇家宮殿廣場的咖啡館，」塞居爾說，「都在撻伐部會首長對自己的忽視。」[121]政府失去民心——甚至是遭到藐視——影響了貴族、軍隊與統治階級本身的忠誠心，但這對政府卻是不可或缺的。自從七年戰爭戰敗以來，軍官間一直有不滿之情，如今軍隊預算遭刪減，加上晉升之途受限，都讓他們益發憤慨。既有體制中的層峰援用一七六〇年代起漸為人熟知的愛國主義言詞，質疑起體制本身的慣例與原則。聲名鵲起的奧爾良公爵成了他們的代言人——他是有王室血統的盎格魯狂熱者、對世世代代波旁表親都是麻煩人物，此外也是法國最有錢的人（他私下估計，稅改將使他一年損失二十萬里弗爾）。一七八七年十一月十九日，他在巴黎法院發難，告訴路易十六增稅是違法的——場面前所未有。國王對他的表態大為震驚，只能囁嚅著專制國家的老調答案，說因為他說了算，所以增稅合法。奧爾良公爵遭到逮捕，遂回其封地。接下來幾個月，王室與法院派之間衝突不斷。當局在一七八八年五月一度試圖以武力鎮壓反對，結果導致數個行政區叛亂。在雷恩、格勒諾勃（Grenoble）、土魯斯（Toulouse）與貝桑松（Besançon）等地，貴族出身的陸軍軍官無視鎮壓人民暴動的命令，甚至辭去軍職。無論是巴黎或地方，軍人都加入示威的行列。

造成問題的是錢，決定結果的也是錢。政府早就預支了一七八八年收到的兩億四千萬里弗爾稅款，因此得借一筆相等的數目，以滿足一七八八年應支付的款項——包括其戰爭債務孳息。政局動盪不穩、債務不履行甚至內戰的謠言，都讓借款人為之卻步。一七八八年的雹暴卻又毀了作物，令稅收縮水。到了八月，國庫實際上已空空如也：現金支付暫停、政府公債崩盤，銀行發生擠兌。布里安亟於恢復政府信用，被迫定於在一七八九年五月一日召開三級會議。他隨後辭職，建議國王召回咸信財政才幹非凡的內克爾——史上第一次有遭免除職務的大臣得到召回。內克爾暫停所有改革，直到三級會議召開為止。這等於專制君主國自己摧毀自己，懇求其子民解決問題。

喬治三世的家庭生活又是另一番不同的光景。他從一段精神失常的時光中恢復過來，舉國上下真心為此感到高興。原先國王精神狀況導致的憲政危機，恐怕會讓眾所厭惡的威爾斯親王獲得攝政的權力，親王臭名遠播的密友福克斯也將上臺，如今危機落幕。為何戰敗的漢諾威家聲勢如日中天，勝利的波旁王朝卻在深淵的邊緣搖搖欲墜？兩位國王皆試圖以愛國者的身分治國。喬治當然更有決心，也更有經驗，而且擁有意外的優勢——他在英國並未孤立於某個相當於凡爾賽宮的地方（英國君主沒有蓋豪華宮殿的錢，也沒有膽子）。喬治有小皮特這位傑出的大臣，皮特一本正經的高尚道德，比滑膩的卡洛納或花招百出的內克爾更適合樽節時期。然而更關鍵的是，英國的政治制度能發揮作用，法國則在危機的獠牙間試圖推行新政。最後一點還是跟錢有關。英國有能力收到更多稅，而且擁有健康的信用；法蘭西君主國則無力償債。世上早已有成牘連篇的專書，在探討波旁王朝無法成功改革其財經制度的原因。不過，假使法國無須為與英國的競爭花錢，那套未經改革的制度倒也不見得不如其鄰國的體系。波旁君主國因為其復仇行動，也因為其再度備戰的決心而受害。他們「徹底誤解」英國人的意圖，因此「扭曲」了該國的外交與國內政策。[122]連破產前夕，法國都還在建造戰艦。

法國跌落深淵，是歷史上最震撼的故事之一：三級會議代表羅列了各種怨言（即《陳情表》（*cahiers de doléances*））、政治俱樂部蓬勃發展、經濟處境惡化、一七八九年夏季居然還歉收。最驚人的則是一七八九年五月於凡爾賽召開三級會議時，第三階級——平民所展現的堅定自信。六月十七日，第三階級代表在若干神職人員與貴族支持下，宣布組成「國民議會」（National Assembly）。三天後，國民議會透過知名的《網球場宣言》（Tennis Court Oath），公開反抗王權。民眾的激烈不滿令巴黎為之震動：人們攻擊卡洛納興建的通行稅牆、暴動四起、搶奪糧食、尋找武器，最後以一七八九年七月十四日席捲巴士底監獄為高峰。在這座惡名昭彰的城堡裡，囚犯寥寥可數，其中一位是留著長鬍子的梅約・懷特（Major White），他要求人們帶他見律師，隨後展現出精神失常的進一步症狀。麥瑟林勳爵（Lord Massareene）則幸運得多，遭受十八年的監禁（因為欠債）之後，他趁亂從拉福斯（La Force）監獄中逃走。

「愛國者」（或者稱之為「國民派」（National Party））在這幾個月扮演重要角色。最引人注目的要屬奧爾良公爵這類貴族與許多軍人，他們透過第二階級的《陳情表》激烈表達其憤怒。[123]愛國者中的領袖人物為美國關係人士（拉梅特兄弟、諾瓦耶、塞居爾、拉羅希福可・里昂科（La Rochefoucauld-Liancourt）、洛贊）、迪隆家與拉里・托倫達家（Lally-Tollendal）等前詹姆斯黨的家族成員，以及最知名的拉法葉——他成了國民議會副主席暨巴黎民兵指揮官。他們的許多理念——包括「愛國者」（*patriote*）一詞，以及拉法葉採用紅、白、藍為國旗顏色的想法——皆受到英國與美國習俗的影響。英國與美國的同情人士，則對他們的努力報之以熱情。拉法葉跟美國大使托馬斯・傑佛遜（Thomas Jefferson）討論《人權宣言》的草稿。蘭斯當勳爵（Lord Lansdowne，他的角色就像一七八三年磋商和約時的謝爾本勳爵）及其改革派知識圈子——包括司法改革家山謬・羅米利（Samuel Romilly）、年輕的傑瑞米・邊沁、反國教派激進領袖理查・普萊斯（Richard Price）與約瑟夫・普利斯萊（Joseph Priestley）和流亡在外的日內瓦革命分子，皆慷慨向羽翼未豐的法國政治人物提供建言。蘭斯當付錢給年輕的日內瓦流亡人士皮耶・艾蒂安・路易・杜蒙（Pierre Étienne Louis Dumont），讓他擔任研究助理、文膽與宣傳人員，為政界的冉冉新星米拉波伯爵（Comte de Mirabeau）效力。羅米利則撰寫下議院議事規則摘要，供新成立的國民議會參考。[124]

英國有許多人認為：在光榮革命的一世紀之後，法國將採用英國憲政體制的完善版本。使館書記丹尼爾・海爾斯（Daniel Hailes）相信，除了對英國商品之外，法國人也已培養出對英國理念的愛好：「法國人與美國人的往來……讓他們比以往更接近英格蘭人。我國的日報幾近於無限制引入法國，亦讓其人民逐漸注意到自由與我國憲政體制之優點。」[125]不少人認為革命已經結束，大使多塞特公爵便是其中之一。民眾席捲巴士底監獄之後兩天，他在報告中寫道：「就我們所知，這場最大的革命影響所及……只有極少數傷亡；從此刻起，我們可以把法蘭西視為一個自由的國家；國王是一位權力相當受限的君主，而貴族的影響力也縮小到與其他國民一般的水準。」[126]

法國帶來的威脅消失，也有人因此大大鬆了口氣。使館報告說：

軍隊喪失軍紀，幾乎沒有士兵。國庫沒有錢，也幾乎毫無信用……。這場亂事當然會造成某些可能的結果；但我很滿意，法國〔若要成為〕令其他國家坐立不安的存在，必然是很久之後的事。[127]

私底下，多塞特的反應結合了新教徒對修女常見的執念，以及他個人惡名昭彰的色慾：「民眾仍四處劫掠，他們還褻瀆兩所女修院，ㄍㄢˋ[5]了每一個修女，我覺得這點子還滿不錯。」[128]英國遊人依舊四處遊玩，在家書上寫下他們的興奮之情，以及通常相當正面的印象。觀光客經常發現，自己的國籍成了得到親切接待的保證：

他們說英格蘭人〔是〕「我們的朋友。我們現在也要自由了……。」法國產業發展驚人。這一點連同該國宜人的氣候、肥沃的土壤，再加上他們不久即將得到的自由之祝福，必定會使他們成為快樂而光榮的民族。[129]

5【譯註】多塞特原文為「fu-k」，隱去字母「c」。

但法國跟英國並未殊途同歸。早在一七八九年，緊繃便開始浮現。最明顯的原因是，「對一七八九年的法國人而言，英格蘭人就是敵人」。[130]《陳情表》（尤其是出自港口與紡織城鎮者）要求採取行動，阻止英格蘭進口商品。法國一直有謠言表示英國人引發了革命的暴力——有報導指出多塞特「撒下大把的錢，目的在於維持、強化不滿之情」，多塞特對此相當擔心。[131]對於英國未能供應穀物的批評，在法國也久久不去。就連讚揚英國體制的人，也不主張與英國為友。

縱觀發生在國民制憲會議（Constituent Assembly）與見諸報端的論辯，英國的例子一再有人提起。其他國家在人心與言談中，都沒有如此分量，連美國也是。但愛國者中的領袖已不再認英國為典範。美洲革命與隨後發生在英國的動盪，損害了國會的形象。國民議會首屈一指的思想家西哀士神父（Abbé Sieyès），在他那本寫於一七八九年、流傳甚廣的宣傳冊《何謂第三階級》（*Qu'est-ce que le Tiers état?*）中，將英國憲政體制斥為「泰半誕生於機會與情勢，而非啟蒙之產物」，他還呼籲法國人要取代英國，成為「萬國之楷模」。當米拉波（在蘭斯當一行人的鼓勵下）提議採用下議院議事規則時，有人大吼：「我們才不想要任何英格蘭的東西，我們不需要模仿任何人。」[132]

若干法國政治人物（尤其是來自四海一家的貴族圈外者）主張無中生有，創造一套專屬法國、更優秀的制度，不受古代希臘與羅馬以外的任何外部啟發。此舉標誌著跟一六四九年、一六八八年與一七七六年的英國與美國革命畫出意識形態鴻溝。馬克西米連・德・羅伯斯比爾（Maximilien de Robespierre）大聲疾呼：「法蘭西民族之代表……可不是受人之託，要來一味抄襲誕生於蒙昧時代的制度。」[133]他們應規劃全新、合理的架構，以表彰國民的「共同意志」。英國政壇的私相授受與貪腐遭到唾棄，人們也拒絕訴諸傳統與先例的做法。其他人則打算從英格蘭學些東西，但啟發他們的不是喬治三世的英格蘭，而是奧利佛・克倫威爾（Oliver Cromwell）的英格蘭。最早的法國共和派認為，一六五〇年代的英格蘭聯邦制度是近代民主制度實踐最好的例子，他們熱烈鑽研其歷史與相關政治專論，志在創造更好的聯邦制度。青年演說家卡密爾・德穆蘭（Camille Desmoulins）宣稱：「我們應該要超越這些對自己的憲政制度感到自豪的英格蘭人，使之為我們效勞。」[134]制憲君主派則是最親英格蘭的一群。領導人之一的尚・約瑟夫・穆尼耶（Jean Joseph Mounier）譴責風向的不變：「不到一年前，我們還用羨慕的口氣談英格蘭的自由……而今，尚在無政府狀態中竭盡己力以獲得自由的我們……居然有膽藐視英格蘭的憲政體制。」他促請國民議會「從經驗中學習，莫要輕忽歷史的例證」。[135]新教牧師拉卜・聖艾蒂安（Rabaut Saint-Etienne）駁斥這種想法，一針見血地指出「歷史並非我們的律法」。長久以來受人愛戴的英國制度，如今成了引發不和的陳腔濫調。贊成「分權」、「上議院」與「下議院」或王室特權（royal prerogative）[6]的人，會被人當成抵制革命。若干英國改革家一度希望能在兩國令人雀躍的發展中擔綱核心，現在卻發現自己及其法國友人遭到邊緣化。拉波斷絕跟蘭斯當圈子的聯繫。「英格蘭人認為蘭斯當與反國教派是法國大革命的密使，但其實他們遭受革命人士排斥；法國人譴責他們為政治當權派辯護，在革命的過程中與他們斷絕關係。」[136]

6【譯註】指習慣法、民法以及其他法律中劃歸給君主，為君主獨有、無須與國會或其他機構分享的權力。

【延伸】板球：一七八九年巡迴賽[137]

人生不過是場板球賽——美女是球棒，男人是球。

——多塞特公爵

多塞特大使是當時最優秀的通才，他認為板球或許能緩和巴黎的緊張情勢，同時展現他本人與英國的善意。他聯絡板球球友坦克維爾伯爵（Earl of Tankerville），伯爵同意組一支球隊，隊員包括他本人、威廉．貝德斯特〔William Bedster，曾經是伯爵的管家，也是薩里（Surrey）有名的打擊手，這時在切爾西（Chelsea）經營一間酒吧〕、「大塊頭」愛德華．史蒂芬斯（Edward 'Lumpy' Stevens，伯爵的園丁，也是難纏的投手）和許多知名的板球老手。大使本人也會加入。球隊預計在一七八九年八月上旬抵達法國。然而，巴黎情勢一觸即發，使館陷入危機，多塞特於是離開巴黎，在球隊正準備從多佛上船時攔住他們。至少公爵還能看到肯特郡—薩里郡對抗賽的第一天，「大塊頭」也有上場。總之，人們第一回認真嘗試將公平競賽精神引入法國，但遭到革命阻止。據說瑪麗．安東尼留下多塞特的板球棒，當作紀念品。

第五章 理念與刺刀

革命等於理念加刺刀。

——拿破崙・波拿巴

革命已成，但並非讓法國自由，而是讓她變得難以應付。

——埃德蒙・伯克[1]

起先，法國大革命似乎使法蘭西與英國走到一塊兒；實際上，卻標誌著兩國道路再度一分為二。但兩國對立的意義，如今卻有了翻轉：英國此前是「改變」與「革新」的代名詞，此後漸漸成為「穩定」與「傳統」的象徵。法國過去是「君權」與「階級社會」的化身，現在卻代表「拒絕過往」、「民主」與「劇變」。人們原以為革命會動搖法國，誰知卻讓法國迅速強大起來；而「戰爭」與「革命」的結合，更是威脅要扭轉（本來也真有可能扭轉）法國與英國之間百年抗爭的結果。法國擴張範圍遠勝於路易十四統治時期，英國雖牢牢控制愛爾蘭，但加勒比海與印度則大受震動。

至福之晨

噢！希望與喜悅的愉快操演！
援軍之強大，立於
我們這一方，為愛則強！
活在斯晨即為至福，
若更有年輕，則為天堂！——噢！那時，
貧瘠、陳腐、冷淡的
習俗、法律與規章，倏地吸引
一整個浪漫國度的注意力！……
並非在烏托邦、地下的礦場，
或某座祕密島嶼，上蒼知道是哪兒！
而是在此世，正是此世

屬於我等，——終將在此地
我等或尋獲至樂，或一切成空！

——威廉・華茲渥斯（William Wordsworth）[2]

諒英格蘭最有能耐的領袖去策畫，或是傾其所有財產去收買，也無法對其敵國造成如此致命的情勢——法蘭西如今便是在這種情勢中，因為自己腹中的動亂而倒下。

——英國外相卡馬森勳爵（Lord Carmarthen），一七八九年[3]

對於一七八九年驚天動地的消息，英國與愛爾蘭的反應是一面倒地支持。倫敦的戲院重現事件，而巴士底日差點成為英國假日——當下議院提出制定「法國革命感恩日」動議時，上議院否決的票數不過是十三比六。改革派希望法國能為英國提供有益的榜樣：法國不久前解放猶太人與新教徒的做法，預計將刺激英國廢除宗教歧視，而該國的制憲論辯也重振本國有氣無力的國會改革。許多人預言法國將向英國靠攏，踩著「光榮革命」的足跡前進——人們不久前才慶祝光榮革命百年紀念呢。革命事件也成為排外式幸災樂禍的泉源。卡馬森勳爵心想，英國外交官將「久違地如沐春風、昂首闊步於歐洲」。不過數個月之前才跟法國打過戰爭仗，如今已為人遺忘。華茲渥斯將這種興奮之情表現得最淋漓盡致，但在一七八九年時，他還是劍橋聖約翰學院（St John's College）的大學生；比起革命的黎明，他更關心考試和就業前景。不過，他確實在一七九一年至九二年造訪法國時，發展出對革命的誠摯熱情——刺激他的，是他跟一位布盧瓦（Blois）姑娘的情愛，以及和一位愛國軍官的友誼。[4]

最熱情擁戴革命的人是宗教上的反國教派，以及查爾斯．詹姆斯．福克斯為首的輝格在野黨：「這真是世上發生過最重要的事件，也是最美好的一件事！」福克斯及其簇擁對法國實際發生的事情不很瞭解，也不大關心，而是執著於喬治三世及其陰謀「小團體」對自由造成的神祕威脅。他們因此將波旁王朝的失敗視為對「專制統治」的又一次打擊，好比是美國革命。福克斯與貴族出身的法國改革人士為友，認為改革派將掌權。他態度堅決，想覓得法國的「輝格黨」人物——甚至找到類似雅各賓恐怖統治領導者羅伯斯比爾與路易．安東萬．德．聖茹斯特（Louis Antoine de Saint-Just）這樣的人物。輝格黨的思路是，無論法國大革命有多害人，與原先的統治一比不過是小巫見大巫；而革命勢力戰勝奧地利、普魯士，以及後來戰勝英國（由他們妖魔化的小威廉．皮特所領導），則是人類發展的凱旋。福克斯將所有不理想的發展悉數歸咎於國內外反對革命的人，帶著一種混雜同情、固執、失敗主義與恐懼的情緒，敦促與法國協商議和。

支持革命的知識分子由「理性反國教派」領銜，其中不少人是長老教會中傾向一位論（Unitarian）的信徒。他們否定三位一體的教義，也否定基督具有神性。這種立場會削弱宗教、政治與社會秩序的基本前提——教會與國家是由神所按立的。理查．普萊斯博士與約瑟夫．普利斯萊博士（他也是一位知名科學家）等活躍的一位論牧師，里奇蒙公爵（Duke of Richmond）、蘭斯當侯爵與格拉夫頓公爵（Duke of Grafton）等政界同情人士，以及詩人山繆．泰勒．柯勒律治（Samuel Taylor Coleridge）等熱情青年，都把法國革命詮釋為神意對教皇黨和立國教之舉的重擊。普利斯萊的表達方式於其名聲有損——「一車的火藥〔已經〕擱在教會當權派底下」，這話也為他贏來「火藥老喬」（Gunpowder Joe）的諢號。普利斯萊是一位分析家，刻苦鑽研但以理、以賽亞與《啟示錄》的預言與氣象科學，多年來他一直期待「教會與國家一起垮臺……是會嚴重成災，但終將是光輝燦爛之事」。如今他美夢成真：「法國革命合於神意」，一位再洗禮派牧師在民風激進的諾維奇（Norwich）如此宣布。「沒有國家站得住腳，憑神的大能都能推翻。」無論動盪與苦難多麼嚴重，都將擊潰《啟示錄》天啟中所說的羅馬大淫婦與七頭十角獸，為基督的復臨以及地上的天國引路。許多千年至福論[1]宣傳冊都以類似《法國革命預言與敵基督的敗亡》（*A Prophecy of the French Revolution and the Downfall of Antichrist*）的書名問世。「至高者的聖民，」普利斯萊寬慰眾人，預言他們「必要得國享受，直到永永遠遠。」至於罪人——革命中的受害者——則交託給「智慧慈愛的神意來發落」，和那些淹沒在諾亞洪水中、於索多瑪與蛾摩拉業火中焚燒的人，一起掃進同一個神學垃圾桶。[5]埃德蒙．伯克稱這些人是「可悲的偏執之人」，但他們堅定的思想、不容侵犯的道德觀與對千年至福的期待，卻塑造出英國版的革命價值觀。

如此的期盼觸發了知識分子一系列的主張。在劍橋，地方性的宗教狂熱導致個性激烈的大學生柯勒律治，用火藥在聖約翰學院與三一學院柔軟的草皮上燒出「自由」與「平等」的字樣，也讓主事者以比較莊重的方式，將一七九〇年副校監拉丁文論文獎授予一篇讚揚革命、「很可能有益於這個

1【譯註】基督教末世思想，相信耶穌基督將在審判日後復臨，統治千年。

國家」的論文。[6]不過，未來數年牽連更廣的衝突，也在劍橋以相當迷你的方式呈現。威廉・佛朗德（William Frend）是耶穌學院中信奉一位論的教員，他不僅宣稱「路易・卡佩」（Louis Capet，指路易十六）遭到處死「干我等何事」，還連盎格魯教會的「黑衣人」及其「迷信的」聖餐禮一塊罵，將之暗比為「巴庫斯（Bacchus，羅馬酒神名）的縱樂」。此舉導致他因瀆神言詞而被剝奪教員資格，進而引發抗議活動——參與其中的柯勒律治差點遭到退學。三一學院的牧師則謹慎得多，將奧地利與普魯士人跟《啟示錄》中的野獸畫上等號。威廉・哥德溫（William Godwin）、瑪麗・沃斯東克拉夫特（Mary Wollstonecraft）與威廉・布萊克（William Blake）等宗教與社會激進人士也共享這種千年至福願景。布萊克受到神學家伊曼紐・斯威登伯格（Emanuel Swedenborg）的新耶路撒冷教派所影響，深信「野獸與大淫婦的統治沒有節度」，因此「英格蘭十字軍〔將透過〕對付國教的方式來對抗法蘭西」。這個激進的地下社會將預言性的宗教和政治陰謀兩相結合，即便從當時寬大的標準來看，這批人有時候也稱得上異常古怪。[7]

法國革命吸引英國政治體系邊緣人的注意，亦即諾維奇、布里斯托、萊斯特（Leicester）與新堡等老城市，以及伯明罕、貝爾法斯特（Belfast）、謝菲爾德（Sheffield）與曼徹斯特等新興工業重鎮裡自學的小生意人、專業人士和優秀工匠。反國教派的會眾提供組織力量與受眾。而這個社群最著名的代言人，是浪跡江湖的湯瑪斯・潘恩（Thomas Paine）——他曾經是個馬甲裁縫，信過貴格會，當過稅吏、海盜、記者，也是美國革命之名的捍衛者與參與者。社團網絡將信念傳播出去。有些團體的成立時間可以追溯到七年戰爭與美國革命時〔如憲政資訊協會（Societies for Constitutional Information）、憲政之友協會（Friends of the Constitution）、愛國者協會（Patriotic Societies）〕。其餘則是新成立的組織，其中最有名的要數一七九二年一月，由鞋匠托馬斯·哈代（Thomas Hardy）成立的倫敦通信社（London Corresponding Society）。政治性結社之間建立友社關係，例如巴黎的雅各賓俱樂部（Jacobin Club）與輝格黨斯坦霍普伯爵主持的革命紀念協會（Society for Commemorating the Revolution）——不久前押解路易十六一家回到巴黎囚禁的熱羅姆·佩蒂翁（Jérôme Pétion），便成了一七九一年革命紀念協會年度餐會的座上賓。

其中一次的友好表示造成了深遠影響。一七八九年十一月四日，身兼一位論派牧師與政治經濟學健筆的理查·普萊斯，以〈論愛我們的國〉（On the Love of our Country）為題，向革命紀念協會發表演說。他致詞的內容隨後在法國的國民制憲會議上獲得宣讀。普萊斯指陳，「多數的」政府「強奪人權」，國教是「專橫的神權統治」，應該要將「偏見」從「對國家的愛」中洗滌出去，而這種愛「不必然得……對其法律與憲政體制有任何特定偏愛」，結果導致國內議論紛紛。他以激情的宣言為演講作結，表示法國革命已「點燃烈焰，將專制統治燒成灰燼，溫暖、照亮了**歐羅巴洲**」！[8]普萊斯點燃了一場思想大戰，他的言論引來埃德蒙·伯克的「驚雷」[9]——隔年，一七九〇年十一月，《法國革命的反思》（*Reflections on the Revolution in France*）出版。這本書是歷來以法國為主題的英文著作中最重要的一本，也是歷來關於英國最重要的著作之一，因為——正如近代史學者德雷克·比爾斯（Derek

Beales）所評價——「書中一切皆與法國有關，書中一切亦與英國有關」。[10]

✣ ✣ ✣

【延伸】反思革命

只要這詭異、無以名狀、狂暴、激情的東西在歐洲的中心站穩腳跟，就沒有哪一個君主國——無論其權力是否受到節制——或任何歷史悠久的共和國能平安無事。

——埃德蒙·伯克，一七九一年六月[11]

只要英格蘭人放縱雄辯家伯克跟法國作對，我們可是連自己的一丁點自由都難以贏得：他辱人的文字與收了錢的狡猾言論在我國各行政區氾濫。

——貝特宏·巴瑞（Bertrand Barère），一七九四年於國民公會（Convention）演說[12]

埃德蒙·伯克一七二九年生於都柏林，如果他不是英國最偉大的政治思想家，那至少也是最偉大的有腦政治家。他批評王室的要職任命權，支持愛爾蘭的天主教解放運動與美國獨立，抨擊英國在印度的腐敗與壓迫，與查爾斯·詹姆斯·福克斯為友，跟湯瑪斯·潘恩和理

Reflections on the Revolution in France
Smelling out a Rat; — or The Atheistical-Revolutionist disturbed in his Midnight Calculations

「嗅出一隻老鼠」：不信神的革命黨在半夜「盤算」時受到干擾。伯克原本擁護美國與印地安人的自由，如今卻遭人指控與當權者站在同一邊－所以才有圖上的王冠與十字架。

查・普萊斯通信；他對法國革命的抨擊有部分跟普萊斯的影響有關，而他的言論所招來的謾罵，大部分則是因為他看似變節的轉折。他造成在野的輝格黨分裂，與友人關係破裂，留福克斯在下議院中腹背受敵。[13]人們批評伯克是啟蒙之敵、反革命理念家、浪漫主義先知、排外、法西斯主義先聲，甚至是美國新保守主義者（American Neocons）的精神先祖。其實，他只是捍衛自己認為相當開明的「歐洲共同體」(Commonwealth of Europe)：寬容、多元、上下有序、財產私有、重視貿易、實事求是、四海一家——這是洛克、休謨、斯密、吉朋與孟德斯鳩的啟蒙，伯克甚至將孟德斯鳩《論法的精神》評價為聖經以來最重要的著作。他並未因法國的衰敗而幸災樂禍，更是第一個（在一七八九年十一月時）對「一個位居泰西體系中心的文明大國在政治上完全毀滅」的危險提出警告的人。[14]他譴責革命等於退化回混沌與暴力的境地，而革命的動力恰與他所批評的帝國主義行徑出自同一種幼稚精神與傲慢神學。[15]伯克為中庸——介於「君主專制體制」與「群氓專制體制」之間的「第三條路」辯護。[16]

伯克試圖清楚說明（正當的）光榮革命與（不正當的）法國革命之間有何差異，力抗那些認為兩者共同表現「人民有絕對權利推翻其統治者」的人。他也為現存社會與政治體制辯護，與要求理論般完美的人對立。他承認，若與這種完美相比（他曾挖苦為「哲學仙境」），既有的一切並不完美。情感、經驗與真實生活要重於抽象理論——這是他論點的核心。妙的是，早在三十年前，他跟普萊斯針對人類如何理解世界——透過經驗，或是形而上的認知——便有不同意見。一七八九年的事件（伯克後來稱之為革命的「殺人慈善事業」），讓兩人的哲思差異成了一件攸關生死的事情。

伯克主張，政治體系的正當性根據不在其理論基礎——「光禿禿、孤零零的形而上抽象概念」——而在於「提供人所匱乏」的實際能力。這些能力構成「真正的」人權，例如「司法」與「其產業的成果」。政局穩定必不可少——英格蘭人民認為這是「他們的其中一項權利，而非他們的過錯」。政局穩定並不表示排除謹慎的改革，甚至在極端情形下也不代表不能懲罰「真正的」暴君。但社會與國家不能根據「抽象原則」廢立——實際上，這些原則不過只是少數狂妄之人的看法。「我無法想像，怎麼會有人踏進假設的場域，把自己的國家純粹當成白板，在上面隨意亂畫。」[17] 這種人「對自己有絕對的信心，不尊重他人的智慧，隨便打發」。政治體系是人類在不同文化與情境下所制定，而非由普世的自然律所規定。其運作端賴於主動接受、忠誠與「偏好」，「它們延續愈久……我們愈珍視它們」。個人的思慮會犯錯，因此眾多的個人應當「活用各民族、各年齡層整體的銀行與資本」。以英格蘭為例，這種自由的「資本」可以回溯到《大憲章》（Magna Carta），而且是種無須仰賴任何抽象權利理論的「繼承物」。社會與國家就像習慣法，是一代代人決策與經驗的積累，是「文盲的智慧」。這種傳承，是政府與受統治者——生者、死者與尚未出生的人之間千真萬確的契約，是永恆的「合夥關係」。除非眾人願意接受無人擁有「獨立於或撕碎」這種合夥關係的權利，否則統治就只能靠武力進行。他預測，這就是法國的命運，直到「某個受人愛戴的將軍（成了）你們議會的主人和整個共和國的主人」。

伯克的對手根據自己在本國的政治、宗教關懷，來詮釋發生在法國的事件（對此也經常缺乏重視），但伯克不同，他密切關注革命的發展。他瞭解到，法國革命是某種新的、「恐怖的能量」，不能將之解釋為對現實苦難的合理補救。革命有其意識形態推動力，創造出伯克所說的「專斷式民主」（despotic democracy），拒絕所有加諸其權力上的限制；此外，革命同樣出自一種全面改革的理想國願景，一如國民議會重要成員——喀爾文派牧師拉卜．德．聖艾蒂安所表示：「一切都要摧毀，沒錯，是一切；因為一切都得重新創造。」對伯克而言，政治之智慧在於「保持」的同時「改進」，因為摧毀重要的歷史結構，也就等於摧毀近代社會。[18]

《法國革命的反思》立即造成衝擊：在英格蘭光是一週就賣了七千本，法國一年則賣了一萬三千本[19]——占讀者群中相當高的比例。該書激起源源不絕的批判，經常有人指控伯克跟專制統治和教皇一黨站在同一邊（因此吉爾雷的漫畫才會出現那些符號）。福克斯稱之為「受詛咒的東西」，威爾斯親王則斥之為「雜七雜八的胡說」。最有影響力的反駁之言是潘恩的《人的權力》（*Rights of Man*, 1791）與瑪麗．沃斯東克拉夫特的《男權辯護》（*Vindication of the Rights of Men*, 1790）與《女權辯護》（*Vindication of the Rights of Woman*, 1792）。沃斯東克拉夫特意譯盧梭之言（見第二章的【蓋瑞克的法國舞者】）：「自然——或是以嚴格而得體的方式稱之為神——的所有造物皆為正當；但人卻想出許多謊言損壞自然之造物。」她堅持受之於神的理智才是合法權威的唯一來源，拒斥傳統的正當性（英格蘭憲政體制是「一大堆前後不連貫的東西……創立於無知的黑暗時代」）。她譴責財產、文雅、「娘娘腔」與商貿是壓迫與不道德的根源，並呼籲一場道德革命。潘恩的《人的權力》筆鋒則狡猾、跳躍、直白，是非常成功的出版品。他不打算與伯克交鋒，而是單純謾罵；伯克根本不浪費時間回應。在潘恩眼中，每一件事在法國都進行得非常美好：革命就是「修整事物的自然秩序……將道德與政治的福祉、國家的繁榮相結合」。[20]

許多溫和人士（包括伯克的友人）認為伯克的慷慨陳詞古怪異常，危言聳聽。小皮特對《法國革命的反思》的評論相當有名：「奔放之作，令人相當欽佩，但完全不敢苟同。」他始終不接受革命全盤皆錯的看法，據說他私底下表示「假使人人皆有見識，能為所當為」，那潘恩才是對的。[21]但伯克仍然在這場理念之戰中占了上風。看到一七九二年之後的發展，他的對手沒有一個還試圖一條一條為法國革命辯護：內戰、經濟瓦解、恐怖統治、對外侵略、與英國開戰、打擊基督教，以及拿破崙的政變——實現了伯克關於「某個受人愛戴的將軍」的預言。潘恩原先信心滿滿，「他們法國把事情處理的更好」、「千年之後」法國人回顧這場革命時將「默默自豪」，[22]現在變成把所有問題歸咎於外國的干預。革命的「野蠻與悲慘」令沃斯東克拉夫特大駭，希望「自己從未聽聞……發生在那兒的暴行」。[23]潘恩逃離英格蘭的起訴，在法國接受熱情招待，成為公民、國民公會議員、官方宣傳家，以及制定英格蘭入侵計畫的業餘顧問。但他支持錯誤的派系，在恐怖統治期間遭到逮捕下獄，差點上了斷頭臺。潘恩頗識時務，在《理性時代》（*The Age of Reason*, 1794）一書中轉往比較安全的領域，土法煉鋼談神學，此後再也沒有就革命進一步寫過什麼。可雖然伯克贏了這場思想戰役，為英國的制度賦予「淵遠流長的世系，由無數賦予正當性的力量所構成」，[24]他在一七九七年過世時，仍擔心小皮特設法與革命共存之舉終將讓革命獲得勝利。

共和派用理想化的斯巴達與羅馬制度，形塑出放諸四海皆準的「專斷式民主」，伯克則認為政治群體是由協議、權利、責任與情感組成，且受到約束的繁複積累，並以此看法作為「專斷式民主」之外的另一種選擇。雖然人們經常說他保守，但伯克的願景對哲學家班傑明·康斯坦（Benjamin Constant）後來所說的、奠基於個人政治與經濟自由的「現代人的自主權」而言，卻是不可或缺的要素。伯克也和法國的反革命理論家不同，他們大聲疾呼，表示神權政治與當局的鐵腕才是革命唯一的解藥。英國與歐陸的政治理念，因為對法國革命的反思而有了新定義——伯克的「第三條路」，讓他同時成為保守主義（因為他讚揚傳統與忠誠）與自由主義（因為他同意改革為生存所必須）的教父。

✣ ✣ ✣

英國民眾對於革命的主要回應並非極端作為。激進社團的核心成員只有數十個，頂多上百人（謝菲爾德憲政資訊協會或許是地方上最大的團體，積極成員在一七九二年時約有六百名）。[25]忠於當局的行動更為顯著，就像革命讓法國社會上下動員，保王思想同樣也催動了英國社會，最後將近有兩千個保王派社團成立，例如一七九二年十一月成立、對抗共和派與平權派（Levellers）[2]的自由財產保障協會（Association for the Preservation of Liberty and Property）。保王派主張，法國人激起的動亂會讓富人、窮人同樣一敗塗地。不過，保王思想並不代表對小皮特政府的無差別支持。保王派通常同情群眾的苦難——尤其是食物短缺一事，此外也不保證對漫長無望的戰爭有毫不動搖的支持。保王派活動光譜上比較莊重的一端，是透過收集上千人的簽名，以及傳道文、詩作、宣傳冊與報紙等方式向喬治三世效忠。比較不莊重的，就是群眾的慶典——遊行、把湯瑪斯．潘恩人偶當成蓋．福克斯來燒、放煙火、烤牛肉和喝酒，通常是由鄉紳出資。威脅恫嚇激進派，也是保王派活動很重要的一面：燒肖像、將之從酒吧與聯誼社團逐出、抵制並解雇之，甚至私下迫害激進派作者與出版商。光譜的極端就是暴力騷動。最為惡名昭彰的例子，是發生在伯明罕的「普利斯萊動亂」，結果導致激進派在其中一個根據地遭到鎮壓。

一七九一年七月十四日，大約九十位改革人士在伯明罕一間旅館舉辦晚宴，慶祝巴士底日，結果導致一連三天席捲伯明罕城與鄰近村莊的動亂——革命時代最大的一場民間騷動。[26]主要目標一開始是反國教派教堂與巴士底晚宴出席者的家，接著是當地反國教派名流要人（銀行家、牧師、治安官與大工廠主）的家——有些人跟法國有不可告人的生意往來（見第二章的「旅人故事」），最後連月光社（Lunar Society，英格蘭中部啟蒙運動的核心）社員也遭殃了。社員包括伯明罕首屈一指的實業家馬修．博爾頓（Matthew Boulton）、英國知名工程師詹姆斯．瓦特（兩人是聖公會信徒，所以房子逃過一劫），以及約

2【譯註】政治運動派別，支持人民主權、擴大選舉權、司法平等與宗教寬容。

瑟夫・普利斯萊——他身兼皇家學會會員、知名大氣與電學實驗家，也是一位論激進分子，深信革命預示了敵基督將遭到推翻、耶穌將再臨——「我想，二十年內一定會發生。」[27]儘管他小心跟晚宴保持距離（或許是遭到威脅塗鴉所警告），但他的房子仍然遭人縱火，科學儀器與文件皆付之一炬。最後總計有一所浸信會教堂、三所一位論聚會所以及至少二十七間房舍，在這場英格蘭民眾示威過程中遭到劫掠、破壞或拆毀，其所有人魂飛喪膽、倍感屈辱，但身體上沒有受到傷害。一位受害人遭人「拖到酒館……被迫握了上百雙粗糙黝黑的手」，並買給群眾三百二十九加侖的啤酒。這些黑手——伯明罕與黑鄉的馬具匠、金屬工人、木匠、玻璃匠、桶匠、礦工與泥水匠的老闆，為何會以「教會與國王」之名突襲文雅的親法分子？反國教派是當地的權貴：事件中財產損失最慘重的十個人都是鉅富。傳統上，他們就跟不苟言笑的清教徒一樣不受歡迎——整個世紀以來，英格蘭中西部一再發生打著詹姆斯黨名號、攻擊反國教派的動亂。反國教派要求宗教與政治改革（從來不受眾人所歡迎），而他們公然擁戴愈來愈危險的法國革命、以此為榮的做法，似乎就要威脅社會團結、和諧、穩定的傳統理想。這種團結一心的愛國理念對專業人士有強大的吸引力，而另一方的理想似乎是個「少數猖獗分子剝削多數人的殘酷世界」。[28]

普利斯萊搬到倫敦，接替理查・普萊斯，擔任一位論會眾的牧師。他獲得法國公民資格，並獲選為國民立法議會（Legislative Assembly）議員，但他以自己不諳法語為由婉拒了。儘管發生恐怖統治，他仍然認為革命「位世界開創新紀元，呈現出接近千年至福的視野」，而他「懷抱熱情，讀著……羅伯斯比爾以道德、宗教為題的可敬報告，我還愉快地發現，法國政要的觀點有了如此重大而令人滿意的轉變」。[29]他最後隱居美國。

保王派與激進派同樣受到歐陸事件所刺激。暴力事件的滋長，讓許多人堅決轉而反對革命。恐怖統治在一七九二年九月二日至六日達到新的階段——革命派受到入侵軍隊的威脅，擔心自己關押的敵人會策畫陰謀，居然開始屠殺巴黎各監獄的犯人。數以百計的貴婦人、妓女、主教、乞丐、軍官、前大臣、流浪兒童與財金鉅子被拉到街上，遭到身兼法官、陪審團與劊子手的愛國審判團殺害。這些殺戮與法國人民輕鬆、文雅、順從的傳統形象互相衝突，因此尤其令人震驚。

一七九二年九月二十日，法軍在法國東部的瓦爾米（Valmy）意外成功擊退普魯士與奧地利入侵部隊，這不僅出人意料，也讓同情人士鬆了口氣。查爾斯・詹姆斯・福克斯雖然對九月大屠殺感到心寒，但仍以「此前從來沒有發生任何公共事件能帶給我如此的快樂，就連薩拉托加與約克鎮亦然」的字句，來描寫瓦爾米一役。[30]英國同情者一直在為處於沉重壓力下的法軍募集衣物、毯子、靴子與彈藥，而法軍在奧屬尼德蘭的其他勝利，更是讓他們一片歡騰。現在換他們種起自由紀念樹、烤牛肉、敲響教堂鐘聲，在自家窗戶上張燈結綵。很顯然，法國革命政府畢竟不是軟柿子。

英國人（尤其是英格蘭人）對法國革命的反應，一直是學者熱議的主題。左派史家看見的是激進的迴響，包括政治結社的激增，將之視為英格蘭有機會發生其革命的徵兆——至少有可能會追求更民主的道路。但近來學者大致同意，過往的史家「過於高估」民眾對革命的同情。反而革命「最重要的衝擊之一……是為民間的保守思想提供了無盡的動力」。[31]許多早期熱情支持者，最後都因為各種事件的壓力而改變立場，包括華茲渥斯、柯勒律治與羅伯特·伯恩斯（Robert Burns）等詩人。曾經擔任主教，後來轉行為外交官的夏爾·莫里斯·德·塔列朗·佩里戈爾（Charles Maurice de Talleyrand-Périgord），在接下來四十年中多次出使英國。一七九二年，他在首度出使時寫下報告，表示

> 該國民眾……緊緊依附其體制，執著於古老的偏見、習慣、與其他國家一較高下，並鍾情於富足榮景。他們從未想像從革命中能有任何所得，英格蘭的歷史令他們擔憂其危險。這個國家一門心思都擺在物質繁榮的問題上。[32]

唯有戰爭的壓力傷害這種繁榮時，這個國家才會有嚴重的動盪。

❖ ❖ ❖

【延伸】食人族與英雄

吉爾雷手腳很快，在九月大屠殺的第一道消息傳抵倫敦後兩週，便發表他繪圖、蝕刻的《簡單的晚餐》（Un petit souper），用色明亮簡單。外交官陸軍上校喬治·門羅（George

Munro）對大屠殺的目擊描述，後來也迴盪在英國兩位重要的革命形象描繪者的著作中——托馬斯．卡萊爾（Thomas Carlyle）的《法國革命史》（*History of the French Revolution*, 1837），以及查爾斯．狄更斯（Charles Dickens）的《雙城記》（*A Tale of Two Cities*, 1859）。

The Zenith of French Glory; _The Pinnacle of Liberty.
Religion, Justice, Loyalty, & all the Bugbears of Unenlighten'd Minds, Farewell!

用斷頭臺與絞刑堆出來的法國「光榮之巔」。這幅插圖中寫著「自由的頂點：宗教、司法、忠誠和所有未經啟蒙的心靈裡的討厭東西，永別了！」

九月大屠殺過了將近四個月之後，路易十六在一七九三年一月十八日遭到處刑。這件事對英國輿論帶來相當負面的影響，尤其是因為這讓人想起處死查理一世。路易也想到類似的事情。他在自己的最後幾個月生命中讀起休謨的《英格蘭史》與克拉倫登伯爵愛德華．海德（Edward

Un petit Souper, a la Parisienne: — or — A Family of Sans Culotts refreshing, after the fatigues of the day.
Epigram extempore on seeing the above Print.
Here as you see, and as 'tis known,
On Maigre Days each had his Dish
But now 'tis human Flesh they gnaw

巴黎人的簡單晚餐：一家子無套褲漢在一日疲憊後補充元氣。

Hyde, Earl of Clarendon）的《叛亂史》（*History of the Rebellion*），深受英國歷史教訓所吸引。休謨說歷史事件是「大量的意外……通常與些許智慧與遠見相輝映」的格言，恐怕會令他迴思不已。[33]艾格渥斯神父（Abbé Edgworth，愛爾蘭詹姆斯黨的子孫）在路易受死時陪伴著他。當路易步上斷頭臺時，那句令人難忘、彷彿出自聖典的道別詞——「聖路易之子，爬上天堂吧」，據說便出於他的口。

吉爾雷用受絞刑的主教、修士、法官、遭褻瀆的耶穌十字像與烈火中的教堂——這時可不是在反教皇黨——畫出了該圖的小標題，志在挖苦同情革命的英國人：「宗教、司法、效忠國王的人和所有未受啟蒙的麻煩人物，永別了！」這張版畫問世的十二天前，法國已經向英國宣戰。圖中的「無套褲漢」（*sans-culotte*，指革命中未如貴族般穿套褲的群眾，但吉爾雷一貫以其「沒穿褲子」的字面意義表現）加深了革命發生前的恐法想像。鬆垂的長髮與小提琴向來是法國人輕率的象徵，如今則轉變為政治暴行反覆無常的記號。圖案傳達的訊息是：革命並未矯正，反而加深了法國人的罪孽。奧克蘭勳爵（Lord Auckland）便說：「一切野蠻暴行，已銘刻於風雅社會的墮落中。」[34]

革命人士本身對於「風雅社會」的批評更是有過而無不及，進一步將部分引自英格蘭的愛國主義與道德觀念發展出去。[35]他們打算創造出新道德、新文化，以及新的政治制度，唾棄切斯特菲爾德等人大加讚揚的法式貴族風格（見第二章的【蓋瑞克的法國舞者】）。一七九四年，馬克西米連．羅伯斯比爾在革命恐怖統治的高峰宣稱：

> 我們將……以道德取代利己，以正直取代隆重……以理智的帝國取代流行的暴政……以良善的人民取代朋黨，以受人稱道取代陰謀詭計，以天才取代精明，以真誠取代機巧，以好德取代饜足聲色，以個人的偉大取代偉人的說教，以寬宏、強大而快樂的人民取代隨便、膚淺而無賴的人民——也就是說，以共和國的一切美德與一切奇蹟，取代君主國的一切罪惡與一切荒誕。[36]

樸素的衣服與順著髮流梳理的自然髮型——從一七八〇年的英式流行打扮演變而來的發展——成為激進派的風尚。至於婦女方面，簡約的英式打扮則染上偽希臘風的調性，最後變得更有透視效果。革命時期的法國服飾流行一如政治，將英式風格推向新極限。

✣ ✣ ✣

光榮之日

無庸置疑，從歐洲情勢來看，我們或許能合理期待今後十五年的和平時光，這在本國史上還未曾有過。

——小威廉皮特於下議院發言，一七九二年二月十七日[37]

這將是為普世自由而起的聖戰……。每一位士兵都要對敵人說：兄弟，我沒有要割你喉嚨，我是要把你從你承受的枷鎖中解放；我要為你指出通往幸福的路。

——布里索·德·窩里勒（Brissot de Warville）於雅各賓俱樂部演說[38]

革命頭幾年，海峽兩岸的人既不渴望、也不期待打仗。法國似乎會平靜下來，成為不那麼威脅其鄰國的立憲君主國。戰爭會發生，並非因為歐洲君主希望復辟波旁專制體制，他們對此也感到恐懼；各國進軍法國也不是為了鎮壓革命中的恐怖事件——仔細想想，大多數暴行當時尚未發生，革命暴行是戰爭的結果，不是原因。歐陸主要國家即將在東歐與巴爾幹地區因瓜分領土而引發另一起衝突，至於細節我們就不加贅述。對各國來說，法國革命政府說不定是個有用的盟友，法國國內政局則是法國自個兒的事。

推動戰爭的力量，來自法國內部。各派系雖然出於不同理由，但都認為戰爭是政治困局的解決之道。為首的主戰派是「布里索派」（Brissotins）——布里索·德·窩里勒的追隨者，他們希望透過戰爭，顯示國王及其大臣的不愛國，以建立共和體制，繼而讓自己掌權。「法國需要戰爭，」布里索對議會表示，「以成就她的榮耀、國防安全與國內平靜，恢復我國財政信用與民眾信心，終結恐怖統治、叛國與無序狀態。」[39]對於法國開戰的挑戰，奧地利人顯得意興闌珊，普魯士人則躍躍欲試；各方來來回回發表聲明、語出威脅、下達最後通牒。一七九二年四月二十日，法國國民議會投票通過宣戰，只有七票反對。雙方陣營都期待能快速取勝。奧利地人與普魯士人皆認為職業軍人將擊潰革命派的烏合之眾，秋天時就能返家。布里索派則想像革命愛國主義將搖搖欲墜的君主國掃到一旁：「連擁有四十萬奴隸的路易十四，都曉得如何俾倪所有歐洲大國；我們有上百萬自由人大軍，哪還怕它們？」[40]

英國政府傾向於「對法國事務採取最嚴格的中立」——這是新任外相格倫維爾勳爵（Lord Grenville）的原話。他認為奧地利、普魯士一同威脅法國的做法「觀感不佳，也不體面」。英國在北美洲與近東地區也有自己的問題，分別對上西班牙與俄羅斯。經驗豐富的威廉·伊登（此時已是奧克蘭勳爵）坦承，雖然「腦海中」他討厭革命，但實務上若法國有個「支離破碎、效率低下」的政府，對英國更有好處。無獨有偶，對英國並無好感的布里索派，（腦海中）已經有夠多敵人。一七九二年，布里索向英國這個「最尊重我們革命及其象徵的國家」致意。一名英國外交部官員則認為，英國人有「鹹水壕溝」保護，涉入歐洲戰事「就跟偶發事件一樣，不一定會發生，也難以預測」。[41]

法國人跟奧地利與普魯士的戰事開局並不順利。法軍指揮官——美國獨立戰爭英雄拉法葉與羅尚博，都認為麾下部隊打不了仗。兩人在敵軍現身時撤退，引起人們指控他們叛國。戰爭初期的逆勢，以遠比布里索派所想像更突然、更劇烈的方式，讓革命走向激進。奧、普聯軍指揮官布朗胥百克公爵（Duke of Brunswick）發表聲明，威脅若王室成員受到傷害，便要懲罰巴黎；法國當局則將武器發放給民眾作為回應。然而，民眾卻在一七九二年八月十日拿起武器，推翻君主國。英國大使離境，但倫敦仍保持「極度中立」。[42]敵軍兵臨首都城下。凡爾登（Verdun）——通往巴黎的最後一座堡壘，也在九月二日投降。後來有好幾位「凡爾登處女」因為歡迎入侵者而上了斷頭臺。叛國與陰謀流言四起，九月大屠殺便在此時爆發（見前節【反思革命】），緊接著就是法軍在瓦爾米史詩般的阻擊。格倫維爾暗自慶幸，「我們有那種智慧，能自外於……這樁瓜分法國、分享戰利品〔並〕粉碎全世界民主價值的光榮大業」。他堅持，「本國與荷蘭應當盡可能繼續不置一詞」。[43]

情勢之所以突然改觀，是因為作為英國安全屏障的低地國受到意料之外的威脅。一七九二年十一月六日，法軍在熱馬普（Jemmapes）擊潰奧地利人，並進占布魯塞爾。這種從危亡到凱旋的驚天轉折，加上法軍以解放者身分受到歡迎的消息，讓新成立的國民公會大受鼓舞、目空一切，而彼此傾軋的派系則競相表現其愛國心，淹沒謹慎意見。「革命……披上戰士的裝束，要挑戰全世界。」[44]十一月十九日，國民公會一致通過，向所有為自由奮戰的民族提供「友愛之手與協助」。法軍旋即有了入侵的理由——不僅是協助，更是一種貫徹法國革命政府普世權利的舉動。喬治・丹敦聲明：「我們有責任將自由帶給其他民族……我們同樣有權告訴他們『諸君此後別無國王』。」布里索寫道：「直到歐洲、而且是全歐洲陷入火海之前，我們不能罷休。」他還主張「法蘭西共和國應以萊茵河為唯一的國界」。[45]

小皮特政府倒也胸有成竹。起先，法軍勝利與戰爭來臨的消息，一度讓政府擔心會鼓勵激進派。但保王活動從一七九二年十一月起急遽增加，以及以福克斯為首的反對派分裂（伯克加速了過程），都讓當局大受鼓舞。格倫維爾對駐海牙大使奧克蘭如是說：「這個國家此刻的絕佳處境，為一切所不能比。最近三週來的變化堪稱奇蹟。願神保佑讓情況盡可能長久延續，使我們趁此氣勢而行，不僅能保守己身……更能讓我們以英國大臣應有的口氣與法國對話……並粉碎國內不穩的態勢。」[46]熱烈的半官方外交活動一直延續到戰爭爆發前，但依舊無法跨過兩國間愈來愈寬的深淵。格倫維爾在一七九二年十二月三十一日的照會中聲明：「英格蘭絕不允許法蘭西恣意妄為，冒稱擁有生殺大權，打著自然權利的旗號，使自己成為歐洲政治制度唯一之仲裁。」[47]

法國人在一七九三年二月一日搶先對英國與荷蘭宣戰，並已經在十一天前把路易十六送上斷頭臺，以表現對歐洲各君主國的藐視。潘恩起草召集令，派法國漁船與美國旅客偷渡進英格蘭，號召英國人民起義。皮特對下議院報告時，將兩國的鬥爭提升到新的高度：「一群自由、勇敢、忠誠而幸福的人民」，正為了「這個國家的安寧、盟國的安全、歐洲各政權間的良好秩序，以及全人類的福祉」而戰。[48]英國參戰，「第一次反法同盟」於焉誕生——實質上就是倫敦與維也納聯盟。

小皮特及其閣員是否如當時與後代批評所指責，原應有更多避免戰爭的作為？「皮特冷漠矜持與格倫維爾倨傲不遜」的人格特質（一位法國史學家如是形容）[49]是否成了理解法國的障礙？說不定法國不會對荷蘭動手，以交換英國承認法蘭西共和國，並保證其中立？這種看法就跟力陳以協商綏靖為做法的福克斯及其同僚一樣，一而再、再而三誤解了革命政局的推動力。歷史學家富蘭索瓦·福雷（François Furet）解釋：「革命戰爭沒有確切的目標，因為這場戰爭本身就根源自革命……。這正是法軍的勝利頂多只能帶來休戰的原因；尋求和平……會招致懷疑。」[50]近來另一位法國史家則主張，這種心態創造了歷史上全新的事物：總體戰。[51]

兩陣營都期待迅速取勝，一如許多曠日廢時的戰爭。據大部分時間待在皮卡迪利路（Piccadilly）

白熊客棧（White Bear）裡喝酒、看報的法國探子們回報，英國正處在革命的邊緣。其證據來自人民之友社（Friends of the People）斯多克紐溫頓（Stoke Newington）分社等激進社團的友好消息，或是「好幾個愛國組織」的演講，宣稱：「法國人，你們已經自由了，但英國才正準備自己掙脫。貪婪的貴族階級成員正撕裂我們社會的心臟，他們是我們要找的敵人。」[52]法國人把此話當真，實在是個樂天卻又難辭其咎的無知例證：他們沒有費心在這個國家打探更廣泛的意見，甚至沒有跟倫敦通信社創始人聊過，哈代的店可是從白熊客棧沿著路就能走到。[53]至於英國政府，他們大有理由相信法國處於混亂、傾軋，幾近破產的狀態；但他們錯以為這會讓法國人打不了仗——法國人以慘痛傷亡為代價繼續作戰的能力將震驚世人。

戰爭改變革命，革命也改變戰爭。法國領導人（尤其是在他們弒君之後）是真的在為自己性命而戰，他們對抗外國入侵者，對抗國內的保王派，甚至還得對抗彼此，一旦失敗或軟弱便很可能意味著死亡；他們的追隨者則甘冒失去新得到的權利、自由、財產與地位的風險。人們對於國內外策動謀殺、饑荒和大屠殺的恐懼無孔不入，讓危險更形誇大（雖然這份恐懼不完全是想像）。〈馬賽曲〉（Marseillaise）便強調，一旦革命失敗，暴政的染血旗幟將迎風飄揚，兇殘的敵國士兵將橫行鄉野，愛國者的妻兒將遭到殘殺。「他們會挖出孕婦的肚腸，切開老者的喉嚨。」[54]

當局起先徵求志願軍，接著徵兵三十萬人。地方社群出於達成員額的壓力，把四肢不健全，或是對政治分界線（一邊是教士與貴族，一邊是共和派民兵）兩側都是麻煩的人送去充軍。對付逃兵，若非將其財產充公，就是把士兵安頓至其家中。許多人趕著結婚以避免徵召——年老的寡婦從未如此炙手可熱。一七九三年八月二十三日，國民公會頒布大規模徵兵令，發動總動員：

> 年輕人上戰場；結了婚的男人鍛造武器、運送補給品；婦女負責縫製帳篷、衣服、在醫院服務；孩童捻亞麻；老人要主動前往公共場所，喚起戰士們的勇氣，鼓吹對國王的恨意，宣揚共和國的統一。

結果雖不如預期，但仍舊徵到一大幫人——混亂、缺乏組織、髒兮兮、衣衫襤褸、沒有裝備，他們的武器通常是草耙、長矛和裝上刺刀應急的獵槍。上千名飢腸轆轆、飽受疥瘡與性病折磨的人開小差（有時候整個單位一起），或是擠滿臭氣熏天的醫院，在院中死亡的人數甚至比死於奧地利人之手的還多。不過，仍有大量士兵留下來作戰。截至一七九四年，法國已有八十萬人拿起武器。[55]然後他們開始打勝仗。光著腳的公民軍隊憑藉灌注了革命熱忱的激情刺刀，大勝外國入侵者——這類傳說在當年鼓舞了共和派的愛國心，如今多少還有效果。數量優勢是解釋革命軍戰勝的關鍵，畢竟實事求是來說，人數多的軍隊總是能贏，而且通常是法軍人數占優。在英國，有些明眼人開始意識到這是種「新發明」：由「人民專制」（popular tyranny）所動員的強大「軍事民主制」（military democracy），且「傾其全力進行戰爭」。[56]

從一七九一年至一七九四年，戰爭將法國捲進恐怖統治的旋風。大規模徵兵令導致全國各地前所未有的暴動，逃兵結夥變成強盜。法國西部全面公開反抗，城鎮遭到憤怒的農民襲擊，人稱旺代起義（Vendée uprising）。由於稅收停滯，當局印更多鈔票支付戰費，結果迅速導致通貨膨脹；政府印鈔廠更因為新鈔重量之巨而坍塌。荒年、貿易中斷與糧食囤積，讓穀物價格在一七九一年上漲百分之二十五至五十，導致更多動亂。政府以經濟控制和徵用來因應，輔以恐怖手段。人們將黑市交易和軍事失利指為叛國，進而肅清被視為缺乏革命熱情或不可靠的人。將領們前仆後繼，投奔敵軍。一七九三年六月，隨著奧地利與普魯士軍隊再度朝巴黎推進，巴黎群眾將此前主政的吉倫特派（Girondin）逐出國民公會，其領袖布里索更遭人指控為英國間諜。權力於是集中於國民公會及其各執行委員會手中，尤其是自一七九三年起便由馬克西米連・羅伯斯比爾主導的公共安全委員會（Committee of Public Safety）。不分青紅皀白鎮壓反對者的做法，激起更激烈的抵抗。巴黎政權與里昂、波爾多、土倫與馬賽等南法城市（由遭排擠出去的吉倫特派領導）之間爆發聯邦內戰。革命之敵希望這是革命瓦解的徵兆，但當時關於共和國即將壽終正寢的報導，事後都證明過於草率。一七九四年六月，共和國甚至在夫勒休斯（Fleurus）大勝奧地利人。

引人注意的是，戰爭帶給英國的衝擊遠沒有那麼難受。相較於法國，英格蘭、威爾斯與蘇格蘭的政治與社會衝突程度不高。保王主義的喧鬧熱情，令雅各賓俱樂部與無套褲漢們相形見絀。官定的齋戒日、感恩節，以及更為盛大的凱旋慶典，皆有助於當局鞏固支持。多數人都接受漢娜・摩爾（Hannah

More）等反革命宣傳家的主張，認為無論貧富，所有人都會因法國的勝利而成為輸家。包括反國教派在內的各教會，如今也支持這些訊息，法國人採取恐怖統治、撻伐信仰、對外侵略的舉動，都成了口實。

即便如此，人們對戰爭的支持度仍然變化劇烈，在一七九六年至九七年、一八〇〇年至〇二年間更是有強大的壓力（特別是來自製造業）要求政府議和。民眾雖然點起營火，慶祝一七九七年的坎伯當（Camperdown）海戰勝利，但他們也在火堆上焚燒小皮特的塑像。此舉部分是因為人們對革命的看法一直有意識形態的歧異，部分則是因為對英國戰爭目的感到困惑；但最主要的因素，還是因為戰爭看起來沒有勝算。英國發生一波波的動亂與罷工，厭戰情緒高漲，更有幾場革命陰謀，以及令人憂心的海軍譁變。但多數發生在大不列顛地區的動亂都跟革命無關，而是食物短缺、徵兵與經濟動盪所引發的。近來研究指出，英國中央與地方政府相對有效率、得民心，這些騷動大致上都能靠說之以理、動之以情的方式解決，鮮少以武力鎮壓動亂。對於有男丁從軍的家庭而言，《濟貧法》（Poor Law）能在經濟拮据時發揮救急作用，這也是關鍵：英國用來賑濟窮人的錢，遠高於其他任何國家。經濟體系與海外貿易整體前景上仍相當樂觀，國人也接受巨幅增稅，包括一七九九年的所得稅。政府非常謹慎，將主要的經濟重擔擺在收入較高的人身上。紙幣開始流通，通貨膨脹率也維持在低水平。強制兵役雖然造成動亂，但志願役部隊卻戰果輝煌。總而言之，戰爭的考驗顯示英國社會多半肯定其政府體制，值得捍衛其獨立。至於愛爾蘭又是另一個故事，且容後敘。[57]

國仇家恨是這場衝突不可避免的產物。這一仗跟過去的戰爭一樣，經常都有不對稱的現象：法國是英國的大敵，但英國只是法國的敵人之一。奧地利身為不忠的前盟友、入侵者與過街老鼠瑪麗・安東尼的祖國，才是讓法國人在一七八九年至九三年間怒火中燒的主要目標。一七九五年起，民眾的抵抗在「得到解放」的低地國、日耳曼與義大利開始點燃，但革命派多半看不起當地人，認為他們叛服無常、狂熱、怯懦，而且普遍低人一等。英國倒是迅速攀升到法國人最痛恨的位置，恨意源於一世紀以來（尤其是七年戰爭期間）累積的既有恐英情緒。隨著兩國衝突延續，「英格蘭」成為法人認為最頑固的敵人，而反革命鬥爭的核心，就是「貪贓枉法、汲營於利的倫敦」。共和派跟波旁王朝都曉得英國人掌握海洋，對歐陸權力政治舉足輕重，若不搗毀英國，法國就無法主宰歐洲。「羅馬」身為宇宙秩序、哲學與無私美德之母，跟「迦太基」這個吸血鬼、海上的暴君、「背信棄義」的敵人和腐敗商業文明之母勢不兩立。「戰士民族必將征服商人民族。」[58]

早在一七八九年夏天，英國人策畫顛覆的謠言，便已打亂了法人短暫的興奮之情。對陰謀的恐懼，令一七九〇年代破壞性的派系鬥爭愈演愈烈。政治人物紛紛指責對手是小皮特的間諜。據說，連雅各賓俱樂部內部都是由會講法語的英格蘭人在做小抄。有人在國民公會發言指陳：

> 巴黎都是英格蘭人……他們公然披上反革命的外衣，到這兒侮辱我們。他們用嘲諷的言詞，刺激每一位不接受英格蘭禮儀、風俗的法國人。他們炫耀自己的奢侈品，同時還刺探我們、背叛我們。[59]

我們不難理解英國何以成為主要嫌疑犯。一百年來，英國都在金援反法聯盟。許多法國革命人士與曾經的革命人士確實跟英國人有往來，尤其是米拉波、陸軍將領夏爾．富蘭索瓦．迪穆里埃（Charles-François Dumouriez，他確實是叛徒）、丹敦、布里索，以及殘忍的尚．保羅．馬拉（Jean-Paul Marat）。馬拉曾經在英格蘭假冒醫生，被牛津的阿什莫林博物館（Ashmolean Museum）錯當竊賊。他深受威爾克斯與早期英格蘭共和思想影響，而他最早的政治著作都是在英格蘭寫作、出版的。[60]英國政府確實有派間諜，確實偽造法國貨幣，也確實拿錢影響其政局。小皮特的陰謀——從西印度奴隸船發源，途經旺代農舍，流至「君士坦丁堡深宮內苑」的「黃金河」——是法人推託派系傾軋、反叛、資源短缺、戰敗與通貨膨脹時少不了的理由。「無可否認，英格蘭在歐洲所有大國當中陰謀策畫最是積極，不僅不利法蘭西的自由，更是危害法蘭西居民的生存。」[61]羅伯斯比爾在一七九三年推出了登峰造極的陰謀論：整起革命都是英國人在奧爾良公爵慫恿下策畫的陰謀，意在削弱法國，讓約克公爵[3]登上王座，攫取「其覬覦的……三大目標」（即敦克爾克、土倫，以及法國殖民地），進而重新征服美洲。[62]當局鄭重宣布小皮特為「人類公敵」。

最初，法人將「英格蘭」民眾與「作惡多端的皮特」和「低能兒喬治」分開看待。法人相信英國民眾不願與法國作戰，只要「他們失去寶貴的生意，愛自己財產的程度高於恨我們的程度」，遲早會推翻皮特政府，或者至少要求議和。[63]各界抱持著「歐洲最強大、最開明的兩個民族再也不是政治人

革命政權無所不能的畫家—偉大的雅克·路易·大衛，把手中的筆轉向吉爾雷式的諷刺漫畫，畫出了這幅挖苦英國政府的圖畫。

物強烈情緒下的玩物，共同確保歐洲和平、發展有益於人類之藝術」的願景，敦促公共安全委員會訴諸英國輿論，表示委員會「對那個無畏、寬宏的民族相當敬重」。[64]隨著戰事繼續，真相才漸漸明朗：

我們錯估了英格蘭民眾真正的性情。他們有如迷信般依戀自己的憲政制度與宗教，此前未曾、未來也不可能欣賞法國的原則。即便他們對我們的革命表示讚賞，亦出於對我國國王之夙怨，而非對共和體制有一絲熱愛。數世紀以來，他們已經習慣混和政府，絕少感受到專制之打擊。他們有多不勝數的好處，有睿智的法條確保其公民權利，而他們的政治權利——與貴族和國王的權力巧妙結合——帶給他們自以為重要的錯覺，使他們感到滿足。[65]

3【編註】此處的約克公爵是指弗雷德里克王子（The Prince Frederick, 1763-1827），英王喬治三世的次子。在法國革命與拿破崙戰爭中率領英軍在法蘭德斯等地與法軍交戰。

英格蘭人民得罪加一等，因為他們是出於自由意志反對革命。「他們因為我們擁抱自由而擯棄自由；他們因為我們與教宗斷絕關係而親近教宗……我們將瑪麗之子趕下臺，為此他們絕對不會原諒我們……。羅馬與迦太基摧毀彼此的決心再堅定不過了。」一位思考有條有理的外交部官員製作了一張表，羅列共和國對其眾多敵人的政策：小國要「威嚇並箝制」，俄羅斯要「密切注意」，荷蘭要「摧毀」，普魯士要「與之作戰並擊敗之」，至於表格頂端的奧地利與英格蘭，則要「根除」。[66]羅伯斯比爾本人在一七九四年初便說得斬釘截鐵：「我何必將自願當政府罪行幫兇的民族，跟那個背信忘義的政府區別開呢？……如果有什麼比暴君更可鄙，那就是奴隸。」[67]

國民公會內部的排英情緒迅速上揚。英國商品遭到禁運，相關單位接獲逮捕英國子民的命令。恐怖統治在一七九四年達到巔峰，公共安全委員會發言人貝特宏·巴瑞也在這時要求殺掉所有英國與漢諾威戰俘：

> 對於英格蘭的居民，我們過去總賦予一種尊敬之情……我們祈求得到其自由，我們相信其博愛，我們羨慕其憲政體制。這種危險的錯誤，是背信棄義的英格蘭人親手散播的，連同他們的流行與他們的書籍……。多佛與加萊之間必然有道無邊的海洋；年幼的共和人士必得從母親的乳汁裡吸取對英格蘭人名之憎恨……。即便英格蘭人比其他政權的士兵更為開明，但他們卻是來扼殺歐陸

的自由，因此更是罪無可逭：對英格蘭人寬大，就是對全人類的傷害……。每一件環伺革命、打擊人民的災難，皆源自倫敦組織起來的駭人體系……其馬基維利思想已間接殺害超過上百萬法國人……。大不列顛的開化蠻人與歐洲格格不入，與人性格格不入，他們必須消失……。讓那些英格蘭奴隸灰飛煙滅，歐洲就能得到自由。[68]

整個國民公會報之以「最鮮活的熱情」，並諭令「不留英格蘭或漢諾威戰俘活口」。若干戰俘確實在法國夫勒休斯大捷的一個月後遭到殺害；擄獲商船的船員也被處死。不過，羅伯斯比爾曾抱怨諭令未獲普遍遵行，不久後便形同具文。[69]

✣　✣　✣

【延伸】革命流亡者

讓我們一同祈禱，唯有世上再也不存在暴君或奴隸時，自由的勝利之師才會放下手中的武器……我們將見到法蘭西共和與英格蘭、蘇格蘭、愛爾蘭民族間形成緊密的同盟。

——位於巴黎，由英國人組成的「人權之友俱樂部」（Club of the Friends of the Rights of Man），一七九二年[70]

雖吾生為法蘭西人
吾之忠誠與君同，
於胸臆中深藏有英格蘭之心
為君美德之力歡呼
於力抗暴政之戰鬥中

——某位流亡英格蘭的法人賦詩，一七九八年[71]

革命引來好奇的人、投入的人、激進流亡人士與難民。有個英國人的俱樂部定期在巴黎的懷特酒店（White's Hotel）或盎格魯酒店（Hôtel d'Angleterre）集會。一七九二年十一月二十八日，該俱樂部向國民公會遞交一份友好書面聲明，英國本土的類似團體也會這麼做：「諸君拿起武器，全是為了理性與真理的勝利。歐洲無疑適合由法蘭西民族解放之。」[72]然而，戰事延燒到英國，俱樂部因此解散，許多成員隨之返國。有些人留下來加入革命鬥爭，包括瑪麗．沃斯東克拉夫特、小說家海倫．瑪麗亞．威廉斯（Helen Maria Williams），當然也少不了湯瑪斯．潘恩。他們跟聲勢如日中天的吉倫特派走得很近，等到吉倫特派失勢，威廉斯與潘恩便遭到雅各賓黨逮捕——他們用排外的懷疑心態，取代了革命的國際主張。大約有兩百五十名英國國民在一七九三年遭到逮捕，包括十八所愛爾蘭與英國人宗教聚會所尚未離境的成員，以及好幾位在軍中服役的愛爾蘭詹姆斯黨人後代。有些人上了斷頭臺，如波爾多愛爾蘭神學院院長馬丁．格林（Martin Glynn）、陸軍將領托馬斯．沃德（Thomas Ward）與詹姆斯．奧莫蘭（James O'Moran），以及一位遭控為間諜的男孩托馬斯．德蘭尼（Thomas Delany）。[73]兩位神學院生獲得緩刑，加入法國海軍。雅各賓黨也有一些英國裔成員。押送路易上斷頭臺的隊伍中，就有兩名蘇格蘭人——約翰．奧斯瓦爾德（John Oswald）與威廉．馬克斯威爾（William Maxwell）。奧斯瓦爾德與幾個兒子後來在跟旺代叛軍作戰時被殺——據說是自己人下的手。等到恐怖統治在一七九四年結束後，最顯眼的就是那些愛爾蘭激進分子，例如一七九六年抵達法國的聯合愛爾蘭人會領導人迪奧巴．沃爾夫．通恩（Theobald Wolfe Tone）。

流亡英國是個規模大得多的現象。最早抵達、也是最有名的流亡人士，就是王室成員與大貴族。巴士底監獄剛陷落，法王的手足阿爾圖瓦伯爵就抵達英國。等到革命益發激進，好幾位國民制憲議會議員也隨之而來。革命戰爭開啟了人數最多的一次湧入，難民從一七九二年頭幾個月開始穩定來到。年底時，從多佛到南安普敦（Southampton）沿岸每天都有數以百計的難民上岸。博馬舍也在這個時期抵達，後來卻因為購買武器而遭到驅逐。逃出法國變得愈來愈難、愈來愈貴，許多難民身無分文而來。其中恐怕有半數是神職人員，包括三十名主教。盎格魯教會募資提供協助：「教義上雖有鴻溝，〔但〕那些可敬的流亡人士本著良心、逆來順受，頗得我們欽佩。」牛津大學出版社免費印製大量拉丁文聖經與天主教日課經。政府將溫徹斯特城堡（Winchester Castle）撥作臨時修院，提供穩定的食物配給——每天一磅的肉與四品脫啤酒。[74]但政治敵對情緒並未消失：「縱使諾瓦耶到英格蘭尋求庇護，這仍然是他最不該露面的國家。拉法葉和他——諾瓦耶——在英格蘭得到真誠、大方的招待，這種待遇前無古人、後無來者。雖然我們的禮節帶給他們暖意，但他們卻以最恩將仇報的態度處事，彷彿只是來這兒當間諜，好到美洲打擊我們。」[75]戰爭難免會造成摩擦。由於擔心共和政府派間諜，國會因此通過讓人怨聲載道的《外國人法》（Aliens Act, 1792），將流亡者置於監控之下。難民彼此間傾軋嚴重的各派系遊說英國政府，但當局拒絕承諾支持波旁王朝復辟。與流亡人士牽涉的軍事冒險一再出錯，其中以一七九五年堪稱災難的基伯龍灣登陸行動為甚（見下節「內傷」）。等到雅各賓獨裁結束——尤其是拿破崙在一八〇〇年代掌權之後，大多數流亡人士都回國了。

難民需要經濟援助。約翰．厄德利．威默特（John Eardley Wilmot）是主要捐款發起人——身為律師、曾擔任國會議員的他，在一七九二年十一月組成委員會（成員包括伯克），募資超過四十萬英鎊。基伯龍灣一事後，相關人士成立了婦女委員會，協助寡婦與兒童。一七九四年至一七九九年間，政府提供超過一百萬英鎊的資金。多數經費交由聖波勒德萊恩（Saint-Pol de Léon）主教與阿庫爾公爵（Duc d'Harcourt）運作。伯克相當活躍，此外還設立一所學校，讓法裔男孩在流亡的教士底下念書。雖然曾經的廷臣們一度還能「從城堡到城堡，四處受熱烈款待」，但流亡人士很快就得自謀生路。蓋里女伯爵（Comtesse de Guéry）在倫敦經營咖啡館，冰淇淋遠近馳名。一位前本篤會修士用自己的藏書開了間書店。[76]賽巴斯蒂安．埃拉德（Sébastien Érard）成立自己輝煌的鋼琴製作生意。難民當起縫紉女工、舞蹈或擊劍老師、私人教師或女家教。好幾所學校紛紛成立，包括位於斯東尼赫斯特（Stonyhurst）的耶穌會學校。一七九二年來到英倫的奧古斯特．夏爾．普金（Auguste Charles Pugin），則為阿克曼出版社（Ackerman）製作雕版畫。馬克．布魯內（Marc Brunel）在一七九九年抵達，他則是為海軍做機械設計。兩人都與英格蘭女子結婚，他們的兒子則創造了十九世紀英格蘭最偉大的若干豐碑。

蘇活區（Soho）作為流亡生活中心的位置始終屹立不搖，而且特別吸引沒什麼錢的讀書人，例如作家勒內．德．夏多布里昂。有兩間書店成為聚會場所，萊爾街（Lisle Street）的法人之家（French House）更以兩、三先令的價格提供法式餐點。瑪莉勒本區（Marylebone）對貴族和有王位繼承權的親王們尤具魅力，例如阿爾圖瓦伯爵、貝里公爵（Duc de Berry）和孔代親王（Prince de Condé），把波曼坊（Portman square）與曼徹斯特坊（Manchester square）開拓成殖民地。瑪莉勒本上街（Marylebone High Street）的諾曼第玫瑰俱樂部（Rose of Normandy）是他們的聚會所，至於沒那麼交際聯誼的聚會地點，則有法蘭西皇家禮拜堂

（French Chapel Royal）。較貧困的難民則大量住在泰晤士河對岸南沃克的貧民窟。

法國菁英在這些年裡與英國及其生活方式的接觸，密切程度可是前所未有，遠勝唯一能相比擬的片段——第二次世界大戰的自由法國政權（Free French）。人數雖然起落不定，但總數估計達六萬至八萬人之譜，其中更有法國接下來的三位國王與好幾位未來首相。夏多布里昂——法國第一位偉大的浪漫作家——宣稱流亡年間使他

> 在舉止與品味上，甚至多少連思維方式都像英格蘭人；因為，就像人人都說拜倫勳爵（Lord Byron）的恰爾德・哈羅爾德（Childe Harold）有從雷內那兒得到一些靈感，我的情況也是，那八年在英國的生活……以及長年說英語、寫英文，甚至用英文思考的習慣，必然影響我思維的發展與表達。[77]

一名法裔學生寫了一句沒那麼崇高的話：「我喜歡約翰牛（John Bull）、喜歡牛排，一如拜倫勳爵，我也一樣愛波特啤酒。」[78]我們八成可以這麼下定論：「人們移居的那幾年軟化了兩國人民之間既有的仇恨，促成十九世紀時兩民族間的長久聯繫。」[79]然而，雖然夏多布里昂剛回法國時很不習慣「我們房舍的塵垢……我們的不衛生、我們的噪音、我們的不拘禮節，以及說長道短之草率」，但他馬上感受到「我們獨有的社交天性……我們缺乏傲氣與偏見，

我們不在乎財富與名聲」，使他深信「巴黎是唯一能過生活的地方」。[80]

✣ ✣ ✣

內傷

我深深認為，只要你能設法到法蘭西國內搗亂，那她本身就是弱點所在。

——埃德蒙．伯克，一七九三年[81]

熱月政變（Thermidor，一七九四年七月二十七日）推翻了雅各賓獨裁，羅伯斯比爾及其黨羽遭到處刑，督政府（Directory）成立，恐怖統治結束。從未接受伯克意識形態聖戰理念的小皮特，已準備好與一個穩定的共和政權協商，督政府說不定能滿足這個條件。誰知戰爭不只繼續，而且益發激烈。英國人不能接受法國保有征服的領土，尤其是低地國土地；而法國人也無法想像皮特聽來冠冕堂皇的戰爭目標：「穩定的情勢，頂多夾雜一些損害。」[82]由於戰事繼續延燒，法方也不可能放棄征服所得，共和國的威望及其政治、經濟之穩定皆有賴於此。現實政治與意識形態交織的程度，足以讓雙方試圖

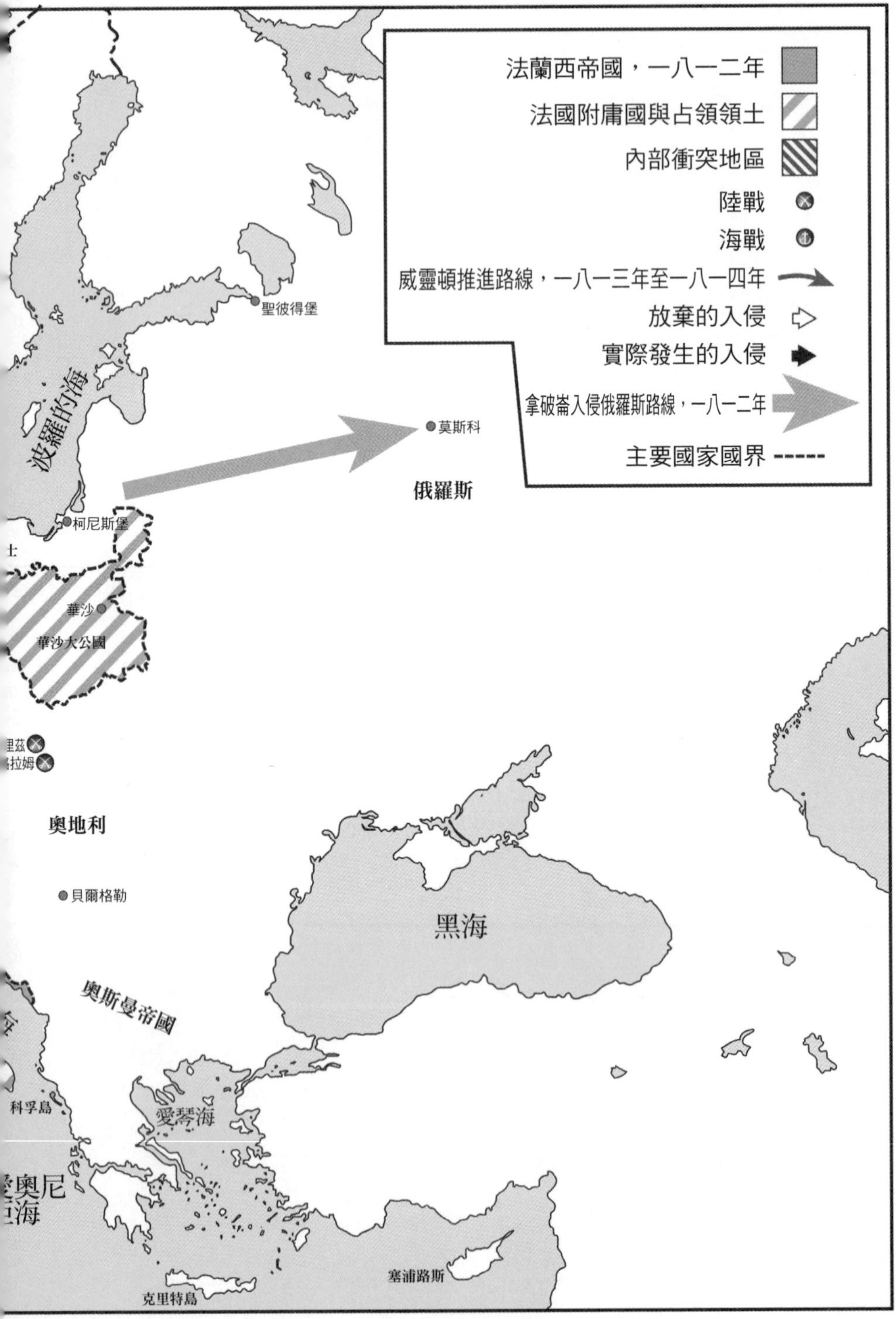

法蘭西帝國，一八一二年
法國附庸國與占領領土
內部衝突地區
陸戰
海戰
威靈頓推進路線，一八一三年至一八一四年
放棄的入侵
實際發生的入侵
拿破崙入侵俄羅斯路線，一八一二年
主要國家國界
聖彼得堡
波羅的海
莫斯科
俄羅斯
柯尼斯堡
華沙
華沙大公國
奧地利
貝爾格勒
黑海
奧斯曼帝國
科孚島
愛琴海
塞浦路斯
克里特島

法國革命與拿破崙時代的歐洲，一七九五年至一八一五年

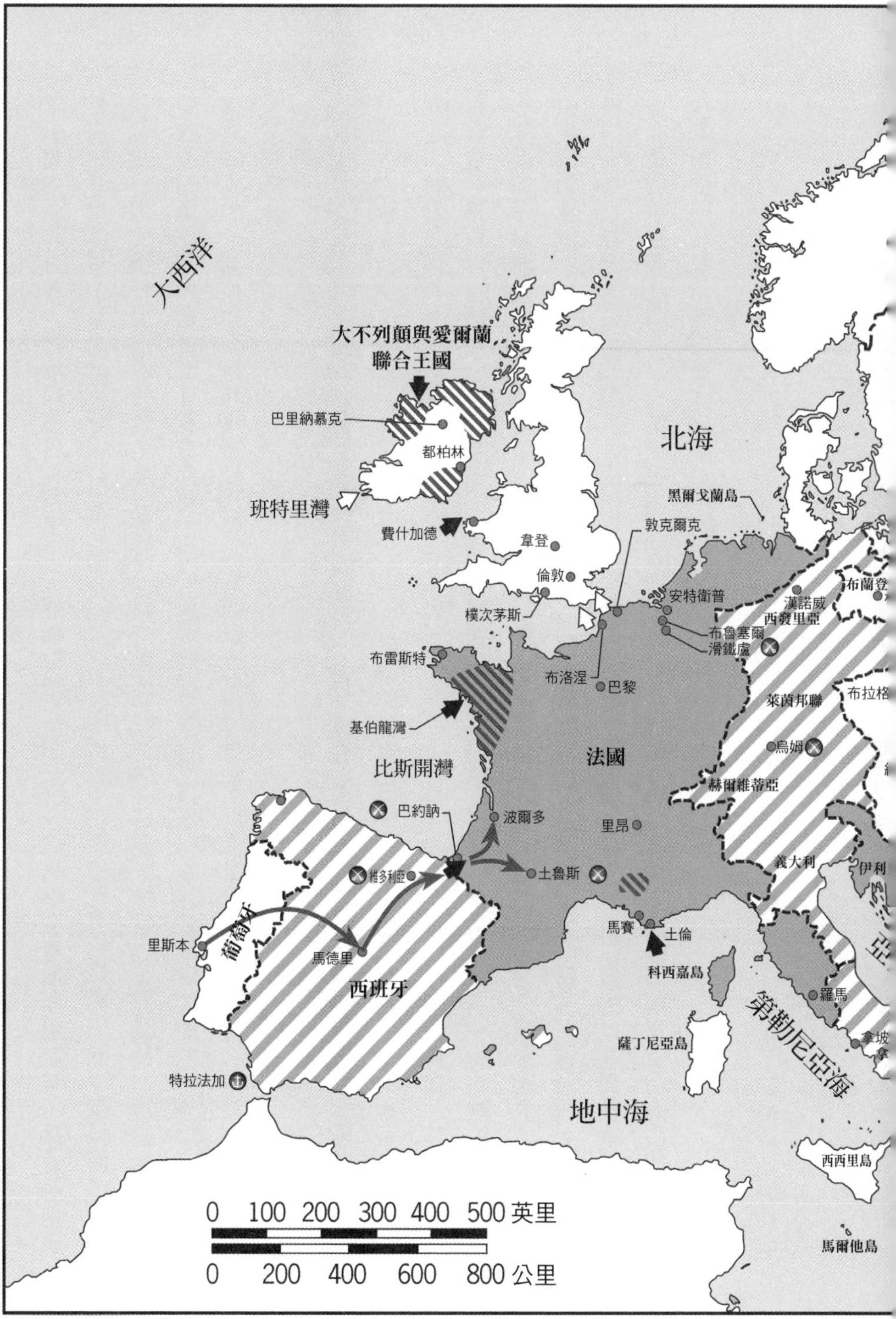

以引發內戰的方式，對敵國造成長期傷害。這種做法並不新鮮。法國出手援助詹姆斯黨，是此前兩國衝突的一貫特色；英國雖然沒能援助法國境內的新教徒叛軍，但這多半只是過去缺少契機而已，而一七九〇年代卻有大把的機會。雙方都誇大對方脆弱的程度，將敵人描繪為步履蹣跚、瀕臨瓦解，只要內部起事就能加速覆亡。雙方都關注敵國民間的不滿，以辨別出價值觀接近的朋友。流亡至巴黎和倫敦的人們，則積極支持利用這股情勢。到頭來，雙方都在幫助海外的天主教農民，同時屠殺本國的天主教農民。

一七九三年，法國當局努力動員全國參戰，結果遭到激烈抵抗，這我們已經談過。鄉間社群被迫提供大量人力，保衛遠在天邊的共和政府，但政府的舉措卻經常讓民眾大失所望，甚至會激怒民眾——特別是關係到宗教政策時。整個一七九三年春天，法國全境有三分之二陷入動亂。西法情況最為嚴重：對教會的熱忱、族群差異、土地買賣糾紛、大規模徵兵，以及（特別是）遠離戰區（政府軍部隊因此寥寥無幾），這些因素導致了全面叛亂，後來人稱「旺代戰爭」。戰爭起於一七九三年四月，叛軍占領城鎮，屠戮共和政府官員。隔月，吉倫特派被國民公會驅逐，前述已談過此舉加快了波爾多、里昂、馬賽與土倫造反的腳步。南法同樣感覺跟巴黎見行漸遠，當地不僅在經濟上受到戰爭傷害，天主教徒與新教徒之間的古老仇恨也困擾著地方政局。驅逐吉倫特派成了最後一根稻草。西法與南法的叛軍領袖都在尋求外援。

大西洋彼岸的加勒比海域一如既往，是重要的戰略與經濟目標。這一回，意識形態與政治操作改變了一切。法國發生的革命，引發產糖島嶼種植園主寡頭階級對抗自由身的混血兒與釋奴「中間階級」（他們自己也經常是奴隸主），彼此爭權奪利。一七九一年，衝突蔓延到聖多明尼哥龐大的奴隸人口之間，最終造成二十萬人喪生。當對英戰爭爆發，法方便鼓勵加勒比海島嶼反抗英國統治，尤其是格瑞那達等不久前才得自於法國的島嶼；接著在一七九三年與一七九四年，法國兩度宣布解放奴隸，以期贏得龐大非裔多數人口的支持，藉此保持對聖多明尼哥的掌控，痛擊英國。到了一七九五年，每一座島的情勢——連同貿易、金融，以及為戰爭提供經費的能力——皆面臨緊要關頭。

相較於法國或加勒比海，英國與愛爾蘭在一七九三年的狀態遠沒有那麼一觸即發。一七九〇年以前，愛爾蘭沒有民族主義運動。美國獨立戰爭期間的政治妥協，開闢了經濟成長、自治權擴大、與英國合理共存等前景。帝國的關係帶來貿易利益，天主教完全解放指日可待。簡言之，當地有種「普遍的信心」。[83]對法戰爭讓當局更有安撫天主教的理由，藉此強化與愛爾蘭的團結，以面對一位天主教主教所說的「雅各賓黨邪靈」。[84]一支由天主教徒與新教徒共同組成的民兵部隊於焉成立，天主教鄉紳更是在一七九三年得到投票權。

但這種樂觀期待卻落了空。愛爾蘭的長老教派，就像英格蘭與蘇格蘭的長老教會一樣是「一群頑固、驕傲、不滿的人」，並受到法國革命中民主與反天主教的面相所吸引。貝爾法斯特在巴士底日出現遊行，阿爾斯特地區的小城鎮甚至慶祝法軍勝利。美國獨立戰爭期間，「他們都站在美國人那邊」。如今，他們都站在法國人那邊。[85]一七九一年十月，一群貝爾法斯特的長老教派生意人成立了聯合愛爾蘭人會，該會也吸引若干天主教鄉紳階級成員，許多人因為讀書或從軍之故而跟法國有往來。不過，聯合愛爾蘭人會倒不是革命社團，其目標在於政治改革，如今更期待改革能夠加速。但發生在法國的事件，卻在保衛者（Defenders，天主教祕密結社，誕生一七八〇年代南阿爾斯特鄉間土地爭奪與派系鬥爭中）之間刺激出一批強硬的好戰分子。為回應保衛者的行動，新教徒在一七九〇年成立奧蘭治聯盟（Orange Order）。戰時的艱困導致宗派暴力惡化，保衛主義挾千年至福信仰，開始傳遍愛爾蘭鄉間，「法國保衛者將貫徹大業，愛爾蘭保衛者將消滅英國法律」。[86]時人提到「絕大多數民眾傾向法國人」，甚至連「任何消息都傳不進去的山區」亦然。[87]

英國政府謹慎看待法國政局。他們不相信流亡的保王派領袖，認為這些人極端反動、好鬥、反英、不能成事。無論是波旁家或是漢諾威家，都沒有忘記彼此一向是敵人。對英國外相格倫維爾而言，「任何計畫，只要有一絲成敗得仰賴法國貴族的努力、審慎，甚或是其手段，都極端不看好」。[88]但是，馬賽與土倫的聯邦主義者，卻在一七九三年七月向英國與西班牙求援，這可是戰略上的天賜良機。八月，胡德上將的地中海艦隊開進土倫——地中海的重要海軍據點。英國當局並未對波旁王朝做出承諾，畢竟一個弱化的共和國才有可能提供令人滿意的議和條件。然而土倫的情況多少迫使當局必須表態，因為保王黨與反雅各賓的共和派叛軍，宣布尊路易十六遭監禁於巴黎的幼子為路易十七。小皮特說，情況「完全跟我們希望的不同」。英國人讓土倫共和派官員與機構維持原狀，倫敦方面則對法國民眾發表聲明，表示雖然認為立憲（而非專制）君主國是最好的選擇，但他們無意在法國強行設立任何政權。

可是路易十七的小小王國，卻熬不過一次強硬的陸路進攻——年輕的拿破崙．波拿巴在此一戰成名。胡德駐港四個月後撤離，將十三艘法國戰列艦、八艘護衛艦擄走或焚毀，對法國造成一次與特拉法加（Trafalgar）海戰程度相當的打擊。雪上加霜的是，土倫龐大的造船木料儲備付之一炬，讓碼頭有四年時間無法運作。聯邦派或逃到英國船隻上，或遁入山區。共和政府給叛軍帶來另一次教訓：大規模徵兵（在里昂，有時甚至以炮火要脅），並象徵性抹去反叛的城市，將之改名為「解放城」（Freedtown）、「無名城」（Nameless Town）與「山地港」（Mountain Port）。失去土倫後，科西嘉島作為海軍據點的重要性隨之提高。科西嘉人在老領導巴斯夸．帕歐里授意下，請求以愛爾蘭的地位為基礎，加入大英帝國，奉喬治三世為科西嘉國王。這場勇敢的戰時啟蒙建國實驗發生在一七九五年，有著代議制度、陪審團審判、宗教寬容與人身保護令（*habeas corpus*）。然而，儘管應、科雙方皆抱持善意，但也如預料般產生意見分歧。最後決定科西嘉結局的並非政治因素，而是戰略：英國人領悟到這座島易攻難守，於是在一七九六年撤退，帶走一萬兩千名難民。科西嘉再度遭到法軍占領。[89]

一七九三年八月，旺代叛軍同樣請求英國援助，希望提供武器、部隊、資金，以及一位波旁親王來領導他們。英國政府許諾，只要叛軍能奪取一處口岸，就願意提供資金、武器與法國流亡者部隊（但拒絕了派波旁親王領導的請求）。叛軍於十月往北進軍，要拿下格朗維勒（Granville）的港口。這次突如其來的遠征〔人稱「西北風之行」（*la virée de Galerne*）〕最終成了一場災難：格朗維勒久攻不克，叛軍（連同其眷屬）則在漫長撤退行動中傷亡慘重——六萬至七萬人遭到屠殺。等到英國船隻抵達時，叛軍已不復存。共和政府查覺到英國人涉入，於是以殘酷手段應對旺代的威脅，下令「殲滅」叛軍，使鄉間完全化為焦土，驅逐生還的婦女與兒童（有人建議遷往馬達加斯加），讓共和派移民者遷入當地。南特發生大規模處刑，包括將數千人淹死。共和陸軍將領路易．馬里．杜羅（Louis Marie Turreau）的「地獄縱隊」在鄉間採取行動，以強暴、刑求、屠殺、摧毀村落與飢餓為手段消滅反對者：「燒掉磨坊……拆毀烤爐……。只要你找到農民或婦女……就對他們開槍，他們全是我們的敵人，全是間諜。」一名士兵寫信告訴父親：「我們天天射殺他們，每批一千五百人。」[90]有些城鎮到了一八〇〇年仍一片死寂。

儘管遭受如此報復——或者說，正因為有此報復，游擊戰才會在西法延續，殺害共和政府官員與軍人作為回敬的「白色恐怖」（White Terror）才會在南法發生。雅各賓獨裁在一七九四年七月垮臺後，政府試圖安撫法國西部：地區指揮官拉札．奧什（Lazare Hoche）將軍提議大赦，並以現金獎勵解除武裝。當局與叛軍領袖簽訂和約。但在一七九五年，英國人與保王派領導人再度煽動叛亂，他們有著遠大計畫，想結合西面的海岸登陸行動、南面的抵抗以及東面的盟國入侵以擊敗共和政府，而這次叛亂就是計畫的一部分。「皮特的黃金」也一如既往，在法軍將領間流傳，打通關節。一七九五年六月二十五日，英國陸軍招募的四千五百名法國保王派部隊在基伯龍半島登陸，和當地游擊隊朱安黨（Chouans）合流，確保該區域情勢，為之後英國增援部隊開路。共和當局發起警報：「英格蘭人（願那背信棄義、野心勃勃的民族之名使諸君因恐懼與憤怒而顫抖）適才在海岸上嘔吐……那群汙染其國土地最甚的至惡無賴。」[91]入侵者因為爭吵與猶豫而失去出奇不意的優勢。出身高尚的保王派軍人，認為朱安黨盟友粗野而不可理喻，「就像印地安人」。奧什趁此空檔封鎖了半島。惡劣天候迫使英國戰艦起錨回到海上，奧什於是占領登陸區，圍困保王派九千人，繳獲一千萬里弗爾偽幣、兩萬把滑膛槍、十五萬雙靴子，以及「上好的愛爾蘭鹹牛肉」——奧什的勝利之師大快朵頤，此外還有咖啡，這可是多數人從未品嘗過的奢侈品。奧什的報告說，這兒彷彿「成了阿姆斯特丹港」。[92]超過七百名保王派遭到當場射殺，其中有不少前波旁海軍軍官。此事震撼了倫敦的流亡社群。儘管英國海軍在炮火下奮力從海岸上救出兩千名法國人，仍免不了遭到激烈指責，甚至控訴倫敦方面計畫了這場災難，好削弱法國。

不過，保王派與英國人都還沒有放棄。儘管有惡劣天候與法軍炮艦阻擋，資金、武器與鼓勵之詞仍不停流入法國西部。反抗行動因此得以延續，甚至在原本的領導人被捕、遭到殺害之後仍能維持。有關人士規劃新的大規模起義行動，由英國部隊支持。無獨有偶，取道瑞士流入的資金也延續了保王派在南法的抵抗——此時多採暗殺數百名共和官員與雅各賓黨的方式。有更多的錢送抵巴黎城，用於支付保王派政治組織與宣傳所需——文宣揚言要推翻共和國。但在一七九五年至九九年間，內外交迫的共和國統治者卻在軍隊支持下，透過一系列的政變維持住權力。也就是說，英國在不經意之間，為拿破崙將軍最後的獨裁統治鋪好了路。

法方認定是英國在煽動他們眼中的野蠻土匪行徑，經歷基伯龍入侵之後，暴跳如雷的法國人決定反擊。正跟拿破崙爭奪大位的奧什將軍，策畫著一份入侵英國的計畫。他身上結合了對共和制的熱情與野心，尋求一舉終結戰爭的機會，從而建立自己身為法蘭西第一將軍的名聲。他計畫讓罪犯登陸英格蘭，造成最大程度的混亂與暴力。更重要的則是登陸「英格蘭的旺代」——愛爾蘭。促成此舉的是聯合愛爾蘭人會，居中斡旋的要角則是都柏林新教徒迪奧巴．沃爾夫．通恩，以及倫斯特公爵（Duke of Leinster）的雅各賓黨兒子——愛德華．費茲傑拉勳爵（Lord Edward Fitzgerald）。當法國人暗示愛爾蘭人或許會希望由一位斯圖亞特王朝的人（年長的樞機主教約克公爵，Cardinal Duke of York[4]）擔任統治者時，他們才有所警覺——愛爾蘭才過五年就已不同以往，何況是五十年？聯合愛爾蘭人會已經成為共和制民族運動團體，主要是因為政治處境益發艱難。小皮特政府沒能帶來天主教的政治解放——好幾項改革措施因為國際關係緊張與喬治三世反對而無限期擱置，這只是其中之一。聯合愛爾蘭人會（在一七九四年因為與法國接觸而遭查禁）最終與保衛者結盟，引發全境起義。領導人相信法軍入侵將能讓他們掌權，並且在農民揭竿對抗地主與宗派屠殺發聲之前便恢復秩序。

一七九六年十二月，一萬五千人在奧什指揮下從布雷斯特啟航，後頭還有一萬五千人準備上路。但通訊與協調作戰卻是難以克服的問題，這一點，英國人一年前已經在不列塔尼領教過了。奧什在惡劣天候掩護下擺脫皇家海軍，但麾下的船艦卻走散了。法軍主力在暴風雪中抵達班特里灣（Bantry Bay），卻與唯一知道計畫的奧什分散，而且也沒找到愛爾蘭革命軍；事實上，連個愛爾蘭人都沒有，法軍只好班師回朝。這個決定不僅合理，而且無法避免。但對法國來說，這等於又失去一次贏得百年戰爭的機會，也失去用革命打倒死敵的機會。英國駐紮在愛爾蘭的正規軍寥寥無幾，聯合愛爾蘭人會如今也有決心和能力掀起一場大規模起義。奧什的另一個點子，也就是讓一堆罪犯登陸英國並造成恐慌，則顯示出厭戰的大不列顛島有多麼不設防。一七九七年二月，一千四百人（有些人來自西法監獄）穿著基伯龍一役收繳來的制服，由名叫威廉・泰特（William Tate）的年邁美國海盜領軍，出航前往布里斯托，打算燒了那座城市。但風向迫使他們在彭布羅克郡（Pembrokeshire）的費什加德（Fishguard）登陸，飢腸轆轆的他們把時間拿來搜刮鄉間，尋找糧食。這些人不用一會工夫就投降了——根據傳說，他們看到一群威爾斯婦女穿著紅斗篷，以為是「一個兵團的士兵……上主令我們的敵人戰意全失，讚美主」。這一回的洋相是大不列顛島最後一次遭到入侵，維多利亞女王為此在一八五三年，將戰役榮譽章「費什加德」授予彭布羅克郡自耕農志願兵團。[93] 但此事仍足以讓倫敦大為震動，英格蘭銀行面臨擠兌，迫使政府中止紙鈔與黃金互兌。半個世紀以來，法國人一直以造成這種金融恐慌為目標，如今靠幾百名邋遢的囚犯就達成了。他們深信，此舉將斷送英國的信用。但天不從人願——事實證明紙幣於經濟有益。

一七九七年的海軍譁變，對英國人的自信造成更嚴重的打擊：此時的英國沒有盟友，只能仰賴自己的艦隊。一七九七年四月，海峽艦隊拒絕出海——雖然譁變軍人一再保證若法軍有任何動作，他們仍會出動。經過協商與大幅讓步，當局與海員們達成協議，譁變者、將領與市政顯要還在樸次茅斯

4【編註】此「約克樞機公爵」指亨利・本篤・斯圖亞特（Henry Benedict Stuart, 1725-1807），是詹姆斯黨人最後一位對三王國王位的覬覦者。

設宴慶祝。這助長了諾爾（Nore）與亞茅斯（Yarmouth）北海艦隊的譁變軍人，做出進一步要求。政府這時考慮彈壓，同時赦免重返崗位的人。大部分民眾擔心法軍入侵，輿論轉而不利譁變者。家屬紛紛去信呼籲軍人投降，譁變嫌疑者則在岸邊遭到拷打。公開衝突有其風險，部隊內部也互相攻擊。譁變在六月十四日結束，超過三十人被處以絞刑，更有三百多人遭判處較輕的處罰，包括鞭笞與流放。當代人與後世史家皆認為公民民主與反戰團體影響了譁變者；更有甚者，海員中有相當比例的愛爾蘭人，其中便有可能的共和分子，將之徵召進海軍就是一種預防措施。不過，與政治動機有關的證據卻微乎其微，反倒有大量反證，例如多數譁變者誇耀進行的效忠之舉與宣言。海軍內部有容忍集體協商的傳統，包括向海軍部與國會請願；而這幾次的譁變，本質上似乎也屬於大量協商的實例。但是，海軍龐大的暫時人員擴編（從一萬六千人增加到十一萬四千人）、通貨膨脹導致海軍官兵薪餉縮水，以及艱苦的海上封鎖任務，都讓不滿情緒更難掌控。縱使第一線部隊的愛國心、忠誠心與後勤部隊無異，但不滿的少數始終存在。[94]

雖然奧什在一七九六年錯失機會，但班特里遠征行動仍造成嚴重影響。都柏林政府派陸軍將領傑拉德·雷克（Gerard Lake）前去阿爾斯特——聯合愛爾蘭人會的主要根據地——解除當地武裝。一位軍官寫道：「我看阿爾斯特馬上就要成為旺代……。這兒不會歸順的，除非採用〔法國〕共和人士的手段——亦即讓多數不滿地區成為荒野。」謀殺、刑求、劫掠，再再顯示出這位軍官所言不虛——拉爾夫·亞伯克羅姆比（Ralph Abercromby）將軍提出抗議：「哥薩克人（Cossacks）或卡爾木克人

（Calmucks）所能犯下的任何一種罪孽與暴行，這兒都發生了」，於是他放棄指揮權。[95]聯合愛爾蘭人會領導層陷入重圍，於是在一七九八年五月發動叛亂，以愛爾蘭東北與東南部為主。叛軍深信此舉將能令法國來援。叛亂的結果與旺代驚人地相像：宗教、社會經濟上的不滿情緒與政治操弄，在內戰中引發了族群滅絕的恐慌、恨意與駭人暴行——諷刺的是，聯合愛爾蘭人會領袖原先希望法方干預，正是想避免這種結果。以天主教民兵和新教自由農志願兵團為主的部隊（間有若干蘇格蘭與英格蘭援軍），收到雷克「不留活口」的命令，他們也忠實模仿了杜羅麾下地獄縱隊的暴行。經過少數小規模戰役〔六月二十一日發生在醋丘（Vinegar Hill）的戰鬥最為知名〕與多起懲罰性的遠征行動和慘烈遭遇戰，亂事就在屠殺、強暴、劫掠與縱火之間弭平。在沃爾夫．通恩眼中，「愛爾蘭民兵與自由農志願兵團和英格蘭人共謀，將愛爾蘭田野與自己身上的枷鎖安得更牢，他們的惡名與恥辱將永世不滅」。他們之所以這麼做，是為了捍衛愛爾蘭資產階級，對抗愛爾蘭窮人的革命。為了維持社會秩序，愛爾蘭上層社會若非找上法國，就是找上英國。國際關係史學者布倫丹．西姆斯（Brendan Simms）主張，縱使愛爾蘭革命與法國入侵行動成功，結果可能也「不會是天主教愛爾蘭古老創傷的終結，而是新創傷的開始」。既有的社會、政治與宗教分歧，代表起事本身便包含對立的革命與反革命元素，各方只是出於對英國的敵意而凝聚。假如英國人兵敗，情況將有如歐陸：種種分歧浮現，可能的結果則是「一個嗜血的布爾喬亞世俗衛星國，對法國外交政策唯唯諾諾」，並與天主教會和愛爾蘭農民階層為敵。[96]

等到一切為時已晚，一千名法軍士兵才在尚．約瑟夫．阿瑪布勒．昂貝（Jean Joseph Amable

Humbert，三年前，他曾在基伯龍粉碎法國本國的叛軍）將軍指揮下，於一七九八年八月突然抵達偏遠的愛爾蘭西北。興高采烈的梅歐（Mayo）農民集結在法軍旗下，但雙方旋即對彼此恨之入骨。昂貝和部下都是真正的旺代戰爭老兵，覺得自己的愛爾蘭盟友實在太像本國的農民敵人——迷信、骯髒、沒有紀律，他們甚至還處死數人以敬效尤。昂貝的部隊深入內陸，以期重新引發起義。他擊潰雷克的民兵，卻在九月八日於巴林納馬克（Ballinamuck）遭遇英愛聯軍——是役也是法軍最後一次在不列顛群島的戰役。昂貝麾下的四千名愛爾蘭志願軍（他們硬生生被擺在法軍之前）兵敗如山倒，許多生還者也遭到屠殺。法軍投降，同時得到善待。昂貝和手下的軍官講起愛爾蘭人犯蠢的逸聞，與他們的英國同輩中人在都柏林笑的不可開支。聯合愛爾蘭人會領袖非死即囚，等著上奴隸船或流亡。戰俘編入英國與普魯士軍隊，或是送往新南威爾斯（New South Wales）或普魯士礦坑作苦力。幸運的人則抵達美洲——傳教士宣揚要報復英格蘭。其他人則抵達法國，為接連幾個政權效力——共和政府、波拿巴派，最後則是復辟的波旁王朝。有人甚至在法國生活到一八六〇年代。

兩國皆藉由這種「國內搗亂」，對彼此造成永久傷害。雙方陣營皆不至於天良喪盡——格倫維爾、伯克、威廉・溫德（William Windham，陸軍大臣）以及人在瑞士接應的間諜威廉・威坎（William Wickham），都是真誠的保王派，傾向不要放棄自己的法國盟友。法方則以奧什與雅各賓戰爭部長拉札爾・卡諾（Lazare Carnot）這兩人為例，他們對愛爾蘭自由也有類似的真心誠意。但其他優先事項——無論是軍事事件或略具雛形的和平協商，都有可能導致計畫擱置，或是讓船艦、部隊、武器與資金轉向其他目的地。縱然有時海上行動確實實施，也得看天氣與敵方行動的臉色，而跟游擊隊、密謀者與間諜的聯繫和協同行動也並不可靠。英國與法國船隻若非抵達得太早、太遲，就是抵達錯誤的地點。對普羅旺斯、旺代、阿爾斯特與倫斯特而言，不光是物質援助，連獲得援助的期盼也會產生作用。英國與法國都是承諾的多，實際付出的少。一七九八年的愛爾蘭大叛亂發生在奧什的失敗與昂貝的失敗之間，但叛軍深信法國人終會出現。付出代價的，是那些舉起叛旗，或是捲入叛亂的人。當局意識到敵國涉入，只會更加兇狠鎮壓。現代學者估計，一七九八年愛爾蘭遭到殺害的人數達到一萬人。[97]至於法國，光是西法在內戰中的總人口損失，就有二十五萬人以上死於戰鬥、屠殺、瘟疫與貧困。[98]兩國代表中央政府的資深將領都嘗試降低暴力程度，提供大赦，但為時已晚。

情感上與政治上的傷痕存續了好一陣子。直到一八一五年（甚至之後），西法與南法都是動盪的溫床。當地對右翼（天主教與反共和派）的支持一直延續到二十世紀，構成人們長久以來稱為「法國對法國的戰爭」（Franco-French War）中意識形態與政治鬥爭中最深刻的分歧之一。但愛爾蘭與英國的關係受到了更大的影響：恐懼與恨意取代了樂觀的進步情緒。阿爾斯特長老會信徒原本是聯合愛爾蘭人會的磐石，此後卻站到宗派界線的另一邊。這次亂局令若干英國政界、軍界人物為英、愛當局之無能與殘酷大為震驚，而事件的其中一個直接結果，就是《一八〇〇年聯合法案》（Act of Union of 1800）。法案的目標在於控制、綏靖愛爾蘭，以廢除其國會與政府、與聯合王國合併，藉此強化整體、對抗法國，只是徒勞無功。一位官員斷言，「法國人絕對不會放棄在這個王國〔指愛爾蘭〕搞鬼」，「既然我們希望遏止那個無法無天、肆無忌憚的國家遂行其野心……我們就應該支持聯合為原則」。[99]但兩國聯合卻讓「愛爾蘭問題」成為英國政界揮之不去的議題，尤其是因為作為聯合交換條件的天主教徒完整參政權，遭到了擱置。愛爾蘭史家瑪麗安・艾略特（Marianne Eliott）總結道：「愛爾蘭有一度正朝著逐漸化解問題前進，但那個年代卻與十九世紀相去不可以道里計。法國革命本身或許僅是對檯面下的緊張關係做出反應，但愛爾蘭的動亂吞沒了一切長遠解決的契機；若是沒有法國革命，動亂恐怕就不會發生。」[100]

從無法得勝的戰爭到不穩的和平

在一場對抗大多數歐洲國家的戰爭中，重要的目標……是要在特定的邪惡勢力對付我們時自保……。我曾希望我們有能力，將那座宏偉、令人肅然起敬的廣廈〔指法蘭西君主國〕之碎片重組起來，而不是面對那套威脅要摧毀歐洲的瘋狂體制……。事實已然證明，這無法企及。

——一八一〇年十一月，威廉・皮特於下議院發言[101]

戰爭在一七九三年打響時，法國與英國之間的意識形態鴻溝早已大開。不過，兩國的戰爭目標卻很傳統、熟悉：掌控低地國。要明確區分意識形態與現實政治是不可能的，不僅當時如此，今天亦然。對於戰爭本質、號召與目標的矛盾，不僅影響當代人，也讓歷史學家眾說紛紜。小皮特是現實主義者，準備與任何穩定、願意放棄革命征服政策的法國政府談判。但假使有任何共和政權能穩定運作，則這個政權能放棄其征服所得嗎？對法國來說，將英國烙上「新迦太基」、必須摧毀的烙印，既是一種極端的意識形態觀點，也是對英國殖民與貿易宰制的現實評估；法國對海外革命行動的支持，既是一種意識形態聖戰，但也是一種權力工具，其運用冷酷無情。共和政府很快便清楚表示，它只會支持非友好國家中的革命，而且只幫助那些能自助的人（愛爾蘭人就以自身為代價瞭解了這一點）。即便獲得解放，那些「姐妹共和國」卻也發現自己在為自己土地上的法軍支薪，打法國的戰爭，待遇有如文化與政治上的衛星國。

法國的戰略以歐陸為重。由於海軍瓦解，加上失去尤具價值的殖民地，法國海外勢力與貿易都面臨衰退。但它卻能從新得到的歐陸領土、財富與自然資源中彌補。看看巴黎方面如何得知對荷和約簽訂的：法國談判代表衝進巴黎公共安全委員會，撒下一把黃燦燦的荷蘭盾（guilder），大聲宣布：「我給你們帶來千百萬的錢幣啦！」這只是從低地國、日耳曼與義大利源源而來的金流之一，比利時城鎮甚至直到一九二〇年代都還在還債。拿破崙靠掠奪上位，他對麾下衣衫襤褸的義大利軍隊發表的知名宣言，足以勾勒這整套體系：「將士們，你們衣不蔽體、飢寒交迫，政府……什麼都給不了你們……。我要領你們進入地上最豐饒的平原，富裕的鄉野與城市將受你們處置。你們會在那兒找到名聲、榮耀與財富。」頭幾個月，光是檯面上的戰利品，現金就超過四千五百萬法郎，還有價值一千兩百萬的金條——是此前年稅負的好幾倍。拿破崙成為共和國的金主。[102]戰爭不僅變得自給自足，也不可或缺。

英國的策略分歧，取決於對戰爭的不同假設。一個與意識形態最無涉的觀點是〔皮特的友人兼同僚亨利・鄧達斯（Henry Dundas）一貫如此表現〕：英國在這場戰爭裡要和其他任何戰爭一樣，應以推動自身利益與安全為務，並為協商和解做好準備。因此，英國理應攫取加勒比海與印度洋上的戰略與經濟資源，此舉不僅能為戰爭提供資金，亦能確保有利的和約內容。鄧達斯主張：「務必在西印度群島取得完全勝利……。其他地方的勝利都無法抵銷該地的損失……。光是贏下西印度群島，你就能主宰議和的條件了。」[103]英國因此在加勒比海投注最多軍力，派出陸軍骨幹，卻也讓他們因疾病而喪命。此舉讓食糖貿易持續流動，支撐了戰爭的巨大花費。但伯克則大聲鼓吹另一個與之相反的觀點：他認為這次戰爭並非傳統戰爭。皮特另一位最有影響力的同僚兼他的姪子——外相格倫維爾也力陳這種看法。人們非得擊敗革命本身不可，只要有個不穩定的「軍事民主體制」以顛覆和侵略作為其生存與擴張手段，就不可能有穩固的和平。因此，戰爭應該聚焦法國本土，以入侵、援助內部抵抗、與歐洲大國建立同盟關係為手段——只要有必要，甚至可以歸還征服得來的殖民地，以拉攏波旁復辟勢力。格倫維爾的觀點是：「雅各賓原則一直聞風不動……我相信將來也必然如此……除非其原則在它位於巴黎的堡壘中遭受攻擊並臣服。」[104]皮特本人則走中間路線，更關心戰爭的社會、政治與經濟代價。英國戰略不連貫，行動範圍太廣始終備受批評；但這也是過度承諾、盟友不穩定與戰事風向轉變的難免結果，其戰略重心隨情勢而定，擺盪於海陸之間。英國無法憑一己之力擊敗法國，因此其行動得配合盟國；但以奧地利與俄羅斯為首的盟友卻有自己的利益，與法國達成協議恐怕比較符合它們的需求。更有甚者，它們也不相信英國。不是只有法國人在消費「迦太基」形象。

簡單來說，第一次反法同盟戰爭（War of the First Coalition, 1793-1797）的劇情，就是法軍解決歐陸的反對者。奧地利與英國被迫從低地國抽手；奧地利與西班牙議和；荷蘭（其艦隊與財富都很有用）對英國宣戰。雖然先前提到的一七九五年基伯龍入侵行動失敗了，不過英國仍占領好望角，並派大軍進入加勒比海。英國接著在十二月第一次派人試探法國對議和的態度，只是空手而回；而一七九六年也沒有更多可以更新的勝利消息。一七九六年與一七九七年間，英國在歐洲的情勢惡化：西班牙換邊站，皇家海軍離開地中海，放棄科西嘉島；同年，奧什以些微之差錯過了班特里，英格蘭銀行暫停支付黃金，部分艦隊還譁變了。當局再度嘗試與法國協商，但英國讓保王派重新掌握巴黎的計畫在果月政變（Coup of 18 Fructidor，一七九七年九月四日）中挫敗，此後法國以不屑一顧的態度拒絕協商。英國的主要盟友奧地利，則在拿破崙的攻勢掃遍義大利之後動手止血，與法國達成協議，在十月簽訂《坎波福爾米奧條約》（Treaty of Campo Formio）。不出幾個月，共和國就用得自荷蘭、萊茵蘭、瑞士、乃至北義大利的土地，拼出一大塊領土。拿破崙開始糾集一支「英格蘭軍」，作為他首度入侵的軍力——一七九四年至一八〇五年間共有四次入侵計畫，一次比一次精密，這次是第二次。但對英國來說，事情發展其實沒有前面這段直率總結來得那麼糟。英國仍然控制海洋與殖民地貿易，一系列海戰勝利更鞏固了成果——最輝煌的莫過於一七九七年二月在聖文森角（Cape St Vincent）擊敗西班牙人，以及同年十月於坎伯當擊敗荷蘭人（由不久前譁變的諾爾艦隊贏得勝利）。勝利慶典確實有得到官方贊助，但民眾也確實為勝利而欣喜。

一七九八年五月，拿破崙試圖打破僵局。他擱置英格蘭入侵行動。「若真想掀翻英格蘭，」他告訴督政官，「我們就必須占領埃及。」[105]他用一七七〇年代制定的計畫，帶大軍搭乘兩百八十艘船離開土倫，途中占領馬爾他島，在七月的金字塔戰役（Battle of the Pyramids）擊敗一支土耳其部隊，然後發表那浮誇的宣言：「士兵們，四千年的歲月正看著你們。」這次的侵略，是穆斯林世界與西方關係的歷史轉捩點。拿破崙意在奪取對黎凡特地區（Levant）的貿易，以彌補法國失去產糖群島與英國殖民征服間一來一往的損失。此舉開闢了控制北非食物生產的可能性，大大增加法國興戰能力。拿破崙同樣打算讓埃及成為陸路進攻印度的基地，而這正是英國人擔心的。納爾遜將軍緊咬敵軍，在一七九八年八月一日的尼羅河戰役（Battle of the Nile）中攻擊在阿布基爾灣（Aboukir Bay）下錨的法國艦隊。法軍戰線崩潰，其船隻被英國人有條有理、一艘接著一艘地摧毀。此時，雙腳被炮彈打爛的法國海軍指揮官，小圖阿爾的阿里斯提．奧貝爾（Aristide Aubert Dupetit-Thouars），居然還把自己的身子撐在木桶上，激勵手下繼續戰鬥。這一仗，堪稱英國海戰史上最完全的勝利：十三艘法國戰艦中，有十一艘遭到摧毀或捕獲。拿破崙和他的部隊因此在埃及成為孤軍，但他們對土耳其與印度仍是威脅。結果印度的英軍先發制人，搶在法軍進攻印度之前擊敗被法國放棄的印度盟友——邁索爾統治者提普蘇丹

（Tipu Sultan）。小皮特說他是「因依附法國而受害的犧牲者」。

納爾遜的勝利鼓舞了奧地利、俄羅斯與土耳其，三國在一七九八年加入英國陣營，組成第二次反法同盟。小皮特雖然顧慮英國的厭戰情緒、財政緊繃與食物短缺，但仍在一七九九年同意放手一搏，以推翻搖搖欲墜的法蘭西共和國。這一回似乎成功在望。法國需要防守龐大的領土，人力卻捉襟見肘。法國所有征服領土與國內部都爆發反抗，西法與南法也再度拿起武器，法國在愛爾蘭與拿坡里的盟友卻遭到血腥鎮壓。英國部隊為另一次入侵做準備，陸軍與旺代叛軍合流，海軍掃蕩法國剩餘的殖民地。俄羅斯人與奧地利人則從義大利、瑞士與日耳曼分進合擊。英國與俄羅斯部隊登陸荷蘭，奪取荷蘭艦隊。

這確實是共和國的最終危機，只是結果不如英國人所期盼。拿破崙乘坐輕型護衛艦溜出埃及，告訴朋友說：「要是我夠幸運能回到法國，那群喋喋不休的人就不用再統治了。」[106]他在一七九九年十月九日抵達普羅旺斯，一個月後就在霧月政變（coup d'état of Brumaire）中奪權，告訴麾下部隊說政治人物收了英國的錢。他立即提出議和條件，但格倫維爾迅速回絕。英國人認為，處在戰敗邊緣的拿破崙只是想爭取時間、分化反法同盟：「這整局比賽現在取決於我們，想笑到最後，需要的可不只是耐心。」[107]最後一擊已經在一八〇〇年夏天準備好——盟軍將從日耳曼與義大利進入法國，英國陸軍則登陸不列塔尼。但是，成為第一執政的拿破崙卻證明自己不只是個普通將軍。他恩威並施，結束西法起事，讓英國人找不到地方登陸。接著，他在義大利這個沒人料想得到的地方揮出重拳，六月十四日時在馬倫哥（Marengo）險勝奧地利人。反法同盟的勝利希望在一天中破滅。拿破崙寫了封信給奧地利皇帝——據信是在馬倫哥戰場上「一萬五千具屍體包圍下」所寫的——提議和談，並且將戰爭完全歸罪於英格蘭的貪婪與自私，而這種說法被許多歐洲人接受。

如今變成英國要面對敗局，奧地利與俄羅斯求和。拿破崙則以擊敗俄羅斯為目標，告訴俄國使者：「我們受召而來，要改變世界的面貌。」他準備與西班牙結盟，進攻愛爾蘭、葡萄牙與印度。普魯士占領漢諾威——英國在歐洲的最後一個立足點。俄羅斯、丹麥與瑞典組成「武裝中立國」，將英國船逐出波羅的海。英倫黃金儲備逐漸減少，糧食價格則漲為一七九八年的三倍。牛津學生能得到配給，其他比較倒楣的人只能餓肚子。一波動亂讓軍隊有一大部分無法調動。議和的呼聲震耳欲聾。一八〇一年三月，國王拒絕將天主教徒平等參政權隨英國與愛爾蘭聯合延伸到愛爾蘭，心力交瘁的小皮特繼而辭職。接替他的是名聲較低但有能的人物——亨利·阿丁頓（Henry Addington）。皮特支持新政府求和，他認為此舉已無法避免。

英國人如今活在自己陰魂不散的夢魘中：占據支配地位的法國準備傾歐陸之力打擊英國海權。英國必須以鄧達斯稱為「令敵方海軍力量為之震撼」的方式先發制人。他希望，「英國來一回精妙的險棋，便能遏止、緩和攔手到來的混亂與挫敗」。[108] 英國走運，來了兩回精妙的險棋。一八〇一年，亞伯克羅姆比將軍強行登陸埃及，挫敗人數占優的法軍——對於遭人看扁的英國人，這是一次了不得的成就。格倫維爾的兄弟寫道：「看來我們打破那個大國在陸上的神奇不敗紀錄了。」[109] 四月時，納爾遜在第一次哥本哈根海戰（Battle of Copenhagen）中摧毀丹麥艦隊，威脅炮轟哥本哈根，迫使丹麥退出「武裝中立國」陣營，陣營中其餘成員也識時務地依樣畫葫蘆。沙皇保羅遭人暗殺，俄羅斯與法國恢復友好的步調停了下來。有了這些戰果，英、法雙方才能在一八〇二年的亞眠簽訂一紙折衷的和議。除了一九三八年的慕尼黑協定之外，英國史上還沒有如此喪盡顏面、卻又深受歡迎的條約。當局希望拿破崙能滿足於獲得的一切，一如慕尼黑協定時的希特勒。英國同意歸還海戰所得，包括好望角與馬爾他（其居民原先還請求英國援助，驅逐法國人）。法國實際上沒有提供任何回報。「我們正快速隨灣流而下，」陸軍大臣溫德寫著，「我擔心，直到跟歐洲其餘各國一塊沖到那個共和普世大帝國底下之前，恐怕是停不下來了。」[110] 連議定條約的人也認為這紙協議是不得不為之舉，不僅不牢靠，而且就像國王所說，是「實驗性的」。包括康沃利斯、聖文森與納爾遜等多數陸、海軍指揮官皆公開支持和約，一來看不見勝利的可能，二來擔心麾下部隊的士氣與軍紀。小皮特一如往常，帶來安定人心的信念：

> 我們熬過了劇烈發作的革命熱病。我們看見雅各賓主義失去魅力，其名聲與自由之藉口遭人剝除，它只有摧毀而沒有建設的能力……。我相信，世人不會拋棄這次重要的教訓……。我大膽預測，〔拿破崙〕不會選這個國家當成他第一個攻擊的目標；只要我們忠於自我、劍及履及，就無須擔心其攻擊，就讓事情在該發生的時候發生吧。[111]

輿情則大喜過望。糧食價格回穩，騷動退潮。當法國使節、陸軍將領雅克・勞理斯頓（Jacque

Lauriston，他是約翰·羅的晚輩）帶著批准的草約抵達倫敦時，滿街的欣喜群眾簇擁著他的馬車。當局也在公家建築上張燈結綵。一位批評議和的人也承認：「每一個我遇見的人臉上……都掛著這種真切的熱情與狂喜，管他是農民、勞工還是工廠主。」倫敦通信社寫了封逢迎拍馬的信給拿破崙，表示通信社對法國的忠誠，並感謝他「和平統治大地，這是法國人的成就」。查爾斯·詹姆斯·福克斯坦承：「法蘭西政府戰勝英格蘭當局，確實讓我有那麼些非常難以隱藏的喜悅。」[112]法國民眾同樣歡欣鼓舞。英國大使一抵達加萊，迎接他的是歡呼的群眾、一隊演奏〈天佑吾王〉的樂隊，以及帶魚當禮物送他的市集婦女代表。他在前往巴黎的路上，記下了農民的「悽慘與貧困」。[113]超過一世紀之久的法蘭西與英國鬥爭，便以英國完好無損但法蘭西大獲全勝之姿落幕；法國在歐洲的鞏固勢力，更是路易十四從未企及的程度。

✣ ✣ ✣

【延伸】十年來第一吻！

貴族、律師、政要與下層鄉紳，
名聲在外者，和無名之人、病癆、瘸子與盲人，
紛紛速前，彷彿同一種生靈，

與獻上初產之群眾同屈其膝，
到法蘭西，在新上位的陛下之前。
——威廉・華茲渥斯，〈一八〇二年八月於加萊〉(Calais, August, 1802)

和約提高了拿破崙在英國的聲望。吉爾雷筆下那個拋戈卸甲、微微顫抖等人來調情的英國女神（Britannia），其實是穿上女裝的查爾斯・詹姆斯・福克斯。多名政要（包括八十二位國會議員與三十一位世襲貴族）曾前往法國一窺那位深具領袖魅力的獨裁者，福克斯就是其中之一。許多人留下深刻印象。不過，福克斯卻覺得他是個無聊的傢伙——如果以福克斯對於找樂子（俏皮話、葡萄酒、女人、馬和紙牌）的嚴格定義來看，這人確實很乏味。拿破崙雖然是個賭徒，但他參加的賭局若非大輸，就是大贏。福克斯認為拿破崙「相當陶醉於成功」，同時也意識到法國已經成為強大而危險的軍事獨裁國家，抱持各種政治信仰造訪法國的人當中，也有許多人作如是想。

一般觀光客不斷渡過英吉利海峽，一如此前戰爭結束後的情況。大家都想看看革命後的法國作何模樣。他們注意到殘破的教堂與城堡，以及一大堆的軍人。有人認為法國人的舉止變得「唐突而冒失」。年僅十八歲、穿著軍服的亞伯丁勳爵居然被人報以「噓聲」；他認為法國人雖然普遍「進退有度」，個性卻跟「蘇格蘭佬」一樣陰鬱。許多遊客——根據法國漫畫家所繪——逕直前往新開的餐廳。少數人是來找戰爭期間留在法國的故舊。其中有位湯普森先生就是這樣，他來看動物園裡的大象。滯留法國的人當中，湯瑪斯．潘恩不啻更為有名，他勤於撰寫宣傳文字，制定入侵計畫。但在一次跟拿破崙的口角之後，他成為不列顛共和國元首的希望也隨之蒸發，只好在巴黎沉浸於自己的悲情中。海上封鎖結束，讓他得以順利溜到美洲，在承平時暢想入侵英倫。包括威廉．透納（William Turner）在內的畫家則造訪堆滿戰利品的羅浮宮。

這十年來的第一吻！不列顛尼亞與富蘭索瓦公民之相會。

約有三千名法國訪客前往英國旅行，但通常是出於實際需求而成行，一如既往。有些人想報導英國產業的發展，對於其變化讚嘆不已。一位法國間諜重新與約翰．威爾金森（John Wilkinson）與詹姆斯．瓦特（James Watt）恢復戰前的聯繫。其他人則是為了私人的生意往來，例如知名的熱氣球駕駛員暨跳傘先驅安德烈．雅克．加納林（André-Jacques Garneri），他計畫要表演幾場；還有杜莎夫人（Madame Tussaud），她不只帶了拿破崙與約瑟芬的蠟像，還有一批革命慘狀的收藏——包括羅伯斯比爾的死時蠟頭像、一具斷頭臺，以及馬拉在自家浴缸遇刺的蠟像。[114]

✣　✣　✣

文化之戰

英國的「國家級遺產」裡，有相當多是直接拜法國革命與拿破崙所賜。對藝術界而言，革命堪稱喜從天降：「作為收藏家在斯晨即為至福，若更為專門商人，則為天堂。」[115]手邊有錢的人和其他積極想幫他們花錢的人突然對藝術燃起熱情，一位名叫威廉．布坎南（William Buchanan）的年輕蘇格蘭法律系學生便是箇中翹楚。一七九二年，奧爾良公爵賣掉家族收藏的四百幅畫，咸認其收藏為世界上最龐大的私人收藏，包括多幅出自達文西、米開朗基羅、拉斐爾、提香、林布蘭、科雷吉歐（Correggio）、丁托列托（Tintoretto）、委羅內塞（Veronese）、魯本斯、維拉斯奎茲（Velasquez）等人的畫作。這些畫以一千兩百萬里弗爾的價格（相當於五萬兩千英鎊）賣給了銀行家拉博德（庫克船長的崇拜者）——「令人恐慌的天價」。拉博德把畫運到英格蘭，此舉形跡可疑，後來他遭到逮捕、處刑，或許也跟這不脫干係。但世界情勢未能鼓勵買家信心，這批畫最後以四萬三千英鎊的價格便宜賣給布里奇沃特公爵（Duke of Bridgewater）為首的一幫人，他們把最好的畫留給自己，接著賣掉其餘所有畫作，所得幾乎跟成本打平。數量較小的法人收藏——例如流亡前大臣卡洛納的藏品——同樣在倫敦售出。雅茅斯勳爵到巴黎購買藝術品，充實王室收藏，為來成為人們所稱的「華勒斯典藏」。家具、雕塑與瓷器（包括一套不完整的賽弗爾（Sèvres）餐具，原本預計要花二十年時間製作，供路易十六使用）也橫渡英吉利海峽，若干精品今藏於溫莎城堡（Windsor Castle）。一七九六年，拿破崙橫掃義大利，扣押了鉅額的貨幣與數以百計的知名藝術品。王公貴族被迫販賣自己的收藏，才能付錢給法國人。多數沒有被搜刮到羅浮宮的藝術品都去了倫敦，尤其是畫作，因為拿破崙主要的興趣在雕塑。類似情事也發生在西班牙與日耳曼，只是規模較小。[116]在法國與英國，公開展示藝術品（含私人所有者）成為表現個人愛國心與民族優越感的方式。

奪寶行動延伸到歐洲之外。拿破崙在一七九八年的埃及入侵行動既是軍事入侵，亦是文化入侵——一百六十位科學家與藝術家所組成的調查團，在他的支持下進行「一場以藝術為名……的實質征服」。[117]理解埃及象形文字的關鍵——羅賽塔石碑（Rosetta Stone），就是他們最偉大的考古發現。等到法軍投降時，調查團成員獲准保有其筆記與昆蟲、動物標本，但手稿或古物不准帶走。法國陸軍指揮官雅克・富蘭索瓦・梅努（Jacques-François Menou）試圖留住羅賽塔石碑，但石碑還是在法國部隊的嘲諷聲中，被一位熱愛古玩的英國上校指揮的分遣隊奪走，這位上校後來把石碑帶到大英博物館。英國與法國學者隨後為解讀石碑而競爭。法國人出版多卷本的《對埃及的描述》（*Description de l'Egypte*, 1809-1822）聊以自慰，後來又在一八三〇年代獲得盧克索方尖碑（Luxor Obelisk）——如今擺在協和廣場（Place de la Concorde）。與此同時，英國人則在亞述古物方面擊敗法國人。

法國大革命與拿破崙戰爭讓藝術瑰寶如洪水般湧入不列顛。此圖是希臘雅典衛城帕德嫩神廟的大理石排檔間飾，描繪拉皮斯人（Lapith）與半人馬之間的戰鬥。

最激烈的文物爭奪發生在希臘。對藝術品求知若渴的收藏家舒瓦瑟爾・古菲伯爵（Comte de Choiseul-Gouffier），在一七八三年受命成為法國駐奧斯曼帝國大使。他指示自己的代理人、藝術家路易・富蘭索瓦・賽巴斯蒂安・富維（Louis-François-Sébastien Fauvel）要「盡你所能帶走一切，千萬別錯失從雅典人及雅典土地搶奪所有可搶之物的機會」。[118]長久以來，覬覦眼光始終落在帕德嫩神廟（Parthenon）的雕像，以及神廟主體的外部鑲板與內部飾帶。雖然神廟遭受戰亂摧殘，更因為非法販賣雕像碎片給遊客的行徑而殘破不堪，但當時尚未受到大規模的「搶奪」，不過富維仍設法弄到一些掉落的殘片（現藏羅浮宮）。戰爭帶來新的機會。奧斯曼帝國需要英國人協助對抗法國人，年輕的英國大使額爾金勳爵（Lord Elgin）得到前所未有的優勢地位。他和代理人獲准進入雅典衛城（Acropolis）素描與製模、進行挖掘，以及「帶走任何雕像或石碑」。他們原本並無意取走建築物的部件，但相關行動仍然漸漸展開，而且還得到土耳其當局的允許。考慮到雕像受損的情況正在加速，而且法國人也覬覦這批雕像，額爾金決定用自己的錢財見機行事。他盡己所能，使用適當設備移走雕像，包括舒瓦瑟爾・古菲先前為了同一目的而製作的巨型臺車。額爾金並非鑑賞家，他抱持與拿破崙類似的態度——這是關乎國家（與個人）威望的問題。一八〇一年八月，隨員中的教士報告說：「這些在法蘭西聲勢如日中天時，始終不受其黃金與影響力青睞……的優美藝術品」都上了駁船。到了一八〇六年六月，額爾金夫人信心滿滿，表示：「我們昨天已經從衛城取下最後一件想要的東西了，從今以後，我們就能帶著自信，藐視我們的敵人。」[119]法土之戰的結束與法國外交影響力的恢復，都來得太晚。大部分未被取走的文物，後來若非損壞，就是遭到蜂擁而來的紀念品獵人盜取。額爾金回國途中經過法國，但在一八〇三年重啟戰爭時遭到逮捕、扣押，而且還受了點折磨。他深信，拿破崙是試圖強迫他將自己的收藏交給法國。最好的文物仍然留在雅典，如今成為土耳其盟友的法國使節，則決心非得到不可。他們成功取得若干小體積的文物，走陸路運往羅浮宮，至今仍為館藏；但巨型大理石像只能經海路運送，而法國人在海上不堪一擊。國家間的同盟關係後來再度翻轉，額爾金因而得以在一八一〇年與一一年間運走五十大箱大理石像，其中包括帕德嫩神廟最好的雕像。法國人完整保存的一塊鑲板，在海上被皇家海軍擄獲，現在也在大英博物館。額爾金遭人嚴厲指責其破壞文物與竊盜的行徑，抨擊最力者是熱愛希臘、崇拜拿破崙的拜倫。由於某個不知感激的國家拒絕支付其行動開銷，額爾金因此巨債纏身，不只婚姻完蛋，甚至禍延兩代。為了躲避債主，他到法國度過晚年。

第六章 令世界改頭換面

我註定要令世界改頭換面，至少我如此相信。

——拿破崙・波拿巴，一八〇四年[1]

我們必須回想……哪些我們所擁有的正危在旦夕，哪些我們得感到心滿意足。這是為了我們的財產，我們的自由，我們的獨立，甚至是我們身為一個民族的存續；這是為了我們的品格，為了我們身為英格蘭人之名；這是為了在世之人所珍重、珍視的一切。

——威廉・皮特於下議院發言，一八〇三年七月二十二日[2]

拿破崙的願景

我想統治世界——坐在我的位子上，會有誰不想？

——拿破崙．波拿巴，一八一五年[3]

此後歐洲僅餘一人生氣勃勃；其他生靈皆試圖以他呼出之空氣充滿自己的肺。

——阿爾弗雷德．德．繆塞（Alfred de Musset）

這人並不懶散，實在令人難過。

——夏爾．莫里斯．德．塔列朗（Charles Maurice de Talleyrand）[4]

拿破崙．波拿巴是最後一位徹底改變英國史與世界史的法國人。他迫使英國展開歷來為時最久的戰爭動員，繼而讓該國成為重要的全球勢力，時間超過一世紀。他的統治時期，標誌著法國聲勢如日中天、最接近於歐陸霸權，甚至是這顆行星的潛在霸主。崇拜者把他比作亞歷山大、凱薩與查理曼。我們不妨拿希特勒與史達林這兩位時代比較接近的世界霸權爭奪者來比較，至少從他崛起於沒沒無聞之處，從他的作為、錯事，以及拒絕節制其權力來看，都能證明他突出而有缺陷的人格特質。但他遠比這兩人更有智慧與創造力，而且能幹得多——比起啤酒館的群眾集會和黨委員會，軍隊是所更好的獨裁者學校。他雖然無情、恃強凌弱，是個「各種情結與神經病症的行走實驗室」，[5]但他遠沒那麼殘忍，而且有能力去愛、結交朋友，以及寬恕。他的狂妄令自大相形見絀，目中無人到不屑報復——至少他喜歡如此表現。但他對批評或嘲弄非常敏感，把自己的失敗怪罪他人，而且完全有大人物那種自圓其說，以及在窮途末路時自憐的能力。[6]

二十二歲時任炮兵中尉的拿破崙・波拿巴。這位未來將征服歐洲的少年，雖然形單影隻，但有著不錯的數學頭腦。

他的想法是十八世紀晚期的老生常談——精確來說，是以激進、威權方式詮釋啟蒙的老生常談。他將自己年輕時的流行文化銘記於心。有一段時間，他崇拜盧梭；他曾試過寫一本以艾塞克斯伯爵為主角的英式哥德小說；他熱愛克弗爾森假託吟遊詩人莪相之名寫的媚俗作品，並委託尚・奧古斯特・多米尼克・安格爾（Jean-Auguste-Dominique Ingres）為他從未入住過的羅馬宮殿，繪製如夢似幻的巨幅畫作〈莪相之夢〉（*Dream of Ossian*）。他與許多啟蒙哲士一樣，仰慕身兼哲學家、軍人與統治者的腓特烈大帝（Frederick the Great）。他欽佩雷納爾神父（Abbé Raynal）抨擊歐洲（尤其是英國）帝國主義的暢銷書——「英格蘭人，汝等濫用汝之凱旋。如今正是尋求正義或復仇的時機。」[7]他喜歡展現自己對知識的關注——他是真的有一車安在炮架上的戰時行動圖書館。掃除昔日的廢物，藉此促進人類的進步，就是他陳腔濫調的目標。但他完全稱不上堅守某種價值觀，他在追尋自己深信的歷史使命時，除了不斷擴大的權力之外，沒有其他明確的目標。他有能力抱持「直接、冒險而狂放」的心態，卻以實事求是、機會主義的方式行動。[8]但他不知滿足，不知適可而止。在內心深處，他沒有目標。

從九歲到十四歲，年輕的拿布雷歐內・迪・布歐拿巴特（Nabuleone di Buonaparte，拿破崙的義語名）就讀布里延〔Brienne，位於荒涼的香檳地區（Champagne）〕的軍事學院。他孤身一人、心中充滿敵對情緒，在學校裡遭人嘲弄、冷落。[9]這段悲慘的經驗，讓他的科西嘉鄉土意識與對法國人的厭惡與日俱增——用他的原話來說，法國人是入侵者，在他出生的一七六九年「嘔吐在我們的海岸邊，用鮮血的浪潮淹沒自由的寶座」。貴族地位的特權和獎學金，是因為他父親與法國人通敵而得來的——根據謠言，這也是因為他母親與法國總督私通的關係。一七九〇年代在科西嘉島上的政治鬥爭，粉碎了他成為科西嘉領導人的野心：拿破崙一家遭人中傷為叛國賊，逃往土倫尋求庇護，時間就在一七九三年英國人應呼聲前來的幾週前。拿破崙盡心盡力，為都市裡的社會菁英對抗農民群眾，為雅各賓主義對抗反革命勢力，為法國對抗英格蘭：「人畢竟得選邊，自然可以選勝利的一方，出手摧毀、掠奪、焚燒的一方……。吃人總比被吃好。」[10]他的科西嘉背景，或許能解釋為何他的願景從未真正以法國為中心。法國與法國人是可供他歐洲、地中海與全球野心所用的資源。拿破崙帝國的中軸線起自義大利，穿過隆河與萊茵河，直達低地國與日耳曼西北部，以通常受到鄉間敵意包圍的城市為基礎。經常有人指出（包括拿破崙本人），這個範圍就是查理曼的歐洲，似乎藉此為其征服領土賦予正當性。近年來，人們將拿破崙譽為預見歐盟處境的先知，因為他曾說過「歐洲各民族間沒有足夠的共通點」。[11]但這就忽略了他對中東、南北美洲、印度與太平洋的海上帝國野心。

有個故事相當有名，講述拿破崙在一場雪球大戰中率領在布里延的同學，展現早慧的軍事領導才能。但他其實心思都擺在念書上，個性安靜，相當擅長數學。他當然擁有偉大將領的素質——其力量所在可以精確總結為「堅定、有德、專心而大膽」，但他早年擔任炮兵軍官的生涯，卻顯示他對專業細節缺乏興趣。他絕非軍事革新者，但他懂得有效發揮其他人的點子。[12]軍隊是他的工具，而非他熱情所在。他向來是個政治軍人，試圖將軍事方法應用於政界、社會與經濟體系上：權威、管制、效率、紀律是他的口號。他不諳一般的政治操作，少了公然威壓就無從組織與領導。[13]他相信歐洲在經歷革命的嚴重災難之後，會歡迎法律與秩序的實現：「整個世界乞求我前來統治。」[14]大部分人的確歡迎，但代價高昂：歐洲成了一座龐大練兵場，彷彿由軍隊經營一般，為一場無止盡的戰爭服務。強迫入伍是帝國的首要任務，主要目的就是為了擴張其高效的官僚體系。

拿破崙瞭解，一七九〇年代的恐怖統治讓民主制度名聲掃地，但革命肯定不會因此消滅。革命廢除封建特權，出售教會土地，確保法律之前的平等，加上合理的行政管理，共同創造出強大的經濟與政治利益，人人擔心任何類似舊政權的事物會回歸。拿破崙提出誘人的交易：結束革命，同時鞏固革命成果。「我的政策，是用大多數人希望受統治的方式統治他們。我認為，這是認可人民主權的做法。」[15]他的政權是新舊菁英治理的綜合，排斥革命與反革命的極端，樂於為前革命分子與前保王黨提供工作機會，不問多餘問題。雖然政治權利受到壓制，但個人自由權（尤其是有產階級）多半得到尊重。這個帝國並非以恐怖手段治世：只有大約兩千五百名政治犯，遠低於雅各賓共和政府。當局要的只有服從。無論在法蘭西或其衛星國家，拿破崙帝國最強大的支持者，都是從革命中混得風生水起的人：土地買主、特定行業利益人士、職業軍人、專業管理人才、意識形態上與舊秩序為敵的人，以及宗教少數。至於最強大的反對者，則是那些認為現代化政府就等於抽稅、貧困、剝奪財產、瀆神，甚至是徵召成千上萬人當兵的人——這些人是革命底下的新奴隸。

對許多人而言，至關重要的問題在於拿破崙從未帶來他所承諾、眾所期盼的和平。批評者一貫指責他是「科西嘉食人巨妖」：出於暴發戶的虛榮，加上人們讚揚他為歷史偉人之一，都導致他擴權永不饜足，他廢黜君主、加冕親人、宣布自己為查理曼傳人，繼而再造歐洲，令國王、教宗與公侯臣服於他。若干與之最親近的合作夥伴——例如前主教塔列朗和曾經的革命恐怖統治者約瑟夫．富歇（Joseph Fouché），最後都認定他已失去控制。愛戴拿破崙的人（以及拿破崙本人）則宣稱他是為了保衛革命而被迫開戰，尤其是為了對抗那群垂涎利潤，願意為反動勢力出資，以摧毀革命、讓邪惡的舊政權復辟的「英格蘭商人貴族階級」。[16]「我打的所有戰爭都源自英格蘭。」因此，解讀拿破崙時代的關鍵，也就在於他跟英國的關係。誰是侵略的一方？雙方死鬥的原因為何？

拿破崙從未親身接觸過英國，他與想像中的英國有著錯綜複雜的關係。科西嘉愛國人士一度期待英國人的保護。拿破崙寫過若干不成熟的小說，其中之一講的就是某個英格蘭人主角在科西嘉的冒險故事。他研究英國史，同時從詹姆斯．鮑斯威爾的《科西嘉紀實》（*Account of Corsica*）認識自己出生地的歷史。他甚至考慮在皇家海軍展開生涯（他就讀的軍事學校認為他會是個「優秀的海軍人」，據信是因為他智慧超群，卻缺乏社交魅力）。但在落腳聖赫倫那（St Helena）之前，他從來不認識任何英格蘭人。他的思考方式，來自超過一世紀競爭關係堆疊起的恐英（偶爾親英）老調。若英格蘭能與法蘭西合力，將能「統治世界」；若不能合作，就得為了眾人福祉而毀滅這個「海上暴君」。英格蘭是迦太基，是店小二民族（他從亞當．斯密的著作中找來這個詞），其貪婪永不饜足，以獨占全球為要務。但英國的力量建築在虛張聲勢與紙面信用上，只是紙老虎。他用自己的惡意活絡這類陳腔濫調，同時卻也能表現傳統上對「開明」英格蘭人民的讚賞。史家富蘭索瓦．克魯澤（François Crouzet）指出，拿破崙鮮少將自己的時間與精力直接投注於與英國的對抗。[17]等到一八一五年最後一次戰敗之後，他希望能在英格蘭定居，當個鄉紳。這些搖擺不定的觀念，完全無法就他的行動帶來深刻見解。

自十八世紀以來，每一個有志主宰歐洲的人，遲早都得面對位於歐陸邊緣的國家——俄羅斯與英國。是與之共存、拒之門外，或是征服之？俄羅斯因其廣土眾民而重要，英國則因其動員全世界、對抗歐陸的能力而不容小覷。拿破崙曾試圖與俄羅斯達成協議，但他從未與英國妥協。一八〇一年至一八〇三年間的承平時期就是決斷決刻，此後再無回頭路。《亞眠條約》（Treaty of Amiens，一八〇二年三月）是一六八八年以來，法國與英國之間的第六份和約——傳統上咸認這份條約是明擺著的藉口，好讓參戰國為下一回的戰爭稍事歇息。但這種看法不僅有誤，而且模糊重啟戰端的責任。大半個歐洲都用解脫的心態面對這份和約，多數法國人與英國人也不例外。法國從波羅的海至地中海間的優勢地位已為人接受，奧地利已經退出競爭行列，俄羅斯有意談條件，普魯士與巴伐利亞成為地位較低的夥伴國，更小的國家則成為衛星國。在可預見的未來，英國已經退出歐洲，甚至放棄數世紀以來視為生命線、為之血戰的低地國。印度的前哨與戰略要地好望角業已歸還法國及其衛星國荷蘭。一言以蔽之，就拿破崙所知，法國已經贏了。

他原本可以見好就收，但卻頒布「一條條源源不斷、勢不兩立的命令」。[18]他在日耳曼強行推動「大規模土地革命」，[19]並重組義大利（由他本人擔任新成立的義大利共和國〔Italian Republic〕領導人）。他並未放鬆對瑞士與荷蘭的掌控（英國人以為他已經如此承諾），反而在兩國實施新憲法，確立其為法國附屬國的地位。此舉似乎旨在排除英國影響力與貿易活動，增加法國政治與軍事實力。和約正在瓦解，衛星國家則開始重新武裝。此外，法國的海外行動也不平靜。當局派遣遠征軍重新征服聖多明哥，當時獨立的該島正由前奴隸杜桑·盧維杜爾（Toussaint Louverture）掌權，英國人正準備與他締結條約。盧維杜爾被捕、押回法國，死於虐待。奴隸制再度合法化。法國政府公開表示有再度入侵埃及的意圖，為的是「某種高深莫測的原因，只有第一執政才能領會」。[20] 一小股遠征軍獲派前往印度，銜命為未來衝突做好準備，為此與當地統治者建立同盟，並招募印度部隊（包括七名將領與多名士官）。法國從西班牙手中要回北美路易斯安那，在澳大利亞也宣布占有土地〔名字自然叫「拿破崙領」（Napoleonland）〕。法國海軍推動建軍計畫，並強制西班牙人加入。拿破崙更透過故意挑釁、咄咄逼人的舉止來增加關係的緊張，他還命令手下的外交官有樣學樣。他堅持英國政府要防止對他及他家人的批評與諷刺見諸報端——他極為嚴肅看待此事。為了討好他，英國當局在倫敦起訴流亡的知名記者尚・蓋布里耶・佩爾蒂，指控他非法誹謗第一執政，法官更指示陪審團判他有罪。[21] 好鬥記者威廉・科貝特（William Cobbett）認為，這件事證明英國人是個「遭人擊敗、征服的民族」。

兩方都希望維持和平，但他們對於何為和平不可或缺的條件，卻有完全不同的認知。英國人認為，和平就是透過協商，創造出可接受的普遍處理方針。拿破崙則認為，和平意味著在堅持條約文字時，仍不斷操弄之以得到更多——「他就是忍不住騙人」。[22] 日子一久，英國人決定不能再允許此風繼續下去。他們有兩點堅持：法軍撤出荷蘭，同時不讓法國人染指馬爾他島——島上固若金湯的港灣是掌握地中海的關鍵。前者關乎英國安危，後者則牽涉埃及以致於印度防務，這些都是敏感的戰略問題，但這兩件事也能測試意向，因此益發重要。一八〇三年二月二十一日，拿破崙跟英國大使惠沃斯勳爵（Lord Whitworth）談了兩小時，會中他「一再從一個主題跳到另一個主題」，給人「講話的機會不多」。

談話的主旨是，拿破崙不想再來一場戰爭，因為他已經贏了，但他也不會做出讓步。小皮特解讀出來的意思是：「我們得馬上公開接受他所頒布的法律，否則就會面臨戰爭。」[23]

英國人為了提醒拿破崙他們是認真的，於是宣布實施有限的防禦措施。拿破崙則指責他們準備重起爭端，並且在一八〇三年三月十三日於杜樂麗宮的招待會上公然威脅惠沃斯：「英格蘭人想打仗，不過，如果他們先拔劍，那最後插劍回鞘的人肯定是我。」[24]惠沃斯認為這並非嚴肅的威脅，拿破崙不過只是粗魯。但雙方都在加大賭注，而且危險的是，雙方都出於若干原因，希望對方是裝腔作勢。惠沃斯的報告說，拿破崙還不想打仗，而且到處都有「沮喪不滿與失望的情緒」。他還提到英國的遊客「令英格蘭人之名與品格大失顏面」，讓法國人相信倫敦的警告只是虛張聲勢。駐倫敦的法國大使也將類似的訊息傳回給國內。[25]倫敦方面終於在一八〇三年四月提出最後通牒：如果拿破崙把麾下部隊從荷蘭撤出，並同意英國人暫時駐軍馬爾他，倫敦便會接受法國近來在義大利與瑞士的舉動。塔列朗試圖拖延討論，但沒有同意英國的要求，惠沃斯因此在五月十二日離開巴黎。英國在十八日宣戰，同日海軍便於布雷斯特外海發生遭遇戰。

法國人歸咎英國人，指控他們為了馬爾他島而破壞條約。許多歷史學家（尤其是法國人）仍然抱持這種看法。但近年研究一致同意拿破崙得為此負責，因為他才是有選擇權的一方：他沒有受到威脅，而且有能力選擇和平。假使他真這麼選擇，歐洲或許能有「至少一、二十年」的平靜。[26]他的動機依舊成謎。是因為「新上位的陛下」目中無人（畢竟他才三十三歲）？因為世界帝國的野心？因為「最後一位開明專制君主」等不及要讓歐洲現代化？還是因為恐英情緒縈繞心頭？這些理由都有人提過。有人為他辯護，主張他深知遭受挫折、不能滿足的英國必然會重啟戰爭，他只是為不可避免的事情做準備而已。總之，史家還在就一八〇〇年代的爭端大發議論。拿破崙難道不曉得，英國已經大砍陸、海軍開銷，解散民兵，遣散碼頭工人，令陸海軍半數復員了？[27]他在一八〇三年的舉動導致戰爭爆發，也說明了他終其一生遵循的模式：得到的每一項優勢，都成為通往下一次情勢升高的一步路。他是十八世紀權力政治的至極化身，但革命卻扯落了傳統上對政治操作的限制。他是真的沒有和平解決的概念。無論那超凡的腦袋中想著什麼，結果都很明白：「一九三九年是希特勒的戰爭……同理可證，一八〇二年之後的戰爭，全都是拿破崙的戰爭。」[28]

地表最佳希望？英國的抵抗：一八〇三年至〇五年

倘若對希臘、埃及、印度、阿非利加
一切皆已註定，汝亦將步入其間。
英格蘭啊！所有承擔此任之國度皆作是念：
但於愛恨，汝之敵人盡皆無知

其悽慘遠甚於汝：
智者因此為汝祈禱，縱使汝承擔之
打擊將相當沉重：
噫吁嚱！地上最大的希望全繫於汝！

——威廉・華茲渥斯，一八〇三年十月

這道海峽就是條水溝，只要誰有膽嘗試，就能跨過去。

——拿破崙・波拿巴，一八〇三年十一月[29]

英格蘭向來竭盡己能而能拯救自己，我相信英格蘭的榜樣也將拯救歐洲。

——威廉・皮特於倫敦市政廳（Guildhill），一八〇五年五十一月九日，特拉法加海戰消息傳來的三天後[30]

英國宣戰震驚了海峽兩岸的民眾，人們已能預見將有更多年的飢餓、稅收、徵召與充軍。在英國，討海人想辦法找挖礦或採石的工作。至於當局下令抽籤選人加入民兵時，農村居民也抱怨連連，不時發生暴動。到了法國，男孩們採用傳統上的下下策——自傷成殘，不然就逃跑。眾所皆知，兩國面臨一場要命的消耗戰。英國首相阿丁頓私下估計得打上十二年（他的估計相當精準）：英國將維持守勢，

「棺材遠征軍——渡海中的波仔無敵艦隊」：這幅漫畫諷刺拿破崙的海軍有如棺材遠征軍，拿破崙麾下許多海軍軍官就怕這個。

控制海洋；拿破崙將試圖入侵，但他會失敗；隨後英國便能創造新的反法同盟——劇情老套。[31]英國部會首長們相當有自信，認為法國會先垮臺。

無論在哪一國，這次的磨難都沒有再度引發一七九〇年代的諸多問題。法國局勢平穩，治安良好，政治宣傳則把戰爭歸咎於英國。軍事與行政機器無須一七九〇年代的動盪熱情也能運作。至於英國，反對戰爭的人也不再追尋革命的海市蜃樓。法國的侵略（尤其是入侵盧梭的故鄉——共和制的瑞士）以及在埃及的暴行讓革命魅力盡失，只有四面楚歌的激進分子、虔誠的至福論者，以及內心為權力澎湃不已的人仍然死心塌地。華茲渥斯的傷感結論是：英格蘭雖然過錯不少，但依舊是最佳的希望，而他也為此加入民兵。

重啟戰端使法國當局在一八〇四年宣布拿破崙為法蘭西人的皇帝，以強化政權。這位新皇帝決定仿效凱薩大帝，入侵英格蘭——有人在他的營帳附近找到羅馬錢幣，令他喜出望外。他的入侵行動，將成為法國籌備的多次入侵中最難以擊敗的一次。[32]其經費由開徵的新稅，以及將路易斯安那售予美國所得來支應——這筆錢分成數期，由倫敦的霸菱銀行（Barings）支付，這家銀行在過程中還能將錢借給英國人。拿破崙集結十六萬五千人，分為六營，動用從埃塔普勒（Etaples）到安特衛普的七個港口，主力則擺在布洛涅。從薩塞克斯到薩福克之間的每一點都在打擊範圍內。戰爭爆發前，他就開始建造兩千五百艘炮艇與特別設計的海岸登陸艇，並誇口「錢不是問題」。[33]甚至連巴黎與史特拉斯堡等位於內陸深處的造船廠都忙於作業。民眾渴望擊敗國家大敵，捐款滾滾而來，船上則刻有他們的名字——一艘能搭載一百一十人與兩匹馬的炮艇，要價約兩萬法郎。拿破崙發揮自己注重細節的個性，興建彈藥庫、兵營與醫院，並招募通譯嚮導——許多是愛爾蘭人。軍方召來過去在三角帆大船上划槳的奴隸，為海上划槳提供建議，拿破崙令自己的親衛隊在塞納河上操演後，起草了一本訓練手冊，有〈操槳務穩〉、〈船槳〉、〈登岸〉等章節。部隊演練登船。此外還有激勵士氣的儀式——例如一八〇四年八月十五日，新皇帝在自己生日這天親臨榮譽軍團勳章（Légion d'Honneur）集體頒發儀式，有六萬人到場；但英國戰艦逼近岸邊、追逐若干法國艦艇，多少讓效果打了折扣。事實證明，重裝登陸艇不適合下海。一八〇四年七月，他無視麾下海軍將領的警告，下令在惡劣天候中演練登船。有三十艘船沉沒或擱淺。沉船數量加油添醋後的報導，讓英格蘭一陣歡呼，但拿破崙不在乎，始終堅持在自己的加冕典禮前入侵。拿破崙的工程師想方設法，要解決六十年前曾困擾利希留的地理問題。他的主要基地布洛涅堪稱「海峽邊最糟的口岸」，在退潮時會變成一片泥地，導致船隻進退兩難。經過數月建設與操演，他們也只能讓僅僅一百艘船在每一回漲潮時出海。因此，船隻得在外海一浬處下錨，暴露於天氣與英國人面前，憑藉碉堡與沿岸用馬拉的大炮來費力保護。

拿破崙從未因為高山、沙漠、風暴、高熱、酷寒、距離等地理屏障而裹足不前。他認為跨越英吉利海峽，基本上跟跨越一條大河沒有兩樣。他目光直視英格蘭，看見「房舍與馬匹」，因此才有他那句「水溝」名言。他堅信，縱使危險，但部隊仍有可能在缺少戰艦掩護的情況下，乘坐小船渡過海峽——像一群「長著恐怖毒針的飛蟲」。[34]他對普魯士大使保證，「濃霧和些許運氣，便能使我成為倫敦主宰，宰制國會與英格蘭銀行」。[35]熱心人士建議的熱氣球、隧道或潛水艇一概不必。拿破崙不喜歡機械的東西。美國發明家羅伯特·富爾頓（Robert Fulton，法國人拒絕了他的迷你潛水艇）向英國人兜售其「魚雷」(catamarans)，並被運用來攻擊進犯的法軍運兵船。

歷來經驗顯示，要集結船隻、渡過海峽至少需要七天好天氣，[36]而非拿破崙原先期待的單一夜襲。因此，他在一八〇四年五月接受「登陸需要大船掩護」的意見。此舉需要集結海軍之力，在分散的英國艦隊集結前取得暫時、局部性的優勢，過往的每一份計畫皆是如此。拿破崙構思出一連串迅速改弦更張的方案，每一份方案的前提都把英國一方設定的相當無能，好運則都在自己這邊。他最後拍板定案，採用海軍將領皮耶・夏爾・維爾納夫（Pierre-Charles de Villeneuve）的看法：土倫艦隊要從地中海突圍，與其他位於加勒比海的船隻會合，隨後（假設英國人會在大西洋四處追逐他們）火速與西班牙和布雷斯特艦隊合流，「沿海峽而上，出現在布洛涅」，護送陸軍浩浩蕩蕩登陸英格蘭。法國人一如既往，認為只要登陸，他們便能踏平任何守軍，迅速拿下倫敦。他們或許是對的。不過此舉的風險仍遠高於以往，因為當年（一七四五年，甚或是一七七九年）英格蘭毫不設防，法國人可以規劃用不多的軍力執行入侵；但在今天，這意味著拿陸軍最精銳的部分在高風險行動中賭博，而且拿破崙得親自坐鎮指揮：「如果你派出另一位將領，一旦他成功，他就比你更偉大，地位將比你更高。」[37]可是，若入侵失敗，就會一併毀了拿破崙及其政權，法國也會無從抵禦東來的入侵。

就像過往規劃的入侵行動，這一回計畫中對於英國似乎也沒有明確安排。拿破崙是否真如小皮特所說，會威脅「我們身為一個民族的存續」、「我們的品格」、「我們身為英格蘭人之名」？嚴格來說，不會。只有瑞士、低地國、皮埃蒙特（Piedmont）等法國邊境的小國，才會面臨遭人遺忘的命運。英格蘭迫切的危機是一場屠殺——後來發生在卡拉布里亞（Calabria）、西班牙與俄羅斯的事件顯示這是可能的發展。一支無法撤退、被灌輸仇英宣傳的強大法軍，將對上大批業餘士兵與一整個堅決不從的社會。法軍所有入侵計畫皆以迅速擊潰對手為務，但對手投降後的處理就成了問題。拿破崙斷言，「一份民主原則的宣言」將造成「一場分裂，足以癱瘓整個國家」，因此他將成為「一位解放者，一位新的奧蘭治的威廉」。一旦攻陷倫敦，「就成立一個強大的政黨，對付寡頭統治集團」。[38]英國的抵抗與倫敦金融城的信用將會崩潰，拿破崙將從溫莎城堡宣布戰爭結束。但拿破崙手下一位精明得多的元帥卻提出警告：「除非你打算模仿征服者威廉，否則勝利不會到來。」[39]換句話說，征服必須是永久性的。但永久征服需要延長軍事占領、分裂聯合王國、摧毀其海軍力量、併吞殖民地、改變貿易方向、鉅額撫恤金，工業革命將隨之由內崩潰，迅速成長的人口將陷入貧困。愛爾蘭有機會像波蘭一樣，成為得寵的衛星國，由愛國派的小集團治理，受帝國元帥或皇親國戚節制，並恩准其為拿破崙的大業奉獻鮮血與財富。英國會有大量充公的土地，用來獎賞帝國的公侯與親王。「英格蘭……必將成為法蘭西之區區附屬，」拿破崙後來回憶，「成為我們的一座島，就像奧萊隆（Oléron）或科西嘉。」[40]

迫在眉睫的入侵危機，激起英國民眾一串手忙腳亂的回應，其空前程度僅有一九一四年與一九四〇年堪足比擬——天氣大好時，可以看見法國部隊操演，驚慌失措的居民紛紛逃離伊斯特本（Eastbourne）與科爾切斯特（Colchester）。民眾雖有抵抗決心，但不必然有信心。從時人日記上可以看出，有人惡夢夢到入侵，而且經常有法軍已經登陸的流言。街坊鄰居「傍晚聚集在自家大門，聊起一七四五年的叛亂（當年叛軍抵達德比），不時間還以為自己聽見法國人的大炮聲」。海巡、搭建烽火臺、捉拿間諜等行動大幅增加。[41]截至一八〇四年，已有三十八萬人加入志願軍，參與「漢諾威王朝時代規模最大的一場民眾自發行動」。[42]這次行動多屬地方自發，而非政府規劃，因為當局對志願軍單位的戰力有所疑慮。但重返大位的皮特卻想搭上這波民意浪潮，展現眾人對國防的深厚支持。公民有權攜帶武器，一般人也將之視為政府信任人民的象徵。在若干地方，每一位體格健壯的男子都要接受操練，但也有些地方只配給他們長矛。國會通過《大規模招募法》（Levy en Masse Act），該法明顯受法國影響，至少法案名稱如此。然而，英國的招募方式與法國有著根本差異：英國大量仰賴志願軍的情況堪稱獨一無二，從來沒有徵召人組成常備軍的情況。人們大規模自願從軍，這當然是強烈愛國心的證據。但這畢竟是**地方性**的愛鄉意識，並非完全不偏不倚。志願軍單位具有卓著的平等與獨立精神，人員仍以便服為制服式樣，接受自己的鄰人指揮，只要有餘裕便能返家，同時強烈表達保衛自身權利與稅金的意見。有點地位的英格蘭工人都避免加入常備軍：一八〇三年六月至十二月間，招募官走遍全國，卻只能吸引三千四百八十一人入伍。[43]如此大量的人力投入鄉里的防務，意味著正規軍在人力上總是遠少於法國常備軍。

即使如此，成果還是相當驚人。到了一八〇五年，已有將近八十萬人，也就是百分之二十的男性勞動人口，投入某種形式的軍事活動。這種規模堪比二十世紀的「總體戰」，比例也遠高於其他國家——英國當局估計法國只投入百分之七的人口。[44]組織安排得仰賴「舊時代」的地方業餘行政體系：郡衛（lord lieutenant，至少有其中一位得靠自己的太太擔任書記）、治安官（justice of the peace）、牧區牧師與地區官員。這套體系在重壓之下變形，但其成就仍證明地方社群的力量與主動性——直到一九三〇年代，這都是英國公共行政的基石。相較於法國「總體戰」戰備的大規模宣傳與強制徵兵，經常有人認為英國這種低調的動員是疲弱、過時的標誌，但我們不妨將之視為二十世紀的自由國家有意以「反總體」方式戰鬥的預兆。

✣ ✣ ✣

【延伸】非典型戰爭

我們打的是不尋常的戰爭——我們的**故鄉**
正受到一幫嗜血、無情之人所威脅；
他們的主子掀翻了王座與聖壇，
其腳下是半個俯拜的世界！
「掠奪、強暴、死亡」敵人高喊，
「向你們的城鎮開火——向英國的奴役開火！」
英國人啊，精準打擊！為了你們國家的高尚目標復仇，
保衛你們的**國王**，你們的**自由**和**法律**！[45]

龐大的英國宣傳戰中，有幾個常見的特定主題。憲政體制同時保障富人與窮人的權利，而拿破崙的征服卻會剝奪窮人的一切：不光是烤牛肉，連麵包與乳酪都會被裸麥麵包與蔬菜湯所取代。人們將被迫使用法國法律與法語。革命（即便是由拿破崙掌權）是基督信仰的大敵。法軍入侵將造成劫掠與強暴——一種揮之不去的恐懼：「他承諾要用我們的財產使自己的士兵富起來：用我們的妻女滿足他們的慾望。」[46]這種說法雖然駭人聽聞，但從法軍在

Such BRITAIN was!
Such FLANDERS, SPAIN, HOLLAND, now is!
from such a sad reverse O GRACIOUS GOD, preserve Our Country!!
The Blessings of PEACE, PROSPERITY & DOMESTICK-HAPPINESS.
The Curses of WAR, INVASION, MASSACRE & DESOLATION.
To the PEOPLE & the PARLIAMENT of Great-Britain this Print is dedicated, by the Crown & Anchor Society.

和平之祝福與戰爭之詛咒：針對法國在共和時代與拿破崙時代的戰時宣傳有個中心主題，就是平民與統治菁英同樣會損失慘重。

漢諾威與義大利的行為來看，恐怕不是杞人憂天。人們強調拿破崙本人在埃及的作為：殘殺兩千名土耳其戰俘，甚至毒殺麾下若干罹患瘟疫的部隊。驚恐的情緒也得到信心加以平衡：歷史預言了勝利將如阿金庫爾與布倫亨一樣來到。劇場上演《亨利五世》，以激勵倫敦的觀眾。歌曲與漫畫從傳統的反法挖苦中汲取靈感，將拿破崙描繪得既邪惡又古怪。

海峽對岸為了準備入侵行動，也端出大量類似的歌曲、漫畫、詩詞與標語。亞眠當地蓋了一座凱旋門，命名為「往英格蘭之路」。拿破崙訂製勝利紀念章，上面刻著「倫敦製造」。人們想起聖女貞德與征服者威廉的歷史，貝葉掛毯（Bayeux tapestry）也在巴黎展出。入侵將不費吹灰之力——「不過是從加萊走一步到多佛。」英格蘭人以後會忙著喝茶。「全歐洲寄託於你們，以人性義憤之名，將懲罰施予那背信棄義的民族。你們將對英格蘭復仇，在倫敦的心臟。」[47]

✣ ✣ ✣

英國策士們在約克公爵率領下，參考一五八八年對抗西班牙無敵艦隊時的防務紀錄，製作了一份詳盡方案。一支由小型艦艇組成的船隊將攔截入侵艦隊。當局計畫在岸邊建造知名的香桃木塔〔Martello tower，法軍暱稱「鬥牛犬」，其原型為海軍在科西嘉島香桃木點（Mortella Point）遭遇的要塞，敵軍據此激烈抵抗〕，以期對敵軍造成重大打擊。多佛開始興建大型防禦工事，包括大垂井（Grand Shaft）——一座三重螺旋梯，讓部隊能拾級而下、迅速趕往岸邊；皇家軍用運河（Royal Military Canal，大部分在一八〇五年開鑿）貫穿羅姆尼濕地（Romney Marshes）；警報將同時透過傳統的烽火臺，以及更精密的電報系統〔連接普利茅斯、樸次茅斯、迪爾（Deal）、雅茅斯與倫敦〕來傳遞。一旦法軍攻進內陸，大批志願軍將延緩其速度，鄉人則將牲口、車輛與補給「驅走」，再由平民工兵破壞道路。非戰鬥員將接受疏散，並隨身攜帶「一席亞麻布與一條毯子，一人一份，用床單包裹，以及……

你手邊所有食物」。[48]機動部隊將不分日夜，騷擾入侵者。與此同時，十一萬三千人將乘貨車、馬車或徒步，迅速由全國各地趕往倫敦西邊與北邊的十個地點集結地，其中人數最多的是斯蒂爾頓（Stilton）與北安普敦（Northampton）。倫敦南方也規劃防線。黎河（Lea）建起攔水壩，準備淹沒黎河流域。有關單位收集煤炭與麵粉儲備以因應圍城，委由皮克福氏運輸公司（Pickfords）負責轉運，並已制定好將黃金儲備由英格蘭銀行運往伍斯特（Worcester）的計畫。一旦戰局急轉直下，戰鬥將在首都北方發生。一起小意外顯示出這個國家的準備有多麼充分：一八〇五年八月，有人不小心點燃了約克郡的烽火，在還沒有人發現出錯之前，羅賽罕志願軍（Rotherham Volunteers）便已集結、出動貨車，朝海岸行軍達二十英里。[49]

一八〇五年三月，法軍開始動身。維爾納夫將軍的艦隊成功從土倫突圍，佯攻加勒比海，納爾遜則追趕他們，一如拿破崙所料。艦隊隨後火速返航，抵達與西班牙盟軍的會合點，接著沿海峽北上，準備護送入侵艦隊。拿破崙在前往布洛涅途中亦難掩興奮之情：「英格蘭人不曉得自己在做什麼。」經過大量操演，部隊理應能在一個半小時內出航。七月二十六日，他試著把自己的決心灌注到維爾納夫心中：「我指望著你的熱情、你的愛國心、你對那個壓迫我們四十代人的國家懷抱的恨意……。你若抵達目標，無疑能讓我們成為英格蘭的主宰。」[50]法國與西班牙原本能在八月第二週，在海峽集結一支數量占優的艦隊，用來掩護拿破崙的入侵部隊。但計畫實現所需要的不只是好運氣和好天氣，聯合艦隊及全國基礎設施也得和英國人有一樣的速度與效率才行。維爾納夫先是在西班牙因補給短缺而延

威廉・透納繪製的〈特拉法加海戰〉：對於超過一世紀的海上衝突來說，這場海戰只是其中的高潮，而非結束。

遲，隨後又因為英國分艦隊集結而失去數量優勢。此外，他還深信（說不定是對的）「無論我怎麼做，都不該期待成功……。我方調遣糟糕，船隻緩慢，裝備粗糙老舊」，英國人卻「機動力高，技術良好，勇於冒險且充滿信心」。拿破崙對維爾納夫的猶豫大為光火，他認為「世界命運」在此一舉，法國需要的不過是「兩、三個敢死的將軍」。八月二十二日，他去信維爾納夫：「英格蘭是我們的。我們一切就緒，全員蓄勢待發。給我在四十八小時內過來，一切就結束了。」[51]

歐陸各國此時出手干預。俄羅斯（跟著奧地利腳步）開始考慮重啟戰端，與英國組成「第三次反法同盟」。假使拿破崙的軍隊迅速拿下倫敦，就不會有歐陸國家膽敢挑戰他，但部隊若在英格蘭遭遇嚴重抵抗，各國必然會進攻法國。他不露聲色，暫停將部隊進一步往海峽調遣的行動，接著在八月二十三日跟塔列朗總結情勢：

我對歐洲情勢考慮愈多，愈覺得關鍵之舉迫在眉睫……。若〔維爾納夫〕遵守命令，與布雷斯特艦隊合流，進入海峽，就還有餘裕，我將能主宰英格蘭。但要是我的將領們有所遲疑……我唯一的方法便是等待冬天到來，採小船跨海這種危險之舉。假使如此，我就先處理當務之急；我會拔營，在葡月（Vendémiaire）帶著二十萬人出現在日耳曼。[52]

兩天後，他得知維爾納夫已經撤退到西班牙的卡迪斯（Cadiz）：入侵行動結束了。拿破崙在布洛涅待到九月上旬，以掩飾計畫有變。「英格蘭軍」更名為大軍團（Grande Armée），動身「前往日耳曼與英格蘭作戰」（這是拿破崙的原話），而這支軍隊即將在距離多佛白色懸崖（White Cliffs）甚遠的地方，獲得最輝煌的勝利。一八〇五年十月十七日，少了善變的風向、潮汐與將領所困的拿破崙，在烏姆（Ulm）包圍奧地利軍隊，迫使對方不知所措的指揮官投降。他進入維也納，在歌劇院的皇家包廂聽了貝多芬歌劇《費德里奧》（*Fidelio*）的首晚演出。

烏姆一役四天後，奉拿破崙之命返回地中海的維爾納夫艦隊與西班牙盟軍，被潛行中的納爾遜在特拉法加角外海逮到。戰況一面倒，法西聯合艦隊的三十三艘戰列艦中，有三分之二遭到二十九艘英國戰列艦擄獲或摧毀，而英國只付出了四百四十八條人命的代價——包括納爾遜本人。凱旋時刻身亡的他成為當代的英雄典範，融合大膽無畏、生死無常與悲壯於一爐，魁北克的沃爾夫，班傑明．魏斯特也為他畫了像。納爾遜並未從迫在眉睫的入侵行動中拯救英格蘭，因為拿破崙當時人在維也納。不過，救贖的感受卻仍喚起全國的謝意，至今每年的逍遙音樂會最後一夜（Last Night of the Proms）仍在紀念此役（只是現場恐怕少有觀眾知道典故）[1]。聖文森將軍口氣平淡：「我沒說法國人不會來犯。我是說，他們不會從海上來。」不過，拿破崙仍然在一八〇七年回頭規劃一次渡海突襲，一八一一年再度計畫，他更把安特衛普發展為大型兵工廠兼海軍基地，刺激英國人在一八〇年發動一次進攻，大肆破壞。總之，英國仍在為法軍入侵做準備：南海岸大多數新建防禦工事（包括七十二座香桃木塔與多佛的大型要塞）都是在特拉法加海戰後所建，甚至連滑鐵盧之戰正酣時，泰晤士河口與倫敦仍有多處城塞正在進行工事。[53]

特拉法加戰役五週之後，奧斯特里茲戰役（Battle of Austerlitz）在十二月二日爆發。拿破崙率領七萬三千人，包圍由俄羅斯、奧地利皇帝領軍的八萬五千人聯軍，聯軍陣亡、負傷或被俘者達到三分之一。此役是拿破崙最全面的一次勝利，也是法國軍力優越最恐怖的證明。第三次反法同盟之戰才剛開打就結束了。

有一位英國人成了奧斯特里茲戰役的受害者。小皮特已經病了一段時間，泰半是因為用波特酒對付過度的工作與壓力之故。當了將近十八年首相的他，在一八〇六年一月二十三日過世，享年四十七。奧斯特里茲戰役的結果加速他的死期到來，他的私人祕書說，奧斯特里茲一役「使他對拯救歐洲的期盼與努力皆付諸流水」。他原本已替歐陸的未來制定通盤的計畫。據說在聽到戰敗消息後，他這麼說：「把歐洲地圖收起來吧，這十年都白費了。」聲名卓著的法國外交官暨史家阿爾貝・索雷爾（Albert Sorel），稱小皮特是「法國革命與拿破崙遭遇過的一位偉大對手」。[54]小皮特雖然從父親那兒繼承了一點影響力，但他並非天生的戰時領袖，許多人甚至覺得他稱不上個好領導人。他的志向在於政治與財經改革，但戰爭導致他得放棄自己的抱負。一旦面臨困難的戰時決策，他傾向於反思、拖延，尋求更多情報。他不想讓關係密切的同僚失望，而這也導致逃避與延誤。「在犯下愚蠢錯誤的人當中，他是最能言善道的一個，每個人都吃過苦頭……。在每一回精妙的演說表演行將結束時，便有一場遠征或一個王國傾頹，等到他的風格至臻完美時，歐羅巴也墮入痛苦的最深淵。」[55]不光是法國，就連在英國，這位「世界上最靦腆的人」同樣遭人指控陰謀奸險、渴望權力；但他的長處勝過他的短處。人們很難誹謗他是狂徒或好戰人士：他在一七九二年推遲戰爭，希望以協商解決，又在一八〇二年支持議和。儘管他有搖擺不定的傾向，但他卻有根本的自信。他個性誠實無私，政務之外別無生活，而且能激發同僚的忠誠，甚至是崇敬。而他更是用以理性與良心為基礎、引人注目的雄辯來表達這一切。簡言之，他完全是拿破崙的反面。

1【作者註】一九〇五年，亨利・伍德爵士（Sir Henry Wood）的《英國海幻想曲》（*Fantasia on British Sea Songs*）首次在活動中演出，紀念特拉法加海戰一百週年。

他和華茲渥斯認為，儘管過錯種種，英國仍然象徵「地表最佳希望」，甚至最終將是歐洲救贖之所在。他們的看法是對的嗎？我們稍後再作評判。但在一八〇五年之後，英國確實是對抗法蘭西世界霸權的唯一一道防線。

✣ ✣ ✣

【延伸】未竟之事的遺跡

大軍團紀念柱（Colonne de la Grande Armée）距離布洛涅市中心三英里外，坐落在通往加萊的路旁，紀念著一場沒有發生的入侵行動。這根高五十三公尺的大理石柱，早在一八〇四年便開始起建，位於當時「英格蘭軍」主營區中間，但卻像許多拿破崙時代的紀念碑一樣，要等到一八三〇年革命讓多名拿破崙支持者重掌權力後才完工。第二次世界大戰時，紀念柱嚴重受損，後來由榮譽軍團成員捐款修復。石柱頂上景觀良好，可以看見多佛的峭壁。

北安普敦韋登（Weedon）的皇家軍需庫（Royal Military Depot）興建於一八一八〇三年。地點位於貫穿英格蘭心臟地帶的古老路線上，距離博斯沃思（Bosworth）、內斯比（Naseby）與邊山（Edge Hill）等戰場不遠，就在今天的M1高速公路沃特福德隘口（Watford

Gap）休息站附近。惠特靈街（Watling Street）在此與大樞紐運河（Grand Junction Canal）比鄰——古羅馬道路與連接黑鄉軍火業的近代路徑相遇。運河支流穿過設有吊閘的衛哨，直抵戒備森嚴的武器庫，營區內成排的龐大紅磚倉庫令村裡的農舍與酒吧相形見絀。韋登一地存放了供二十萬人用的槍械、大炮，以及一千噸的火藥——即便倫敦失陷，也能繼續抗戰。當局蓋了一小棟供喬治三世及家人使用的王室休息所，足證堅持作戰的決心。[56]韋登繼續作為軍械庫超過一百五十年。休息所在一九七二年拆除，其餘建築則在一九八〇年代售出，成為各式各樣的倉儲空間。建物在當時具有實用性的宏大之美，如今則完全泯然眾人。過去不對民眾開放，如今「等待開發」——韋登受人淡忘一事，對於一場從未發生的世界級歷史事件而言，正是絕妙的反向紀念碑。

事情原本可能發生嗎？拿破崙一八〇五年的計畫有嚴重的漏洞，根源在於他對專業建議充耳不聞，習慣低估自己的敵人，又頑固拒絕承認帆船無法像騎兵團一般調遣。海軍史家尼可拉斯．安德魯．馬丁．羅傑（Nicholas Andrew Martin Rodger）用諷刺的口吻評論，說拿破崙「不願意相信岡托姆（Ganteaume，布雷斯特艦隊指揮官）只能乘……一股讓維爾納夫使不上力的風才能揚帆出航，否則兩艦隊都無法北上英吉利海峽。他不願意相信任何足以移動戰艦的風，對於登陸艇而言都過於強勁」。[57]假使維爾納夫賭上一切，他恐怕早就在海峽遭遇堪比特拉法加的敗仗了。縱使他設法抵達布洛涅，拿破崙也不一定能讓自己的部隊成功渡海：法國水手擔心有一半的小船會沉沒，而英國的防禦也難以逾越。總之，維爾納夫的擔憂或許避免拿破崙的事業迅速告終。合理的結論是，拿破崙的計畫幾乎不可能成真。但他確實做好準備要放手一搏。借他的原話說：「只要我們有十二小時能渡海，英格蘭就再見了。」[58]我們有完全的把握能說他錯嗎？

✣ ✣ ✣

巨鯨與大象

天意似乎已經決定要向我們顯現，若祂們將地上的霸權授予我們，祂們也讓我們的對手成為波濤的主宰。

——拿破崙・波拿巴[59]

拿破崙無法扭轉特拉法加海戰，英國人對盟軍在奧斯特里茲的戰敗也束手無策。兩國此前從未在各自的領域中獲得如此絕對而全面的優勢，甚至襯著一種本身便能作為強大武器之用的無敵光環。我

吉爾雷的諷刺漫畫是如此看待海權與陸權間的全球戰爭。

們知道，英國陸軍曾在過去的幾次戰爭中，在日耳曼與低地國打過勝仗；我們也知道，遲至一七七九年至八一年，法國海軍亦能在威脅英國的同時保護美洲。不過，一八〇五年的僵局確實是一世紀衝突的合理結果，如果仔細加以爬梳，不僅能對拿破崙戰爭、更能對法國與英國的整起對抗有深入的瞭解。

巨鯨

我們是海洋上小小的一點，領土大小無足輕重，而我們的力量、尊嚴以及歐洲的安危，皆有賴於我們作為世界上第一等貿易與海權強國。

——陸軍大臣亨利・鄧達斯[60]

到了一八〇五年，皇家海軍已經成為最有效的戰爭工具之一，甚至是世所僅見。整段法國大革命與拿破崙戰爭期間，皇家海軍在敵軍的行動中只損失十艘船，捕獲或摧毀的敵方船隻卻達三百七十七艘（包括一百三十九艘戰列艦）。由於許多捕獲的船隻都編入皇家海軍——兩百四十五艘，其中有八十三艘戰艦——法國海軍史家甚至曾批評，說拿破崙辛苦建造的造船廠，多半是為英國海軍部效勞。[61]皇家海軍再無對手，但這一點都不理所當然。直到這場競爭結束時，英國海權才變得所向披靡，這是「英國政府與社會歷來從事規模最大、歷時最長，過程最繁複也最昂貴的事業」，而英國國民生活上也鮮有未受影響其影響的層面。[62]

除非英國能主宰周圍海域，否則國家便無從抵禦入侵。地理確實帶來若干優勢。英格蘭擁有海峽中較優越的港灣，足以為艦隊提供庇護，而法國不僅沒有適合入侵艦隊駐留的基地，面臨戰鬥與風暴時也沒有安全的撤退點或避風港——這點直到強化水泥與蒸汽動力疏濬發明後才改觀。另一方面，法國有更容易通往大西洋的通道——從布雷斯特出發，因此也容易抵達愛爾蘭或更遠的地方。兩國都努力在自然條件上添磚加瓦。英國迫使敦克爾克封閉，並為了不讓法軍靠近低地國的巨港而奮戰。法國有兩道海岸線，海軍因此一分為二，分駐布雷斯特與土倫。這對雙方都有無可否認的影響，英國人得一直看著土倫艦隊，避免其自由行動，對自己造成意外的打擊。一七一三年得到直布羅陀讓戰略地位「翻盤」，阻礙法國艦隊合流。[63]英國勉強占據梅諾卡、短暫擁有科西嘉，以及後來控制馬爾他（點燃英法間最後一場戰爭）之舉，都是為了在地中海得到一處施力點。至於在北美洲、西印度群島和印度洋為戰略良港而戰，都是通往霸權少不了的步伐。讓艦隊揚帆遠洋，需要大面積、水深且有掩蔽處的下錨地，桅桿、繩索、帆布與彈藥的儲備，以及供應生鮮食物、乾淨飲水的廣大腹地。一旦法國及其盟國失去這一切，也就失去了海軍行動的可能性。

兩國海軍的最高領袖天差地遠。法國海軍大臣通常是受法律訓練的行政人員，而英國海軍部至少部分是由海軍軍官負責，國會中也有不少海軍中人。法國的海軍軍官（還有法國史家）向來強調英國制度之優越，只是他們也誇大了英國海軍部的效率。無論如何，海軍部確實與十八世紀普遍的官僚廢弛無緣。一位求職者記得很清楚：「對於大多數職位而言，能力實在無足輕重，讓人幾乎忘記還有一個單位對此極為重視——亦即海軍部。」[64]法國海軍深受旱鴨子主政所苦。拿破崙一八〇五年災難般的入侵戰略就是最慘痛的例子。他在特拉法加戰前對維爾納夫下馬威，導致維爾納夫承受註定敗戰的苦果，後來更犧牲自己的性命。若干法國艦艇在實際上未受訓練的情況下銜命投入戰鬥，船員有極高比例不諳水性，或只是河船船員。英國海軍少有接獲不可能任務的風險：「海戰這一行太過重要，不能交給政客。」[65]

「戰略」一詞在當年尚未出現，海軍作戰行動也不會根據整體的理論或參謀計畫為根據，但還是有若干基本規則，此外亦有創新。英國海軍大部分都留在歐洲水域，屏障英倫三島不受侵略，同時控制連接歐洲與世界其餘各地的航路。只有西印度群島的重要性足以讓艦隊主力渡過大洋作戰，而且也只有一次：一七八二年的諸聖群島戰役。到了一七四〇年代，海軍將領安遜與霍克率先建立一支西洋分艦隊（Western Squadron），以普利茅斯為基地，藉由遠洋巡邏來主宰大西洋水路，此舉最終證明是稱雄歐洲乃至於世界的決定性手段。[66]由於海軍對法國口岸的封鎖益發嚴密，這些手法都需要英國人長時間待在海上——海軍中將喀斯貝特・科林伍德（Cuthbert Collingwood）有八年時間沒有上岸過——這得有更好的衛生與更好的船員伙食才能做到。到了拿破崙時代，對法國港口不間斷地封鎖效果之顯著，甚至永久改變了法國的經濟結構。法國鮮少發動艦隊攻勢，即使有，通常也是為了掩飾入侵的企圖，而在艦隊行動的空檔，則以攻擊商船運輸（*guerre de course*）為手段。此舉不僅對英國貿易造成傷害，也創造出法國若干最知名的海軍英雄。但這無法擊敗英國，該國在拿破崙戰爭期間僅損失百分之二的商船。法國人自己損失慘重得多：一八〇三年，他們有一千五百艘商船，但到了一八一二年卻只剩一百七十九艘——英國可是有兩萬四千艘。[67]

兩國海軍隨著一場接著一場的戰爭而擴編：對抗路易十四時，英國海軍大約有一百七十艘船與四萬人力，對抗拿破崙時則有超過九百艘船與十三萬人力。光榮革命以降，英國人始終比法國人擁有更多船隻。海上的法國人就像陸上的英國人，需要盟友：通常是西班牙人（英國另一個主要殖民對手），有時候是荷蘭人，不時還有丹麥人與美國人等更弱小的海上勢力。到了一七八〇年代，聯軍擁有比英國人更多的船艦，這得感謝舒瓦瑟爾。法軍不斷打造新艦艇，在晚至一七九六年時達到其軍力最高峰，這時若加上盟國，其數量便能大大凌駕於英國人。更有甚者，英國海軍必須分散軍力保護殖民地與航運、封鎖法國口岸，還要防範法軍攻擊，一切都加速艦艇耗損。法軍則能留在港內，好整以暇。木造船隻需要經常維修，英國人需要更多船隻以確保安全數量：十八、十九世紀之交時，粗估艦隊有四分之一留在船塢中。特拉法加戰役後，拿破崙徵召衛星國家一同投入海軍競賽，發展安特衛普、熱那亞與威尼斯，試圖反制法國口岸遭受的封鎖。雖然法軍打造的船艦品質不佳，無法透過數量來威脅英國的霸權，但這仍證明拿破崙的全球野心不亞於舒瓦瑟爾與蓋斯提里。

一支海軍少不了複雜而昂貴的組織工作。皇家海軍是「當時西方世界規模最大的工業單位，也是目前為止該國政府所有行政職責中最昂貴、要求最高的一件」。[68]海軍最基本的需求，是大量的風乾木材。雖然兩國皆必須為確保其來源而奮鬥，但法國人通常比較不成功，木材也就成為「天生的弱點」。[69]一艘排水量一千九百噸的中型戰艦，需要三千噸重的原木料——相當於三至四千棵成熟期的樹木。[70]一七九〇年的英國海軍，得用五十多萬棵樹打造。船隻骨架部分需要特定尺寸與形狀的成熟橡樹（兩國首選分別為產自薩塞克斯與勃艮第的木料）；木板要用榆樹；船桅與帆桁需要特定年齡與種類的針葉樹；此外還需要不容易腐爛、不怕蟲蛀、蒙受炮火時不會碎得太離譜的木材——因為木頭碎片是致人於死的主要原因。柚木在其他情況是上等料，但炮擊造成的碎片卻很要命。英國與法國維持國內能大量供應橡木（科林伍德將軍隨身總帶著一包橡子，好在適合的地點種樹，而他種下的橡樹有些至今仍在生長），但有些特殊需求得靠波羅的海、地中海、北美洲、亞洲物產來滿足，最後甚至找上澳大拉西亞（一八〇九年，一支前往當地的登陸隊伍正在把貝殼杉搬上船時，被毛利人吃掉了）。掠奪或摧毀敵方的原料供應，就成了一項重要任務。一七九三年，胡德燒了土倫的熟成木料儲備，這對法國人來說無異於「天大的災難」。[71]教宗願意將義大利中部生產的橡樹賣給英國人，這成了他跟拿破崙衝突的其中一項原因；法國之所以併吞達爾馬提亞（Dalmatia），其山區的橡樹林就是重要考量——已經有大量橡木砍伐供皇家海軍所用了。能做桅杆的巨型針葉樹最是珍貴。庇里牛斯山冷杉——從划槳奴隸開闢的陡峭路徑拖下山來——過於乾燥易碎。一名法國軍官抱怨，英國人能掛起更多面帆，比法國人更能冒險逼近海岸，「我們是被自己桅杆的品質所要脅」。[72]波羅的海松樹品質較好，但得來不易；英國人開發加拿大松樹，最終帶來巨大優勢。兩國都用外交、金錢與武力確保自己的物料供應，並阻止敵人得手。英國人出價購買波羅的海木材，以現金支付。一名法國間諜承認，「在所有歐洲顧客中，英格蘭海軍部最有錢、最可靠，也最公道」，因此得以確保優先獲得供應。[73]兩國海軍都是需求極大的買家：麻料（平均一艘戰艦需要十噸）、瀝青、亞麻（亞伯丁有龐大的帆布業，後來改做油地毯）、銅〔斯旺西（Swansea）財源奠基於此〕、鐵，以及特製的食物與飲料——品質必須有保證，能夠長期存放。在這些事情上出問題，是真的會致命，而海軍部到了一七五〇年代，已經徹底根除了貪汙問題。[74]艦隊的戰力就由一套海軍船塢體系（在英國地區還有私人船廠補其不足）和一批技術高超的勞動力長時間努力維持。

咸認法國船隻設計較佳，建造也更紮實，但這多半是個誤解。法國人在特定時期確實建造更多更強大的船艦。有些船是更快，但也更脆弱、更容易進水——英國人通常會重建、強化捕獲的船艦。英國的船造得比較結實，經得起長途航行、暴風雨、參與戰鬥與封鎖，在重大創新方面也走在前面。覆銅船底——一位法國軍官說：「他們用銅做刀鞘，我們用牡蠣」[75]——能預防熱帶船蛆的迅速破壞，更能提升至少百分之二十的速度，這是決定性的戰術優勢。搪孔鐵炮與大口徑臼炮增加船隻火力。持續不斷的間諜活動——受到不講道德的英國商人唆使，包括幾位最有名的生意人（見第二章的「旅人故事」）——幫助法國人學到關鍵技術，但他們缺乏發揮其作用所需的基礎建設。例如，威爾金森兄弟在一七八〇年代合法提供鍍銅技術，但法國人無法順利作業，只好回頭用古法的銅片——因為會產生毒性金屬塵，只能交由犯人製作。皇家海軍率先採用機械化大規模生產。製作船上壓縮餅乾的，說不定是世界第一條流水線。早期的機械工具製造出上百萬質輕、低摩擦的操帆滑輪套件，不僅節省人力、載重，更耐損耗。雖然法國人成功探得內情，但卻用了將近四十年才複製出來。等到那時，皇家海軍已經更往前走了。法國海軍工程師馬克·布魯內投奔英國四年後，他所設計的滑輪組製造機便獲得海軍部採用。到了一八〇六年，已經有四十具蒸汽動力機械運轉。唯有已開發、創新的社會，才能駕馭這種水準的技術與組織。截至十八世紀末，大多數國家已經跟不上比賽節奏，殘存的艦隊都已開始腐爛。

海軍建軍成本極高，但只要需要，英國不僅願意，而且也有能力投入更多資金——在七年戰爭高峰期，其投入量大約是法國的三倍。與路易十四作戰時，英國海軍每年花費一百八十萬英鎊；對抗拿破崙時，每年已超過一千五百萬英鎊。海軍比陸軍貴上許多。戰艦是當時世界上最複雜的人工製品，需要不斷維護。「勝利號」（HMS *Victory*）服役期間，花費將近四十萬英鎊，這筆錢相當於小國的年度預算。[76]一支一般規模的海軍分艦隊所擁有的火炮，比奧斯特里茲戰役雙方都來得多。海軍預算造成深遠的政治影響。一七六三年至一七八三年，法國海軍建造總排水量達七十萬噸的新艦艇，吞沒三分之一的政府支出，同時間的英國卻將一七六〇年代的年度支出，從七百萬英鎊大砍到一百八十萬英鎊。[77]結果就是美國獨立。法國海軍迅速造船直到一七九二年：財務重擔也引發了法國革命。

然而，人力才是船隻大小與效率最嚴格的限制。任何國家都無法負擔一支龐大的常備海軍，到了戰時，各國也都需要人力迅速匯集。由於具備技術與吃苦耐勞的要求，海軍需要有經驗的海員來構成船員核心。戰艦需要大量船員：一艘戰列艦就需要一千人，相比之下，一般商船只需要二十或三十人。因此，一支海軍就需要一大批商船船員作為後備海軍官兵，而且大多數在重大戰爭期間都會被徵召。這正是敵對國家如此關注於保護、擴大遠洋貿易與捕魚的原因，看重程度絲毫不亞於經濟與財政考量。自一六〇〇年代至一九〇四年《摯誠協定》（Entente Cordiale）簽訂為止，前往紐芬蘭捕撈鱈魚的路線（有一萬名法國水手受雇於這些漁船）始終是兩國的爭議問題。奠基於奴隸與糖的三角貿易，也是公認的戰略利益之所在：從一七二〇年代至一七八〇年代間，法國的貿易額飛快增加。貿易額與海軍實力關係緊密，輸了前者，就是輸了後者。法國無法在一七八〇年代成為其後進——美國的主要貿易夥伴，這可是無法彌補的地緣政治敗筆。以可供調遣的海員人數來說，英國始終占了上風。法國有五萬名海員（與荷蘭相當），英國則有十萬人。不過，英倫三島需要更多水手，而且完全沒有餘裕。舉例來說，新堡至倫敦間的煤炭貿易（詹姆斯．庫克便是從此發跡）對海軍而言是重要的人力來源，但對經濟也至關重要。一旦發生戰爭，海軍就得與商船和私掠船競爭人丁，其需求達到人力供應量的二或三倍，得要靠外國水手填補空隙。這也導致惡名昭彰的強制徵募隊〔Impress Service，又稱「押人幫派」（Press Gangs）〕也時常成為暴力行為的受害者，而非加害者。他們經常遭受群眾攻擊，到了船東勢力強大的地方，甚至會被地方官捉拿下獄——利物浦特別聲名狼藉。不過，經常受人讚譽的法國海軍徵兵制度效率更是不彰，人民聞服役海軍即色變。[78]

雙方會在每一場戰爭之初扣押敵國商船與水手（英國效率較高），甚至早在開戰之前就這麼幹——怒不可遏的法國人如此指控。七年戰爭打了兩年後，英國人已經抓了大約兩萬名法國人。到了一八〇〇年，法國在戰前以討海為生的人不是死了，就是成為階下囚。[79]英國人把水手關在獄裡，而非作為戰俘交換，甚至（有人如此指控）故意讓他們處於健康不良的情況，這讓法國人（以及法國史家）氣憤不已。然而，法國海軍本身在維護其珍貴海員健康一事上實在也不值一哂，十八世紀更是以一連串的衛生災難為特色。英國人海上經驗更多，不僅厲行衛生規定，更改善船員營養與待遇。軍部定期供應新鮮食物以預防壞血病，一七九〇年代更開始配給檸檬汁。法國船隻出了名的骯髒，在營養方面更是瞠乎其後。

人力素質非常關鍵，因為英國人鮮少在戰鬥中取得人數優勢：約翰．傑維斯元帥（John Jervis）在聖文森角（Cape St Vincent）一役中人數遠遠不及西班牙對手，尼羅河戰役時雙方人數相當，而特拉法加海戰中的法西聯軍人數更多。曾經有位法國海軍史家表示，十八世紀兩國海軍軍官「在智慧與政治方面，都是歐洲歷來誕生最了不起的菁英」。[80]不過，他們的效率卻有重大差距。英國軍官團相對賢能，歷練極為豐富，通常在孩提時便出過海，能更連續產出傑出的指揮官。從安遜到納爾遜，他們都有能力管理艦隊、環航世界，他們懂得拉船索，甚至能率軍登上敵船。整體而言，法國軍官便沒那麼有能。波旁王朝治下的軍官團相當排外，普羅旺斯與不列塔尼貴族占極高比例〔有著類似柯桑特的科依特能普杭（Coëtnempren de Kersaint）和奎迪奇的科瓦稜（Du Couédic de Kergoualen）等響亮名號〕，而且個個自視甚高、呼朋結黨、不聽命令——「海軍裡人人彼此憎恨」，一位海軍大臣總結道。[81]若干最優秀的指揮官（如格拉斯與敘弗朗），早年是從馬爾他騎士團展開海軍生涯的。許多大貴族出身的法國軍官雖然年長，卻欠缺經驗，粗心又無能，從頻傳的意外便能看出。一七八二年四月，一位素有惡名的船長接連兩天從側面衝撞己方的兩艘船隻，導致兩艦嚴重毀損，其中一艘還是旗艦——而這更是他一年中第十四次相撞意外。這起意外導致艦隊失去速度（因為格拉斯認為「船旗之榮譽」不允許人拋下受損的艦艇），結果帶來災難性的諸聖群島戰役。[82]儲備軍官團「海軍衛士」（Garde-Marine）是在教室裡受訓的，因此即便他們在理論知識上遠勝英國海軍軍校生，但他們鮮少有出海經驗。他們學跳舞，不是學游泳。革命為這套體制帶來改變，但偏偏變得更糟。在一千六百名軍官中，有一千兩百人辭職或遭到開除，也沒有人適時補上他們的空缺。

優秀船員得自於實務。英國水手花在海上的時間多得多，而且可以訓練成商船公司或海軍所需人才。民眾傳統上認為英國海軍生活環境惡劣，但這多半是以訛傳訛。比起商船，戰艦不僅更安全、更乾淨，而且環境舒適得多。飲食不僅品質佳，且不虞匱乏——每天提供約五千大卡的熱量，包括一磅麵包、一磅肉，以及一加侖啤酒。軍紀雖然嚴厲，但海軍部並不贊同嚴格過度。待人嚴酷或小氣的軍官上了岸會被人痛打，發生危險意外，甚至遭到部屬控告。N．A．M．羅傑指出，如果海軍真的只是「某種水上集中營」，就很難解釋其斐然成就。[83] 許多船員都是志願兵，傑出的軍官甚至會有一批死忠船員，隨著他從這艘船到那艘船。開小差的情況雖然普遍，但原因多半出於商船船東與私掠船長提供的高額戰時薪資。不過，海軍可以提供戰利品。一起關於大名鼎鼎的法國海盜速科夫（Robert Surcouf）的軼事，至今在法國仍廣為人知。速科夫為錢而戰，據說有位英國海軍軍官因此痛罵他，說他不像英國人是為榮譽而戰：「我們倆之所以打仗，」速科夫回嘴，「都是為了自己最欠缺的東西。」這個故事非常沒有說服力，因為英國海軍人人求財若渴，無分軍階。分紅不僅令某些軍官成為鉅富，同時也激勵海軍上下奮發精神、冒險犯難、積極進取，只是有時碰上比較不賺錢的任務會讓人不專心。「你無法想像我們的官兵有多麼積極，」博斯卡溫在一七五六年寫道，「瓜分戰利品的念頭讓他們雀躍無比，連打個『有船隻出沒』的信號，都能讓他們全擁上甲板。」[84]

從十八世紀中葉起（一七七六年至八二年間有所間斷），英國人的信心日益成長，法國人的信心則日益衰退。後者有理由對英吉利海峽感到恐懼，而且愈來愈不願意入侵英國。主動出擊成為英國海軍文化與政策的無上律令，例如一七五七年，拜恩將軍因為「未能盡其所能摧毀敵人」（依法得判處死刑）而受死一事，便明確表現了這一點。英國海軍將領會為了贏得壓倒性的勝利而冒險。一七五九年，霍克便在基伯龍灣的礁岩間追逐法國艦隊。到了一七八二年的諸聖群島戰役，英國人首次突破敵軍的戰列，而非平行航行（或許是受到新發表的《海戰戰術論》（*Essay on Naval Tactics*）所啟發的意外之舉）。這種需要技術與精準計算風險的戰法，成為獲准使用的戰術。一七九八年，納爾遜把船開進在阿布基爾灣下錨的法國艦艇與海岸之間，讓法國海軍經歷「第一次的殲滅戰」。[85]海軍戰術以強行近距離接戰、迅速開炮、造成最大傷害為原則，這少不了紀律、實際演練與信心。一七八〇年代，海軍開始採用大口徑短距離臼炮，更提升這種戰術的破壞力。射擊演習尤具重要性，畢竟射擊速度就是關鍵。人們做了許多關於發射裝置與射線校準方式的實驗。到了一七九〇年代，英國人的有效火力射程估計已達法國人的二至三倍。法國在一七七〇年代晚期則採取背道而馳的戰術，與敵艦保持距離，朝桅杆與帆索高射——是種保有逃脫空間的防禦性戰法。他們的理由在於強調完成任務的重要性，避免捲入混戰——海軍名將夏爾·亨利·埃克托·德斯坦（Charles Henri Hector d'Estaing）表示混戰「製造的噪音多於利益」。

從傷亡人數這個駭人又毫不含糊的證據，便能看出結果：平均而論，法方陣亡人數高了六倍。特拉法加一役，許多法國與西班牙船員幾乎沒受過訓練，戰死或溺水人數更是超過十倍。法軍「敬畏號」（*Redoutable*）與英軍更大的「勝利號」及另外兩艘船交戰，結果六百四十三名船員中有五百七十一人傷亡。參戰的一萬五千名法軍官兵中，只有四千人逃脫。[86]一旦碰上英國船隻駛近到「手槍射擊」的距離內（有時候近達二十呎）舷炮齊發時，法國與西班牙水手通常會棄械投降。遭到登船的可能性也同樣嚇人，因為皇家海軍是「眼下最難對付的近身戰高手，不下任何陸軍或海軍」。[87]法國從軍官到士兵都漸漸放棄這場不公平的競爭：共和政府統治時，有四分之三的戰損是因為投降，拿破崙帝國治下的比例甚至更高。法國在一七八九年後唯一一場大勝的海戰，是靠陸軍贏得的——一七九五年的寒冬當中，一支騎兵隊捕獲了困在冰中的荷蘭艦隊。

大象

> 倘若歐洲出現一支同時具備活力、創造力、資源與政府的民族，不只能結合簡約美德與全民皆兵，再加上一份可靠的擴張計畫；還知道如何以最少的成本作戰，憑藉勝利支持其開銷……則我們將看到這個民族征服鄰國……。倘若在這群人中出現……某位非凡的天才人物，他將……把自己擺上這臺機器的頂端，為其運轉帶來推動力。
>
> ——陸軍將領吉貝伯爵（Comte de Guibert），一七七二年[88]

法國的陸上力量宛如英國海上力量的翻版。法國有極大的人力優勢，幾乎整個十八世紀都是歐洲人口最多的國家，唯有建立同盟才能與之對抗。對於一場戰鬥中陣亡的人數，拿破崙有句於名聲有損的渾話──「巴黎一晚上就補回來了」──顯示出他對人力損失滿不在乎，而且也不光他如此。[89]法國的兵工廠與軍營林立，讓該國能維持大規模常備軍。國界調整與嚴密的防禦工事，讓入侵法國心臟地帶成為幾乎無法想像的事，而法國幾乎所有戰爭都是在外國土地上進行。陸軍是該國最主要的勞役別，享有特權；軍官團雖然也有外表體面的庸才，但總是有能力出眾的人才。相形之下，英國陸軍總是屈居於海軍之下，價值觀經常受人懷疑，一到承平時期馬上就武事廢弛。英國陸軍最大的不利因素，在於每一回戰爭開始，幾乎都得從零開始──這比法國海軍時好時壞的運氣還糟。陸軍從未居於科技進步的風口浪尖，軍官也都是外行人，得從國外找人提點──尤其是往法國找，陸軍最知名的若干指揮官就是在法國受訓的。法國新教徒在十八世紀前半葉提供專業知識，最有名的就是尚．路易．里哥尼耶（後來改名約翰，並封伯爵），他是一七五七年的陸軍總司令，也是七年戰爭中舉足輕重的人物之一。一七八六年，亞瑟．韋爾斯利就讀昂熱學院時，學校裡還有其他超過百位英國學生。到了一八〇〇年代制定計畫防範入侵時，英國人樂得聽取流亡的迪穆里埃將軍所給的建議。

然而，對己身優越過於自滿的法國陸軍來說，七年戰爭是一場災難。戰敗帶來了一七七〇年代的反省、激辯與改革，背後的推手則是舒瓦瑟爾。尚．巴普蒂斯特．格里布瓦（Jean-Baptiste Gribeauval）重新設計標準化火炮，發明更輕、更靈活的大炮，更方便搭在炮座上於戰場移動，發射間隔也更短。步兵戰術實驗也付諸實行，從便於移動的縱隊改組為利於戰鬥的陣列，並收錄在一七八八年的操練手冊裡。吉貝便是這回法國獨特現象中最非凡的例子，他是位聰明的軍人，想到將一支軍隊分為獨立的師團，從而能迅速行動、彈性布署。不過，真正讓這些概念發揮重要性的，還是法國大革命以及後來的法蘭西帝國，並創造出了讓法國陸軍得以征服歐洲的情勢。傳統軍事戰術是以漫長、移動緩慢的列隊為基礎，強調紀律與順從——花錢招募士兵（與多數軍官）不是為了使他們思考的；新的軍事戰術觀念則從基層就開始要求主動性與積極性。革命不僅使得這一切得以實現，還讓許多軍官得以出頭，包括吉貝的友人迪穆里埃等改革派的貴族，以及雅各賓陸軍部長拉札爾・卡諾等渴望將戰術理念付諸實現的軍人政治家。革命也讓一代受這些理念教育的年輕軍官得到晉升——包括拿破崙，他以自己一貫的專心致志學習之。[90]

革命動用大量人力儲備。一七九〇年代的強行徵兵以危急情勢、意識形態熱情與強迫徵召為動力，創造出一支遠勝任何對手的武裝團體。士兵打仗的方式反映出他們的優缺點所在。未經操練的士兵在隊伍前擔任散兵，向未移動的敵軍隨意開槍。上了刺刀的大批一般兵則組成若干縱隊（對吉貝構想的粗糙模仿），以極為沉重的損失為代價（傷亡百分之二十是司空見慣）踏過人數不如己的敵軍。十八世紀的陸軍受過高度訓練，花費甚高，傾向避免在想定的情況以外戰鬥，而且也不會嘗試殲滅戰敗的敵軍。但革命時期的陸軍卻想用鮮血淹死敵人：他們接受「要像古高盧人一樣大批倒下」的灌輸，還要「一勞永逸地殲滅、根除、摧毀敵人」。[91]這是種致命的天擇過程，能淘汰不適任、不堅定的軍官，連大名鼎鼎的拉法葉也被掃了出去。數十位將領上了斷頭臺，但波旁陸軍仍從下級軍官、士官與士兵中拔擢出一批野心勃勃的無情指揮官。

這批原石在拿破崙手下拋光，大部分工作在訓練入侵英格蘭時便已完成。法蘭西帝國與其敵人不同，是受到單一思想指揮，驅向戰爭。經歷過革命陸軍考驗的人，在精神上都煥然一新。拿破崙創造了一支「榮譽軍隊」。[92]軍官與長時間服役的徵募兵（包括非法國人在內）優先忠於皇帝與自己所屬的單位，其忠誠心則是以頒發動章給整個單位上下、用人唯才等方式維持。別國軍隊會施行殘忍的體罰，例如鞭刑在英國陸軍就是家常便飯，但法國人對此則表示厭惡。

拿破崙瞧不起為創新而創新——例如火箭、熱氣球等，但他擅長整頓組織，是個計畫鉅細靡遺的人。格里布瓦與吉貝起頭的變革，便由他來實施、推廣。師編制〔拿破崙又加上了軍（*corps d'armée*，由數個師組成）〕為成千上萬人組成的軍隊提供清楚的組織結構，使部隊能分散在數百英里執行尋找給養與行軍等任務，接著在戰場上集結，共同實施一份複雜的計畫。拿破崙增加火炮數量，組織為若干機動的炮兵團，以在行動的緊要關頭投入。法軍能協調散兵、快速縱隊、機動炮兵團與騎兵隊的行動，遠勝被動的線性布陣——尤其當戰線是由訓練不足或士氣低落的部隊構成時，差距更是明顯。在過去的戰爭裡，戰略目標在於攫取領土或戰略要地，但拿破崙的戰略不同，他要搗毀敵方的軍隊。結果是毀滅性的：從一八〇五年到一八〇九年，奧地利、普魯士與俄羅斯陸軍紛紛在烏姆、奧斯特里茲、耶拿．奧埃爾斯特（Jena-Auerstadt）、弗里德蘭（Friedland）、阿斯佩恩－艾斯林（Aspern-Essling）與瓦格拉姆（Wagram）遭到粉碎。英國人差點就步上他們的後塵。

一七九二年後，法國的軍事動員有賴於剝削歐洲範圍內的財富、勞力與鮮血，占領多大地方，就剝削多少地方。對於英國而言，海上貿易擴張既能提升歲入，又能增加海軍人力，而歐陸征服行動之於法國陸軍也是同一種道理——意即以鄰為壑，將軍隊駐紮在外國土地上，強索鉅額賠款，徵召外國部隊，並徵收飲食、衣物與金錢。咱們來看個小小的例子。一七九三年十一月，法國莫澤河軍（Army of the Moselle）占領了小公國茨魏布呂肯（Zweibrücken）。軍方馬上要求當地支應所有的燕麥、乾草、麥稈、白蘭地、皮革、武器、三千雙鞋與五百雙靴子；隔天又徵收所有馬匹、牛羊與鞍具；接著在四十八小時內索要所有的銅、鉛、鐵與教堂鐘，並要求當地居民負責用自己的資源縫製所有的制服；上述所有戰利品由徵用來的車拉走，一起拉走的還有兩百萬里弗爾現金。拿破崙一八〇五年至〇九年間多次戰勝，奧地利被迫支付一億兩千五百萬法郎，薩克森則是兩千五百萬法郎。普魯士遭遇最慘，被法人奪走的財富總值超過十六年的稅收。這種使人陷入貧困的做法影響所及，讓柏林有百分之七十五的新生兒早夭，自殺率也一飛衝天。葡萄牙人原本也得支付一億法郎，但半島戰爭（Peninsular War）救了他們一命。[93]法蘭西共和國與帝國經常是靠戰爭賺錢，吉貝一語中的。

一七九四年至一八一二年間，法軍橫掃歐陸。英國人口少，陸軍規模小、訓練欠佳，根本不成對手。在整個十八世紀，法國與英國的鬥爭，通常也是一場法國與奧地利的鬥爭。此前兩世紀間，法國與奧地利打了多年仗，對陣的戰役比其餘國家都多。[94]英國的崛起，甚至是生存，皆有賴於法國深陷歐陸戰事。奧地利自一七九二年起一直是法國的敵人。奧地利願意承認戰敗——放棄荷蘭諸省、在一八〇六年解散神聖羅馬帝國、將哈布斯堡女大公瑪麗．路易莎在一八一〇年婚配給拿破崙，英國因此頓失依靠。各國普遍嫉妒英國不斷成長的海上力量與財富，這也幫了拿破崙的外交操作一把。許多人相信，英國是在利用歐陸的戰事，趁機獨占全球貿易。一八〇七年，拿破崙與沙皇亞歷山大一世（Alexander I）在尼曼河（River Niemann）上的一張筏子會面，簽訂《提爾西特條約》（Treaty of Tilsit），一同瓜分歐洲。兩人會面一開始交流的場面話是：「我跟你一樣痛恨英格蘭人。」「那我們之間的和議就成了。」

就這樣，英國被排除在歐洲大部分地區之外，在整個大陸上只有六處外交據點。但反過來說，法國也失去所有重要的殖民地與海外基地，潛在盟友的艦隊也遭到英國針對，一八〇七年對哥本哈根的攻擊最是無情。戰爭繼續，英國仍在加強本土的防務；法國不知疲倦，打造更多船艦。不過，陸軍與海軍力量之間有一項關鍵差異：曠日廢時的陸戰會殺傷人命，大多數參戰國的陸軍必須愈來愈仰賴新兵；曠日廢時的海戰會破壞船隻，如果沒有一直花錢維護，海軍是真的會腐爛掉。但海戰殺傷的人數遠少於陸戰，出海服役與戰鬥更會增進船員的效率。因此，隨著戰爭繼續下去，法國陸軍的優勢會逐漸減少，而英國海軍的優勢將持續增加。

眼下戰事進入膠著。當法國勢力在一八〇九年達到巔峰時，西敏當局卻把更多注意力擺在約克公爵情婦的作為上[2]。史家保羅・施洛德（Paul Schroeder）評論道：拿破崙不僅無法打垮英國人，甚至也無法得到他們全部的注意力。這兩個國家需要更有效的方式傷害彼此。

大陸封鎖對決聖喬治金騎[3]

我想用陸地的力量征服大海。

——拿破崙·波拿巴[95]

再一年！再度致命一擊！
再打倒一個強大的帝國！
只剩我們，也理應只剩我們；
有膽對抗敵人的只剩我們。

——威廉·華茲渥斯，〈一八〇六年十一月〉（November 1806）

一八〇六年十一月，拿破崙先是在耶拿拆了普魯士陸軍，占領其首都柏林，接著轉而對英國經濟下手。一八〇六年十一月二十一日頒布的《柏林敕令》（Berlin Decree）禁止所有與英國的貿易，宣

2【編註】因拿破崙戰爭而被英王喬治三世任命為陸軍總司令的約克公爵（也是喬治三世的次子），在一八〇九年爆發情婦醜聞而被引咎辭職，引發英國皇室與國會軒然大波。

3【編註】聖喬治金騎在此指的是英國在十八、十九世紀發行並借貸給歐陸盟友的貨幣，其用途主要就是資助各國對抗法蘭西共和國或拿破崙。由於金幣上印有英格蘭守護聖者聖喬治（Saint George）騎馬屠龍的圖案，故有此稱呼。

對外貿易，一七一〇年至一八二〇年

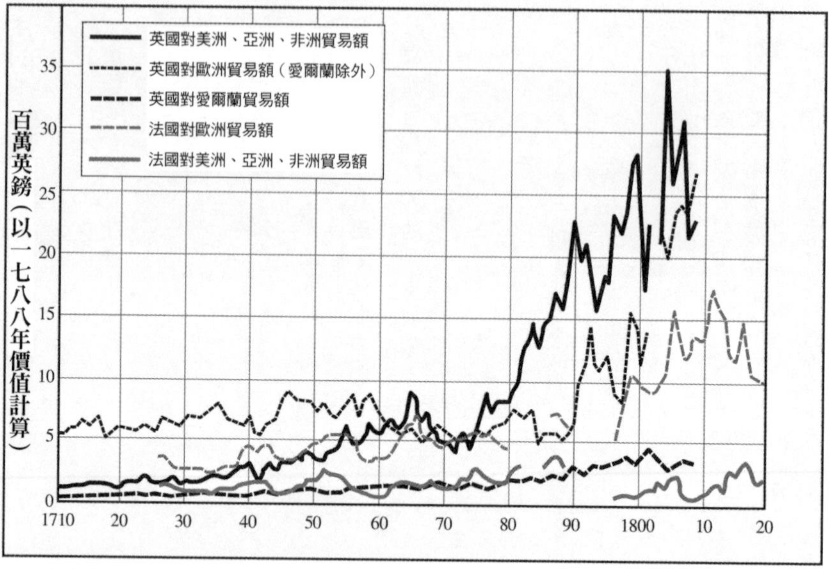

對外貿易（Prados de la Escosura (2004), p. 59）

布所有人在歐陸的英國子民為戰俘，並命令扣押所有出自英國或其殖民地的商品。「迦太基」趁戰爭大發利市，引來法國人的憤怒與歐洲多數地方的嫉妒，而《柏林敕令》將扭轉這種局面。

自一七九〇年以來，英國的海外貿易已成長將近百分之六十，殖民地物產（以糖和咖啡為主）的再出口更達到百分之一百八十七。商船大軍也已從總排水量一百四十萬噸成長為一百八十萬噸。[96]人口飛速成長，國內需求強勁。農業用地面積為中世紀至一九四〇間的最高峰。戰爭並未延緩工業革命，英國正拉開經濟上與歐陸之間的領先差距。資金湧入倫敦金融城以尋求穩定，當局興建更大的股票交易所，競爭的金融中心（大者如阿姆斯特丹與法蘭克福）再也沒有恢復原有地位。更有甚者，從倫敦港的巨幅擴大便能看出，有一大部分的財源是來自船運與保險等相關活動——戰爭使英國在這方面日益取得主導權。

英國之得則為法國之失，向來如此。法國一度也是重要且成功的殖民地貿易國，直到一七九〇年代為止。革命及隨之而來的戰爭改變了一切，不僅打亂國內經濟，也毀了海外貿易。為了籌錢打仗，法國人被迫在本國與征服領土上進行一連串具有破壞性的權宜之計：私有財產充公、惡性通貨膨脹與強奪勒索，最嚴重的單一損失來自聖多明哥的奴隸叛亂。但無論如何，食糖貿易還是會葬送在皇家海軍手中，一如其他貿易；皇家海軍的封鎖讓諾曼第、波爾多與隆河河谷等最富庶的工業、農業地區遭受嚴重打擊，船運、製造業與服務業盡數瓦解。波爾多、南特、勒阿弗爾與馬賽等口岸失去工作機會、投資與人口。許多地方一直到十九世紀過了大半仍未能恢復，有些地方甚至就此沉寂。商人轉而反對革命與拿破崙，呼籲和平的聲音甚於蘭開郡與約克郡。稍後我們還會談到法國經濟、社會與文化受到的長期影響。

海戰與貿易戰帶來一項非常重要的正面影響：奴隸貿易中止。自從一七七〇年代以來，反奴行動以前所未有的規模在英國發展起來；法國雖然也有反奴，但程度小得多。革命與後續戰事減緩英國廢奴前景實現的速度，但卻加速法國廢奴的腳步。不過，拿破崙重新使奴隸制度合法，而且打算以武力在加勒比海地區推動之。英國廢奴主義者得到行政當局支持，把握機會在一八〇六年禁止大部分的奴隸貿易，作為「不讓敵人得到新奴隸」的戰爭行為。一旦這種做法得到接受，以宗教與人道為真正動機的廢奴人士又在一八〇七年更進一步，完全禁止奴隸貿易。[97]展現英國作為「開化歐洲之晨星，其豪言與榮光在於授自由與生活予人」的希望也很重要，能使其勝利顯得更有根據。[98]

英國政府對日漸看漲的國內經濟與貿易活動徵稅，得以為戰爭慷慨解囊。英國能和法蘭西共和國與拿破崙作戰，靠的就是把金錢化為軍事力量——與當年對付波旁王朝的做法雷同。第一步是在倫敦金融城舉債，一如既往。小皮特在一七九七年意識到信用貸款終究有其極限，這次的戰爭將愈來愈需要以稅收來支付。英國歷屆政府收稅和借錢的能力，讓盟友和敵人皆目瞪口呆，似乎總能達到理論的上限。但小皮特與接任的阿丁頓卻更進一步。一七九九年，小皮特首度開徵所得稅。他說，處於一場保衛有產者的戰爭中，有產者當然要付錢，這很公道，也很合理。一八〇三年後籌措到的額外歲入，多數都來自所得稅——達一億四千兩百萬英鎊。到了一八一四年，政府的支出已經是戰前預算的六倍，每年高達一億英鎊。此舉無疑會導致可見的財政、經濟與政治緊張，直到一八四〇年代才消止。從政治上沒有發生反抗、經濟尚未釀成災難，便能看出民眾都能瞭解擊敗拿破崙的必要性。經濟體系的力量也可見一斑：政府開支最高僅達國民總收入的百分之十六，而第一次世界大戰期間卻占了國內生產總值的百分之五十。[99]

英國也用錢買盟友。然而反法同盟的國家彼此互不信任，還為了錢討價還價。白廳方面不希望把納稅人的錢交給似乎不可信任的政權，傾向於用在本國雄心勃勃的計畫上，只有在緊急時刻才分出一點錢。比方說，奧地利只有在一七九五年、一七九七年與一七九九年得到英國提供的借款，且必須在戰後償還；但奧地利、普魯士與俄羅斯不僅極為嫉妒彼此，而且還認為英國計畫趁它們打仗時搶占世界貿易先機，對此相當憤慨。它們想要更多。多虧有所得稅，小皮特才能把皮夾口袋再打開一些些，以相當於每位士兵每月約一英鎊的慷慨額度為任何願意加入戰爭的人付錢，而且絕口不提還錢——但這個金額仍然遠少於英國陸軍的開銷。[100]

早在一八〇三年，拿破崙便向樞密院承諾將「聯合歐陸」：他將「制定一套海防體系，英格蘭將泣血以終」。[101]到了一八〇年與一八〇七年，他的大陸封鎖已延伸到俄羅斯、斯堪地那維亞、普魯士、奧地利、荷蘭、義大利、西班牙與葡萄牙。英國政府則在一八〇七年十一月以樞密院令（Orders in Council）報復，將海上封鎖擴大，禁止任何國家與拿破崙歐洲貿易，除非先經過英國港口，並支付百分之二十的關稅。拿破崙於是下令將任何遵守英國規定的船隻充公。

拿破崙計畫動員整個歐陸對抗島國，此舉意味法國取得對歐洲政治與經濟的最終控制，包括盟友與中立國在內。若他的計畫要得到接受，就得指望英國人不受歡迎。此舉牽涉到重整全歐陸的市場，使之背離帶有敵意的海洋。市場前景則擺在萊茵河沿岸，穿過瑞士直至北義大利——這段從安特衛普到米蘭的富庶領土，如今已經成為「法蘭西」的一部分了。一旦將英國進口品排除在外，法國產業將得天獨厚，透過單向的共同市場，進入歐洲各地。幾個有利地區與產業的工作機會與利潤前景看好，拿破崙藉此贏得的支持不僅延續到他治世終末，甚至到統治結束之後仍持續。其他地區則為此所苦——包括加泰隆尼亞、荷蘭與斯堪地那維亞，但他們不只怪拿破崙，也怪英國。這一仗從英國封鎖艦與私掠船的瞭望塔開始打起，更打到從漢堡到第里雅斯特（Trieste）之間兩萬七千名法國海關官員的辦公室裡。英國人希望刺激歐洲揭竿反對法國，法國人則強迫歐洲幫忙擊敗英國。英國外相喬治・坎寧（George Canning）坦承：「我們不能埋頭不看事實——歐洲上上下下都討厭我們。」[102]一八〇八年，英國出口衰退，拿破崙宣布勝利：

英格蘭因其殘酷政策而受到懲罰，眼見其商品遭到全歐洲拒之門外，其船隻承載無用的財富，在他們一度聲稱統治的廣袤海洋上漂蕩，試圖在松德海峽到赫勒斯滂（Hellespont）之間尋找一個開港迎接他們的口岸，卻徒勞無功。[103]

然而歐洲口岸仍然比他所想的更為開放。消費者對於菸草、棉布、糖、咖啡、茶、巧克力、香料與工業產品的胃口永無止境，一旦黑市價格因禁令而高漲，商人與走私販便忙不迭上門提供。雖然法國人發現甜菜糖（兩世紀之後，法國人仍然是最大的甜菜糖製造商），但也無濟於事。一八〇九年，英國出口反彈回來。一八〇七年，英國占領了黑爾戈蘭（Heligoland），建設巨型的轉口港，供應北日耳曼與荷蘭，連直布羅陀、馬爾他、西西里與希臘北部的薩洛尼卡（Salonica）也有供應西班牙、義大利與奧地利的轉運站。商品在薩洛尼卡登陸後交由騾隊運送，穿過塞爾維亞與匈牙利抵達維也納，更繼續前往日耳曼、瑞士，甚至是法國。「有時候，人們在加萊購買的商品，是從七里格[4]外的英格蘭出發，繞了將近地球兩周的路來的。」[104]成千上萬的走私客生意興隆，有頭有臉的商人與銀行家也輒

這幅諷刺畫描繪英國政府遭到《柏林敕令》帶來的恐懼所打擊——至少法國人是這麼看的。

上一角，一家科隆的公司還提供保險給付。名流靠走私品價格做投資生意，就像上市與未上市股票一樣。法國高官賣起免稅證明——法軍甚至護送走私販子，對自家的海關官員開火。[105]對此，拿破崙決定殺雞儆猴。一八一〇年十一月，拿破崙的部隊包圍了其中一個主要走私貿易重鎮——法蘭克福。價值數百萬法郎的可疑商品遭到充公或公開焚毀，重創法蘭克福經濟。其他城市也點起了焚毀高價違禁品的火堆。此舉造成相當嚴峻的影響——糧食價格騰高，工人生活水準受到拖累，不過正逢荒年的情況或許也得負一半的責任。英國經濟因此頓挫了幾年。金融危機打擊倫敦。北方的紡織業遭到重創，第一起搗毀機器的事件——「盧德運動」(Luddism)也在一八一一年至一二年的英格蘭中部地區的東半部爆發。抗議人士在倫敦架起了路障。穀類得從法

4【編註】里格（league）是歐洲一種古老的長度單位，每里格大約為三英里。

國進口，而拿破崙之所以會放行，是因為這能賺到金子。

但是，拿破崙費盡心力、拒之於法國與北歐的英國出口品，卻逐漸流入地中海、南北美洲與伊比利半島。大陸封鎖並未毀滅英格蘭，反倒確確實實傷害了歐陸。日耳曼、義大利各地，甚至法國本身的信心都瓦解了，借款收不回，金融機構倒閉。對於法國統治的不滿開始增長。經濟衰頹影響巴黎產業，失業率達到百分之四十。拿破崙放棄嘗試將英國貿易從歐洲根除，而是決定把生意搶過來。法國船隻與商人得到前往英國、與之貿易的執照，但同盟國或衛星國卻未獲得相同的許可。萬念俱灰的波爾多葡萄酒商得以再度對英國出口。駐紮波蘭的法軍部隊穿起英格蘭製的靴子，以及在約克郡縫製的大衣。拿破崙計畫成為英國與殖民地商品銷往歐陸的專賣商，價格與黑市持平，收入用來填滿他的戰費抽屜。至此，大陸封鎖演變為讓法國富起來、英國窮下去的手法，代價則由歐洲其餘地方承擔。

拿破崙的計畫若要發揮作用，唯一的方法就是將自己的鐵腕延伸到更多歐洲海岸與內陸間的交流上。他併吞更多瑞士領土，以控制阿爾卑斯山的通道。接著在一八〇九年併吞更多義大利中部地區，藉此關閉教宗國的口岸安科納（Ancona）。同年，法國兼併奧地利手中的第里雅斯特與達爾馬提亞。到了一八一〇年，拿破崙迫使弟弟放棄荷蘭王位，荷蘭從此成為法國的一部分，往下延伸的弗里西亞（Frisian）海岸和漢堡、不萊梅與呂北克（Lübeck）等原屬漢薩同盟（Hanseatic League）的港口也步上後塵。西班牙與葡萄牙被迫順服；俄羅斯也承受壓力，上層社會因為將穀物與木材出口給英國而遭到持續懲罰，政府財政搖搖欲墜。此舉終究為拿破崙與俄羅斯之間更添敵意。另一方面，英國的海上封鎖導致美國在一八一二年參戰，試圖征服加拿大，只是不果。

英國與法國在這幾年間都經歷了嚴重的經濟與社會負擔。大陸封鎖或許從來沒有能力摧毀英國經濟，但的確能傷害製造業。反戰運動得到廣泛支持，其動能來自民眾對經濟的失望，來自認為戰爭無益、不道德亦難以持久的信念（最堅定者來自反國教派，許多人都是生意人），來自反對黨輝格黨中對法國人一再表示同情的若干人士，以及對拿破崙的「天才」神魂顛倒的作家。一八一二年五月，英國首相史賓賽．帕西法爾（Spencer Perceval）在下議院門廳遭到一名精神錯亂的破產生意人刺殺。在法國，社會上層只能以竊竊私語的方式表達對政治的不滿，但幕僚好聲好氣、試圖約束拿破崙堅定進攻態度的勸告，卻被拿破崙置之不理。貪腐、諂媚卻智慧超群的不倒翁塔列朗，已經在一八〇七年辭職（也可以說是遭到解雇）——他算是很早嗅到風吹草動。糧食動亂爆發，尤其是在為了供應巴黎（拿破崙希望讓巴黎人開心）而涓滴不剩的地方。

英國在海外砸了很多錢，用來進口木材、鐵、麻等，並支付軍隊開支（尤其是戰爭在葡萄牙與西班牙爆發之後）。給盟友的補助也連年增加：總金額為六千六百萬英鎊，但光是一八一四年至一五年就占了兩千萬英鎊。到了一八一四至一五年，移轉到國外供戰爭花費的資金，已經達到每年將近一千六百萬英鎊，而政府總預算則為一億英鎊。資金必須以紙幣（鈔票、代表貿易債務的匯票，或是能在戰後兌現的「聯邦本票」（federal paper））或硬幣，甚或是金條的方式輸出。每一種做法都導致收支平衡問題，畢竟紙幣會貶值，硬幣與金條儲備會短缺。情勢緊急時，國王會授意非法輸出金基尼

此圖由左而右分別象徵「過去、現在、未來」，描繪出拿破崙的願望：發動歐陸封鎖，讓阿爾比翁由富而貧。

幣，供應威靈頓在伊比利半島作戰的軍隊——每年約花費一千萬英鎊，大多數都以現金支付。財政部利用金融家族羅斯柴爾德家（Rothschild）的網絡，運作一套祕密而複雜的體系，同時收受、支付各式各樣的金融資產，包括籌集法國硬幣來支付威靈頓最後一次入侵法國的行動。這類前所未見的轉帳方式之所以能維持，是因為英國藉由商品與服務賺得的境外收益幾乎能跟支出打平，甚至還能進口南美洲的金條與硬幣——墨西哥銀披索（*pesos*）就是一種主要的國際貨幣。英國累積出龐大的海外信貸（一如二十世紀兩場世界大戰時的情況），部分已經清償。從東印度公司運來的大筆現金（藉由貿易與重稅來籌資）扮演關鍵角色，對印度社會也有長遠的影響。戰爭最後的大筆開支，則以海外販售英國政府公債所得來挹注——通常賣去的國家，就是接受該筆募集款的國家，這些國家的國民通常更願意借錢給英國，而非自己的政府。[106]拿破崙認為倫敦金融城是紙糊的，但這實在是要命的誤解。

一八一三年，其他大國不得不相信拿破崙永不饜足，必須擊敗他才行，而這時就需要英國的錢才能成功，於是「英格蘭人用鮮血與黃金蓋滿了日耳曼」。[107]金錢與武器淹沒了歐陸：一千萬英鎊與一百萬把滑膛槍在一年內分配給三十個國家，俄羅斯、普魯士與奧地利因而能派七十萬人上戰場。[108]英國如今運用這一切帶來的影響力。所有給葡萄牙與西班牙的錢都要經過威靈頓，使他成為伊比利半島實際上的最高統帥。西班牙與葡萄牙為利所趨，停止了奴隸貿易。一八一四年，英國外相卡斯爾雷子爵羅伯特・史都華（Robert Stewart, Viscount Castlereagh）常駐聯軍總部，分配資金。他利用資金的影響力，恢復小皮特一八〇五年的「歐洲復舊要點」——包括重建法治、為各國帶來「國內的福祉」，並締結條約以確保未來的集體安全。[109]

此前人們難以置信的事情，就這麼成了：為了擊敗法國，最後總共花了十五億英鎊，留下七億三千三百萬英鎊的國債，相當於戰前政府年收入的四十倍，也等於英國每人欠下三十七英鎊——這是一位倫敦勞工一年的總收入。就比例而言，這批長期累積的財政負擔比第一次世界大戰留下的債務高了好幾倍。[110]英國政府到一九〇六年才結清拿破崙戰爭的補貼與借款帳目[111]——八年後，聖喬治的金騎又要為另一回衝鋒披鞍上馬了。

【延伸】俘虜

數量空前的法國與英國男子（女子也有一些）以受俘或俘虜人的身分彼此接觸。一八〇三年，《亞眠條約》簽訂後仍留在法國的五百位英國子民遭受拘留，他們認為此舉係屬非法報復。接著又有一萬六千人淪為戰俘，主要是商船船員、皇家海軍成員，或是因海上封鎖船艦擱淺而被俘的陸戰隊成員。歐洲各地遭到法國人俘虜的各色人等總數約五十萬人，英國人只是其中一小部分。整個法國革命與拿破崙統治期間，關押在英國的陸、海軍官兵與商船船員一度達到約二十五萬人。[112]雙方戰俘經歷的苦難泰半已為人所遺忘，頂多透過法國戰俘用木頭和大骨雕刻來賣的漂亮船艦模型（和不那麼漂亮的斷頭臺模型）才能依稀記得。但在當年與接下來的幾代人當中，痛苦、殘酷的故事在雙方之間投下了互相指責的陰影，甚至是恨意——尤其是在不列塔尼這個許多法國水手出身的地方。

戰俘們命運多舛。他們面臨長時間的監禁——時間長達九年，有些個案甚至更久——被搶與虐待是家常便飯。交換俘虜的制度在一八〇三年後瓦解，而且因為這一回對抗「總體戰」的特質更濃，身分普通的俘虜因此沒有多少保障空間，只有少數人道行動聊以寬慰。大量的俘虜人數加上扣留國國內經濟艱難，戰俘受到最好的待遇和斯巴達生活差不多。人滿為患的環境難免帶來疾病。英國人與法國人對待彼此，都比對待其他國家的人來得好些。英國人是唯一得到「第一級」的民族，顯然是因為英國人關押的法國戰俘人數更多，而巴黎擔心引來報復。法國與英國戰俘每年的死亡率或許稍低於百分之十。

法國歷史教科書仍在譴責「監獄船」（*les pontons*）是種「水上棺材」，讓法國戰俘在船上人擠人。其實，大多數的戰俘都關押在陸地上，如在達特穆爾（Dartmoor）特地興建的監獄，以及彼得伯勒（Peterborough）附近的諾曼十字（Norman Cross）臨時戰俘營。英國戰俘也在受苦，尤其是因為他們被迫徒步移動相當長的距離，但他們的命運慘不過更悲慘的奧地利人、普魯士人與俄羅斯人。普通的陸海軍官兵關押在法國北部與東部的城堡內。官方鼓勵戰俘服從俘虜者。在一段「馬斯河大橋」（Bridge over the River Meuse）插曲中，英國水手努力修復戰俘營附近一座破損的橋樑，好讓拿破崙得以渡河——雙方對這種盡心盡力之舉有口皆碑。根據傳說，心懷感謝的皇帝將自己的鼻菸盒傳給順從的英國水兵們使用，接著寬大為懷，下令釋放他們。

兩國都允許普通戰俘承接工作。軍官可以得到假釋與有限的自由，上千名法國軍官就這麼分散在約二十個英國內陸小鎮中。英國戰俘則大部分集中在凡爾登城塞，高階軍官與有錢的平民俘虜與家人在此過著舒服的生活。賭博、喝酒、決鬥、賽馬和性生活，提供賓至如歸的感受。當地設起了店鋪與學校，巴黎的流行這兒也能感受到。對於少數想逃跑的人來說，假釋誓約是個問題。儘管軍隊的榮譽協定影響力已不如前，但誓約仍然算數，至少對英國戰俘是如此。軍方會懲罰在假釋期間脫逃的英國軍官，甚至將之交回給法國。打算逃亡的人，必須在覓得空隙之前先犯點小錯，讓自己的假釋遭到取消——但這很可能意味著他得從牢房中逃跑。刺激的逃亡故事還不少。有位年輕軍官在凡爾登欠了大筆的帳，他躲在法國女朋友的裙底下，乘坐馬車逃了出去——他的上級無法置信，認為他做了出格的事。兩名在一七九七年登陸費什加德的法國入侵者，也得到愛慕他們的當地女孩幫助，從破爛不堪的彭布羅克監獄挖隧道逃出來。他們後來與這些女孩結婚，其中一對在戰後重返英國，到梅瑟蒂德菲爾（Merthyr Tydfil）開了間酒吧。法國俘虜比較不在乎假釋誓詞，有六百七十四名軍官越獄，多數是得到英格蘭幫派協助——幫助逃犯只是小罪，風險不大。[113]

多數從法國出逃的路都很艱辛，成為二次大戰戰俘艱鉅逃亡行動的先聲——他們得假造證件、喬裝、翻牆、挖隧道。位於山頂、素有惡名的城塞比奇堡（Bitche）比二戰時德國的科爾迪茨堡（Colditz）有過之而無不及——為了懲罰不聽話的人犯，許多人被關在不見天日的岩鑿地堡裡。當時的戰俘不受任何類似《日內瓦公約》（Geneva Conventions）的條約保障，逃犯有被送上奴隸船的風險，首謀則面臨死刑。物質條件艱難是前工業社會的常態，也就是說，無論想抵達英吉利海峽或是奧地利，都得在冬季徒步走上數百英里的路，而且沒有多少食物。人們經常把逃亡的英國戰俘錯當成逃兵，這反而贏得法國農民的同情，甚至是協助。

低地國與日耳曼地區痛恨法國統治的民眾更是大力幫忙。布魯日（Bruges）近郊至少有一個以上的非正式逃亡網絡，是由一位客棧老闆娘運作的。最無法控制的逃犯要數皇家海軍軍官候補生，他們年輕氣盛、不顧一切，又有出海的經驗（包括編繩與導航），幾乎不可能遏止他們。舉個有代表性的例子：一八〇八年十一月，幾位候補生與四名友人編了一條四十五呎的繩子，趁夜翻越了瓦朗謝訥（Valenciennes）城塞一道道的城牆與護城河，接著用折疊刀挖穿了一道巨門下的地面。他們抵禦山賊的攻擊，迴避憲兵的搜捕，逃過追擊之後，友善的弗萊明人（Flemings）[5]承認他們的英國人身分。他們在弗萊明人掩護下待了幾個月，期間還試圖偷艘小船，最後則是在一八〇九年五月付了錢，搭走私船回到故鄉。[114]

✣　✣　✣

從塔古斯河到別列津納河：一八〇七年至一八一二年

英格蘭人表明他們不再尊重海洋的中立性；我也不再承認他們在陸上的地位。

5【編註】居住在法蘭德斯地區（今比利時境內）之日耳曼民族，又稱佛拉芒人（Flemish），是今天比利時境內兩大民族之一。

任何一個歐洲國家懷抱決心起身……反抗共同敵人……立刻就成為我們不可或缺的盟友。

——拿破崙・波拿巴，一八〇七年[115]

——英國外相喬治・坎寧，一八〇八年[116]

拿破崙在提爾西特和沙皇亞歷山大一世和解之後，主宰了歐陸。他得以騰出手，採用比大陸封鎖更直接的手段對付「迦太基」——其構想包括入侵西西里島（英國僅剩的地中海盟友）；瓜分奧斯曼帝國；與西班牙聯合進攻直布羅陀、埃及、南非開普敦與東印度群島；以及與俄羅斯聯合攻擊印度：「靠一支五萬人的部隊——有俄羅斯人、法國人，或許還有奧地利人——借道君士坦丁堡，朝亞洲行軍……便能讓英格蘭顫抖，雙膝跪地。」[117]西班牙一如既往，因為其海軍與殖民地勢力而成為必要的援軍，西班牙的波旁王朝統治者也渴望討好拿破崙。他們的第一個任務，便是協助法國入侵英國的放肆盟友——無視《柏林敕令》的葡萄牙。一八〇七年七月，葡萄牙接獲對英國船艦關閉口岸、逮捕英國子民、將所有英國商品充公，同時對英國宣戰的命令。法國部隊取道西班牙入侵葡萄牙。當他們抵達里斯本時，整個葡萄牙王室、財政部，以及大多數統治階級的菁英已經在英國海軍的護送下，出航前往殖民地巴西了。拿破崙沒收他們的財產，對葡萄牙課以大筆賠款，並設立新政府。

事實證明，拿破崙的西班牙波旁盟友時常起釁、不值得信任，於是他決定也擺脫他們。他深信，對於與政府打交道的人來說，現代化的法國行政機構可說是求之不得，放諸歐洲各地皆準：「西班牙每一位有思考能力的人，都鄙視其政府……。至於暴民，幾發炮彈便能馬上驅散之。」拿破崙估計，兼併西班牙的代價是區區一萬兩千條法國士兵的命，是個划算的價格——姑且不論其龐大海軍，光是美洲的金條就足以回本了。西班牙王室受召前往巴約訥（Bayonne），將王位交給拿破崙，拿破崙再把王位交給弟弟約瑟夫。一八〇八年五月，馬德里的「暴民」確實表現出對王室遭到罷黜的憤怒，數百人遭到射殺或集體處刑——哥雅的名畫讓這起事件永難磨滅；但他們可沒那容易「驅散」。起義行動結合了社會、宗教與民族反抗的元素，顯然不可能鎮壓，而且還刺激葡萄牙發生同樣的反法抵抗運動。整個伊比利半島因此遍地烽火，在接下來的五年多時間裡淪為血染的深淵與廢墟。歷史證明，半島戰爭成為流盡法國力量的「潰瘍」——這是拿破崙本人的知名比喻。但半島戰爭並非一般所說的過場戲：在此陣亡的士兵人數，是一八一二年入侵俄羅斯的兩倍。[118]

拿破崙的問題就是英國的機會。葡萄牙人與西班牙人一求援，倫敦方面便馬上回應，派一支分艦隊從丹麥海岸接應西班牙軍隊，載他們前去和拿破崙交手，並且將軍隊、武器與資金運往里斯本與直布羅陀。英國就此回歸歐陸，在伊比利半島周圍海域運用其海上力量，盡可能發揮其小規模陸軍之力與西班牙人、葡萄牙人協同作戰——歐陸大國對此印象深刻，英國從而建立起自由捍衛者的聲譽，並打破其出口商品所受的封鎖。英國政府並不指望能迅速獲勝，其目標在於延長歐洲的亂局，直到情勢不利於拿破崙：

我們在乎的是，直到能有長久維持的最終決斷之前，每件事都應盡可能保持在未定之天；篡奪者不該因為他國承認而安心；民眾不該支持他們的新主子；各王國都不能確保其存續；劫掠者不該放心享用其贓物；甚至連遭受掠奪的人，也不能默默承受自己的損失。這一切都不會動搖我們，我們身處其中的要務，是讓人見識什麼才是真正的英格蘭：……無論世界的平衡何時才能得到調整……唯有透過我們，他們才能尋得保障，尋得真正的平靜。[119]

在過去的戰爭中，英國人與法國人也曾經在西班牙彼此叫陣過，但這一回卻很難善了。英國人馬上取得一次勝利：法國在葡萄牙的占領軍投降了。然而，拿破崙不願對伊比利半島讓步（在後來的戰事中亦如此），這關係到他的威望。他親自率領十三萬兵馬從日耳曼而來，想肅清反抗。英國指揮官是大膽但剛愎自用的約翰．摩爾爵士（Sir John Moore），他讓麾下四萬人行軍進入西班牙，試圖威脅法軍的聯繫，希望能轉移其注意力，避免馬德里與里斯本立刻失陷。拿破崙一意識到英國人不是乘船，而是陸路推進卡斯提爾（Castile），他馬上調兵北上去迎頭痛擊，甚至讓士兵手綁著手，穿越伸手不見五指的暴風雪。摩爾知道「牛皮吹破了」，穿過加利西亞山脈（Galician mountains）的雨雪和泥濘，逃到拉科魯尼亞（La Coruña）的港口。兩軍皆傷亡慘重。法國騎兵策馬穿越掉隊的英國部隊間，「彷彿男學生對付薊草般左劈右砍」。[120]平民傷亡更是慘烈。由於補給線中斷，部隊只能掠奪悲慘的居民。法國、西班牙與英國史料皆證實英國軍紀崩壞（是個一再發生的現象），伴隨大批士兵酗酒、劫掠、強暴，甚至是殺人。逃竄的部隊毀了所有帶不走的東西，不讓法國人得到：

> 英格蘭人燒了……一大幢擺穀子和麵粉的倉庫……我們在鎮上發現他們前晚殺了超過兩百匹馬；民眾不斷拉著在地窖找到，或是爛醉閣樓裡的英格蘭人過來……他們毀了一切，尤其是烤爐與磨坊；他們搶劫、縱火、虐待當地人──人們一旦鼓起勇氣，就開始報復，自動自發將脫隊的英格蘭人抓來給我們。[121]

一名西班牙將領斷言：「靠法國人自個兒，可找不著比約翰．摩爾爵士當指揮官率領的軍隊更精明、更能煽動對英國人恨意的間諜了。」[122]英國陸軍在一八〇九年一月十二日抵達拉科魯尼亞，比法國人早到四天。摩爾在斷後行動中陣亡，陸軍後來乘船離開，有百分之二十的人下落不明，損失大量裝備，包括爆炸的四千桶火藥。乍看之下，這一仗堪稱政治與軍事災難。要等到後來情勢明朗，才證明摩爾的突襲行動確實爭取到時間，干擾拿破崙以勝利之姿橫掃整個半島。摩爾在身後成為英雄，詩人查爾斯．沃爾夫（Charles Wolfe）將這次的倉皇撤退改頭換面，變成一段賺人熱淚的話語：

> 未聞一聲鼓鳴，未聞一曲喪調，
> 我們衝上前去守護他的身軀；
> 未有士兵鳴槍道別

於吾輩英雄埋葬之墳墓。
緩慢而悲傷，我們放下他，
戰場上，他的名聲響亮而血汙；
未刻劃一道墓界、未立起一塊墓石——
我們只能拋下他與他的榮光。

這整場戰爭，就跟起頭時一樣殘酷。西班牙與葡萄牙義軍化為游擊隊（*la guerrilla*，這個詞如今已成為其他語言中的常見詞了）。法軍以焚城、屠殺與集體處刑反擊，游擊隊則反過來殺害、刑求戰俘：目擊者在戰爭初期看到一名法國軍官頭上腳下吊在穀倉大門上，一把火從他的頭開始點起。重重報復與反制節節升高。西班牙國內保守派與自由派、天主教與反教士者（有些人是法國人的支持者——亦即受人憎恨的親法者〔*afrancesados*〕——但不是全部）之間的恨意，以及窮人對上位者毫不掩飾的厭惡，都為該國的反抗添柴加薪。許多游擊隊不過只是（或者變成是）強盜，各國逃兵加入壯大其聲勢，他們無論貧富皆搶，愈來愈受人討厭。西、葡二國深受饑荒（有時是人為造成的）所苦，成千上萬人死於飢餓。法國、英國、西班牙與葡萄牙——每一國的軍隊都變成讓人聞之喪膽的掠食者集團，部分是因為當地相當貧困，而惡劣的通訊卻又意味著補給安排經常出錯，結果軍人與農民必須為了食物彼此為敵。有些英國人讓自己的同胞蒙羞，連國人都認為他們比法國人更糟——當然，爛醉如泥可是英國人的專長。但法軍的殘酷卻是有計畫的政策，用於對抗叛軍；此外，法軍的人數也多於英國。

英國人與法國人對西班牙人的嫌惡同時增長著。英國人認為他們背叛成性、自視甚高、不負責任，不願意為解放自己出力，還拒絕讓英國盟友得到應有的支援與補給。法國人則視他們殘暴、迷信、一意孤行：他們「拒絕我們提出的一切——甚至是好處」。[123]英國人與法國人皆自視在文化、政治上優於西班牙人。許多英國人覺得，捍衛反動的專制政權是件丟臉的事。英國新教徒與法國反教士派都鄙視西班牙天主教會，肆意進行瀆神的粗野行為、破壞文物。英法雙方都把伊比利半島平民當成捉弄對象，但對彼此卻互相尊重，其友好態度甚至讓各自的伊比利盟友怒不可遏。有位姓惠特利（Wheatley）的英國掌旗官把話說得很白：「我恨西班牙人甚於恨法國人。」[124]不過，這不代表雙方不討厭彼此，至少一開始不是。法軍的速度、強悍與靈活彈性皆出乎英國人意料之外。許多法國人——拿破崙當然也是——瞧不起威靈頓和他手下的官兵，結果因為低估他們而犯下嚴重的錯誤。然而，個人之間的接觸卻又顯示，英法顯然缺乏對彼此的敵意。英國人採用法國革命中的〈萬事順利〉（Ça ira）的曲調作為行軍的進行曲。騎兵軍官經常挑戰彼此，進行一對一的打鬥，展現古老的騎士風範。有多起報告表示，軍人曾接獲命令，不得殺害英勇作戰的對手。哨兵不會朝對方開槍，還有故事提到雙方會輪流站崗以避開對方。哨站有時會請對方把鎮守位置移遠些，避免衝突：「貴官，退後些。」[125]即將進攻之前，彼此確實還會警告對方——威靈頓誇讚這種慣俗，認為合情合理；但他恐怕不贊成後來發展出來的大規模食物、菸草與酒精買賣。有個步槍連湊錢買法國白蘭地，但負責去買酒的人卻醉得不省人事，法軍只好請他連上的弟兄把人帶回去。同袍情感非常普遍，不分階級。兩軍會傳信、傳報紙、換酒喝，好奇的人還會相約聊天。一位英國軍官走丟了幾隻獵犬，法軍不僅體貼把狗送回，連狗獵到的法國牛隻也分了半隻來。雙方逐漸同意應以合理方式對待戰俘與傷兵，在人跡罕至之地也應共享食物與飲水。[126]有些故事無疑是虛構的，但虛構的故事也構成後來兩國民間傳說的一部分。因此，一位年輕英國軍官用望遠鏡觀察敵人時，確實很有可能這麼想：「法國人是我們共同的敵人，但以一個民族而言我還挺喜歡他們，而且我相信每一位英格蘭人心裡也有相同的看法。」[127]

從半島戰爭局面來看，法軍是當時最強大的軍事力量——一八一二年時，法軍有二十五萬人，對手英國則是六萬人。但法軍為了控制西班牙全境、對付西班牙軍隊與游擊隊，因此有大約四分之三的軍力無法動彈。拿破崙出於政治理由，不允許下級棄守領土。英國人則以葡萄牙為根據地，自一八〇八年起由陸軍將領亞瑟·韋爾斯利爵士指揮（一連串的勝仗讓他加官晉爵，一路當上威靈頓子爵、侯爵，以及公爵），趁勢定期入侵西班牙；但法軍總能集結足夠的兵力擊退他們。英國的軍事行動，為受到沉重壓迫的西班牙人帶來一絲喘息的空間，用韋爾斯利的話來說，就是「讓〔法國〕在西班牙的整個布局暴露於極大的風險中」。[128]簡言之，法軍有能力個別擊敗自己的敵人，但無法同時擊敗所有敵人。

到了一八一〇年，拿破崙決定入侵葡萄牙、擊敗英國人，從而一舉結束戰爭。葡萄牙人傳統的防守方式是「焦土」策略，這一回則是在威靈頓徹底的指示下執行。他祕密建設了二十九英里長的帶狀防禦工事以保衛里斯本——托雷斯韋德拉什防線（Lines of Torres Vedras）。他的設想是，縱使法軍能穿越已化為焦土的葡萄牙中部，這條防線也會擋住他們，迫使他們撤軍。事情也如他所料。法國元帥安德烈·馬塞納（André Masséna）一路進擊，橫跨葡萄牙「荒原」——「四處連個人影都沒有，人們拋下了一切」。當他撞上威靈頓的「防線」時，心裡著實大吃一驚；雖然馬塞納已盡可能久留於附近，但後來還是長途跋涉班師回營，損失兩萬五千兵馬，其中超過半數是死於疾病與飢餓。威靈頓相當讚賞法國人的堅忍，他很清楚英國人在這一點上不比法國人。焦土策略的代價主要是由葡萄牙人承受：他們接獲命令拋下自己的家園，所有帶不走的東西盡數摧毀；他們在戰爭期間遭受劫掠，甚至受到英國人與法國人的滋擾。受害民眾設法抵達聯軍防線庇護下，靠著稀缺的食物與遮蔽處過冬。拒絕逃離的人則遭受飢餓的法軍襲擊，法軍為了榨出藏起來的儲糧，不僅動手搶劫，甚至殺人、集體刑求。先是法軍的蹂躪，接著又是英國軍隊追擊時造成的破壞——有些士兵對於葡萄牙人的苦境相當震驚，分出些許軍糧給他們，但無濟於事。「死者肯定成千，」一位英國軍人寫道：「上萬人飢寒交迫，沒有東西能應急。富人與窮人全部落入一樣的境地。」[129]恐怕有五萬至八萬名葡萄牙人死亡。

伊比利半島的命運，是由遠在易北河（Elbe）之外的地方決定。事實證明，法俄同盟只是一場白日夢——或用拿破崙的原話來說，俄羅斯拒絕「在我跟英格蘭決鬥時擔任副手」。[130]拿破崙的大陸封鎖政策需要各國經濟與政治的從屬才能成功，俄羅斯人出於自尊、價值觀與利益之故，不可能長久低頭。一八一〇年十二月，俄羅斯脫離封鎖體系。拿破崙決定先發制人，召集盟國、衛星國與過去的敵人，發動一場大型入侵行動。他甚至撤回在西班牙的軍隊。一八一二年六月，超過六十萬人與二十萬匹馬入侵俄羅斯——這是歷來在歐洲集結的最龐大軍隊。此時，威靈頓再度向西班牙進軍，並且在七月二十二日於薩拉曼卡（Salamanca）對陣過度自信的法國元帥奧古斯特·德·馬爾蒙（Auguste de

Marmont），取得完勝，向世人證明拿破崙斥之為「西帕依將領」（sepoy general）[6]的這個人確實有一手——只有拿破崙不承認。史上頭一回，英國陸軍證明自己有能力成功打擊法國陸軍主力；此役也是一七九九年以來，法軍首次在歐洲給人打得落花流水。[131]同一時間，拿破崙（麾下的軍隊因酷暑而折損大半）無法誘使俄羅斯人議和，被迫在冬日降臨時撤離一片廢墟的莫斯科。俄羅斯元帥米哈伊爾・庫圖佐夫（Mikhail Kutuzov）和整個歐陸的人一樣懷疑英國，他決定讓法軍逃走，還對一位英國觀察員單刀直入說自己「無法肯定徹底毀滅拿破崙皇帝和他的軍隊，對全世界而言會是件好事」。即便如此，拿破崙的軍隊還是死了三十七萬人，二十萬人淪為戰俘，其中只有半數生還。[132]但縱使處於這場災難中，西班牙的法軍仍然有能力把威靈頓趕回葡萄牙。

歐陸戰事即將迎來高潮，而法國與英國的鬥爭便是其中的核心。拿破崙高調表示自己是在捍衛歐洲不受俄羅斯的野蠻與英格蘭的腐敗所害，但他私下承認：「假使我讓歐洲自行其是，歐洲將奔向英格蘭的懷抱。」[133]奧地利與普魯士改變陣營，加入俄羅斯，英國則提供金錢與武器。法蘭西稱霸二十年，靠的正是敵人的分歧，大多數的對手都在某一刻試圖與己為友，至少是其同謀——在這場自由參加的混戰中，沒有共通的意識形態與原則。一八一三年至一四年，面對拿破崙無止盡侵略的歐洲國家，開始攜手合作、為長久的和平制定計畫。英國外相卡斯爾雷意欲讓人們知道英國並非（或者說不再是）不負責任的迦太基式掠奪者，並不樂見讓歐陸陷入火海、而自己則蒐羅殖民戰利品。他在反法同盟中創造夥伴關係，而且打算在戰後繼續維持。他磋商出《休蒙條約》（Treaty of Chaumont, 1814），堪稱

卡斯爾雷的畫像。卡斯爾雷會不會是英國最偉大的歐洲人？儘管有著貴族的翩翩優雅，他其實出身某個不久前才成為貴族的阿爾斯特長老會家庭。拿破崙戰爭期間，透過社會流動上來的菁英統治英國不算是不尋常。在奧地利擔任相當職位的梅特涅親王，認為他的務實風格在英格蘭相當常見。

「英國人的一次勝利，但勝過的不是宿敵，甚至也不是對手」。條約中承諾：假使情勢需要，英國願意再支付一年戰費，而盟國則保證維持二十年的和平。這是個實際的願景——歐洲由獨立的主權國家組成，各國權利、地位與安全盡皆平等。[134]小皮特的「歐洲地圖」就此展開。

拿破崙拒絕各國聯合提供的議和提案，手下的大臣與將軍大感錯愕。他的固執己見不僅幫助卡斯爾雷維持反法同盟完整，也揭示了法國的命運。盟軍得打出一條通往巴黎的路：一八一三年至一四年將是整場戰爭中最血腥的時期，九十萬生靈塗炭——堪比一九一四年至一九一八年間最慘烈的幾個月。

6【編註】舊稱西方軍隊中的印度士兵。由於威靈頓公爵曾在印度服役，因此被拿破崙戲稱為「西帕依將領」。

入侵：一八一三年至一四年

對軍務不熟悉的人，通常有個誤解，以為軍事勝利沒有極限。自從把法國人從葡萄牙前線趕跑之後……大家都期待我們要入侵法蘭西，還要……一個月內打進巴黎。

——威靈頓公爵[135]

我這人不大在乎幾百萬人的死。

——拿破崙．波拿巴，一八一三年[136]

一八一三年五月，拿破崙在日耳曼擋下俄羅斯人、普魯士人與奧地利人，迫使他們簽訂停戰協議。威靈頓則以恰如其分的勇氣推進至西班牙北部，威脅法軍的聯繫。六月二十一日，法軍在西班牙維多利亞（Vitoria）大敗，對於西班牙的占領實際上已經結束。這是英國軍方所夢想的勝利：他們不僅擄獲西班牙國王約瑟夫．波拿巴所有的火炮，還得到了整支輜重隊伍。由於戰利品的誘惑——上百萬披索的現金、珠寶與藝術品散落一地，任君揀選，結果英國人差點忘了追擊，延遲了腳步。幾百位官員的情婦受俘。國王的銀製夜壺被第十四輕裝龍騎兵團（14th Light Dragoons）拿走，兵團成員至今仍在食堂裡用它來喝香檳。威靈頓繼續推進庇里牛斯山，但過程小心翼翼，以防拿破崙與東線的盟國議和，繼而回頭對付英國人。九月九日，英國部隊包圍、攻占聖塞巴斯提安（San Sebastian，距離法國邊境最近的港口），緊跟著猛烈進攻而來的，則是常見的搶劫、醉酒與強暴，大肆破壞。一八一三年十月七日，威靈頓渡過法、西邊界的比達索阿河（River Bidassoa）。十一天後，萊比錫大會戰爆發：這場被稱為「民族大會戰」(Battle of the Nations）的戰事，將迫使拿破崙放棄日耳曼。

從一八一四年一月、二月到三月，拿破崙面對入侵者，指揮了一場精妙但結果無用的保衛戰：敵軍仍舊在三月底抵達巴黎。雖然決定性的軍事行動發生在東北方，不過法國的政治未來卻是由威靈頓在西南方的推進決定的——這是第一次百年戰爭結束以來，英國部隊唯一一次大規模入侵行動。威靈頓比法國元帥尚．德．迪烏．蘇爾特（Jean-de-Dieu Soult）技高一籌：他麾下的部分軍隊穿越庇里牛斯山西邊的幾處隘口，其餘則沿防務鬆散的海岸線前往巴約訥。威靈頓決意避免激起民眾抵抗：初期發生若干搶劫與強暴事件後，他認定西班牙人會為了法國人在西班牙的暴行而試圖報復，於是把西班牙部隊留在後方。他還威脅名譽掃地的自己人，用鞭刑、絞刑的方式對付行為不端的人，將之就地正法。法國西南的民眾早已厭倦戰爭，厭倦拿破崙。官員警告說「盛怒」的英國人即將到來，「他們踏著縱火、破壞、殺人與大屠殺的腳步」，但成效不彰。當地人發現英國人沒有打算燒殺搜刮，不像本國的部隊：「英格蘭人帶著大量的基尼幣，每樣東西都用現金付款」；「敵軍與我軍舉止間的差異，造成相當糟糕的影響」。威靈頓舉辦樂隊音樂會、舞會與閱兵，以贏得民心、博取印象。「英格蘭人行為陰險狡詐以極；他們動用每一種手段來討好民眾，偏偏成效好得出奇。」法軍指揮官對於民眾的「神魂顛倒」感到不齒：「敵軍才來三、四個馬夫，村民就投降了。」[137]掌旗官惠特利相當開心，因為姑娘們「全沐浴在陽光下」，穿著一樣的衣服（不像英格蘭），景象非常奇妙，「提著牛奶與奶油，沿路輕快走跳，無憂無慮唱著笑著，彷彿一切已然歸於平靜」，可惜她們「對英格蘭人相當害羞」。[138]各個城鎮把英國人當成解放者，為他們歡呼。農人、官員、商人與店老闆都很友善。有位地主因為牛賣了好價錢，心情正好，「允許我們和他女兒跳舞，拿出他最好的幾瓶瑪歌葡萄酒，唱了幾首他最拿手的歌，熱情擁抱我們，醉得胡言亂語，給人帶去睡覺」。[139]下落不明或負傷的軍人也得到人庇護。民眾曾讓費茨羅伊·薩莫塞特勳爵（Lord Fitzroy Somerset）躲進以前教士躲避雅各賓黨人時使用的藏身處，好躲過法國騎兵；四十年後，他成為拉格倫勳爵（Lord Raglan），在克里米亞指揮英國陸軍，與法軍並肩作戰。

威靈頓留一個師團包圍巴約訥，迫使蘇爾特的軍隊往東北方的土魯斯移動；威靈頓也在保王派的敦促下，另外派了一支部隊向北行軍，橫越貧瘠的朗德（Landes），前往波爾多。英國部隊在三月十二日以解放者之姿受到波爾多市民款待——這座城市與英國有著古老的貿易聯繫，民眾不僅亟待再續前緣，同時將波旁君主國與和平畫上等號。市長林奇伯爵〔Comte Lynch，祖上為愛爾蘭哥爾威（Galway）的詹姆斯黨家族〕升起了保王派的白色王旗。等到波旁王朝的昂古萊姆公爵（Duc d'Angoulême）抵達當地，高喊「不會再打仗！不會再徵兵！不會再強行徵稅！」時，民眾為之歡呼，大教堂裡也唱起了感恩讚歌。兩位市民代表趕忙前往英格蘭，向他們的新國王——或者說舊國王——路易十八宣誓效忠。對英國政府而言，這可是個好消息——當局雖然認為波旁王朝復辟最有可能帶來穩定、和平的法國，但不希望強行使之上位。俄羅斯人與奧地利人仍然偏好由波拿巴家、奧爾良家成員，甚至是難以對付的法國元帥尚・巴蒂斯特・伯納多特（Jean-Baptiste Bernadotte，如今已成為瑞典王儲）來擔任國王。但當波爾多傳來的消息，抵達如今遷至第戎（Dijon）的盟軍總部時，所有國家都同意應該讓波旁王朝復位。卡斯爾雷與奧地利首相克萊門斯・馮・梅特涅（Klemens von Metternich）舉杯向路易十八和林奇市長祝賀。[140]仍在奮戰的蘇爾特覺得「丟臉……一座十萬人口的城鎮……居然沒有因為拒絕守城而受罰，甚至還熱烈歡迎區區幾千名英格蘭人」。他在保王不落人後的土魯斯也碰到同樣的問題：他下令進行防禦工作，卻幾乎釀成一場暴動，「事實上，整座城的人都不想設防」。[141]但他還是守住了這座城，四月十日的土魯斯戰役也成為法國南部最後一場真正的戰役，造成盟軍四千五百人、法軍兩千七百人傷亡。拿破崙早已在四月六日退位。蘇爾特在未受追擊的情況下率軍離開。土魯斯市長、守軍、樂隊與市民群眾全在帽子上別起象徵波旁王朝的白帽帶，迎接英國人，設宴接風。

路易十八與英國攝政王喬治[7]（其寬大身軀象徵和平與富足）兩人攜手進入倫敦城，歡欣群眾夾道歡迎他們的馬車穿過街道：對英國而言，波旁王朝也象徵著和平。當時有首流行歌是這麼唱的：「當法蘭西歡迎白花結[8]回鄉之時，英格蘭就再也不是你的宿敵，而會向你伸出援手。」路易十八宣布：「在神意之下，我們王室重歸屬於我們祖先的王座，而我會永遠將之歸功於殿下之樞密院，歸功於這個偉

7【編註】指日後的喬治四世（George IV, 1762-1830）。由於其父喬治三世罹患精神疾病，他遂在一八一一年至一八二〇年擔任攝政王，主掌英國國政。

8【編註】別在帽子上的白花結（white cockade）在十八、十九世紀歐洲多半象徵對特定政治勢力的忠誠。而在法國大革命以前，白花結即象徵波旁王朝。

大的國家，亦歸功於其人民之忠誠。」英國全國民眾高聲慶祝，「鐘鳴槍響，湯瑪斯．潘恩全身哆嗦」。八千人在雅茅斯大啖烤牛肉、葡萄乾布丁，痛飲啤酒，流水席擺了四分之三英里長。威靈頓向麾下軍隊致敬，因為「他們對該國居民撫慰人心的舉止，幾乎和他們在戰場上的紀律與英勇相當，繼而創造這幸運的情勢，令真誠而永遠的和平前景在今天誕生」。掌旗官惠特利也有他的貢獻，他發現波爾多「實在棒透了。每樣生活必需品都便宜得不得了」——一桶上好的乾紅葡萄酒只要三便士——「民眾親切有禮，加斯科（Gascon）小姐們活力不輸巴黎小姐……對每個人都咯咯笑，跑動的樣子彷彿要吸引人來追。多麼歡樂啊！」[142]

✣ ✣ ✣

【延伸】英格蘭人墓地

英國這場入侵行動仍留下了一些隱隱約約的痕跡：蘇爾特在庇里牛斯山斜坡上興建的防禦工事；灌木叢中偶然撞見的生鏽炮彈；位於比亞里茨（Biarritz）聖安德烈教堂（St Andrew）的戰爭紀念碑；巴斯克與加斯科教堂墓園中孤零零的士兵墳墓——以及巴約訥北沿一條氣氛悠然的郊區街道盡頭，穿過一片地勢陡峭的橡樹林，沿著雜草叢生的小徑旁展開的一處英格蘭人墓地。

巴約訥的英格蘭墓園：這是最後一次在法國土地上的衝突。

一八一四年四月中旬，戰爭似乎就要結束了。四月十日，盟軍進入巴黎、拿破崙退位的消息傳到巴約訥。但沃邦在巴約訥建造的高聳城堡，在一萬三千人的防守下支撐了下來，城外則有飢寒交迫的兩萬八千名英國、葡萄牙與西班牙軍隊在雨中等待時機。「我們如今已在這座惡魔般的堡壘前喝了兩個月的果渣水，盡可能想把他們餓到開城，而我們自己也很缺食物。桌上除了鯡魚跟白蘭地以外，別的一概沒有。我們的營帳就搭在大沼澤上，法國人還每隔十分鐘就往我們開炮，彈如雨下。」部隊高聲把消息對防線另一邊的人大喊，告訴守軍皇帝已經退位，至少英國人這麼認為。沒有人曉得，陸軍指揮官皮耶．圖夫諾（Pierre Thouvenot）究竟是決定以抗命之姿背水一戰（*baroud d'honneur*），或是因為無人告訴他城外傳來的消息，抑或是他懷疑消息的真實性，所以他單純只想把包圍網往外推。一名法國逃兵警告英國人有場攻擊即將發動，但許多人不當一回事。四月十四日這晚沒有月亮，三千人趁機突入英國人位於城北樹林間的陣地，殺了其中一位指揮官，俘擄了另一位。

> 我聽到一聲「啪」，接著又是一聲。我正打算躺回去，突然有超過五百起急報轟炸我們的耳朵，接著是一陣炮彈的雷鳴……。天上滿是星星與炮彈，彷彿沃克斯花園的博覽會……每一處灌木與樹籬都點綴起滑膛槍口發出的火星，原野上打著藍光——是從巴約訥射過來，讓人知道土牆位置在哪兒……好指引開炮。

一場激烈的混戰接著在黑暗中展開：「連個人都看不清楚。樹籬間不斷有人用法語問：『是法國人還是英格蘭人？』，得到的回答則是一把從灌木叢中插過來的刺刀。」破曉時，進攻方撤退、要求休戰。「法國人從城中湧出，接下來只有一種光景——他們帶回死者的屍體，我們也是。幾位法國軍官請我抽鼻菸，我……和他們聊了許久。當法軍士兵扛著死去的同袍從我們身邊經過時，我們才想到戰爭這行當有多可悲。」[143]將近有九百名法軍與六百名盟軍傷亡。對法國人來說，這是英勇之舉〔巴約訥在一九〇七年將一條路命名為四月十四日大道（Rue du 14 Avril），並立起一座華麗的帝國鷹徽紀念碑，以資紀念〕，但對英國人而言，這叫徒然浪費生命。此後雙方沒有進一步戰鬥，正式停戰協議也在四月二十七日簽字。

這個小小的英格蘭人墓地有第三步兵衛隊（3rd Foot Guards）軍官的墳墓、一座小方尖碑，以及一段被炮彈擊碎的樹幹——一開始人們用來標示墓地位置。經過死者家屬與當地英國社群成員在十九世紀美化過後，這個墓園成為愛國人士的聖地，王室成員出遊時也會造訪。但墓園經費在一九七〇年代告罄，如今交由巴約訥市議會持有、維護。英國兵團（British Legion）[9] 波爾多分會與法國的對應組織——法國將士紀念協會（Le Souvenir Français）每年都會在此留下虞美人花圈。[144] 這裡是法國與英國最後一次在法國土地上打仗的地點，只是附近度假的無數英國遊客顯少有人知道或在乎——這麼說應該不為過吧。

第二次百年戰爭結束：一八一五年

英國對世上所有人所應負的責任中，最重要者莫過於對付這個惡棍〔指拿破崙〕。憑藉此君造成的各起事件，英格蘭的地位、繁榮、財富也水漲船高。她是大海的女主人，如今無論在其版圖

9【編註】皇家英國軍團（The Royal British Legion）是一個英國慈善組織，旨在替該國退伍軍人與軍眷提供社會經濟協助。

內或是世界貿易活動中，她都沒有任何一個得擔心的對手。

——馮・格奈森瑙（von Gneisenau）將軍[10] [145]

史詩當然要有名震天下的後話。拿破崙很快便厭倦了他在厄爾巴島（Elba）[11]的小小國土，島上的探子回報說他正增加自己的影響力。一八一五年三月一日，他和九百人上了船，在坎城（Cannes）附近登陸。軍隊與國內大量的少數派——恐怕每三人便有一人——擁戴他上位，而官僚、為戰後經濟衰頹所苦的工人，以及擔心自己會失去一七八九年以來所得權利、工作與財產的人尤其支持他。路易十八逃往比利時。法蘭西就像受虐的妻子，想要相信拿破崙這一回已經洗心革面。英國激進派甚至比法國人更好騙，認為拿破崙「如今已改過自新」。[146]拿破崙聲稱意欲和平，實則準備發動全面戰爭。一直以來，他經常沒有明確的計畫，這一回也是。只有一個條件能讓他安全過關：英國不願意，或是沒有能力承擔擊敗他的費用。但英國承諾再給九百萬英鎊，還有將近一百萬聯軍朝拿破崙進逼——遠超過實際需要。聯軍不大可能會中途放棄，因為他們已學到教訓，知道跟拿破崙沒有協商的餘地。據拿破崙的警政部長富歇所預測，拿破崙會打贏前兩仗，但輸掉第三仗；拿破崙也確實贏得（至少部分算贏）兩場戰役，分別是在利尼（Ligny）對陣普魯士人，以及在卡特布哈斯（Quatre Bras）對付威靈頓的英荷聯軍。第三場仗，則是滑鐵盧。

這場近代史上無人不知的戰役，發生在六月十八日，布魯塞爾往南的主要道路兩旁泥濘、積水的原野上。威靈頓的人馬構築一條防線，拿破崙的大軍必須盡速擊潰之，而且要趕在蓋布哈特・雷伯瑞希特・馮・布呂歇爾（Gebhard Leberecht von Blücher）率領的普魯士軍隊抵達之前完成，以免讓聯軍獲得壓倒性的人數優勢。雙方就此以各自的傳統戰法展開戰鬥，毫無精妙可言——多少是因為法軍得抓緊時間。「給我重重地打，打下去啊紳士們；讓我們看看誰能打得最久。」威靈頓這麼說。戰局很快演變成典型的法軍進攻縱隊衝擊英國防線：革命時代的戰術對抗舊政權的戰術，脫韁的熱情對抗嚴以律己的斯多葛哲學（stoicism），法蘭西的憤怒（*la furie française*）對抗大不列顛的冷漠（*le flegme britannique*）。打仗風格不僅影響兩國人的自我形象，也影響他們對男子氣概與勇氣的看法。兩位指揮官似乎囊括了這些相反的特質，甚至是將之凸顯出來。詩人維克多・雨果（Victor Hugo）這麼寫著：「這一廂（威靈頓）講求精確、精打細算、重視空間運用、審慎、固執而冷血；另一廂（拿破崙）則憑藉感知、猜測、非正統、超乎常人的直覺。」[147]在戰場環境受限下，雙方強烈的求勝意志產生出極端濃縮的暴力。然而，法蘭西人仍然無法有所突破。普魯士人抵達戰場，英國人反守為攻。拿破崙退回巴黎，經歷短暫的集結抵抗之後，他在六月二十二日再度退位。論理，滑鐵盧的重要性在於縮短了拿破崙這步險棋的時間，讓「戰勝與和平的問題保持在可以處理的範圍內」，無須把所有協議丟回熔爐中熔掉；此外，由於這主要是一場英國的勝利，威靈頓與卡斯爾雷因而獲得影響力，得以「盡快將法

10【譯註】馮・格奈森瑙（von Gneisenau, 1760-1831）：普魯士陸軍元帥，第六次反法同盟與普魯士陸軍改革的重要將領。
11【譯註】拿破崙在第六次反法戰爭中戰敗、被迫退位後，被放逐到義大利外海的厄爾巴島。

國與歐洲的局面平息下來」。[148]史家琳達・科莉（Linda Colley）的看法是：「滑鐵盧再度拯救了紳士們的世界。」[149]確實如此，而且也拯救了工人、農人、婦孺的世界。

此時，維也納會議仍持續進行──君主與政治家齊聚於此，決定歐洲的未來。自從一六八八年，三王國在催逼之下涉入歐洲事務、成為對抗路易十四的小幫手以來，事情有了多大的轉變啊！如今，聯合王國已成為歐洲的主導勢力、唯一的全球霸權，同時也是經濟結構轉型的藍圖。法蘭西依舊令人敬畏，但已不再是個威脅。不過，人們還需要再一個世紀，才能完全瞭解法國與英國之間的戰爭──以及由此催生的一系列全球戰事，已經結束了。

❖ ❖ ❖

【延伸】滑鐵盧的迴響

滑鐵盧！滑鐵盧！滑鐵盧！陰鬱的平原！
樹林間、小丘上、山谷間的戰場
死白的面孔點亮了黑暗的營寨。
一邊是歐洲，一邊是法蘭西。

染血的衝突！神拋棄了諸英雄；
勝利女神，你遺棄了他們，魔咒就此打破。
噢，滑鐵盧！我在此佇足淚流，唏噓！
最後一戰中最後的兵士們
如此偉大；一度征服整個大地，
曾經推翻二十國國王，翻越阿爾卑斯，渡過萊茵，
他們的魂靈吹響嘹亮的號角！

——維克多・雨果，〈贖罪〉（L'Expiation）

戰敗的記憶比凱旋的記憶更為深刻。這倒不是說這場勝仗無法讓英國人迷醉：假使拿破崙是在巴伐利亞的某個地方對俄羅斯人投降，而英國不過是個金主，勝利的美酒可就難以醉人了。集指揮官、總督、大使、首相與全民英雄與一身的威靈頓，終其一生都在阿普斯利邸宅〔Apsley House，人稱「倫敦一號院」（No. 1 London）〕與自己找的老戰友慶祝這一天，坐擁全歐洲的掌聲。充滿英國歷史記憶的街道、車站、酒吧與日用品品牌等名稱也讓這天永垂不朽。有人會說，緊跟著勝利詩篇而來的是黨同伐異的雜文，所有人（尤其是戰場英雄）的政治生涯皆以失敗告終，英國面臨戰後常見的經濟衰頹、失業、貧窮與鬥爭問題——這一切完整總結於「彼得盧」（Peterloo）這個挖苦人的名字裡：一八一九年，騎兵隊衝進曼徹斯

特聖彼得廣場（St Peter's Fields）一群並未輕舉妄動的群眾中，此事後來得名「彼得盧屠殺」。不過，無論人們把陰影說得多麼漆黑，滑鐵盧都是永遠的自信心泉源——常人只能遙想，但攝政王吃了一席好菜之後，卻說服自己人當時確實在滑鐵盧——也是英國、英國人民、英國制度勝利的證明。伊頓公學（Eton）的運動場培育出了戰無不勝的將軍，英國與愛爾蘭的貧民窟與陋舍則養成一批最難對付的暴徒。威靈頓本人說：「我不曉得他們對敵人幹了什麼，但我向老天發誓，他們嚇到我了！」在輸掉這麼多戰役之後贏下最後一戰，挺能讓人恢復信心。不過，無論是當時甚或是今日，滑鐵盧都不是最能深深激發英國愛國品格的戰役。當這座「溫暖的小島，一座美好、擁擠的小島」[150]遭受威脅、孤

坎布隆恩名言（*Mot de Cambronne*）：桀驁不遜的遺言。

立無援時，人們為生存而發起的抗戰——無敵艦隊、特拉法加、敦克爾克、英國戰役（Battle of Britain），都比滑鐵盧更具分量。

這正是戰敗的記憶更為深入人心的原因，史家尚．馬克．拉喬（Jean-Marc Largeaud）所說、法國所獨有的「戰敗文化」因此更形豐富。[151]英國人老說自己是個頌揚戰敗的民族。才不是這樣：英國人險勝有之，甚至曾大敗對手，但戰敗卻從來未曾有過。滑鐵盧之後，法國人曾經頌揚過戰敗，至今也頌揚戰敗，但都是低調而為。仔細思量「光榮戰敗」不僅能學習犧牲，還能證明法國能存活下來，並再次崛起。戴高樂將軍——這位最有歷史意識的政治家，挑上滑鐵盧紀念日對法國民眾做自己的第一次廣播，這難道只是巧合嗎？滑鐵盧的記憶不會減輕災難：這些記憶奠基在悲劇，奠基在命已註定但桀驁不遜的英雄氣概上。這些記憶更能凸顯勝利曾經如此唾手可得（只是錯得離譜）。拿破崙一直回想這一仗，嚷嚷自己真該死在戰場上，怪罪自己的下屬粗心、通敵，還把威靈頓本該戰敗的理由列成清單。維克多．雨果——滑鐵盧的吟遊詩人——虛構出一條隱僻的低窪小路，說法國騎兵前腳正要前去征服，後腳卻深陷泥淖之中。最後，普魯士人出現，趁人之危、扭轉局勢——他用這種方式否定英國人曾擊敗法國人。法國人在道德上勝利了——而道德的勝利便是希望的花圃。

這一切濃縮於坎布隆恩名言（*Mot de Cambronne*）——應該說他的兩句名言，是另一種威武不屈的表達方式。皮耶．坎布隆恩（Pierre Cambronne）曾在厄爾巴島追隨拿破崙左右，他指揮一旅近衛軍，在戰鬥的末尾組成方陣，掩護撤軍。部隊陷入重圍，蒙受無謂的傷亡，因此有位英國將領對坎布隆恩大喊，要他投降。他回：「近衛軍寧死不降！」雨果寫的版本比較有名，他在裡面是回：「幹！」後來呢，雨果告訴我們，禁衛軍是戰死沙場，但坎布隆恩才是滑鐵盧真正的贏家，因為他嘲弄命運，「以拉伯雷（Rabelais）補萊翁尼達斯（Leonidas）的不足」。[152] 傳說總比乏味的事實更有力：鮮少有證據顯示坎布隆恩說過其中的任何一句話。富有詩意的故事版本恐怕是傳記作家的虛構。他重新加入路易十八麾下的陸軍，路易十八則封他為子爵。[153]

法國人歌頌己方的戰敗，但他們不喜歡別人歌頌他們的戰敗。當英國政府提議舉辦滑鐵盧戰役一百五十週年紀念儀式、想像「全歐洲」一片慶祝的景象時（傻了嗎？），法國人的反應冷若冰霜——何況不久前，戴高樂才剛動用否決權，拒絕英國加入歐洲共同市場的申請啊。法國駐比利時大使覺得「威靈頓與奧蘭治的威廉麾下士兵的後人……舉辦的節慶」根本不值一哂。總之，儀式規模大大縮水，《世界報》（*Le Monde*）對此感到滿意：「他們幾乎得為自己戰勝而道歉。」[154]

✣ ✣ ✣

第一部 結論與異見：「第二次百年戰爭」誰勝誰敗？

法國與英國之間的鬥爭，在一六八九年至一八一五年間造成無數的苦難；英法鬥爭雖然不是這五十六年間多國衝突的唯一原因，卻也是刺激因素。死於軍事行動的直接人數難以估計，但所有參戰國的總傷亡數字得用百萬來計算——有可能逼近六百萬，相當於一七五〇年代的英格蘭總人口。其中有三分之二死於一七九二年至一八一五年間，法國有一百四十萬人，英國則有二十萬人失去生命——比例上與第一次世界大戰相仿。粗估來看，一七九〇年至一七九五年間出生的法國少年，有三分之一陣亡或負傷。[1]傷殘軍人淪為乞丐，這是兩國人都很熟悉的場景。除此之外，還要加上平民死傷、痛苦生活、飢餓、疾病、家庭破碎和經濟混亂——包括各大洲民眾因捲入衝突，或是被迫支付其代價，從而承受巨大的「間接傷害」。這些人包括印度諸國及其軍隊、日耳曼傭兵、奴隸士兵、印地安易洛魁（Iroquois）戰士，西班牙水手與葡萄牙游擊隊……等。魯德雅德．吉卜林（Rudyard Kipling）對這些人的稱呼直截了當：「那些居住在偏遠地區、受雇於我們怒火的民眾，是我們為了擋他人之路而不得不製作或搗毀的魁儡。」至於從孟加拉到葡萄牙之間的飢餓農民、早夭的嬰孩、淪為奴隸的非洲人、遭到強暴的婦女和她們不願生下的孩子，幾乎都成了受人遺忘的背景。人們討論衝突的結果時，不該忘記他們。再引一句吉卜林的話：「海軍部的代價可不是只有鮮血。」

認為英法在一六八九年至一八一五年之間的戰事，構成了「第二次百年戰爭」——這種看法相當大膽。[2]這些戰事屬於單一的衝突嗎？就幾個重要方面來看，顯然不是。衝突並非總與同樣的土地、利益或理念有關；衝突也並非毫不間斷，更不是只有仇恨。英法相互間的讚賞與模仿就跟恨意一樣顯著。兩國社會無論是此前或是之後，都從來沒有像這段時間一樣，對彼此如此著迷。意識到對方有著危險且吸引人的特質，為兩國的競爭更添額外張力。至少在一七六〇年代之前，英國都代表自由與創新——相對高的宗教自由、代議政府、政治雜音、社會流動，以及「商業社會」。此後呢（至少在英國的許多敵人眼中），這個國家則代表征服與經濟剝削，甚至讓波旁王朝在美國獨立戰爭期間成了自由的衛士。法國大革命（最主要的原因是全球戰爭帶來的財政與意識形態緊繃）進一步扭轉了法蘭西與英國對立關係的本質與意義：如今，法國是改變的化身，英國則是穩定與傳統的代表。

咸認對於英、法兩國而言，彼此的衝突對其民族認同的塑造至為關鍵。[3]兩國的愛國人士心裡滿是本國獨一無二、兩國天命截然不同的感受。好幾位英國與美國史家皆強調，對法衝突創造了一種新的英國民族性，其宗教、行為舉止與政局都跟海峽對岸的教皇黨、吃青蛙腿的[1]和專制制度相反。有些地方確實出現了新的民族性，例如促進蘇格蘭人與英格蘭人之間更深厚的團結，以及一系列象徵符號與刻板印象的推廣。但時人並未犧牲英格蘭、蘇格蘭、威爾斯與愛爾蘭各自的認同，去認真創造某種單一的「英國認同」。法國歷史學家不大在意英國對於法蘭西民族認同形成的影響，但富蘭索瓦．福雷倒是說過：「法國人習慣以跟某個敵人的關係來定義自己。其他歐洲民族也是這樣，但法國人恐怕是箇中翹楚。」[4]但是，是哪個敵人？我們之前提到，海峽兩岸並不對等。對英國來說，自一六七〇年代以來的大敵就是法國；但對法國而言，英國不過只是一群血統沒那麼高貴、在法國腳邊吠叫的其中一個敵人。法國人憎厭「生而為敵」的奧地利帝國，一直要到一七五〇年代之後，「背信忘義的阿爾比翁」才走向臺前。對法國保王黨或共和派愛國者來說，英國價值觀迥異於法國，是敵對同盟的核心，也是粗俗商業社會的典範，因此無論是在革命前夕、革命期間或革命之後，都是法國最好的陪襯：它是「法蘭西的反面」。

創造認同只是故事的一部分，畢竟長久鬥爭同時也會帶來分歧。雙方都經歷了革命與內戰。法國人一而再、再而三地在他們的島國敵人之中開鑿意識形態與族群差異，其中有些再也沒有合攏：此前看似跨越了大西洋的單一英語民族就此分道揚鑣，而英國與愛爾蘭的關係也成了永遠的煩惱。但法國不只經歷了劇烈的政治革命與內戰，甚至發生了創痛的文化轉變。到了兩國鬥爭的最後階段，許多法國人視英國為盟友與典範；許多英國人視法國為榜樣，視拿破崙為英雄。對於兩國而言，十九世紀的國內政治歧異泰半得歸功於彼此的長期鬥爭對意識形態與經濟造成的影響。

1【編註】「青蛙腿」在許多英國人眼中是一道「只屬於法國人」的噁心菜餚，青蛙腿，乃至青蛙，便成了某種代指法國佬的貶義詞。本書中提到與青蛙有關之事物，多半暗指法國。

這場長達一世紀的鬥爭中有一條最重要的綱領——這是史上第一場全球權力之爭，世界歷史就此展開新紀元。英國出於地緣政治與意識形態的理由，反對法國獨霸歐陸——就地理位置與國土大小來看，法國是唯一一個能威脅英國國防安全，以及其在低地國、日耳曼、地中海和各大洋利益的國家。好幾個歐陸國家同樣擔心法國，但它們全都曾被迫默許之，或是受到誘惑、與之共謀。但法國無法強迫，也無法引誘英國——英國的頑抗太危險了，其海軍與財政力量讓它得以干預任何地方，帶來不成比例的影響。波旁法國試圖將力量投射到海外，以抵制英國的殖民與貿易擴張，同時也分一杯羹。一七五〇年代以降，法國甚至有過能扭轉英國海外領先地位的關鍵瞬間，使歐洲政局為全球鬥爭服務——拿破崙憑藉征服陸地以宰制海洋的不可能努力，正是其高峰。歐洲霸權與世界霸權之間的關係，讓法蘭西與英國鬥爭難以調和。只有一八〇三年的幾個月似乎達成某種僵局：英國放棄了歐陸，法蘭西放棄了海洋——但兩國對這個答案都不滿意。

地理與經濟雖然是這起鬥爭的起因，但並未決定衝突走向及其結果。信念、恐懼、野心、偏見、計算與選擇，才是開啟、延續、結束鬥爭的關鍵。假使法國有任何一次入侵行動成功，故事恐怕就會以大不相同的方式結束。

本書英、法裔兩位作者意見一致的部分，大致已如前述。接下來則是我們看法相異之處。

起源

伊莎貝爾：若將這場「第二次百年戰爭」視為一個整體，其直接根源還是英國侵略。與倫敦金融城有關的貿易和金融利益，是「愛國」大業與亞洲、美洲等地殖民擴張的支柱，衝突也因此無法避免。近年來曾有三位歷史學家表示：「在英格蘭，商人與銀行家將王座團團包圍⋯⋯。英格蘭講的是記帳的語言，法國講的是戰士對榮譽與至尊地位的渴望。」[5]英國人的侵略特質，可以透過英國文化中惡名昭彰的反法情節（其實是普遍的排外心態）來表現：一位法國史大家稱之為「偏執」與「反天主教歇斯底里」的混和，「根深柢固、歷久不衰、強烈而影響深遠」。[6]不僅許多當代人曾提到，連英國史學者琳達．科莉與保羅．朗福（Paul Langford）都強調過這點。正是這種文化使殖民侵略，甚至是對法國的歐陸戰事不僅為人接受，而且受人歡迎。法國本質上採取守勢（甚至在路易十四治世時亦然），一門心思放在鞏固本國邊界，對於自己在歐洲外交與文化的首要地位感到心滿意足，單純只是決心要抵抗侵略成性的英國人獨占殖民貿易的做法——其他國家也支持這種立場。英國的錢一再引發反法同盟，結果導致革命戰爭與拿破崙戰爭。法國的歐陸霸權，是英國引戰的「結果而非原因」。[7]

羅伯特：確實有這種與英國有關的陳腔濫調存在，但它們是以「資本主義興起」的相關假設為基礎，而非根據實證研究。其實，英國外交政策並非由貿易決定。即便在老皮特（跟金融城利益與愛國主義關係最密切的政治人物）執政時，做決策的仍然是少數王室與菁英官僚，關注的是外交與國防上的影響。更有甚者，輿論對歐陸戰事抱持壓倒性的敵意。英國政治家認為法國是個威脅，而非一顆可以搶奪其殖民地的軟柿子。在印度與北美洲，一再採取攻勢的是法國人。宗教偏見絲毫沒有影響英國的政策：當局願意與形形色色的君主與體制結盟，從喀爾文共和政體到教宗神權統治皆然。至於不列顛或英格蘭的排外心態，如果缺乏與其他國家的比較，就隨便主張其排外獨一無二，這不僅沒有意義，近年對法國的研究也間接否定了這點。英國的反法情節無論有多粗魯，都是一種反對專制政體、宗教迫害與極端社會特權的表現。法國的恐英情節蘊藏的惡意也不下於此，甚至有過之而無不及。法國才是衝突的真正起源——兩百五十年來最好戰的歐洲國家試圖稱霸歐洲，繼而稱霸全球。至於反法同盟，英國的錢確實讓歷次同盟得以成真，尤其是在鬥爭的末盤；但光是靠金融城的黃金，也無法創造反法同盟。創造反法同盟的，是法國人的侵略。

文化

伊莎貝爾：十八世紀是啟蒙運動的世紀，也是屬於法國人的世紀。歐洲知性生活走向自發統合，化為一個橫跨費城到聖彼得堡、以法語溝通的「文人共和國」（Republic of Letters），以理性發展和社會現代化為目標。英國對法勝利對歐洲文化有根本的影響，遠遠不止是莎士比亞取代拉辛、英格蘭文化漸占上風而已。馬克．弗馬洛里主張這是一場「形而上的」文化比賽：啟蒙運動是會倒向以商業為動力的、「貪婪英格蘭的實證主義與功利主義」，還是法國作為代表的「古典、基督教與貴族風的前提」——「發自內心對美與真實的愛」？[8] 英國努力想在政治上、智識上分化歐洲，為民族主義年代的好戰文化打下基礎。直到經歷兩世紀衝突與破碎的今天，歐洲才試圖重建、保護自己的共通文化——對抗的仍然是「盎格魯薩克遜」入侵。

羅伯特：這種看法實在把英法之間的爭執看得太重了。從「浪漫」時代對本土文化的重新發現（尤其是日耳曼地區），便能看到各地對法國文化霸權進行的獨立抵抗。至於商業讓文化變得粗俗這點，羅伊．波特（Roy Porter）等英國史家倒是自豪地承認有罪：啟蒙思想泰半便源自於商業，也正是商業締造了近代世界。就連巴黎與凡爾賽的人，也認為「古典、基督教與貴族風」的法國文化陳腐過時。[9] 我很願意承認，確實有些彌足珍貴的東西在舊政權遭到摧毀時消失了。咱們就忘了審查跟迫害，然後同意塔列朗所言，「沒有在一七八〇年前後生活過，就不會曉得生活的樂趣」——這種屬於上層階級、寬容於享樂、高雅知性的「生活之甜美」（*douceur de vivre*），在歷史上的確是難以比肩。但毀滅這種甜美的人是羅伯斯比爾，不是喬治三世。順帶一提，今天譴責「盎格魯薩克遜」文化優越地位的法國知識分子，卻有讚揚昔日法國文化優越的傾向，這還挺有趣的。

政治

伊莎貝爾：擁護英國的人主張英國代表自由，但人們也能輕易指出在愛爾蘭與印度，英國代表的是壓迫。或許有人會為對抗路易十四的舉動找理由（其實路易十四不想與英國起衝突），但法國與英國鬥爭的高峰，就是不列顛與革命政權的戰爭。無論人們如何批評雅各賓的越軌行為（有比英格蘭人在愛爾蘭和印度的做法更壞嗎？），革命無論在當時或現在，代表的都是人權、平等、終結特權、民主制度等嶄新的普世觀念——簡言之，就是現代政治。法國支持每一個國家——包括英國——首屈一指的知識分子與最前衛的元素，而革命至今仍能在每一個地方帶來啟發。法國在一七八九年便宣告建立民主國家。曾經是歐洲模範的英國，則跟國王和教會團結一致。保王派砸爛約瑟夫．普利斯萊的科學儀器——真是好榜樣！從一七九三年到一八一五年，英國一直在對抗革命：英國成為專制政體、貴族階級、西班牙異端審判、農奴、狂熱農民、猶太人隔離區的盟友。至於其國內政局，則變得愈來愈反動。英國鎮壓聯合愛爾蘭人會與英格蘭激進人士時，就跟納爾遜為了取悅艾瑪．漢彌爾頓（Emma Hamilton）的王室密友，便容許人屠殺拿坡里愛國者時同樣鮮有悔意[2]。拿破崙給普通士兵頒發勳章，讓他們晉升；威靈頓鞭打自己的士兵，還罵他們是人渣。多虧有英國——反革命的組織者與金主，歐洲才能重建自己的巴士底監獄。

羅伯特：批評革命的英國人（伯克與華茲渥斯可謂其翹楚），都很清楚本國與波旁君主國的惡行（有人或許會指出，愛爾蘭與印度發生的鎮壓行動，跟法國的威脅有直接關係），但他們確實認為解藥比疾病更糟。你說的革命是個選擇性、理想化的版本，著重言辭、忽略現實——革命分子本身就玩這種花招，富蘭索瓦．福雷也觀察到了。[10]革命並未受到英國率領的反動同盟所攻擊，分明是這個民族主義獨裁政權在攻擊、征服其鄰國；是這個「獨裁民主政體」在消滅反對意見，旺代的農民也知道。假如把「現代政治」歸功於革命，功過表上可不能只寫出今天國民安居樂業的民主制福利國家，也得添上受暴力革命的迷魅力量所激發的運動，例如共產主義與法西斯主義。即便英國發現自己成了異端審判所的盟友，法國革命可是直接採用了異端審判的手段；就算英國是農奴主的盟友，拿破崙可是將軍事農奴制強加於整個歐洲。拿破崙的確有把勳章頒給麾下士兵，接著呢，就帶他們去給人屠戮，面不改色；威靈頓罵士兵是人渣，但他饒過他們的性命，還在滑鐵盧戰後落淚。不可諱言，英國捍衛歐洲國家的統治階級，與解放桎梏的力量抗衡；但英國也運用其影響力，鼓勵自由思想的發展，並抑制奴隸貿易。雖然歐洲若干思想家擁護法國的大業，但法國人民卻拒絕這種大業。英國取勝於拿破崙，將法國人民夢寐以求的東西帶給他們：和平、安全與穩定。「地表最佳希望」不是叫假的。

2【譯註】一七九八年，拿坡里王室對法國發動戰爭，但因戰事失利而流亡。在法國的扶植下，拿坡里成立共和國。一七九九年二月，天主教樞機法布里奇奧．魯弗（Cardinal Fabrizio Ruffo）率眾抵抗拿坡里共和政府，納爾遜也預定馳援。但他七月抵達時，魯弗已與共和政府停戰，允許對方返回法國，但納爾遜堅持共和政府無條件投降。依舊以為停戰協議已成的共和政府棄械投降，成員反被捉拿，其中包括原為拿坡里王國海軍軍官的共和國海軍司令弗朗切斯科．卡拉喬洛（Francesco Caracciolo）。卡拉喬洛遭判處死刑，且判決隔日便遭處刑，據說是因為拿坡里王后瑪麗亞．卡洛琳娜（Maria Carolina）授意之故。王后與英國駐兩西西里大使威廉．漢彌爾頓爵士（Sir William Hamilton）及其妻艾瑪相當要好，而艾瑪又是納爾遜的情婦，故有此說。

經濟

伊莎貝爾：英國的勝利，是因為掠奪、擴張、全球化的資本主義才得以成真，而其勝利也成為資本主義的工具，等到滑鐵盧之後的這個世紀，才能看出資本主義完整的影響。無論好壞，資本主義是英國霸權最重要的創造，也是近代世界結構的基礎。「工業革命」因為戰爭而過度運轉，傷害了社會結構與自然環境，在物質與文化上都留下永久的疤痕。法國經濟更重視農業，改變也更循序漸進，對本國社會傷害較小。若是法國勝利，或許能讓世界經濟發展更平衡、更健康。

羅伯特：法國在十八世紀的掠奪沒有比較少，從奴隸貿易的領頭地位便可見一斑。與法國的鬥爭確實催化了工業革命；倘若法國勝利，則經濟變化以至於社會變遷的速度或許也會趨緩。工業革命有若干造成傷害的面向，但變革所帶來的經濟體系，也讓大多數人獲得其生計。不過，人們也不該把前工業時代的農業社會理想化——世界上許多地方至今仍處於農業社會，而這意味著不間斷的辛苦勞動、貧窮與早死。

歐洲

伊莎貝爾：許多歷史學家——無論英國人或法國人，都同意法國（尤其是一七八九年後）具有放眼全歐的願景，預示了今日歐洲的發展方向，這也是法國人之所以從一開始便扮演領頭地位的一個原因。拿破崙消弭疆界、終結歧視，將近代法典與行政制度推行於西歐（而且多半在他失勢後仍保留下來），廢除古老而壓迫的政治單位，為十九世紀義大利與日耳曼的統一，以及二十世紀晚期的歐洲整合鋪平了路。全歐洲的改革菁英對此額手稱慶：等到滑鐵盧之後，也是法國的這些戰敗盟國，在葡萄牙到波蘭之間的地方，領導著自由與民主運動。拜倫挖苦威靈頓是「尚未得救的『民族救星』」，仍然受人奴役的『歐洲解放者』」。前法國總理多明尼克・德・維勒班（Dominique de Villepin）指出，「歷史證實了〔拿破崙的〕『歐洲一家親』未來願景所言不虛」，他的看法也跟保守派英格蘭史家安德魯・羅伯茨（Andrew Roberts）相呼應：「儘管打贏戰爭的是威靈頓，但夢想成真的卻是拿破崙。」[11]

羅伯特：把拿破崙的願景比擬成當代歐洲，這並不討好。拿破崙的歐洲是個社會上層的自利聯盟，他們瞧不起民眾的願望，還讓反對者消音，除了權力、好處與擴張這個為己效力的制度之外便毫無明確的目標：「我們應該自己分配好利益，無須徵求人民同意。」[12]革命的解放論調旋即變成征服與剝削的遁詞，而就連羅伯斯比爾都曉得「沒人喜歡手拿武器的傳教士」。把拿破崙在聖赫倫那的宣傳文字當真，未免也太做作了。有些歐洲名流因為符合自己的利益而為法國效力，這不讓人意外：所有占領者都能找到人合作，包括理想主義者。保羅·施洛德便主張，拿破崙對歐洲未來的貢獻都不在原計畫內，而且都是負面的：他把權力政治拉到讓人無法容忍的極端，導致歐洲得尋找另一種國際關係體系，而這種體系在推翻他之前是無法實現的。[13]對歐洲的未來，以及對十九世紀歐洲前所未有的和平與繁榮環境而言，滑鐵盧戰勝國為維持和平而在卡斯爾雷主持下締結的協議，比拿破崙的願景重要得多。拿破崙本人也在無意間對此致上最誠摯的敬意：「卡斯爾雷讓整個歐陸任由他擺布……。結果他卻像戰敗一樣議和。真是低能！」[14]

世界

伊莎貝爾：英國擊敗法國，意味著宰制全球。英國後來統治世界百分之二十的人口，不僅讓他們的經濟生活徹底轉型，影響其文化，對另外百分之八十的人也造成重大衝擊。最明顯的跡象，就是英語成為大英帝國的通用語，接著漸漸成為歐洲各國的第二外語，此後更成為世界上第一種通用語——繼英國而起的美國霸權鞏固了這段過程。這對世界有什麼益處？假使法國戰勝，法國也不會變成殖民大國——事實上，十九世紀的法蘭西帝國體制，泰半是對大英帝國體制採取的守勢回應。更有甚者，由於法國沒有英國那種經濟貪念與人口壓力，它和北美洲與印度原住民建立的是共存關係，而非迫遷或族群滅絕，十九世紀原本可以走上這條路，世界或許會更開化、更文明。

羅伯特：關於英國全球霸權及其帶來的所有影響，發生的事情就是發生了。我們不會曉得原本可能發生的其他情況——但肯定有更糟的可能性，尤其是全球無政府狀態。我們無從得知如果路易十四、路易十五、羅伯斯比爾或拿破崙凱旋而歸，法國會是什麼模樣？假使法國擊敗英國，法國的價值觀、社會、經濟體系，甚至連人口成長恐怕都會大不相同。因此，我們無法預測勝利的法國在世上會採取什麼行動——但從法國過往的例子來看，絕對少不了侵略或帝國主義。想像一下：「法蘭西世紀」揭幕，法語成為世界通用語，《法蘭西民法典》（Code Civil）[3]推行全世界，還有由皇家總督或拿破崙式省長來統治「孟加拉」（Bengale）與「紐西蘭」（Nouvelle Zélande）的「高盧治世」（Pax Gallicana）局面——說不定，最後會在二十世紀打一場法美大戰？想像不同的結果還滿好玩的，雖然純屬幻想。但這類幻想，至少能提醒我們沒有任何結果是天註定的。法國的勝利，是否意味著更開化、更文明的世界？也許吧。假使如此，有鑑於法國一貫代表更顯著的中央化、更大的權威、更多的規矩與一致性——這個世界也會是個沒那麼自由、創造力沒那麼高的世界。

＊＊＊

我們都同意，一八一五年決定了世界歷史的走向。此時，印度大部分地區處於英國宰制之下，

3【編註】此即拿破崙法典。

為該國稱霸亞洲提供根據地。西班牙與葡萄牙帝國陷入混亂，這兩個殖民母國再也不復以往。至於美國，一八一四年從半島戰爭中直接調來的英國部隊讓華盛頓化為火海，美國政府後來把行政官邸（Executive Mansion）[4]漆成白色以掩蓋焦痕，之後一百年時間都自外於歐洲爭端。英國的勝利，得自於其調集全球資源、動員全世界對抗歐陸的能力；直到二十世紀，才有另一個歐陸國家——德國——試圖挑戰英國勝利帶來的影響。法國人很清楚，全球資源讓權力關係徹底改變。拿破崙一直無法想像自己早已在伊頓公學的運動場上被人擊敗，但他確實說過，早在半世紀以前的印度普拉西平原上，滑鐵盧戰役便已經輸了。他可以向波蘭人、日耳曼人與義大利人徵兵，抽他們稅；但英國卻能透過倫敦的票據交換所，利用孟加拉農民、古吉拉特（Gujerati）織工、中國採茶人、非洲奴隸、美國拓墾移民與墨西哥礦工的勞動力。英國從各大洲消費者的支出中獲利，不僅能支應本國的船艦與兵團，還能挹注葡萄牙、西班牙、俄羅斯、義大利、奧地利與日耳曼軍隊。或許，巨鯨最後總是能制服大象。富蘭索瓦·克魯澤的結論是，在一個世紀的鬥爭後落敗，讓法國變成「一個脆弱、貧窮、落後、悲慘而不快樂的國家」。[15]

4 【譯註】即「白宮」（White House）一名的由來。

插曲 聖赫倫那觀點：一八一五年十月至一八二一年五月

對於歐洲……所承受的所有苦難，英格蘭得負全責。

——拿破崙．波拿巴，一八一六年[1]

命運操起釘、錘與鍊條，
活捉面目蒼白的竊雷之賊，
喜形於色，釘他在古老的岩石上，
趁人之危的英格蘭於此撕扯他的心臟。

——維克多．雨果

我這一生——多了不起的故事！（Quel roman pourtant que ma vie!）

——拿破崙．波拿巴

拿破崙與背信忘義的阿爾比翁之間的對抗，並未終結於滑鐵盧。他的第一個念頭，是逃到最近剛和英國開戰的美國。但大象向巨鯨投降，他也落入皇家海軍手中。他宣稱將以落腳英格蘭的方式，向「我最強大、最堅定、最慷慨的敵人」表示極高的敬意。他想像自己過著鄉紳的生活——當然還是個政界名人。儘管身為民眾與官方厭惡的目標，「布歐拿巴特」這個「科西嘉吃人怪」仍然是眾人極為好奇、崇拜，甚至同情的一號人物，他的百日復辟事蹟更有推波助瀾的效果。抱持這種態度的，並不局限於輝格反對黨與異議知識分子。[2]威靈頓與許多軍界要人，都對拿破崙有熱烈的興趣（未來的溫斯頓・邱吉爾也像這樣勾起人們的好奇心）。他的馬車（曾在好幾個城鎮展示）與一整套相關藏品在倫敦展出，吸引成千上萬人來看。當戰艦載著他抵達托貝時，不光群眾將他團團包圍，連同情人士也試圖以人身保護令把他留在英國。但盟國沒有心情處理這種雞毛蒜皮的小事，拿破崙就這麼被送去遠在南大西洋的聖赫倫那島——這是威靈頓的點子，他特別擔心波旁家或普魯士人打算槍決拿破崙。人關在聖赫倫那島就不可能逃脫，但倒不是無法搭救。流亡美國的波拿巴一黨希望成立「拿破崙邦聯」（Napoleonic Confederation），包括墨西哥與北美洲的西南地區。熱愛冒險的英國前海軍將領托馬斯・柯克蘭（Thomas Cochrane）與曾計畫將他從島上帶走，讓他到剛獨立的南美洲當皇帝。總之，情況和厄爾巴島時不同，「波拿巴將軍」不是小國君主，而是囚犯，只能種花澆水、指使人寫回憶錄，或是一不小心跟隨員的太太天雷地火一番。他還跟少女貝茜・巴爾科比（Betsy Balcombe）發展出感人的友誼，貝茜也是他唯一真正認識的英格蘭人。

拿破崙（以及當時和後來同情他的人）譴責自己受到的待遇，簡直是對一位偉人的恐怖迫害。這件事讓他得到重新登上舞臺的機會——他也積極把握住。這位科西嘉食人怪變成歐洲烈士，受日曬雨淋折磨的普羅米修斯，軟禁在潮濕、陰暗的隆伍德公館（Longwood House）。島上的行政長官哈德遜·洛威爵士（Sir Hudson Lowe）落了個施虐者的角色，也確實在所有後來的記載中以惡棍的面貌登臺。之所以選他到島上，是因為他能跟這位囚犯相處：這位戰士能講科西嘉方言，曾經在盎格魯—科西嘉王國（Anglo-Corsican Kingdom）服役，並指揮一支曾在埃及與拿破崙對陣的科西嘉部隊（這點倒是不大討喜）。偏偏拿破崙沒有在壁爐邊操方言憶往事、提當年勇的心情。他和自己的隨員很快便跟洛威針鋒相對。任何違反皇室規矩的行為，或是對行動的限制，都被他們斥為報復羞辱之舉，當成能恢復其地位的材料一筆筆好好記著：「每天都來剝我這暴君的皮。」洛威語帶後悔，寫說自己這位囚犯創造了一位想像的拿破崙、一個想像的歐洲，甚至是一座想像的聖赫倫那島。

光是受苦還不夠。尚·克里斯多福·賀羅德（Jean Christopher Herold）說得真好：在聖赫倫那島上，肉身也能成道。[3] 拿破崙的腦內反芻洪流在隨員的謄寫下，於一八二一年拿破崙過世後為營利而出版。第一本問世的書——拉卡斯伯爵（Comte de Las Cases）的《聖赫倫那回憶錄》（*Mémorial de Sainte-Hélène*, 1823），成為當時歐洲最暢銷的書。這本書與後來的著作（包括一份遺囑）將拿破崙描繪成一位熱愛和平的善心人士，為法蘭西及其人民奉獻，捍衛革命，計畫著光榮的未來。「我想成立一套屬於歐洲的制度、歐洲的法典、歐洲的司法體系……。讓歐洲只有一個民族。」他的理想之所以受挫，尤其是因為英國毫不饜足的恨意與嫉妒所致——這種看法此後成為人們熱議的主題。但他的理念才是未來，「除了因著我而得勝的……理念與原則之外，我在法蘭西與歐洲都只見到奴役與困惑」。甚至連「你們英國人」之後都得「為你們在滑鐵盧的勝利而哭泣」。[4]

拿破崙因聖赫倫那而成為近代法國史上最重要的政治宣傳家，這一切不僅讓許多優秀人物更加崇拜這位「凱薩與亞歷山大的繼承人」，也讓他成為浪漫主義幻想中一刻不能歇息、前途多舛的英雄化身。維克多・雨果經歷過一段保王思想期後，也臣服於這種英雄崇拜，並且將自己的轉變表現在小說《悲慘世界》人物馬留斯（Marius）身上。愛國派自由主義者阿道夫・梯也爾（Adolphe Thiers）寫了部煌煌巨作——《督政府與帝國時期史》（*History of the Consulate and Empire*, 1845-1862），他不只用純粹的讚美，還用仔細調整、稍遜於讚美的批評之詞來鞏固拿破崙的說法：「他搞丟了我們的偉大，卻留給我們光榮——這是道德上的偉大，假以時日，它將恢復為實質的卓絕。」[5]聖赫倫那捎來的訊息，成為民間自發性鄉里野談的材料。法國受到的影響最大，但影響並不局限於此，緬懷光榮昔日的老兵與退役軍官散布之，歌曲作家皮耶・尚・德・貝杭傑（Pierre-Jean de Béranger）等精明的民粹主義者則宣傳之：

這位戰敗倒下的英雄
曾受教宗加冕的他

在遙遠處一座不毛之島死去。
長久以來無人信之為真；
人人都說：他將歸來。
從海上他將再度降臨。
他將使異族低頭。
但我們發現情非如此，
我的苦楚多麼難以下咽。

未來數十年間，歐洲各地的政治異見都帶有一絲拿破崙派色彩。在英國批評戰後秩序的人（以拜倫、珀西・比希・雪萊（Percy Bysshe Shelley）與威廉・赫茲利特（William Hazlitt）最為知名）盡情投入對拿破崙的英雄崇拜，視之為力抗全世界的天才。拜倫買下拿破崙的馬車車廂，接著跟隨他的腳步環遊歐洲。青年班傑明・迪斯累利（Benjamin Disraeli）寫過一首與拿破崙有關的詩劇。有報導說他脫逃、目擊他的蹤影，也有故事說他帶著美洲或突厥大軍回來解放法國；他的屍體明明已經在一八四〇年由英國人交還，在隆重的場面中於傷兵院下葬，但遲至一八四八年仍有人拒絕相信他已死。這種「拿破崙崇拜」讓他姪兒得以在一八四八年登上總統大位，繼而成為皇帝拿破崙三世。他在一八五八年買下隆伍德公館，至今仍是一處遠方的聖地，屬於法國全民。朝聖者不辭千里，從島上帶走一把泥土、一些泉水，再從庇蔭皇帝原先墳頭的那株柳樹摘下一片葉子。

威廉·透納繪製的《流放與笠貝礁岩》，描繪權力的落日。但拿破崙設法把流放化為有效的宣傳武器。

在法國的政治文化中，拿破崙至今仍是個矛盾的存在。他是戴高樂之外最受法國人愛戴的英雄，[6] 近代法國政府泰半出自他的規劃，但巴黎卻沒有一條街道採用他的聖名（在聖赫倫那島上，英國人倒是有條拿破崙大街）。拿破崙遺產的重要性與吸引力，恰恰讓知識分子感到尷尬，因此傾向於避談這個主題。[7] 不過，近年來有好幾位作家再度回顧起拿破崙。二〇〇二年，自信滿滿的法國外交部長多明尼克·德·維勒班（後來成為總理）發表一部充滿強烈民族主義情緒的百年復辟史，誇讚拿破崙是比肩凱薩或亞歷山大的天才，憑藉「風發神采」、「想像」與「熾熱的情感」，超脫於平庸的道德。雖然滑鐵盧讓「英格蘭勝過法蘭西」成為定局，但法國也從戰敗中發現「另一種高貴」。在維勒班眼中，帝國衛隊在滑鐵盧的犧牲，激發了「抵抗的氣魄」，後來更在戴高樂這另一位天才身上示現。這種氣魄至今仍滋養著「法蘭西之夢……我們的自我期許」：「一個可靠的國家，藐視結黨營私與妥協；人們崇尚行動，心中牽掛……法蘭西的崇高……拒絕向命定之數低頭，在戰敗中保持尊嚴。」[8]

（下冊待續）

[135] Esdaile (2002), p. 456.
[136] To Metternich, in Ellis (1997), p. 100.
[137] Migliorini and Quatre Vieux (2002), pp. 199–201; Duloum (1970), pp. 106–7; Gotteri (1991), pp. 466–7.
[138] Wheatley (1997), pp. 30–31.
[139] Blakiston (1829), vol. 2, p. 338.
[140] Mansel (1981), pp. 166–7.
[141] Gotteri (1991), p. 467.
[142] Weiner (1960), p. 195; Mansel (1981), p. 168; Emsley (1979), p. 167; Semmel (2004), p. 148; Wheatley (1997), p. 54.
[143] Wheatley (1997), pp. 45, 46, 48, 50.
[144] Information kindly provided by Mr Jack Douay, MBE, secretary of the Bordeaux branch of the British Legion.
[145] Kennedy (1976), p. 123.
[146] Semmel (2004), p. 164.
[147] Hugo (1967), vol. 1, pp. 377–8.
[148] Schroeder (1994), pp. 551–3.
[149] Colley (1992), p. 191.
[150] From a patriotic song of 1797 by Thomas Dibdin.
[151] Largeaud (2000), vol. 2, p. 610.
[152] Hugo (1967), vol. 1, pp. 373–4. The dread word was omitted by his English translator.
[153] Largeaud (2000), vol. 1, pp. 255–6, vol. 2, 555–6.
[154] Largeaud (2000), vol. 2, pp. 595–6.

第一部　結論與異見

[1] Guéry (1991), p. 301; Bertaud (1998), pp. 69–70; Esdaile (1995), pp. 300–301; Bowen (1998), pp. 16–17; Charle (1991), p. 16.
[2] Meyer and Bromley, in Johnson, Bédarida and Crouzet (1980); and see Crouzet (1996), and Scott (1992).
[3] See especially the pioneering and scholarly Dziembowski (1998) and the brilliant simplification by Colley (1992). Greenfeld (1992), Bell (2001) and Blanning (2002) are thoughtprovoking. Eagles (2000) balances Colley by emphasizing francophilia. Langford (2000) and Newman (1987) are useful but often unconvincing. For penetrating scepticism, see Clark (2000).
[4] Furet (1992), p. 103.
[5] Bertaud, Forrest and Jourdan (2004), p. 16.
[6] Crouzet (1996), pp. 435–6.
[7] ibid., p. 433.
[8] Fumaroli (2001), pp. 45, 53.
[9] Porter (2000), p. 3; Blanning (2002), pp. 385–7, 417.
[10] Furet (1992), p. 130.
[11] Villepin (2002), p. 583; Roberts (2001), p. 298.
[12] Herold (1955), p. 243.
[13] Schroeder (1994), p. 395
[14] Las Cases (1968), vol. 2, p. 1208
[15] Crouzet (1996), p. 450.

插曲　聖赫倫那觀點：一八一五年十月至一八二一年五月

[1] Ellis (1997), p. 196.
[2] See Semmel (2004).
[3] Herold (1955), p. xxxvii. See also Petiteau (1999), pp. 244–52.
[4] Roberts (2001), p. 29; Herold (1955), p. 255; Las Cases (1968), vol. 1. p. 445.
[5] Thiers (1972), p. 680.
[6] Petiteau (1999), pp. 391–5.
[7] Englund (2004), pp. 456–67.
[8] Villepin (2002), pp. 572–3, 592–4.

[75] Rodger (2004), p. 345, and ch. 27 *passim*.
[76] Dull (2005), p. 114; Bowen (1998), p. 17; Albion (2000), p. 86.
[77] Kennedy (1976), p. 109.
[78] Rodger (1986); Haudrère (1997), p. 81; Béranger and Meyer (1993), p. 332; Brioist (1997), p. 36.
[79] Dull (2005), p. 113; Morriss (2000), p. 197.
[80] Jean Meyer, in Johnson, Crouzet and Bédarida (1980), p. 150.
[81] Vergé-Franceschi (1996), p. 132.
[82] Antier (1991), pp. 244–5.
[83] Rodger (1986), pp. 13, 208–9; and see Macdonald (2004), *passim*.
[84] Rodger (1986), p. 136.
[85] Meyer and Acerra (1994), p. 162.
[86] Humbert and Ponsonnet (2004), pp. 128–9; Lewis (1960), pp. 361–70; Padfield (1973), p. 133.
[87] We thank the military historian Dennis Showalter for this judgement.
[88] Charlton (1966), p. 140.
[89] He was quoting what must have been a well-known remark by the Prince de Condé. Guéry (1991) remarks that in fact 'a Paris night' produced only a few dozen babies.
[90] Quimby (1957); Charlton (1966), pp. 136–43; Nosworthy (1995), pp. 103–16.
[91] Guiomar (2004), p. 13.
[92] Lynn (1989).
[93] Blanning (1983), p. 106; Blanning (2003), p. 55; Esdaile (1995), p. 100.
[94] Guéry (1991), pp. 299–300.
[95] Tulard (1977), p. 208.
[96] Duffy (1987), pp. 8–9, 379.
[97] Anstey (1975), pp. 407–8.
[98] The Lord Chancellor, in Colley (1992), p. 358.
[99] Ferguson (1998), p. 91; Ferguson (2001), pp. 47–50.
[100] Sherwig (1969), pp. 338, 350.
[101] Tulard (1977), p. 206.
[102] Schroeder (1994), p. 330.
[103] Tulard (1977), p. 211.
[104] The French economist J.-B. Say, in ibid., p. 375.
[105] Rowe (2003), p. 201.
[106] Sherwig (1969), pp. 328–9, 342, 354–5; Ferguson (1998), pp. 94–7; Esteban (2001), pp. 58–61; Rowe (2003), p. 216.
[107] Sherwig (1969), p. xiv.
[108] Sherwig (1969), pp. 4, 11, 350.
[109] Webster (1921), pp. 1, 393.
[110] Mitchell and Deane (1962), pp. 8–10, 388, 402–3.
[111] Sherwig (1969), p. 344.
[112] Estimates in Lewis (1962) and Bowen (1998), p. 41.
[113] Jones (1950), pp. 125–6; Harvey (1981), p. 84.
[114] Lewis (1962), pp. 231–6.
[115] Charlton (1966), p. 597.
[116] Esdaile (2002), p. 87.
[117] Letter from Napoleon to Tsar Alexander, February 1808, Herold (1955), p. 196.
[118] Guéry (1991), p. 301.
[119] George Canning, 1807, in Schroeder (1994), p. 330.
[120] Harvey (1981), p. 48.
[121] Marshal Soult, in Gotteri (1991), p. 245.
[122] Esdaile (2002), p. 153.
[123] Gates (2002), p. 36.
[124] Wheatley (1997), p. 24.
[125] Blakiston (1829), vol. 2, pp. 300ff.
[126] See e.g. Esdaile (2002), p. 206; Holmes (2001), pp. 373–6; Wheatley (1997), p. 33.
[127] Wheatley (1997), p. 12.
[128] Gates (2002), p. 219.
[129] Esdaile (2002), p. 331.
[130] Englund (2004), p. 517.
[131] Muir (2001), pp. 208–9.
[132] Michael Duffy, in Dickinson (1989), p. 137; Charlton (1966), pp. 834, 852–3.
[133] Schroeder (1994), p. 448; Englund (2004), p. 383.
[134] Schroeder (1994), p. 504 – a magisterial analysis.

[12] The best military study is Chandler (1966).
[13] Schroeder (1994), p. 446.
[14] Herold (1955), p. 276.
[15] Regenbogen (1998), p. 16.
[16] Lovie and Palluel-Guillard (1972), p. 46.
[17] Crouzet (1999), pp. 242–3.
[18] Englund (2004), p. 254.
[19] Schroeder (1994), p. 233.
[20] Grainger (2004), p. 153.
[21] Burrows (2000), pp. 114–26.
[22] Grainger (2004), p. 173.
[23] Semmel (2004), p. 30; Browning (1887), pp. 116–17; Grainger (2004), pp. 153, 159–60, 168.
[24] Browning (1887), p. 116.
[25] ibid., pp. 135–6, 263; Grainger (2004), p. 175.
[26] Schroeder (1994), p. 229. See also Englund (2004), p. 262; Grainger (2004), pp. 191, 211.
[27] Emsley (1979), p. 94.
[28] Schroeder (1994), p. 230.
[29] Regenbogen (1998), p. 115.
[30] Ehrman (2004), vol. 3, p. 808.
[31] Emsley (1979), p. 99.
[32] Battesti (2004), *passim*; Humbert and Ponsonnet (2004), pp. 110–19; Rodger (2004), pp. 529–30.
[33] Battesti (2004), p. 38.
[34] To Villeneuve, 14 April; to Decrès, 20 June 1805. Napoleon (1858), vol. 10, pp. 398, 676.
[35] Regenbogen (1998), p. 114.
[36] We are grateful to Commodore John Harris, RN (retd), for his advice on this point.
[37] Marshal Bernadotte, in Battesti (2004), p. 53.
[38] Herold (1955), p. 192; Chandler (1966), p. 322.
[39] Battesti (2004), p. 53.
[40] Herold (1955), p. 191.
[41] Colley (1992), p. 306; Emsley (1979), p. 112; Semmel (2004), pp. 39–40.
[42] Cookson (1997), p. 66. See also Gee (2003).
[43] Esdaile (1995), pp. 144–5.
[44] Cookson (1997), pp. 95–6.
[45] New words to a song by Purcell, which had long been one of several national anthems. Klingberg and Hustvedt (1944), p. 73.
[46] 'Fellow Citizens . . . A Shopkeeper' [June 1803], in Klingberg and Hustvedt (1944), p. 193. See also Semmel (2004), ch. 2.
[47] Guiffan (2004), p. 100; Bertaud (2004), pp. 60–66; Battesti (2004), p. 75.
[48] Colley (1992), p. 306.
[49] For details, see Cookson (1997), Longmate (2001), McLynn (1987), Gee (2003).
[50] Napoleon (1858), vol. 11, pp. 51–2.
[51] Battesti (2004), pp. 180, 182–3, 187, 192.
[52] Napoleon (1858), vol. 11, p. 142.
[53] Saunders (1997), pp. 80–89.
[54] Sorel (1969), p. 367. For a superb biography of Pitt, see Ehrman (2004).
[55] Rev. Sydney Smith, Ehrman (2004), vol. 3, pp. 847–8.
[56] Longmate (2001), pp. 291–2.
[57] Rodger (2004), p. 536.
[58] 4 August 1805, Napoleon (1858), vol. 11, p. 71.
[59] Blanning (1996), p. 196.
[60] Mackesy (1984), p. 13.
[61] Lewis (1960), pp. 346–9; Béranger and Meyer (1993), pp. 282–3.
[62] Rodger (2004), p. lxv.
[63] Vergé-Franceschi (1996), p. 307.
[64] Stone (1994), p. 10.
[65] Rodger (1986), p. 343.
[66] Daniel Baugh, in Prados de la Escosura (2004), p. 253.
[67] Battesti (2004), p. 333.
[68] Rodger (1986), p. 11.
[69] Béranger and Meyer (1993), p. 387.
[70] Albion (2000), p. 93.
[71] Béranger and Meyer (1993), p. 313.
[72] Bamford (1956), p. 208.
[73] Albion (2000), p. 67.
[74] Rodger (1986), pp. 83–4.

[69] Hampson (1998), p. 142; Wahnich (1997), p. 239.
[70] Alger (1898), p. 673.
[71] Carpenter (1999), p. 155.
[72] Alger (1898), p. 673.
[73] Rapport (2000), chs. 3 and 4.
[74] Weiner (1960), pp. 59, 65–6.
[75] ibid., p. 43.
[76] Carpenter (1999), p. 54.
[77] Chateaubriand (1973), p. 404.
[78] Carpenter (1999), p. 111.
[79] ibid., pp. 166 and 155.
[80] Chateaubriand (1973), p. 404.
[81] Macleod (1998), p. 19.
[82] Pitt (n.d), p. 287.
[83] Marianne Elliott, in Dickinson (1989), p. 83. See also Elliott (1982) *passim*.
[84] Gough and Dickson (1990), p. 60.
[85] Kevin Whelan, in Wilson (2004), pp. 222–3.
[86] Bartlett and Jeffery (1996), p. 260.
[87] Smyth (2000), p. 8.
[88] Mitchell (1965), p. 20.
[89] Mori (1997), p. 700, 704–5; Thrasher (1970), pp. 284–326.
[90] Martin (1987), pp. 197–8, 230, 316; Forrest (2002), pp. 29, 160–61.
[91] Gabory (1989), p. 1193.
[92] ibid., p. 1230.
[93] Jones (1950), p. 119; Quinault (1999), pp. 618–41.
[94] Rodger (2004), pp. 442–53; Wells (1986), pp. 79–109.
[95] Bartlett and Jeffery (1996), p. 270.
[96] Simms (2003b), pp. 592, 595.
[97] Tom Bartlett, in Smyth (2000), p. 78.
[98] Martin (1987), pp. 315–16.
[99] Smyth (2000), p. 16.
[100] Eliott, in Dickinson (1989), p. 101.
[101] Pitt (n.d.), p. 430.
[102] Schama (1989), p. 207; Blanning (1983), pp. 318–20; Blanning (1996), pp. 160–63.
[103] Mackesy (1984), p. 12.
[104] ibid., pp. 37–8.
[105] Sorel (1969), p. 362.
[106] Bluche (1980), p. 24.
[107] George Canning, quoted in Mackesy (1984), p. 43.
[108] ibid., pp. 124–5, 132.
[109] ibid., pp. 206–7.
[110] ibid., p. 209.
[111] Pitt (n.d.), pp. 430–33 (3 November 1801).
[112] Emsley (1979), p. 96; Semmel (2004), pp. 26–9; Macleod (1998), p. 109.
[113] Browning (1887), p. 12.
[114] Grainger (2004), pp. 61–5, 93–9, 131–5; Keane (1995), pp. 441, 455, 493; Morieux (2006); Pilbeam (2003), pp. 65–6.
[115] Haskell (1976), p. 27.
[116] Buchanan (1824), vol. 1 *passim*; see also Reitlinger (1961), vol. 1, ch. 1; Ormesson and Thomas (2002), pp. 255–6.
[117] Bourguet (2002), p. 102. See also Jasanoff (2005).
[118] St Clair (1967), p. 58, from which the following section is derived.
[119] ibid., pp. 96, 110.

第六章　令世界改頭換面

[1] Furet (1992), p. 254.
[2] Evans (1999), p. 74.
[3] Herold (1955), p. 276.
[4] Englund (2004), p. 279.
[5] William Doyle, in *TLS* (6 March 1998), p. 15.
[6] The best modern biography is Englund (2004). Indispensable for the international context is Schroeder (1994).
[7] Sorel (1969), p. 343. See also Bluche (1980) and Martin (2000).
[8] Grainger (2004), p. 8.
[9] Dwyer (2002), p. 137.
[10] Letter to brother, June 1793, Herold (1955), p. 67.
[11] Conversation, 1805, in ibid., p. 243. On Napoleonic Europe, see Broers (2001).

[7] Garrett (1975), p. 131; Bentley (2001), pp. 186, 196; Andrews (2003), pp. 95–104; McCalman (1998).
[8] Burke (2001), pp. 63–5.
[9] Paine (1989), p. 59.
[10] Beales (2005), p. 418.
[11] Macleod (1998), p. 12.
[12] *AP*, vol. 91, p. 38.
[13] O'Gorman (1967), p. 66.
[14] Burke (2001), p. 62. See also Welsh (1995).
[15] Mehta (1999), p. 158.
[16] Burke (2001), p. 291.
[17] ibid., p. 328.
[18] ibid., pp. 328, 339. See also Pocock (1985), p. 208.
[19] Claeys (2000), p. 41.
[20] Paine (1989), p. 141.
[21] Ehrman (2004), vol. 2, p. 80.
[22] Paine (1989), pp. 86, 120.
[23] Rapport (2000), p. 691.
[24] Frank O'Gorman, in Dickinson (1989), p. 29.
[25] Dickinson (1985), p. 11–12.
[26] The best analysis is Rose (1960).
[27] Andrews (2003), p. 35.
[28] Monod (1989), p. 194.
[29] Garrett (1975), p. 139.
[30] Ehrman (2004), vol. 2, p. 226.
[31] Dickinson (1989), pp. 36, 103.
[32] Christie (1984), p. 93.
[33] Rothschild (2001), p. 233.
[34] Hampson (1998), p. 137.
[35] Linton (2001), p. 213.
[36] Speech to National Convention, 17 Pluviôse Year II (5 February 1794), Robespierre (1967), vol. 10, pp. 352, 353, 357, 358, 359.
[37] Rose (1911), p. 32.
[38] Blanning (1986), p. 111.
[39] Speech of 29 December 1791, Hardman (1999), p. 141.
[40] Speaker in National Assembly, October 1791, Blanning (1986), p. 108 – the best general analysis of the coming of war, as Ehrman (2004) is of the British perspective.
[41] Blanning (1986), p. 133, and Duffy, in Dickinson (1989), p. 128.
[42] Blanning (1986), p. 134.
[43] Ehrman (2004), vol. 2, p. 205; Blanning (1986), p. 139.
[44] Lefebvre (1962), p. 264.
[45] ibid., pp. 274–6.
[46] Blanning (1986), p. 149.
[47] Ehrman (2004), vol. 2, p. 239.
[48] Pitt (n.d.), pp. 32–3.
[49] Lefebvre (1962), p. 280.
[50] Furet (1992), p. 104.
[51] Guiomar (2004).
[52] Hampson (1998), p. 94.
[53] Ehrman (2004), vol. 2, p. 237.
[54] Bertaud (1988), p. 120.
[55] Wawro (2000), p. 3.
[56] Lord Auckland, in Macleod (1998), p. 39.
[57] Macleod (1998) gives an excellent summary of public opinion. See also Cookson (1997), and on poor relief, Lindert (2004), p. 47.
[58] 'Apperçu [sic] d'un plan de politique au dehors', MAE MDF, vol. 651, fo 155. See also Rothschild (2002), Wahnich (1997) and Guiomar (2004).
[59] Hampson (1998), p. 117.
[60] Hammersley (2005).
[61] 'Situation politique de la République française ... avril 1793', MAE MDF, vol. 561, fo 33.
[62] Speech to Convention, 17 November 1793, Hampson (1998), p. 130.
[63] 'Apperçu', MAE MDF, vol. 651, fo 155.
[64] MAE MDF, vol. 651, 'Situation politique', fos 27–8, 37.
[65] ibid., fo 35.
[66] 'Apperçu', ibid., fo 155; 'Diplomatie de la République française', ibid., fo 239.
[67] Hampson (1998), p. 133.
[68] Report of the Committee of Public Safety, 7 prairial, Year II [26 May 1794] *AP*, vol. 91, pp. 32–41.

[79] Kennett (1977), p. 56.
[80] Mackesy (1964), p. 384; Hardman (1995), pp. 54–62.
[81] Mackesy (1964), p. 385.
[82] Kennett (1977), p. 91.
[83] Grainger (2005), p. 176.
[84] Mackesy (1964), p. 424.
[85] Kennett (1977), p. 121; Harvey (2001), pp. 410–11.
[86] Kennett (1977), p. 156.
[87] Mayo (1938), pp. 213–14.
[88] Manceron (1979), p. 514.
[89] Mackesy (1964), p. 435.
[90] Dull (1985), p. 120.
[91] Kennett (1977), p. 160.
[92] Dull (1985), p. 153.
[93] Conway (2000), p. 202.
[94] Mintz (1999), p. 173. See also Scott (1990), pp. 324–31.
[95] Hulot (1994); Rodger (2004), p. 357.
[96] Bruce Lenman, in *OHBE*, vol. 2, p. 166.
[97] Mackesy (1964), pp. 383–4.
[98] Wilson (1995), p. 435.
[99] Béranger and Meyer (1993), p. 316.
[100] Lüthy (1959), vol. 2, p. 592.
[101] Esteban, in Prados de la Escosura (2004), p. 53.
[102] Acomb (1950), p. 86.
[103] Jarrett (1973), p. 34.
[104] Statistics: Prados de la Escosura (2004); Hoffman and Norberg (1994); Murphy (1982), pp. 398–9; Conway (2000), pp. 236, 316, 352; Bowen (1998), pp. 19–20.
[105] Whiteman (2003), pp. 22, 23 (our translation).
[106] Browning (1909), vol. 1, p. 99.
[107] Whiteman (2003), p. 29; Price (1995), p. 67.
[108] Browning (1909), vol. 1, p. 134.
[109] Talleyrand, quoted in Jones (2002), p. 343.
[110] Hardman (1995), p. 153.
[111] ibid., p. 244.
[112] Ozanam (1969), p. 169.
[113] Murphy (1998), pp. 73–7.
[114] Chaussinand-Nogaret (1993), pp 9, 112–13.
[115] Jones (2002), p. 382.
[116] Egret (1977), p. 22.
[117] Schama (1989), p. 267.
[118] Whiteman (2003), pp. 37–9, 54; Price (1995b), pp. 895, 903.
[119] Blanning (2002), p. 422.
[120] Whiteman (2003), p. 63. See also Murphy (1998), pp. 94–5; Price (1995b), p. 904.
[121] Blanning (2002), p. 421.
[122] Hardman and Price (1998), p. 105.
[123] Hopkin (2005), p. 1130.
[124] Jarrett (1973), pp. 274–5.
[125] Browning (1909), vol. 1, p. 148.
[126] ibid., vol. 2, p. 243.
[127] ibid., vol. 2, p. 259.
[128] Black (2000), p. 267.
[129] Samuel Boddington.
[130] Godechot (1956), vol. 1, pp. 66–7; see also Wahnich (1997), pp. 282–3.
[131] Browning (1909), vol. 2, p. 251.
[132] Hampson (1998), p. 16; Jarrett (1973), p. 275.
[133] Acomb (1950), p. 121.
[134] Hammersley (2004); Acomb (1950), p. 121.
[135] Baker (1990), pp. 277–8.
[136] Jarrett (1973), p. 286.
[137] Goulstone and Swanton (1989), p. 18.

第五章　理念與刺刀

[1] Second 'Letter on a Regicide Peace', Macleod (1998), p. 13.
[2] 'French Revolution: as it appeared to enthusiasts at its commencement' (1809).
[3] Ehrman (2004), vol. 2, p. 4.
[4] Hampson (1998), p. 47; Jarrett (1973), p. 279; Mori (2000), p. 188; Barker (2001), pp. 68–73.
[5] Andrews (2003), pp. 6, 31, 33; Macleod (1998), p. 154.
[6] Watson (1977), p. 49; Ehrman (2004), vol. 2, p. 47.

[10] Goudar, *L'Espion chinois*, in Acomb (1950), p. 61.
[11] Choiseul (1881), p. 178.
[12] Chaussinand-Nogaret (1998), p. 252.
[13] 'Mémoire sur l'Angleterre', MAE MDA, vol. 52, fo 180.
[14] Abarca (1970), p. 325; Patterson (1960), pp. 32–4.
[15] Conlin (2005).
[16] Belloy (1765), preface.
[17] ibid., pp. 55–6. Interestingly, the copy in the Cambridge University Library was presented by Belloy to David Garrick in April 1765.
[18] Choiseul (1881), pp. 252, 254. See also Scott (1990), pp. 74–9, 140–54.
[19] Dull (2005), p. 248.
[20] 'Mémoire' (1777), MAE MDA, vol. 52, fo 230.
[21] Sorel (1969), p. 382.
[22] Anderson (2000), p. 605.
[23] Unpublished paper by Kirk Swinehart, which we are grateful for permission to cite, in anticipation of his forthcoming book, *Molly's War*. See also Mintz (1999).
[24] Holton (1999).
[25] Conway (2000), p. 145.
[26] Wilson (1995), p. 240.
[27] Murphy (1982), p. 235.
[28] Turgot (1913), vol. 5, pp. 405–6.
[29] Poirier (1999), p. 315.
[30] To Louis XVI, 1776, in Poirier (1999), p. 310.
[31] Murphy (1982), p. 400.
[32] Patterson (1960), p. 227.
[33] Hardman and Price (1998), p. 237.
[34] Poirier (1999), p. 309.
[35] ibid., p. 304; Conlin (2005).
[36] Poirier, p. 305.
[37] ibid., p. 313.
[38] Dull (1985), p. 62.
[39] Vergé-Franceschi (1996), p. 154.
[40] Clairambault-Maurepas (1882), vol. 10, p. 155.
[41] Hardman and Price (1998), p. 48.
[42] Murphy (1982), p. 260.
[43] MAE MDA, vol. 52, fo 233.
[44] Dull (1985), p. 99.
[45] Acomb (1950), pp. 76–7.
[46] Clairambault-Maurepas (1892), vol. 10, p. 155.
[47] Schama (1989), p. 49.
[48] Schama (1989), p. 25.
[49] Kennett (1977), p. 51.
[50] Rodger (2004), p. 335.
[51] Conway (2000), pp. 321–2.
[52] Patterson (1960), p. 42.
[53] 'Mémoire sur l'Angleterre' (1773), in MAE MDA, vol. 52, fos 180–223.
[54] Lacour-Gayet (1905), pp. 252–3.
[55] Patterson (1960), p. 154.
[56] Chateaubriand (1973), p. 55.
[57] Foreman (1999), pp. 64–5.
[58] Conway (2000), p. 89.
[59] Patterson (1960), pp. 112, 117.
[60] Manceron (1979), pp. 148, 155.
[61] Conway (2000), pp. 22, 198–9.
[62] Lacour-Gayet (1905), p. 232.
[63] ibid., pp. 256, 274; Manceron (1979), p. 175.
[64] Murphy (1982), p. 279.
[65] Manceron (1979), p. 181.
[66] Vergé-Franceschi (1996), p. 148; Murphy (1982), p. 245; Béranger and Meyer (1993), p. 316; Kennedy (1976), p. 111.
[67] Bamford (1956), p. 210.
[68] Dull (1985), p. 110 (totals for 1781).
[69] Mackesy (1964), p. 382.
[70] Blanning (2002), p. 339.
[71] Rogers (1998), p. 152.
[72] Clairambault-Maurepas (1882), vol. 11, p. 16.
[73] Schama (1989), p. 47.
[74] ibid., p. 44.
[75] Moore (1994), p. 137. See also Schama (2005).
[76] Ferling (2003), p. 224.
[77] Dull (1985), pp. 109–10.
[78] Kennett (1977), pp. 30, 52; Mackesy (1964), p. 350.

[78] ibid., p. 312.
[79] Waddington (1899), vol. 3, p. 346.
[80] ibid., p. 348.
[81] Lacour-Gayet (1902), p. 316.
[82] Waddington (1899), vol. 3, p. 353.
[83] Letter of 2 October 1758, in Lacour-Gayet (1902), p. 316.
[84] Brumwell (2002), p. 51; Kennett (1967), p. xiv.
[85] Middleton (1985), p. 116.
[86] McIntyre (1999), p. 291.
[87] Walpole (1904), p. 260.
[88] Brumwell (2002), p. 271.
[89] Anderson (2000), p. 375. See also Rogers (2004), pp. 239–59.
[90] Kennett (1967), p. 57.
[91] The profit from engraved reproductions totalled a huge £15,000 by 1790. Blanning (2002), p. 300.
[92] Dull (2005), p. 161.
[93] McLynn (2005), p. 370.
[94] Padfield (2000), p. 212.
[95] Lacour-Gayet (1902), p. 342.
[96] Middleton (1985), p. 177.
[97] Vincent (1993), p. 231.
[98] Blanning (1977).
[99] Black (1998), pp. 181–2; see also Middleton (1985), pp. 22, 183, 188, 208–21; Peters (1998), p. 116.
[100] Dull (2005), pp. 199, 241.
[101] MAE MD, Indes Orientales 1755–1797, vol. 13, 'Observations sur l'article 10 des préliminaires de paix', March 1763.
[102] Robert Allen, in Prados de la Escosura (2004), p. 15.
[103] Stanley Engerman, ibid., p. 280. See also Javier Esteban, ibid., pp. 59–60; and Jacob M. Price, *OHBE*, vol. 2, p. 99.
[104] Anderson (2000), p. 507.
[105] Glyn Williams, in *OHBE*, vol. 2, pp. 555–6.
[106] Salmond (2003), p. 31.
[107] ibid., p. 53.
[108] Landes (2000), pp. 165, 176.
[109] Robson (2004), p. 68.
[110] Ormesson and Thomas (2002), p. 206.
[111] Richard Drayton, in *OHBE*, vol. 2, p. 246; Whiteman (2003), pp. 28–41.
[112] Chaunu (1982), p. 262.
[113] Girardet (1986), pp. 158–61.
[114] Genuist (1971), p. 16.
[115] Boswell (1992), p. 188. The eighty Frenchmen 'beat' by Johnson were the members of the French Academy, authors of the official French dictionary.
[116] Béranger and Meyer (1993), p. 73.
[117] Crystal (2004), p. 433.
[118] Statistics in Ferrone and Roche (1999), pp. 297–8.
[119] Mercier (1928), p. 158.
[120] Grosley (1772), vol. 1, p. 93; Semmel (2004), p. xiii.
[121] Bellaigue (2003), p. 64.
[122] Plaisant (1976), pp. 197, 211.
[123] Grieder (1985), p. 29.
[124] Bernard Saurin, *L'Anglomane ou l'orpheline léguée* (1772), in Répertoire (1818), vol. 7, p. 246.
[125] Hardman and Price (1998), p. 89.
[126] 'Appeal to all the nations of Europe' (1761), in Voltaire (1785), vol. 61, p. 368.
[127] Cohen (1999), pp. 448–59.
[128] Newman (1997), p. 114; Lancashire (2005), p. 33.
[129] Rivarol (1998), pp. 8, 32, 36, 42, 46–51, 68–70, 76–86, 90–91.
[130] Fumaroli (2001), p. 19.
[131] Ostler (2005), p. 519.

第四章　復仇者的悲劇

[1] Dziembowski (1998), p. 206.
[2] ibid., p. 264.
[3] ibid., p. 7.
[4] Choiseul (1881), p. 172.
[5] ibid., pp. 178, 253.
[6] Conlin (2005), pp. 1251-88.
[7] Dziembowski (1998), p. 283.
[8] Farge (1994), p. 172.
[9] *L'Année littéraire*, 1766, in Acomb (1950), p. 61.

[10] Pluchon (1996), vol. 1, p. 246. On the general issues, see Scott (1992), Black (1998 and 2000), Brecher (1998) and the magisterial surveys by Bayly (2004) and Marshall (2005).
[11] Duffy (1987), p. 6.
[12] Duffy (1987), pp. 7, 12; Prados de la Escosura (2004), pp. 41–3.
[13] Duffy (1987), p. 385.
[14] Thomas (1997), p. 249; Duffy (1987), pp. 12–13.
[15] Deerr (1949), vol. 1, pp. 240, 293.
[16] Thomas (1997), p. 300.
[17] ibid., pp. 303–4, 340.
[18] MAE MDA, vol. 52, fo 234.
[19] Das (1992), p. 7.
[20] See Subramanian (1999), Manning (1996).
[21] Llewelyn-Jones (1992).
[22] Vigié (1993), p. 504.
[23] Pluchon (1996), vol. 1, p. 191.
[24] P.J. Marshall, in *OHBE*, vol. 2, p. 501.
[25] Vigié (1993), p. 8.
[26] Brecher (1998), pp. 18–19.
[27] Anderson (2000), p. 29; Meyer, Tarrade and Rey-Goldzeiguer (1991), vol. 1, p. 146.
[28] Anderson (2000), pp. 35–40.
[29] MAE MDA, vol. 52, fos. 104–10.
[30] Brecher (1998), p. 11.
[31] MAE MDA, vol. 52, fo 109.
[32] Brecher (1998), p. 60.
[33] MAE MDA, vol. 52, fos 103–4.
[34] Dziembowski (1998), p. 216.
[35] Anderson (2000), p. 17; Meyer, Tarrade and Rey-Goldzeiguer (1991), vol. 1, pp. 145–9.
[36] Bell (2001), p. 86.
[37] Dziembowski (1998), p. 81.
[38] Dull (2005), p. 31.
[39] 'Mémoire sur les partis à prendre dans les circonstances présentes' (Aug. 1755), MAE MDA, vol. 52, fo 134.
[40] Béranger and Meyer (1993), p. 278; Vergé-Franceschi (1996), pp. 122, 221; Meyer, Tarrade and Rey-Goldzeiguer (1991), vol. 1, p. 148.
[41] Pocock (1999), vol. 1, p. 94.
[42] Lenman (2001), p. 136.
[43] Béranger and Meyer (1993), pp. 210–11; Pluchon (1996), vol. 1, p. 166. See also Plank (2001).
[44] Dziembowski (1998), p. 81, Bell (2001), p. 87.
[45] Dziembowski (1998), p. 85.
[46] Ambassadorial instructions, quoted by Chaussinand-Nogaret (1998), p. 63.
[47] Pluchon (1996), p. 248.
[48] Anderson (2000), ch. 19.
[49] Woodbridge (1995), p. 94.
[50] Dziembowski (1998), pp. 100–101.
[51] Middleton (1985), p. 41.
[52] Voltaire (1992), p. 68.
[53] Rodger (2004), p. 272; Rodger (1988), pp. 266–7.
[54] Cardwell (2004), p. 78.
[55] Colley (1992), pp. 87–98; Wilson (1995), pp. 185–93.
[56] Van Kley (1984), pp 36, 39–40.
[57] Woodbridge (1995), p. 48.
[58] Van Kley (1984), p. 145.
[59] Instructions to envoy to Prussia, quoted in Middleton (1985), p. 27.
[60] Woodbridge (1995).
[61] Dziembowski (1998), pp. 122–30.
[62] Kwass (2000), pp. 156–92.
[63] Van Kley (1984), p. 39.
[64] Dziembowski (1998), pp. 499–504.
[65] Walpole (1904), pp. 430–31.
[66] Peters (1980), p. 104.
[67] Earl Waldegrave, in Peters (1998), p. 73.
[68] Peters (1998), p. 83.
[69] Chaussinand-Nogaret (1998), p. 216.
[70] ibid., p. 132.
[71] ibid., p. 15.
[72] Peters (1998), p. 246.
[73] Chaussinand-Nogaret (1998), p. 129.
[74] ibid.
[75] Béranger and Mayer (1993), p. 243.
[76] Lacour-Gayet (1902), p. 295; Dull (2005), p. 61.
[77] Lacour-Gayet (1902), p. 307.

[107] Grieder (1985), pp. 10, 25; Acomb (1950), p. 15.
[108] Steele (1998), p. 32.
[109] Buck (1979), p. 44; and see Sheriff, in Bermingham and Brewer (1997), pp. 473–5.
[110] Boucher (1996), p. 299.
[111] Steele (1998), p. 34.
[112] Grieder (1985), p. 16.
[113] Britsch (1926), pp. 376–8. See also Ward (1982).
[114] Whether she was secretly the child of Genlis and Chartres, and the foundling story was an elaborate cover, still divides specialists. The 2004 *ODNB* (though not the 1884 *DNB*) thinks she was; recent French biographers of the d'Orléans – Lever (1996) and Antonetti (1994) – say emphatically not.
[115] Mercier (1928), p. 135.
[116] Rothschild (2002), p. 40.
[117] Grieder (1985), pp. 20–21.
[118] Mercier (1928), p. 74.
[119] Newman (1997), p. 38. See also Rauser (2004).
[120] Watkin (1984), p. 116.
[121] Chesterfield (1932), vol. 1, p. 163.
[122] Gury (1999), p. 1047.
[123] Walpole (1904), p. 417.
[124] Scott (1990), p. 52.
[125] Clark (2000), p. 260.
[126] Blanning (2002), p. 415.
[127] Grieder (1985), p. 110.
[128] McIntyre (1999), pp. 244–5; Dziembowski (1998), p. 55. See also Hedgecock (1911).
[129] Foote (1783), vol. 1, *The Englishman in Paris*, pp. 13–14; *The Englishman Returned from Paris*, p. 22.
[130] J.C. Villiers, *A Tour through part of France* (1789), in Maxwell (1932), p. 144.
[131] Reddy (2001), p. 151.
[132] Villiers (1789), in Maxwell (1932), p. 359.
[133] Smollett (1981), p. 53.
[134] *Gentleman's Guide* (n.d), p. 33.
[135] Black (1992), p. 196.
[136] Garrick (1939), p. 10.
[137] Shoemaker (2002), pp. 525–45.
[138] Mennell (1985), p. 309.
[139] John Andrews, *An Account of the Character and Manners of the French; with occasional Observations on the English* (London, 1770), in Donald (1996), p. 86.
[140] Cardwell (2004), 78f.
[141] Clairembault-Maurepas (1882), vol. 10, p. 23.
[142] Mercier (1928), pp. 74–5.
[143] La Rochefoucauld (1933), pp. 57–8.
[144] Tyson and Guppy (1932), p. 99.
[145] Mercier (1933), p. 213.
[146] Fumaroli (2001), p. 190.
[147] Fumaroli (2001), p. 181.
[148] Chesterfield (1932), vol. 2, pp. 105, 146; Rousseau (1969), pp. 245, 515.
[149] Chesterfield (1932), vol. 2, pp. 105, 145; Rousseau (1969), p. 391.
[150] Uglow (2002), pp. 185–8, 190–91.
[151] Monaco (1974), p. 4.
[152] Le Tourneur, 1776 preface, in Genuist (1971), p. 20.
[153] Pappas (1997), p. 69.
[154] Monaco (1974), p. 9.
[155] ibid., p. 73; Pappas (1997), p. 67.
[156] Voltaire (1785), vol. 61, pp. 350–76.
[157] Genuist (1971), p. 198.
[158] Williams (1979), p. 321.
[159] Pemble (2005), pp. 95–8.

第三章　世界之權柄

[1] MAE MDA, vol. 52, fo 108.
[2] Corbett (1907), vol. 1, p. 189.
[3] MAE MDA, vol. 55, fo 74.
[4] Crouzet (1999), p. 106.
[5] Patrick O'Brien, in *OHBE*, vol. 2, p. 54; Crouzet (1999), p. 300.
[6] Duffy (1987), pp. 385, 371.
[7] For an excellent summary, see Bruce Lenman, in *OHBE*, vol. 2, pp. 151–68.
[8] Black (1998), p. 181.
[9] Bayly (2004), part I; see also Alavi (2002), esp. ch. 4.

[35] Andrews (1783), p. 266.
[36] This section owes much to Black (1999).
[37] Newman (1997), p. 43; Roche (2001), pp. 15–17.
[38] From Garrick's play *Bon Ton*, 1775, in Eagles (2000), p. 49.
[39] Tyson and Guppy (1932), p. 149.
[40] Eagles (2000), p. 109.
[41] La Combe (1784), p. 50.
[42] McCarthy (1985), p. 150.
[43] Grieder (1985), p. 40.
[44] Grosley (1770), vol. 1, pp. 23, 85.
[45] Mornet (1910), p. 460.
[46] Le Blanc (1751), p. 16.
[47] Dziembowski (1998), p. 23.
[48] *Gentleman's Guide* (n.d.), pp. 5, 39.
[49] Thicknesse (1766), pp. 9, 44–5, 105; Gosse (1952).
[50] Du Bocage (1770), vol. 1, pp. 1–2.
[51] Smollett (1999), p. 4.
[52] Grosley (1770), vol. 1, p. 19.
[53] Walpole (1904), p. 421.
[54] Black (1992), p. 98.
[55] Pasquet (1920), p. 835.
[56] Black (1992), p. 18.
[57] ibid., pp. 185–6.
[58] *A Five Weeks' Tour to Paris*, Versailles, Marli &c (1754), p. 15; *Gentleman's Guide*, p. 88.
[59] Black (1992), p. 196.
[60] Pasquet (1920), pp. 847–8.
[61] Grosley (1770), vol. 1, p. 79.
[62] Donald (1996), p. 121.
[63] Grieder (1985), p. 109.
[64] Chesterfield (1932), vol. 2, p. 87.
[65] Thicknesse (1766), p. 9.
[66] Dziembowski (1998), pp. 207–11.
[67] Taylor (1985), p. 43; Harvey (2004), p. 140; Holmes (2001), p. 104.
[68] Mennell (1985), p. 138.
[69] La Combe (1784), p. 14.
[70] Pasquet (1920), pp. 838–9.
[71] *Five Weeks' Tour* (1754), p. 25.
[72] Chesterfield (1932), vol. 1, p. 103.
[73] Radisich (1995), p. 411.
[74] Chesterfield (1932), vol. 2, p. 198.
[75] Tyson and Guppy (1932), pp. 103, 146, 232.
[76] Klein (1997), pp. 362–82.
[77] Taylor (2001), pp. 17, 41.
[78] McIntyre (2000), p. 369.
[79] Cranston (1997), pp. 164–71; Uglow (2002), p. 182.
[80] Tyson and Guppy (1932), p. 7.
[81] Chesterfield (1932), vol. 2, p. 100.
[82] Black (1992), p. 60.
[83] Chesterfield (1932), vol. 2, p. 106.
[84] Black (1992), p. 206.
[85] Harris (1998), pp. 225–30, 434–45, and *passim*.
[86] Patterson (1960), p. 33; Harris (1998), pp. 249, 313, 600.
[87] Harris (1998), pp. 441, 546–7, 550–51, 560.
[88] La Rochefoucauld (1933), *passim*; Crouzet (1999), p. 115; Harris (1998), p. 547. See also Scarfe (1995), and Bombelles (1989), an officer and diplomat who came to sniff the air after the American war.
[89] See Rothschild (2002), pp. 46–59.
[90] Grieder (1985), p. 17.
[91] Eagles (2000), pp. 63–5.
[92] Grosley (1770), p. 165.
[93] Grente and Moureau (1995), p. 62.
[94] Mornet (1910), p. 461; Pemble (2005), pp. 77–8; on Sade, see Schama (1989), p. 391.
[95] Porter (2000), p. 286.
[96] Grieder (1985), pp. 74–5, 151–62.
[97] Walpole (1904), pp. 422, 523.
[98] Saint-Girons (1998).
[99] ibid.
[100] Plaisant and Parreaux (1977), p. 289.
[101] Newman (1997), p. 125.
[102] Girardin (1777), pp. 34–5.
[103] Dulaure, *Nouvelle Description des Environs de Paris* (Paris 1786), in Taylor (2001), p. 99.
[104] *George IV and the Arts of France* (1966), p. 5.
[105] *The Lady's Magazine*, Nov. 1787, in Ribeiro (1983), p. 116.
[106] Chesterfield (1932), vol. 1, p. 330.

[90] Ferguson (2001), p. 49.
[91] See Bowen (1998), pp. 18–22.
[92] A criticism of the cost of operations in the Seven Years War, quoted by Chesterfield (1932), vol. 2, p. 387.
[93] Winch and O'Brien (2002), p. 263.
[94] Capie in Prados de la Escosura (2004), p. 216.
[95] J.R. Jones, in Hoffman and Norberg (1994), p. 89; Brewer (1990), pp. 90–91.
[96] Martin Daunton in Winch and O'Brien (2002), p. 319.
[97] Brewer (1990), p. 79; Lindert (2004), pp. 46–7.
[98] O'Brien in *OHBE*, vol. 2, p. 66.
[99] Dickson (1967), p. 51.
[100] North and Weingast (1989), p. 824.
[101] Middleton (1985), p. 153.
[102] On John Law, see Lüthy (1959), vol. 1; and on the South Sea Bubble, Hoppit (2002) and Dickson (1967), ch. 5.
[103] Dickson (1967), p. 198.
[104] Neal, in Prados de la Escosura (2004), p. 185.
[105] Dziembowski (1998), p. 265.
[106] Lüthy (1959), vol. 1, p. 290. See also Crouzet (1999), pp. 105–19.
[107] See summary by Bonney (1999), ch. 4.
[108] Hoffman and Norberg (1994), p. 258.
[109] ibid., pp. 273–4.
[110] Antoine (1989), p. 493.
[111] Jones (2002b); Lüthy (1959), vol. 2, p. 324; Chaussinand-Nogaret (1993).
[112] Lüthy (1959), vol. 1, p. 415; vol. 2, pp. 468–521.
[113] See Sonenscher (1997), pp. 64–103, 267–325.
[114] Kwass (2000), p. 255.

第二章　所思、所悅、所見

[1] Gunny (1979), p. 21.
[2] Chesterfield (1932), vol. 1, p. 130.
[3] Courtney (1975), p. 273.
[4] Fumaroli (2001), p. 53.
[5] Alexander Murdoch, in Fitzpatrick et al. (2004), p. 104.
[6] Grente and Moureau (1995), p. 61. On eighteenth-century culture generally, see Pomeau (1991), Roche (1993), Brewer (1997), Ferrone and Roche (1999), Fumaroli (2001), Porter (2000), Blanning (2002), Fitzpatrick et al. (2004).
[7] Mornet (1910), p. 460.
[8] For statistics, Sahlins (2004), pp. 159, 172.
[9] Jones (2002), p. 180.
[10] Girard d'Albisson (1969), p. 65.
[11] K-lving and Mervaud (1997), vol. 1, p. 80.
[12] Acomb (1950), p. 27.
[13] Dziembowski (1998), p. 355.
[14] Pomeau (1979), p. 12.
[15] ibid., p. 12.
[16] Rousseau (1979), pp. 25, 32, 40.
[17] Pomeau (1979), p. 11. See also Mervaud (1992) and Buruma (2000).
[18] Fumaroli (2001), p. 22.
[19] Fougeret de Montbrun (1757), p. 8.
[20] 20 Grieder (1985), p. 4.
[21] Much of what follows in based on Shackleton (1961).
[22] Courtney (1975), pp. 275–6. See also Dedieu (1909).
[23] Sylvana Tomaselli, unpublished lecture quoted by kind permission of the author.
[24] ibid.
[25] Shackleton (1961), p. 301.
[26] Courtney (1975), pp. 286–7.
[27] Jones (2002), p. 173.
[28] Ross (1995), p. 219. See also Mossner (1980).
[29] Ross (1995), p. 217.
[30] Smith (1991), vol. 1, p. 13; vol. 2, p. 180. See the subtle discussion in Rothschild (2001).
[31] Nicolet (1982), pp. 479–80. On Smith's early reception in France, see Whatmore (2000).
[32] Jean-Pierre Langellier, in *Le Monde* (7 June 2005).
[33] Le Blanc (1751), p. 50.
[34] Chesterfield (1932), vol. 1, pp. 329–30.

Edouard Levillain.
[22] Wolf (1968), p. 649.
[23] Cénat (2005), pp. 104–5; Rose (1999), p. 115; see also Miller (1978), pp. 190–92.
[24] Speck (2002), p. 70; Troost (2005) pp. 192–3.
[25] Report of Sancey to governor-general, 3 September 1688 [n.s.] AGR T 100/409 fo 53.
[26] Israel (1991), p. 108; Rodger (2004), p. 151.
[27] Scott (2000), p. 217.
[28] Israel (1991), p. 32.
[29] Jackson (2005), p. 568.
[30] Beddard (1991), p. 242.
[31] Hoppit (2000), p. 33.
[32] Morrill (1991), p. 98.
[33] Rose (1999), p. 105.
[34] Childs (1996), p. 210.
[35] Lenman (1992), p. 23.
[36] Rose (1999), p. 218.
[37] An English officer, in Kishlansky (1996), p. 295.
[38] For details, see Murtagh, in Caldicott et al. (1987).
[39] Padfield (2000), ch. 6.
[40] Wolf (1968), p. 459.
[41] Lynn (1999), pp. 215–16; Rodger (2004), p. 147.
[42] Cullen (2000).
[43] Gwynn (1985), p. 68.
[44] Rose (1999), p. 112.
[45] Scott (2000), p. 474.
[46] Padfield (2000), pp. 144–50; Rodger (2004), p. 150.
[47] Dickson (1967), p. 28.
[48] Wolf (1968), p. 487.
[49] Petitfils (1995), p. 512.
[50] Wolf (1968), p. 487.
[51] Baxter (1966), p. 379.
[52] Wolf (1966), p. 511.
[53] Baxter (1966), p. 388.
[54] Bély (1992), p. 397.
[55] Voltaire (1966), vol. 1, p. 251.
[56] ibid., p. 239.
[57] Churchill (2002), p. 15.
[58] McKay and Scott (1983), p. 138.
[59] ibid., p. 149.
[60] Bartlett and Jeffery (1996), p. 299.
[61] Lenman (1992), p. 84.
[62] MAE MDA, vol. 52, fos 38–9.
[63] Black (2000), p. 89.
[64] Antoine (1989), p. 357.
[65] Lenman (1992), p. 14 – a lucid and pithy summary.
[66] MAE MDA, vol. 53, fo 24.
[67] ibid., vol. 77, fo 98.
[68] ibid., vol. 78, fos 73–4 (dated 12 June 1745).
[69] Dates are given according to the 'old style' Julian calendar, used in Britain until 1751, eleven days behind the 'new style' Gregorian calendar used in France.
[70] Roberts (2002), p. 112.
[71] For numbers and social composition, see McLynn (1998), pp. 18–28.
[72] The arguments are summarized in a paper (September 1745) drawn up by the Duc de Noailles, the king's closest adviser and a leading sceptic. MAE MDA, vol. 52, fos 38–49.
[73] Black (2000b), p. 84.
[74] Lenman (1992), p. 107.
[75] Bongie (1977), p. 12.
[76] McLynn (1998), p. 80.
[77] 31 December to 3 January 'new style'. McLynn (1981), pp. 154–5.
[78] Bongie (1977), p. 15.
[79] Roberts (2002), p. 144.
[80] Black (2000b), p. 183.
[81] Roberts (2002), p. 168.
[82] McLynn (1981), p. 235.
[83] Dziembowski (1998), pp. 81–2, 464.
[84] Interim report of the Life in the UK Advisory Group.
[85] Brecher (1998), p. 9.
[86] Fumaroli (2001), p. 53.
[87] Black (1987), p. 3.
[88] Scott (2000), p. 487.
[89] Black (1998), p. 126.

上冊注釋

註釋縮寫

AN	法國國家檔案館
AGR	比利時國家檔案館
AP	法國國會檔案（國會議事之公開紀錄）
APP	巴黎市警局檔案館
BL	大英圖書館
MAE	法國外交部檔案館
MD	法國外交部檔案「回憶錄與文件」
MDA	法國外交部檔案「回憶錄與文件：英國」
MDF	法國外交部檔案「回憶錄與文件：法國」
ODNB	牛津國家人物傳記大辭典（二〇〇四年）
OHBE	牛津大英帝國史三冊（一九九八年）
PRO	倫敦公共檔案署（國家檔案館）
FO	英國外交部檔案
RA	英國溫莎城堡皇家檔案館
SIPRI	斯德哥爾摩國際和平研究所

引言

[1] Semmel (2004), p. 9..

第一部　鬥爭

[1] Scott (2000), p. 7

第一章　英倫入歐

[1] Scott (2000), p. 461.
[2] Hoppit (2000), p. 5.
[3] Wolf (1968), p. 89.
[4] Churchill (2002), vol. 2, p. 228.
[5] Wolf (1968), p. 182.
[6] Bennett (1997), p. 363.
[7] Petitfils (1995), p. 330.
[8] Scott (2000), p. 170.
[9] Pincus (1995), p. 346.
[10] Levillain (2004), p. 108.
[11] Scott (2000), p. 65.
[12] Petitfils (1995), p. 485.
[13] Hoppit (2000), pp. 17–18.
[14] Morrill (1991), pp. 79–81.
[15] Israel (1991), p. 10.
[16] Pincus (1995), p. 352.
[17] Bély (1992), p. 283.
[18] Israel (1991), p. 105.
[19] ibid., p. 120.
[20] ibid., p. 109; Troost (2005), p. 193.
[21] Report by French agent Usson de Bonrepaus, 6 September 1688 [n.s.], in AN: AE B1 758. We owe this reference, and that in footnote 25, to Charles-

Beyond 03

甜蜜的世仇：英法愛恨史三百年——從路易十四、邱吉爾到歐盟

That Sweet Enemy: The French and the British from the Sun King to the Present

作者——羅伯特・圖姆斯（Robert Tombs）、伊莎貝爾・圖姆斯（Isabelle Tombs）
譯者——馮奕達
執行長——陳蕙慧
總編輯——張惠菁
責任編輯——洪仕翰
行銷總監——李逸文
行銷企劃——姚立儷、尹子麟
封面設計——莊謹銘
校對——李鳳珠
排版——宸遠彩藝

社長——郭重興
發行人兼出版總監——曾大福
出版——衛城出版／遠足文化事業股份有限公司
發行——遠足文化事業股份有限公司
地址——二三一四一 新北市新店區民權路一〇八–二號九樓
電話——〇二–二二一八一四一七
傳真——〇二–二二一八〇七二七
客服專線——〇八〇〇–二二一〇二九
法律顧問——華洋法律事務所 蘇文生律師
印刷——呈靖彩藝有限公司
初版——二〇一九年十二月
定價——上、下冊不分售共一二〇〇元

國家圖書館出版品預行編目資料

甜蜜的世仇：英法愛恨史三百年：從路易十四、邱吉爾到歐盟／羅伯特．圖姆斯(Robert Tombs),伊莎貝爾．圖姆斯(Isabelle Tombs)著；馮奕達譯.
－初版.－新北市：衛城出版：遠足文化發行，2019.12
冊；　公分
譯自：That sweet enemy : the French and the British from the Sun King to the present
ISBN 978-986-97165-7-4(上冊：平裝).--
ISBN 978-986-97165-8-1(下冊：平裝).--
ISBN 978-986-97165-9-8(全套：平裝)

1.外交　2.文化交流　3.英國　4.法國

578.41　　108017560

ACRO POLIS 衛城

EMAIL acropolismde@gmail.com
FACEBOOK www.facebook.com/acrolispublish

● 親愛的讀者你好，非常感謝你購買衛城出版品。
我們非常需要你的意見，請於回函中告訴我們你對此書的意見，
我們會針對你的意見加強改進。

若不方便郵寄回函，歡迎傳真回函給我們。傳真電話—— 02-2218-0727

或上網搜尋「衛城出版FACEBOOK」
http://www.facebook.com/acropolispublish

● 讀者資料

你的性別是 □ 男性 □ 女性 □ 其他

你的職業是 ______________________ 你的最高學歷是 ______________________

年齡 □ 20 歲以下 □ 21-30 歲 □ 31-40 歲 □ 41-50 歲 □ 51-60 歲 □ 61 歲以上

若你願意留下 e-mail，我們將優先寄送 ______________________ 衛城出版相關活動訊息與優惠活動

● 購書資料

● 請問你是從哪裡得知本書出版訊息？（可複選）
□ 實體書店 □ 網路書店 □ 報紙 □ 電視 □ 網路 □ 廣播 □ 雜誌 □ 朋友介紹
□ 參加講座活動 □ 其他 ________

● 是在哪裡購買的呢？（單選）
□ 實體連鎖書店 □ 網路書店 □ 獨立書店 □ 傳統書店 □ 團購 □ 其他 ________

● 讓你燃起購買慾的主要原因是？（可複選）
□ 對此類主題感興趣 □ 參加講座後，覺得好像不賴
□ 覺得書籍設計好美，看起來好有質感！ □ 價格優惠吸引我
□ 議題好熱，好像很多人都在看，我也想知道裡面在寫什麼 □ 其實我沒有買書啦！這是送（借）的
□ 其他 ________

● 如果你覺得這本書還不錯，那它的優點是？（可複選）
□ 內容主題具參考價值 □ 文筆流暢 □ 書籍整體設計優美 □ 價格實在 □ 其他 ________

● 如果你覺得這本書讓你好失望，請務必告訴我們它的缺點（可複選）
□ 內容與想像中不符 □ 文筆不流暢 □ 印刷品質差 □ 版面設計影響閱讀 □ 價格偏高 □ 其他 ________

● 大都經由哪些管道得到書籍出版訊息？（可複選）
□ 實體書店 □ 網路書店 □ 報紙 □ 電視 □ 網路 □ 廣播 □ 親友介紹 □ 圖書館 □ 其他 ______

● 習慣購書的地方是？（可複選）
□ 實體連鎖書店 □ 網路書店 □ 獨立書店 □ 傳統書店 □ 學校團購 □ 其他 ________

● 如果你發現書中錯字或是內文有任何需要改進之處，請不吝給我們指教，我們將於再版時更正錯誤
____
____
____
____
____

請

沿

虛

線

剪

下

廣　告　回　信
臺灣北區郵政管理局登記證
第 1 4 4 3 7 號

請直接投郵•郵資由本公司支付

23141
新北市新店區民權路108-2號9樓

衛城出版 收

● 請沿虛線對折裝訂後寄回，謝謝！

ACRO POLIS 衛城出版

Beyond

03

世界的啟迪